低碳经济中的挑战与创新

于宏源　著

东北财经大学出版社

Dongbei University of Finance & Economics Press

大连

ⓒ　于宏源　2015

图书在版编目(CIP)数据

低碳经济中的挑战与创新 / 于宏源著. —大连：东北财经
大学出版社，2015.8
ISBN 978 - 7 - 5654 - 1887 - 7

Ⅰ.低… Ⅱ.于… Ⅲ.节能-经济发展-研究-中国
Ⅳ.F124

中国版本图书馆 CIP 数据核字(2015)第 046076 号

东北财经大学出版社出版
(大连市黑石礁尖山街217号　邮政编码　116025)
教学支持：(0411) 84710309
营　销　部：(0411) 84710711
总　编　室：(0411) 84710523
网　　　址：http://www.dufep.cn
读者信箱：dufep@dufe.edu.cn

大连图腾彩色印刷有限公司印刷　　东北财经大学出版社发行
幅面尺寸：170mm×240mm　字数：308千字　印张：21 3/4　插页：1
2015年8月第1版　　　　　　　　2015年8月第1次印刷

责任编辑：李　季　刘慧美　　　　责任校对：贺　欣
封面设计：冀贵收　　　　　　　　版式设计：钟福建

定价：58.00元

　　本专著是国家社会科学基金重大项目"中国参与全球治理的三重体系构建研究"（项目编号：12&ZD082）的阶段性成果，也是"十二五"国家科技支撑计划"气候变化谈判综合问题的关键技术研究"（项目编号：2012BAC20B02）的阶段性成果。

本人之所以提笔为于宏源博士在气候环境方面的专著作序，首先是感谢他对气候变化和环境问题卓有成效的跟踪研究。气候变化是人类迄今为止面临最为严重、规模最为广泛、影响最为深远的问题之一，也是影响未来国际体系、重塑全球政治和发展格局的关键因素之一。气候变化主要涉及两个基本层面：一个层面是纯粹环境气候；另一个层面是面对纯粹环境气候出现的人类安排，而这种人类安排又会涉及经济、政治、文化甚至社会意识。国际气候谈判进程和全球集体行动难题充分说明气候问题的经济性、政治性和社会性是造成气候问题全球性和管理无序性矛盾的主因。

毫无疑问，气候变化和经济治理密切相关、互为因果，全球经济发展缓慢和不平衡问题依旧存在，这对全球经济、世界政治和各国发展造成了资金与技术上的困难，还在很人程度上削弱了发达国家应对气候变化的政治意愿和信息准备。但值得关注的是，主要大国都致力于整合气候和经济发展，推动低碳能源竞争力。不仅如此，国际气候变化谈判还被誉为当代多边外交的经典案例。因此，从多边外交的视角梳理低碳经济发展的实质，把握未来国际气候谈判的走向以及研究发达国家的谈判策略都具有重要的现实意义。气候变化带来了低碳经济挑战，并由此推动国际政治经济的变化。

联合国20多年的气候谈判进程，不断向世界传递出加强全球合作的强烈信号。2014年底结束的利马气候变化大会完成了联合国自哥本哈根以来的预期谈判授权任务，确定了各缔约方提交国家自主贡献（INDC）的范围和信息内容，为2015年在巴黎达成全面平衡的"2015年协议"奠定了基础文本。这显示了国际社会可以在国际治理框架内找到正确的战略目标和有效的方法，并在"共同但有区别的责任"原则下不断推进全球气候治理走向成功。

值得关注的是，页岩气革命改变了美国气候外交，使得奥巴马政府从双边和多边两个层次大力推进"有效的"气候外交，而欧盟试图从碳金融方面保持气候谈判的发起者和推动国际气候机制主要力量的"领先地位"。美国和欧盟已经在2014年利马大会上实现了各国都被纳入减排框架的承诺，美国和新兴发展中大国也建立了气候变化合作关系。美国气候外交的核心是推动全球经济体系朝着更加低碳的方向发展，压制对煤炭仍高度依赖的中国和印度，以及依赖石油出口的俄罗斯等国，并利用能源革命维护其政治经济主导地位。欧盟则从规则和制度上强调国际气候治理的主动权，欧盟已经建成全球最大的碳交易市场，随着2015年巴黎气候大会达成全球减排框架，欧盟通过以欧元定价的碳交易引领全球碳金融发展。

当下中国既是全球气候问题的一部分，也是解决全球气候问题的一个重要力量。国际社会对中国的期待越来越大，同时对中国的要求也越来越多。世界上没有其他国家像中国这样如此突出地集全球期待和要求于一身。面对如此有挑战性的气候治理态势，中国既要维护发展权益，又要同世界各国特别是大国寻求更大的利益交汇点；既要警惕经济发展带来的资源环境代价，又要占领全球新一轮以低碳为核心的经济革命高地；既要做大做强自己，又要推进世界各国在能源和经济转型方面作出贡献。因此，在全球气候治理中发挥建设性作用是对我国智慧和能力的考验，作为国际问题研究的专家学者，我们更要全面思考、评估和设计中国的气候外交。

如果说气候变化目前已成为国际政治议程的核心议题，那么国际体系中围绕环境问题展开的博弈、斗争和合作也是国际社会的聚焦点。从1972年的瑞典斯德哥尔摩人类环境会议到1992年在巴西里约热内卢召开的联合国环境与发展大会、2002年的南非约翰内斯堡峰会，再到2012年联合国里约+20峰会都说明气候变化和其他环境问题同种同源、同根同生、同步发展，要治理气候危机就必须同时治理环境危机，实现全球可持续发展。毫不夸张地说，环境气候容量和资源消耗已对世界各国的发展空间和利益分配越来越具有关键意义，资源环境正和金融、知识、权力等因素越来越紧密地结合在一起。然而目前的全球环境治理体系主要代表发达国家的利益诉求和意识形态，发展中国家特别是新型发展中大国不但缺乏必要的建章立制权，而且国内的资源环境利益也正在被发达国家通过贸易投资等方式侵蚀，因此，"共同但有区别的责任"原则如何落到实处以及促使发达国家在资金和技术方面践诺仍将是发展中国家环境外交的主要着力点。于宏源博士正是带着对这些问题的深刻思考，在《低碳经济中的挑战与创新》一书中展开了辛勤的知识探索。低碳经济带来的挑战和创新是本书的核心，于宏源提出要应对低碳经济带来的国际关系全方位的利害关系变化，不仅要携手国际社会从政治、经济和安全诸方面一起努力，改善全球气候治理，更要实现本国能源竞争力的发展。

于宏源博士的《低碳经济中的挑战与创新》一书思路清晰，论点深刻，资料翔实，并以天下为己任的责任感对中国更加有效地参与气候谈判、推动低碳发展、争取我国在国际治理的建章立制权等建言献策。于宏源博士在撰写本书过程中还努力探索国际关系的研究方法问题，在采用理论、历史、比较等传统方法时注意创新，并用访谈、调查问卷等方式对国际关系研究中难以量化的问题作出了解读和示范，从而有效地把行政学和国际关系研究结合起来，在学科交叉、学科综合研究方面向前迈出了有益的一步。

值此《低碳经济中的挑战与创新》付梓问世之时，我在向于宏源博士祝贺之余还希望他继续努力，争取在气候变化、环境外交、能源安全等领域取得更大的研究成果。

是为序。

杨洁勉
2015 年 4 月

我非常高兴为于宏源博士的新书作序。2014 年 12 月，联合国利马气候大会达成共识，全球气候治理又向前迈进了一步。

气候变化和能源创新是全球经济发展面临的重要问题，气候危机在治理本质上和能源危机密切相关。气候谈判的表面层次是如何实现对世界各国温室气体排放额度的谈判，更深层次的问题涉及各国在能源创新和发展空间上的竞争，与能源创新和经济竞争力有关，是国际体系权力转移的基础。欧美发达国家进行气候谈判的实质就是试图控制新兴大国的能源和碳排放，试图占有未来新能源技术和市场，最终实现对未来全球能源和低碳经济的控制。在低碳经济中，挑战与创新紧密联系、互为因果，并和推动全球低碳经济发展整合在一起。本书提出在创新领域、气候谈判之外，各国为增强国际竞争力、占据科技发展制高点而竞相努力，能源技术和能源战略的加速发展转型从未停歇，最终将积极影响全球气候治理进程。全球气候变化谈判实际上推动了新能源技术的创新和推广，尤其推动了低碳技术和绿色经济的推广，推动了世界各国竞相增加对低碳和绿色发展的投入，对全球经济体系的发展产生了影响，也推动了新工业革命的发展。低碳已经成为世界各国产业竞争力的组成部分，并成为国际竞争甚至贸易战的新热点。

为了实现碳公平，积极应对复杂多变的国际气候变化格局，我国亟需将在应对气候变化方面的绩效高调展示于国际社会，从而积极回应国际社会对中国的各种误解和曲解，增强国际理解，化解国际压力，维护我国发展空间，并促使发达国家率先垂范开展实质减排。实现攻守转型战略，第一要全方位展示中国应对气候变化的绩效，尤要突出国际社会很难做到的中国做了，而且很成功，例如中国"十一五"规划取得的节能减排成效。

中国的能效提高速度、可再生能源开发利用增幅增速、植树造林力度、低碳研发投入、控制人口增长等绩效，世界几乎没有国家可以类比。第二，热忱欢迎国际合作，不论资金、技术、管理、人才，只要能帮助中国强化能源与气候安全，来者不拒。同时，依托中美间已经建立的全面能源和新经济领域的合作框架，以复苏全球经济为目标，积极拓展大国环境外交的领域和深度。第三，以攻为守，维护中国发展权益。我们站在应对气候变化的道义制高点，从历史责任、现实排放和未来需求视角，要求发达国家率先垂范，比发展中国家做得更好。发达国家一方面享受中国作为"世界工厂"的"免费"碳产品，另一方面，还振振有词要对中国实施"碳关税"。真正"负罪"的，应该是发达国家。我们被动设防，防不胜防。如果我们主动高调，可以实现一箭三雕：迫使发达国家大幅度实质性减排、推动国际合作应对气候变化、维护发展中国家的发展权益。

我第一次见到于宏源博士是在 1997 年，他作为国家 21 世纪议程管理中心战略研究部、地方可持续发展部的兼职研究人员，参与国际可持续发展战略研究、地方可持续发展研究和《京都议定书》的研究工作。从那时起，于宏源博士就开始致力于气候变化和可持续发展问题的研究。在 2003 年 4 月，于宏源从香港中文大学到我的可持续发展研究中心做访问学者，并在本人的指导下进行气候变化研究。2008 年以来，于宏源担任中国社会科学院可持续发展研究中心的兼职研究员，目前是上海国际问题研究院比较政治和公共政策所所长，并担任我作为卷主编的《中国气候与环境：2012》主笔，于宏源还主持了多项国家社科基金课题。

于宏源自 1997 年京都会议以来就长期从事气候变化的研究，本书是他长期不懈努力的结晶。根据我对作者本人和本书内容的了解，本书对全球气候变化的制度、博弈和外交应对进行了系统而权威的分析，给我留下了深刻印象。这本专著条分缕析地从国际机制对国内政策的影响途径入手，从知识、利益和机制三个角度分析国际气候机制的影响，并在此基础上对中国气候软能力的现状进行了实证调查和研究，视野开阔，见解深刻。尤其需要指出的是，作者创造性地引入环境容量和能源约束两个概念来说明目前气候谈判的艰难。这一原创性的、非常有价值的学术专著，不仅为我国更加有效地参与气候谈判、协调我国国内气候政策提供了学术支撑，更对未来中国低碳发展具有重要的政策含义。

潘家华

2015年1月

低碳经济竞争才能实现大国气候治理

利马气候大会是 2015 年巴黎会议前的最后一次阶段性会议，也被看做是 2015 年巴黎会议的奠基之举。利马会议是推动 2015 年巴黎举行的缔约方大会就 2020 年后国际应对气候变化强化行动达成协议的重要步骤。世界各国对降低温室气体排放量的承诺达成共识，"国家自主决定贡献"（INDCs）把世界每一个角落纳入到减排框架中来。尽管此次大会在资金承诺、适应和技术转移等方面的成果差强人意，然而 193 个国家全部达成减排承诺已然成为历史性的突破和贡献。

气候变化问题对每个国家来说，收益和受损呈非对称性，并非每个国家都能完全平等地从气候变化中受害或者受益，这也导致各国在参与全球气候合作中动机、气候政策以及策略的不同。经济和气候危机推动欧美内部，以及与其他大国在气候变化领域的关系出现变化。特别是随着低碳能源发展有利于主要大国经济竞争力的时候，各国尤其是美国开始通过气候和竞争力相结合的途径，竞争气候变化谈判的主导地位。世界各国政府和机构都提出了清洁能源技术的发展目标。清洁能源产业已经在全球范围内成为重要的经济增长点，直接拉动投资在数千亿美元以上，带动就业人口超过数百万，具有深远的社会和经济效益。清洁能源与油气资源不同，它属于自产自销的资源，谁掌握了清洁能源开发装备的制造技术，谁就掌握了发展先机。它在促进本国的能源转型和带动经济发展方面有着双重的直接作用，同时还可以投资国外市场以掌握他国的能源命脉。美国奥巴马政府提出要在 2012 年实现美国 10% 的电力供应来自于清洁能源；欧盟首脑会议提出到 2020 年使清洁能源占欧盟 25 国能源消费量的 25%；日本政府推出绿色能源新政，提出到 2050 年通过提高能源效率和发展清洁能源使温室气体减排80%以上；澳大利亚提出2020年清洁能源满足20%电力需求的目标。在各国政府的大力推进下，近年来世界清洁能源技术实现了大规模的发展。清洁能源技术包括风力发电、太阳能光伏发电、电动汽车、地热能、潮汐发电等等。能源大发展和此次利马大会全球共识的取得密不可分。

因此，推动利马大会达成成果的驱动因素是大国的低碳能源竞争而非合作，竞争性博弈取代以往沉闷的务虚合作，不断推动全球气候变化治理的进程。众所周知，化石燃料燃烧排放二氧化碳引发的全球变暖已经引起世界各国的广泛关注，控制二氧化碳排放量刻不容缓。当前气候变化的表现之一是燃煤电厂产生的烟气和颗粒物形成酸雨，并导致大气质量下降，给生产生活带来严重危害。以化石燃料为主的能源结构带来的气候变化和环境破坏问题也促使包括中国在内的世界很多国家大力进行能源消费结构的调整，发展新的清洁能源技术。全球范围内的能源革命不仅集中在太阳能、风能领域，也存在于天然气利用等诸多领域。

毫无疑问的是，页岩气革命使得美国在完成减排任务时更容易，即拥有减排优势，因而会倾向于积极参与气候谈判。国际能源署报告认为，美国电力行业能源结构中煤炭比例下降，交通行业能源结构中天然气比例大幅度上升，到2035年，这两个行业中天然气的替代增加将接近20%，页岩气革命无疑使美国的气候谈判态度变得更加积极。在此基础上，美国借助页岩气革命带来的技术、制度和市场创新，提升其在全球气候治理中的地位，以此对主要大国施加影响，最终服务于美国的全球主导地位。当前气候谈判框架正朝着自下而上的方向发展，即所有缔约方参与的国家自主贡献减排框架。2011年底启动的德班平台谈判成果将适用于所有缔约方，没有明确体现"共同但有区别的责任"原则。2012年多哈会议结束了"巴厘路线图"及《京都议定书》谈判，"双轨制"合二为一，未来的气候谈判聚焦于"德班平台"一轨。2013年华沙大会确定了国家自主贡献减排方案，2014年利马大会达成全球各国都要被纳入减排框架的成果……，这些过程体现了美国在逐渐主导世界气候谈判进程。正因为如此，美国气候谈判代表斯特恩对利马谈判结果表示满意，美方认为"100多个国家倡议制定长期减排目标，这将释放出强有力的信号——低碳经济势不可挡"。美国的潜台词是继续利用全球气候谈判，推动世界在产业结构、贸易结构、技术标准等领域提高低碳标准，压制仍高度依赖煤炭的中国和印度，以及依赖石油出口的俄罗斯等国，美国则利用气候变化的主导地位，企图恢复其所谓经济主导的地位。

欧盟作为气候谈判的发起者，一直是推动气候变化谈判最重要的政治力量。但是欧债危机导致欧盟在政治层面上推动力的相对弱化，也将影响到欧洲应对气候变化的方方面面。欧盟已经建成全球最大的碳交易市场。为了赢回气候变化的领袖地位，欧盟通过了减排幅度提升到40%的目标，德国和英国等甚至把2030年清洁能源的比例目标增加到80%。随着2015年巴黎气候大会达成全球减排框架，全球碳市场的交易量不容小觑，欧盟通过以欧元定价的碳交易，带动欧盟相关的金融服务发展，并向全球渗透，以此引领全球气候治理。

当前发达国家、发展中国家已经出现了在碳排放位置上互换的问题。对比今年和2005年全球各国的碳排放量，中国在2005年排名很靠后，而现在中国和印度都紧随美国之后。这种位置的互换会产生两个问题：一是中国需要承担提供更多国际性公共物品的责任，二是中国需要与美国竞争在全球气候治理领域的主导权。除此之外，随着能源使用量的增长，中国已成为世界第一大二氧化硫和二氧化碳排放国，环境污染情况十分严重，以化石燃料为主的能源结构带来的气候变化和环境破坏问题促使中国在国内大力进行能源消费结构的调整，发展新的清洁能源技术。因此，从国际和国内两个方面来说，中国都应该率先推动低碳能源创新，引领全球气候治理方向。就在利马大会前夕，中国宣布计划2030年左右二氧化碳排放达到峰值且将努力早日达峰，并计划到2030年把非化石能源占一次能源消费比重提高到20%左右。中国的表态无疑成为本次利马大会各国提高减排承诺的催化剂，毕竟中国的人口数量是美国的4倍以上，中国的人均能源和电力消费量是美国的1/4左右，中国的人均排放量是美国的2/5左右，但是中国依然本着人类命运共同体的理念，为全球气候治理实实在在地做出巨大贡献，特别是中国推动美国接受了"共同但有区别的责任"原则，推动美国和欧洲在"利马气候行动倡议"中认可了"共同但有区别的责任"原则，这对形成最后的利马共识产生了巨大的磁性效应。中国仍是新兴大国和发展中国家，但是中国只有在促进全球能源清洁、低碳转型上取得进展，才可以实现中国在气候谈判领域的中国气派和中国话语权。

于宏源

2015年3月

导　论/1

第一篇

挑战：气候变化引发的国际关系变化/9

第一章　环境和气候变化治理格局的发展变化/11
第一节　全球环境治理：制度和领导的双赤字/11
第二节　全球气候变化：谈判格局的变迁/25
第三节　华沙大会和气候谈判最新进展/33

第二章　气候变化的结构性权力分析/45
第一节　气候变化权力结构的极和极的变化/46
第二节　美国在全球气候治理中的领导地位/55
第三节　权力变化：欧盟在气候谈判中地位的变化/82

第三章　气候变化安全/91
第一节　气候变化安全的三个层次/92
第二节　气候变化与传统国家安全治理/100
第三节　美国与气候变化安全化/106

第二篇

创新：气候变化与能源安全体系的变化/119

第四章　气候变化和能源安全体系的发展与基本格局/121
第一节　能源安全和气候变化/121
第二节　气候变化和能源安全的国际体系历程/126
第三节　当前气候变化和能源安全的国际博弈基本格局/129

第五章　气候变化和能源安全体系的国际规范/134

第一节　国家主权观念和"共同但有区别的责任"/135

第二节　公平原则和保证发展中国家权益/138

第三节　全球市场制度和技术转让/142

第六章　气候变化和能源安全体系中的权力转移与大国博弈/145

第一节　全球气候变化治理呈现碎片化趋势/147

第二节　能源体系权力结构处于转型时期/149

第三节　低碳创新成为能源气候博弈的核心/154

第四节　主要大国以新能源为竞争的支点/159

第五节　低碳产业发展中的竞争和贸易纷争/163

第六节　低碳减排和应对雾霾的亚洲低碳共同体/168

第三篇

中国的应对/180

第七章　气候变化和能源安全体系的未来图景/181

第一节　有效的全球气候变化治理难以形成/182

第二节　未来全球气候变化治理的结构变化/183

第三节　未来全球能源治理和新兴发展中国家的参与/186

第八章　挑战与创新:中国的政策发展/190

第一节　中国应对挑战与创新的任务及愿景/191

第二节　中国应对挑战与创新的外交思想/201

第九章　挑战与创新:制度内化和软能力/209

第一节　气候变化制度内化/210

第二节　中国应对挑战与创新中的软能力建设/221

第十章　挑战与创新:中国外交战略分析/235

第一节　中国气候能源外交的指导思想和总体思路/236

第二节　中国气候外交战略的国内支撑/245

第三节　气候能源外交和国际秩序/248

结语：气候挑战的发展轨迹和展望/254

附录一　1996年以来主要环境领域重要公约简介/259

附录二　2013年美国总统奥巴马关于气候变化的演讲/274

附录三　联合国正在谈判的可持续发展目标清单/287

附录四　77国集团和中国对联合国可持续发展目标的
　　　　立场文件/300

附录五　调查问卷/309

参考文献　/316

图

图一　全球新能源发展示意图/2

图二　2012年能源CO_2排放增量变化/2

图三　2008年世界CO_2排放量分布图/3

图四　全球气候谈判格局/29

图五　1990年至2010年全球主要经济体GDP增长情况统计 /52

图六　1990年至2009年全球主要国家能源使用量变化情况/53

图七　1990年至2010年全球主要温室气体排放国排放量的变化/55

图八　美国气候变化在国内安全议程的重要程度变化/58

图九　当前气候变化在哪些方面影响国家安全的问卷/98

图十　当前气候变化引发的各个领域安全问题的排序/100

图十一　当前气候变化在诸方面影响国家安全的程度/103

图十二　2020年气候变化在诸方面影响国家安全的程度/104

图十三　2020年气候变化引起的各种安全问题的程度/108

图十四　气候变化在媒体中的出现频率/110

图十五　气候变化带来的直接安全问题影响（平均值）/110

图十六　气候变化带来直接安全问题影响的标准差/111

图十七　粮食安全造成影响的方差和偏差/112

图十八　气候变化带来的传染病安全问题的标准方差/112

图十九　气候变化与国家稳定/114

图二十　气候变化与经济资源安全/114

图二十一　气候变化和跨国冲突与国际气候干预/115

图二十二　国际气候干预的标准方差和平均偏差/116

图二十三　1850—2030年全球二氧化碳排放趋势及预测/123

图二十四　世界上各主要海峡的每日石油运输量/154

图二十五　中国新能源的快速发展/165

图二十六　中日韩印能源结构图/170

图二十七　国际防治气候变化制度对部门间的协调制度出现的作用/212

图二十八　促进政策协调的多种因素/212

图二十九　国际防治气候变化制度是否可以促进各部门信息交流/217

图三十　　国际防治气候变化制度在解决不同部门冲突时的作用/218

图三十一　对于气候变化政策协调制度的评价/218

图三十二　2003年到2007年中国能源消费和GDP增长比较图/225

图三十三　气候变化资金机制的影响/226

图三十四　气候变化谈判与信息交流/228

图三十五　中国参与全球气候变化行动/229

图三十六　影响最大的国际气候变化因素/230

图三十七　中国在全球气候变化行动中发挥积极主导的作用/231

图三十八　中国在气候变化中的角色/232

图三十九　气候变化政策协调制度/233

表

表一　应对气候变化谈判进程/6

表二　部分机构2010年预算费用/20

表三　主要附件一国家的2020年减排计划/48

表四　主要发展中国家的自主减排行动计划/49

表五　气候变化对各个地区带来的直接安全威胁/94

表六　当前气候变化在诸方面影响生态环境安全的程度/98

表七　2020年气候变化影响生态环境安全的程度/99

表八　当前气候变化与传统安全冲突/101

表九　2025年气候变化与传统安全冲突/101

表十　当前气候变化将会在多大程度上影响以下的国家安全问题/104

表十一　气候变化和能源安全数据统计结果/105

表十二　气候变化给美国各个地区带来的直接威胁/109

表十三　各地区碳排放相关数据/140

表十四　2009年国际能源强度比较（IEA）报告/151

表十五　欧美对华新能源企业的反倾销事件/167

表十六　亚太地区低碳合作2005—2007/177

表十七　中国领导人系统阐述保护气候国际合作立场的重要讲话/195

表十八　中国参与建设的国际环境规范/197

表十九　中国领导人系统阐述保护气候国际合作立场的重要讲话/205

表二十　《联合国气候变化框架公约》主要谈判议题/211

气候变化问题是21世纪人类社会面临的最严峻的挑战之一，事关人类生存和各国发展。面对全球气候变化可能出现的严峻后果，人类终于意识到必须采取行动，否则将遭遇史无前例的灾难。能源问题是防止气候变化的核心，能源与国际政治密切相关。人们在研究能源问题时必须把全球能源市场作为一个整体来观察和思考，不仅要看到国家和地区的地理属性与能源资源问题的关系，还要深刻认识到，能源安全是全球化大趋势下世界各国共同追求的目标，它在很大程度上取决于各国如何处理彼此间的能源关系。这种关系有时表现为竞争，但更多的时候是而且必须是对话、协调与协作。

气候变化和能源创新是本书的核心，因此本书提出中国应该推动气候能源外交。气候能源外交就是致力于应对低碳经济带来的挑战与创新的利害关系，就是携手国际社会从政治、经济和安全诸方面一起努力，改善全球气候和能源治理。气候能源安全威胁与传统安全威胁一起深刻地影响着一国战略的优先秩序，以及维护国家安全的途径与行为方式。当前气候变化对国际能源发展问题的影响越来越大，低碳和无碳能源创新成为世界经济的热点。随着国际社会对温室气体排放与地球气候变化相互关系认识的不断加深，国际社会上要求采取对策努力限制或减少温室气体排放的呼声越来越高。国际气候变化谈判已成为最重要的国际多边谈判之一，被誉为当代多边外交的经典案例。因此，从多边外交的视角梳理国际气候变化谈判的实质，把握未来国际气候谈判的走向以及研究发达国家的谈判策略都具有重要的现实意义。气候变化带来了新能源挑战（见图一），并由此推动国际政治经济的变化。随着中国经济快速持续发展，能源需求迅速攀升，所面临的全球环保压力愈发凸显。目前围绕碳排放安排的国际谈判十分激烈：一方面，美国欧洲力压新兴发展中大国的碳排放量增长；另一方面，全球各国都意识到气候危机的严重性，以及共同减排的义务（见图二、图三）。

（比例）水电、核电和其他可再生能源在清洁能源中所占比例

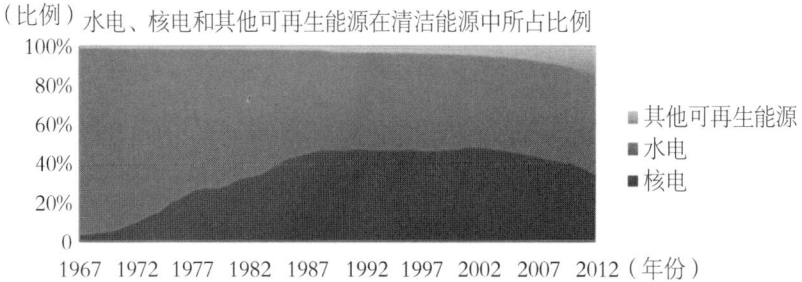

图一　全球新能源发展示意图

资料来源　BP.Statistical Review of World Energy 2013[EB/OL].[2014-07-12].http://www.bp.com/liveassets/bp_internet/china/bpchina_chinese/STAGING/local_assets/downloads_pdfs/.

（单位：百万吨二氧化碳）

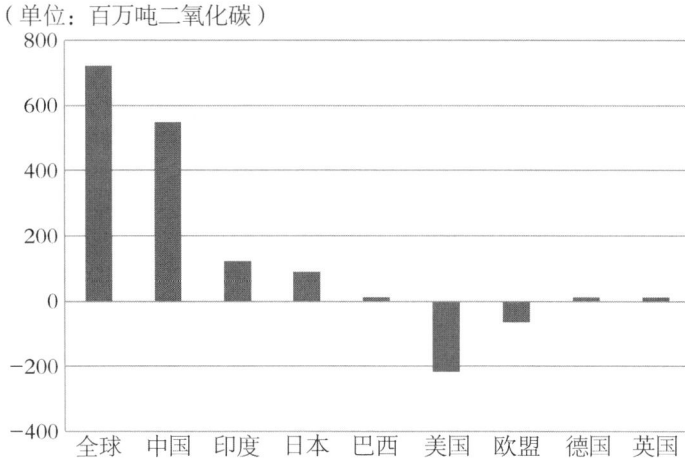

图二　2012年能源CO_2排放增量变化

资料来源　BP.Statistical Review of World Energy 2013[EB/OL].[2014-07-12].http://www.bp.com/liveassets/bp_internet/china/bpchina_chinese/STAGING/local_assets/downloads_pdfs/.

气候变化治理要求世界各国必须在代际代内公平、对资源可持续利用和环境与发展一体化的基础上对各国的环境需求加以限制，因此产生了环境容量和发展空间的竞争。

全球气候谈判各方谈判签署了《柏林授权》、《日内瓦宣言》、《京都议定书》、《波恩协定》、《马拉喀什协议》、《马拉喀什宣言》、《德里宣言》、《巴厘行动计划》、《哥本哈根协议》、《坎昆协定》等法律文件，而之后的国际谈判几乎全部围绕着德班平台进行，使其成为气候谈判的核心。2014年利马气候变化大会完成了三个任务：一是完成华沙会议的授权任务，确定各缔约方提交国家自主贡献（INDC）的范围和信息内容；二是初步确定"2015年协议"各要素和基本文本；三是为提高2020年前减排力度制订工作计划。此外，关于"2015年协议"的法律形式问题也越来越受到关注。在这些关键问题上，各缔约方尽管存在很多分歧，但经过艰苦的磋商都表现出一定灵活性，使利马会议取得较为积极的成果，为2015年谈判和巴黎会议奠定了基础。"利马气候行动呼吁"（Lima call for climate action）确定了"2015年协议"的原则、提交国家自主减排（INDC）的时间表和信息内容以及提高2020年前减排力度的工作安排。在正文部分强调"2015年协议"应该在"参照不同国情"（in light of different national circumstances）的情况下反映"共同但有区别的责任"原则。全球气候谈判讲程见表一。

建立以限容-创新为特征的气候变化分析视角对研究低碳经济具有重要意义。目前，针对低碳经济所引发的挑战与创新两大分歧，已经形成了欧盟、伞形集团①、"77国集团+中国"等谈判联盟。欧盟积极推进气候变化治理，强调全球温室气体减限排；伞形集团则提出只有中国、印度等发展中大国也参与到全球减排进程中，遏制气候变化才会取得成效，并据此作为不履行公约规定义务的借口；"77国集团+中国"主张只为发达国家规定进一步的减排目标，不能为发展中国家规定具体指标，强调发达国家要切实履行其在公约下所承担的资金和技术转让的义务。全球气候变化治理的特殊性在于广泛的关联性。2012年"德班增强行动平台"启动后，气候变化两大挑战在全球政治中的地位日益凸显，低碳创新在大国经济较量中的地位上升。随着美国新政府态度的变化，发达国家继续通过设置减排

---

① 伞形集团以美国为主，集结其他非欧盟的工业国家，由日本、美国、加拿大、澳大利亚、新西兰等组成。

表一　　　　　　　　　　　**应对气候变化谈判进程**

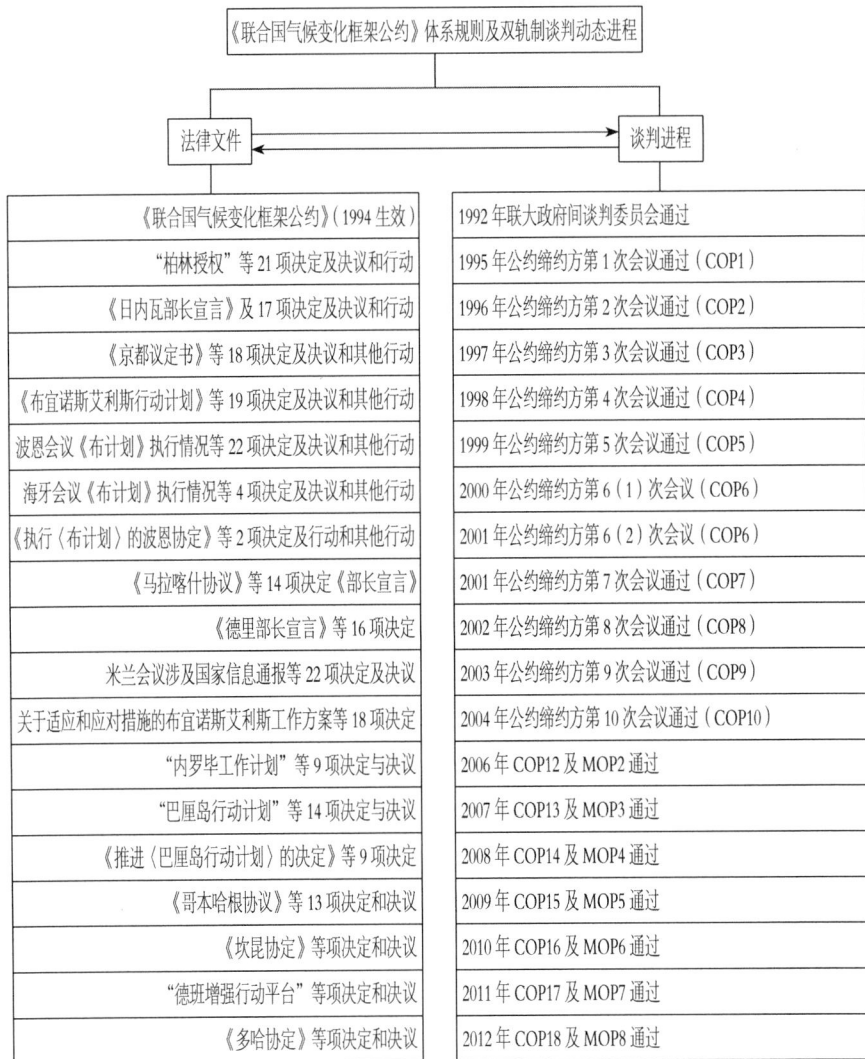

《联合国气候变化框架公约》体系规则及双轨制谈判动态进程	
法律文件	谈判进程

法律文件	谈判进程
《联合国气候变化框架公约》（1994生效）	1992年联大政府间谈判委员会通过
"柏林授权"等21项决定及决议和行动	1995年公约缔约方第1次会议通过（COP1）
《日内瓦部长宣言》及17项决定及决议和行动	1996年公约缔约方第2次会议通过（COP2）
《京都议定书》等18项决定及决议和其他行动	1997年公约缔约方第3次会议通过（COP3）
《布宜诺斯艾利斯行动计划》等19项决定及决议和其他行动	1998年公约缔约方第4次会议通过（COP4）
波恩会议《布计划》执行情况等22项决定及决议和其他行动	1999年公约缔约方第5次会议通过（COP5）
海牙会议《布计划》执行情况等4项决定及决议和行动	2000年公约缔约方第6（1）次会议（COP6）
《执行〈布计划〉的波恩协定》等2项决定及行动和其他行动	2001年公约缔约方第6（2）次会议（COP6）
《马拉喀什协议》等14项决定《部长宣言》	2001年公约缔约方第7次会议通过（COP7）
《德里部长宣言》等16项决定	2002年公约缔约方第8次会议通过（COP8）
米兰会议涉及国家信息通报等22项决定及决议	2003年公约缔约方第9次会议通过（COP9）
关于适应和应对措施的布宜诺斯艾利斯工作方案等18项决定	2004年公约缔约方第10次会议通过（COP10）
"内罗毕工作计划"等9项决定与决议	2006年COP12及MOP2通过
"巴厘岛行动计划"等14项决定与决议	2007年COP13及MOP3通过
《推进〈巴厘行动计划〉的决定》等9项决定	2008年COP14及MOP4通过
《哥本哈根协议》等13项决定和决议	2009年COP15及MOP5通过
《坎昆协定》等项决定和决议	2010年COP16及MOP6通过
"德班增强行动平台"等决定和决议	2011年COP17及MOP7通过
《多哈协定》等项决定和决议	2012年COP18及MOP8通过

　　资料来源　作者自制。

目标或产业标准来约束中国的发展空间。在这种形势下，中国参与全球气候治理进行减排的压力日益增大。奥巴马强调，国际社会需要就气候问题达成一项雄心勃勃、具有包容性和灵活性的协议。中美两国作为世界两个最大的经济体和排放国，有着特殊的责任，应率先在气候变化方面采取行动。欧盟也催促中国和美国在气候谈判中起到积极作用，欧盟气候谈判代表赫泽高称：要想气候谈判成功，中美两国必须接受严格的减排目标，并提供资金来帮助穷国减排和适应气候变化。赫泽高认为，中国的人均排放已经超过欧洲的人均排放，且一直是达成协议的主要障碍。这一压力无疑会将原来中国与其他发展中国家的联盟打破，使中国陷入孤立。全球气候变化治理面临的一个基本事实是，如何协调中国、欧盟和美国的关系，如何继续维护联合国框架下的德班平台制度建设。气候变化不同于其他议题，它具有高度的敏感性并与我国当前的中心工作——经济发展有密切的联系。现在面对全球治理方面的压力，中国应该采取积极的应对之策，而不能消极被动地等待和观望。

第一，在国内制定适合本国国情的减排政策，并将之纳入我国国民经济发展的总体规划，以便在国家战略层面适应气候治理变化的新形势。应该看到，中国领导层已经意识到这一问题的紧迫性。中国国家主席习近平特使、国务院副总理张高丽在2014年联合国气候变化峰会的发言中指出，应对气候变化是中国可持续发展的内在要求，也是应尽的国际责任，中国将制定实施应对气候变化的国家方案和规划，确保实现2020年碳排放的强度比2005年下降40%~45%。中国在应对气候变化和节能减排方面已经取得了一系列成果。张高丽表示，中国要主动地承担与自身的国情和实际能力相符的国际义务，尽快提出2020年后应对气候变化的行动目标。碳排放的强度要显著下降，非化石能源的比重要显著提高，森林的蓄积量要显著增加，努力争取二氧化碳的排放总量尽早达到峰值。

第二，必须承认气候变化已经带来了新的地缘经济和政治变化，传统的联合国自上而下的治理已经很难把各国碳排放控制在地球承载能力范围之内。因此，中国应在继续有效地发挥联合国治理机制的基础之上，探索新的治理机制，并且在新的治理机制中占有一席之地。中国在联合国气候变化峰会中承诺：将把气候变化援助资金增加一倍，并建立"应对气候变化南南合作基金"，中国还将提供600万美元支持联合国秘书长推动应对气候变化的南南合作。

第三，亮出我国在气候治理问题上的观点，以理服人。在本次会议上张高丽表示，中国支持巴黎会议如期达成协议。为此他提出三点倡议：

（1）坚持公约框架，遵循公约原则。（2）兑现各自承诺，巩固互信基础。（3）强化未来行动，提高应对能力。中国在峰会上重点展示了应对气候灾害、社会企业的自主减排行动，以及在国内加强气候复原力等成就。我国在电动汽车、风电、电网等技术和制造能力方面均已国际领先，比亚迪和万科用中国绿色产业海外贡献的事实回击一些西方媒体和 NGO 歪曲的负面报道。这些原则性意见的提出摆明了我国的态度。

第四，积极参与，争取话语权。实事求是地讲，我国在气候治理问题上可能还有不足，但是相较于西方国家的反复无常和自己国家利益至上的表现，我国表现还是比较积极的。但是由于西方国家掌握了国际话语权，对中国进行歪曲和攻击，我国一定要积极向全世界宣传我国在节能减排领域取得的巨大成果，让世界各国政府及人民认识到中国在气候治理中的贡献。

第五，鼓励国内的企业在节能减排、新能源技术等方面发挥作用。在提高国内市场减排效果和技术能力的同时，积极走出去参与世界节能减排市场的竞争。随着全球气候治理的深入，这方面存在着一个巨大的商机，我国的企业要积极地抓住这个商机，促进自身的发展。

承认竞争也是推动气候谈判的动力。中美欧等大国及地区竞争不仅仅存在于威斯特伐利亚权力体系的"你之所得即是我之所失的零和关系"中，低碳和新能源竞争可以有效推动世界各国在新能源发展中的整体性和相互依存性，也可以提升新能源大国的实质话语权和倡议权等。当前中欧美等可再生能源大国及地区继续引领气候治理，可再生能源资源富集国家（如巴西、北欧国家）的地位不断上升。展望未来，上述问题在华沙大会之后都会成为新的全球气候治理的中心议题。飓风起于青萍之末，只有准确把握全球气候治理的方向才能更好地做出应对，中国的发展离不开世界，只有把握世界经济运行的脉搏才能更好地使中国经济这艘大船乘风破浪、一路前行！

第一篇
挑战：气候变化引发的国际关系变化

气候变化问题是典型的全球性公共物品问题，呈现出不可分割性、渗透性和紧迫性的特点。因此，应对气候变化只有通过国际间的合作才能成功。目前减缓气候变化的国际合作已形成以联合国为中心、20国集团等其他多边机制为补充的多层次治理模式，在"共同但有区别的责任"原则上，发达国家与发展中国家依然存在重大分歧。与此同时，发达国家阵营和发展中国家阵营都出现了不断分化的趋势。2012年后的国际气候变化谈判在曲折中艰难发展。低碳经济所引发的挑战主要在三个方面：一是全球环境气候格局的变化，二是气候谈判权力结构的变化，三是气候变化安全化以及对外交的影响。本篇主要从以上三个方面进行分析论述。

第一章

环境和气候变化治理格局的发展变化

　　全球环境问题是综合性问题，与人口、技术、观念和经济发展均有关系，但在当今主要是国际政治问题。环境问题的国际政治根源是国际社会的无政府状态和不平等性。国际体系的无政府状态导致国家在落后时采取赶超型发展战略，赶超必然导致发展的扭曲和不均衡，扭曲的发展必然导致资源浪费和环境破坏。1992年联合国环境与发展大会达成全球环境治理共识，通过各种组织、政策工具、融资机制、规则、程序和范式来规范和推动全球环境保护进程。气候变化是全球环境治理中的突出问题，本章从体系的层次探讨全球环境治理和气候格局的总体发展态势。

第一节　全球环境治理：制度和领导的双赤字

　　全球环境治理特别是气候变化是全人类共同关心的问题。在全球环境治理过程中，后现代进程的发达国家、新兴发展中国家、资源富裕国家，以及联合国环境署和其他非国家行为体，依据国际环境法的规则、制度和价值规范，在人类生存品质和代际公平、资源和经济协调发展、主权和环境干预等方面处于多元合作竞争的复杂博弈状态。全球环境治理不仅存在于威斯特伐利亚的权力结构体系中，而且处于全球环境规则制度等制度的互动过程之中。

全球环境治理面临着领导失衡以及制度碎片化两个方面问题。一方面，世界各国在推进可持续发展、实现千年发展目标方面取得了一定的进展，包括中国在内的新兴经济体崛起，这意味着冷战结束初期西方主导的全球治理权力结构发生重要变化，全球环境治理的领导力量出现失衡；另一方面，在国际金融危机和气候变化等环境危机的双重影响下，全球治理机制、领导和组织方式也在不断发生变化，全球环境治理的碎片化问题突出。2012年里约+20联合国可持续发展大会经历了20年后重回里约的"原点"，仅重申了里约的原则，未能在全球环境治理机制上取得进步。许多发展中国家未能实现千年发展目标，发达国家没有完全兑现其承诺。由于一些国家的退出，《京都议定书》无法实现当初的减排设想，从防治荒漠化到生物多样性等多边协商成果的有效性都在下降。

一、制度和领导力：全球环境治理的二元属性

近现代国际体系自欧洲起源以来几乎就围绕着战争与和平等"高级政治"问题展开，然而20世纪后半叶随着现代化进程的加速和工业化的迅猛推进，环境问题和环境安全观念开始涌现。日益突出的生态环境问题也使得全球治理尤为错综复杂。全球环境变化影响到世界各国的利益，并推动国家行为以及相互关系根据全球治理的需求而相应加以调整。在这种背景下，地球环境因素作为被分享和竞争的资源，成为全球环境治理的重点，并引发主要力量在全球环境责任分配、未来发展权益等方面的较量。霍夫[1]（Hough）提出全球环境治理应该用经济、政治和社会全球化引起的治理来解释，因此全球环境治理是一个因果范畴，而不是空间范畴。全球环境治理涉及三个层面：一是环境层面，二是经济层面，三是政治层面。首先是环境层面，全球环境治理进程发展肇始于20世纪60年代兴起的环境运动，其焦点在于国家的生存层面，即全球性生态环境问题对国家环境安全的影响。因为环境问题具有全球的外部性，往往一个国家造成的环境污染，却必须要相邻国家或者全球国家共同来承担后果，例如大气污

---

① PETERSON M, HUMPHREYS D, PETTIFORD L. Conceptualizing global environmental governance: from interstate regimes to counter-hegemonic struggles [J]. Global Environmental Politics, 2003, 3: 1-10.

染、热带雨林消失。1972年6月5日—16日，联合国在斯德哥尔摩举行第一次人类环境会议。这是世界各国政府首脑第一次坐在一起讨论环境问题以及人类对于环境的权利与义务的大会。会议通过了联合国的第一个关于保护人类生存环境的国际原则声明，即《人类环境宣言》。大会提出了一个响亮的口号——"只有一个地球"。其次是经济层面，国家本身的经济、社会和环境相互影响，例如：人口快速增长会造成社会压力，为经济活动任意取用环境资源会造成环境压力。1992年全球环境治理进程开始结合经济发展和生态保护进程，逐渐提出了可持续发展和绿色经济的治理目标。1992年在里约热内卢召开的联合国环境与发展会议（UNCED）达成了包含27项原则的《里约宣言》，通过了全球可持续发展战略文件《21世纪议程》，签署了《联合国气候变化框架公约》（UNFCCC）和《生物多样性公约》（CBD）两个重要的国际性环境协定。最后是政治层面，随着新世纪环境安全问题的发展，西方国家开始把环境问题和军事干涉等联系起来，把环境问题安全化和政治化。这在气候变化和水问题上表现明显。2011年，联合国安理会在德国和美国等的推动下，不断就气候变化对和平与安全举行公开辩论，并通过了具有影响的主席声明，这反映出联合国正在加大将环境问题安全化的力度，并将安理会作为实现这一目标的主要平台。2007年，联合国安理会举行了历史上第一次有关气候变化及其与国际安全的关系的讨论。这次会议更多是在该月联合国轮值主席国英国的推动下进行的。2007年联合国大会也首次就气候变化问题举行非正式专题辩论，主题是"气候变化是一项全球性挑战"，近100个国家和地区在此次有关气候变化问题的大会上发言。2010年7月联合国安理会就"国际和平与安全：气候变化的影响"再次举行辩论，会后的声明对气候变化可能对国际安全产生的长远影响表示关注，这已经意味着气候变化上升到联合国集体安全行动的轨道上来。此外，2012年以来美国在联合国提出以水-粮食-能源为核心的纽带环境安全概念，认为水、能源和粮食是影响全球资源安全的核心要素，这三个要素相互影响和联系，既要从战略上认识到三者共生共存的重要性，又要采用新的合作方式解决三个要素产生的整体安全恶化问题。

因此全球环境治理是一个复杂、多边和持续的政府间互动过程，既涉及控制竞争也涉及协调合作①。通过以上全球环境治理进程的描述，我们可以得出，尽管从环境、经济和政治三个方面来看，全球环境治理都至关重要，然而当前的全球环境治理在有效性、组织权威性等方面仍然存在一系列的问题。全球环境的治理失效源于领导力和国际制度两方面的原因。基欧汉（Robert O.Keohane）认为"如果没有霸权领导或者国际制度，国际合作成功的可能性是极低的，集体行动的困境将会十分严重"。奥兰·杨（Oran R.Young）指出在缺乏有效治理机制和谈判领导力的情况下，理性和自利国家很难实现集体行动。②因此，权力和制度建设始终是全球环境治理发展过程中的二元属性，需要在研究中加以充分重视。

制度建设突出了全球环境治理的多元参与、制度互动等特点。首先，奥兰·杨认为对于环境容量和资源的制度议价是全球环境治理结构的主要方式。由于环境是世界各国"分享的资源"和"共同的财产"，世界各国必须在考虑代际公平、对资源可持续利用、代内公平和环境与发展一体化的基础上建设各种全球治理机制。20世纪70年代，从全球环境治理制度方面，联合国成立了联合国环境规划署（United Nations Environment Programme，UNEP）。联合国环境规划署是联合国内协调重大环境行动的专门机构，从属于联合国经社理事会。里约会议之后，召开了一系列的国际会议，如1993年的维也纳世界人权大会、1995年的哥本哈根社会发展世界首脑会议、1996年罗马世界粮食首脑会议等，逐渐形成在全球、区域、国家及地区层次上发达国家与发展中国家、政府与企业界通过合作商讨解决全球环境治理的新模式。全球环境治理到90年代初初步形成了以联合国环境规划署为核心、其他国际环境机构为补充、全球环境大会为国际论坛的一种横向的、平行的、松散的体系层次。其次，全球治理不仅意味着正式的制度和组织——国家机构、政府——间合作制定（或不制定）和维持管理世界秩序的规则和规范，而且意味着所有其他组织和压力团体——从多国公司、跨国社会运动团体到众多的非政府组织——都追求对跨

---

① BETSILL M M, BULKELEY H. Cities and the multilevel governance of global climate change [J]. Global Governance, 2006, 12:141-159.
② YOUNG O R. International cooperation [M]. New York: Cornell University Press, 1989:199.

国规则产生影响。雅德尔（Adger）认为全球环境治理是指"通过建立、重塑或改变机制的管理方式解决环境冲突，这样可以减少或限制环境资源的使用"。2002年8月在南非约翰内斯堡召开的世界可持续发展首脑会议（WSSD）在全球环境治理方面也取得了一系列成果。此次会议发表了《约翰内斯堡宣言》并通过了体现可持续发展战略的《实施计划》。《实施计划》专门论述了制度建设问题，提出政府、非政府部门和国际组织为强化可持续发展制度建设所应承担的责任，呼吁各国批准一系列重要的环境协定、建立政府与非政府部门之间广泛参与的"伙伴关系"，并促进现有联合国机构的协调和合作等。最后，全球环境治理机制的交互指的是国际机制之间的交互感应，是对国际制度在功能和运行上彼此交叉的概括①。奥兰·杨将国际机制的互动分为"水平互动"（horizontal interplay）与"垂直互动"（vertical interplay）两种，存在议题交叉的全球环境与贸易的治理处于水平互动关系之中，不同层级和范围的治理只处于垂直互动中②。环境气候议题已经嵌入到世贸组织"贸易与环境"谈判进程中。世贸组织框架已经初步构建"与贸易有关的气候措施协议"。

　　全球环境治理进程的另一个决定因素是权力竞争。新现实主义者认为国际制度和国际组织将会演进而非解体，国际制度和国际组织的演化缘于国际权力分配的变化、不同成员国家利益的变化以及新的国际组织成员的加入。克莱斯勒（Krasner）认为国际组织和国际制度是由各国的利益和相对国家力量决定的。借助威胁（threats）和议程的相关性（issue linkages），国家力量可以决定谁参与国际组织、谁来决定国际组织的游戏规则以及收益情况。自从1648年《威斯特伐利亚条约》（Treaty of Westphalia）签订以来，特别是经过现实主义学派的演绎，权力政治和传统安全逐渐成为国际政治的主要议题。过往对国际关系的论述，纵然也会把生态环境问题等非传统安全置于探讨空间，但多是作为以国家为主轴的

　　① JUNGCURT S. A framework for analyzing interplay between international institutions, paper presented at the Workshop in Political Theory and Policy Analysis [EB/OL]// Bloomington: Indiana University. [2011-02-12]. http://dlc.dlib.indiana.edu/archive /00002123/01/Stjungcurt- interplayFW-0207.pdf.
　　② YOUNG O R. Institutional interplay: "the environmental consequences of cross- scale interactions" [M]// STERN P C. The drama of the commons. Washington D. C.: National Academy Press, 2002: 263-292.

从属讨论，而不是一个范式转移，或一个新的思维定位。20世纪70年代后，资源和环境危机引发了权力现实主义环境安全研究的兴起。权力现实主义关注国际集体行动中参与国的权力结构问题，提出一国在集体行动中的地位将决定该国的国际合作行为。基欧汉（Keohane）把霸权稳定理论与集体行动联系起来，并提出大国对于实现集体产品具有重要意义，纵然霸权衰落，但其创造的国际制度会持续促进集体行动。他认为，"如果没有霸权领导或者国际制度，国际合作成功的可能性是极低的，集体行动的困境将会十分严重"。现实主义和葛兰西主义都比较强调环境治理中的权力结构问题，米尔斯海默（John J.Mearsheimer）认为全球治理和国际组织也只是大国利益计算的产物。霍默-狄克逊从供给、需求和环境结构稀缺性三个角度，论证了环境问题会增加国际体系中竞争和冲突的级别，这正是主要大国争夺环境容量的理论基石①。全球治理理论产生于20世纪70年代晚期，资源有限的发展中国家开始争取国际经济新秩序，南北矛盾开始取代东西矛盾变成全球政治的主要焦点，发达国家成功地通过《京都议定书》把冷战时期的意识形态对抗，转化为发展中国家和发达国家的对抗。发达国家认为，气候的人为改变主要来自发展中国家对森林的滥砍滥伐和对植被的各种破坏，必须采取措施制止发展中国家的发展趋势；发展中国家则认为，从人均消耗能源来看发达国家的能耗约为发展中国家的10~20倍，不合理的消费结构和工业高能耗结构，以及通过殖民地体系和不平等的世界贸易体系对发展中国家的掠夺性开发才是气候变化的原因。目前发达国家既希望通过"德班增强行动平台"的竞争，把国际减排斗争转化为发展中大国和传统大国的竞争，也希望通过把责任推给新兴大国以解决全球环境治理问题。

二、制度碎片化和全球环境治理赤字

在全球环境治理的发展过程中，随着不同阵营之间和内部的差异性和制度交互性增多，呈现出"碎片化"局面。其主要表现在治理参与主体和制度建设两方面。

从治理主体碎片化角度来说，伊肯伯里等认为随着新兴发展中大国崛

---

① HOMER-DIXON T. Environment, Scarcity, and Violence[M]. Princeton: Princeton University Press, 1999: 2-6.

起，传统大国开始内向化（inward looking），强调全球治理作为国内政治工具的属性。首先，随着发展中国家之间发展程度和差距越来越大，发展中国家谈判阵营的立场差异和分歧逐渐扩大，应对气候变化等全球环境问题的潜在矛盾逐渐表面化，尤其是在减排目标和责任等方面。如从2005—2030年，中国和印度能源需求增量将会占据全球增量的45%以上，因此小岛屿国家和对气候变化影响表现脆弱的非洲贫困国家要求制定一项比《京都议定书》更加严格的具有法律约束力的协议，要求实现1.5度的减排目标。这一要求遭到经济快速增长的发展中国家的普遍反对，认为达到这个目标将会使经济发展出现倒退。中国气候变化谈判代表团副团长苏伟也强调，发展中国家内部由于情况不同、地理位置不同、资源不同，应对气候变化的立场存在很大的差异，这使得中国借助发展中国家维护自身利益的程度相应会受到一定的限制，而且承担着来自发展中国家内部的越来越大的压力。其次，欧美等发达国家在气候变化中长期减排方面立场的固有差异仍未解决，对国际合作模式的认识差异增多。如美国代表的伞形联盟与欧盟在气候变化的认识、应对的方法、国际合作以及对发展中国家的要求等诸方面立场的固有差异仍未解决，新的矛盾增多。最近美国国内立法让奥巴马无法在气候变化领域施展才华，美国更无法接受《京都议定书》模式，日本、加拿大和澳大利亚则在哥本哈根大会上对减排附带了各种条件，欧盟内部和美国为首的伞形集团在减排这个核心问题上的分歧也日益明显。欧盟表示"计算标准可以是任何一年，但评价基准年只能是1990年"，以此强调将继续以《联合国气候变化框架公约》及《京都议定书》定下的基准年1990年作为国际谈判的基准。欧盟虽然承诺至2020年将排放量降低20%[①]，德国、英国和部分北欧国家希望将其减排幅度提高至30%，但增大减排幅度引起东欧国家、意大利等国的激烈反对，导致欧盟无法形成统一行动。另外在2009年哥本哈根气候变化大会上出现了许多新的机制和声音，除了之前一直占据话语权的发达国家，发展中国家和其他国家集团出于各自国际利益的考虑，以公开或非公开的方式提

---

① 曾静静，曲建升，张志强.国际温室气体减排情景方案比较分析[J].地球科学进展，2009,24（4）：437-439.

出了各自的案文，包括中、印、巴、南"基础四国"、非洲集团、沙特阿拉伯、小岛国集团等。

一些学者认为全球环境治理机制太多且过于碎片化，机制缺乏实施和履约能力，也造成资金援助小额化和低效率等问题。特别是在一个环境领域，有些制度几乎无法相互联系，并且有着不同的、不相关的决策制定过程；有些则存在原则、规范和规则的冲突。联合国负责水资源保护问题的机构就有：联合国防止荒漠化公约组织、联合国 Ramsar 湿地保护公约组织、亚太经社理事会、亚太水理事会（ESCWA）、国际海事组织、全球环境基金、联合国开发计划署、联合国淡水计划项目（UN Fresh Water）、联合国欧洲经济委员会、联合国环境署、联合国教科文组织、世界卫生组织等，这些机构互不隶属，水资源治理项目和资金经常出现浪费和重复的现象。以气候变化机制为例，《联合国气候变化框架公约》为核心的气候变化治理机制受到质疑，以大国协调为特征的合作机制模式（如 G20、主要经济体论坛等互动模式）、自下而上的市场资源模式等不同制度在发达国家和发展中大国之间不断发展。美国 2007 年启动了主要经济体在能源安全和气候变化问题上的合作进程，这项进程包括世界上最大的 17 个经济体，目的是减少温室气体的排放。它与联合国气候机制的关系是模棱两可的、部分而言是冲突的。欧盟已经组成卡塔赫纳论坛（Cartagena Dialogue for Progressive Actions）[1]，并对谈判进程也起到一定的推动作用，其主要成员国包括发展中国家安提瓜和巴布达、孟加拉国、哥伦比亚、哥斯达黎加、埃塞俄比亚、印度尼西亚、秘鲁、萨摩亚、马拉维、马尔代夫、马绍尔群岛、墨西哥、坦桑尼亚、泰国、东帝汶、乌干达等，也包括发达国家比利时、法国、德国、加纳、新西兰、挪威、西班牙、荷兰、英国，以及其他欧盟国家等。2012 年，美国、加拿大、墨西哥、瑞典、加纳、孟加拉国和联合国环境规划署联合发起气候和清洁空气联盟，已经有 30 多个成员，旨在减少气候变化和气候有害物质排放。

三、领导力缺失和全球环境治理赤字

在权力转换过程中，随着新兴发展中大国崛起，美国和欧洲等在全球

---

① CLARK D. How fossil fuel reserves match UN climate negotiating positions [R] .Guardian, 2012.

治理上逐渐收缩，全球治理缺乏新的领导动力，传统大国的倡议和议程设置能力都有所下降。在 20 世纪 70 年代，美国尼克松政府和卡特政府主导了全球环境治理发展，成果有《巴塞尔公约》（Basel Convention，管制有害废弃物跨国移动）、《蒙特利尔议定书》（Montreal Protocol，管制臭氧层破坏物质）、《生物多样性公约》（Convention on Biological Diversity）、《华盛顿公约》（CITES，保护濒临绝种动植物）、斯德哥尔摩公约（Stockholm Convention，管制持久性有机污染物 POPs）等。然而 21 世纪以来，无论是美国还是欧洲都未能发挥类似上个世纪的领导作用，表现有其首脑缺席里约+20 联合国可持续发展峰会。2012 年里约+20 联合国可持续发展峰会更加充分地反映了全球环境治理的领导赤字问题。本次会议正值许多重要国家的大选年，包括美国、俄罗斯、法国、中国等主要国家都处于总统大选或领导换届，许多国家的领导人或忙于选举，或忙于选后的各项安排，对于预期不能获得政治加分的国际会议自然缺少政治热情。受金融危机影响，以往在环境领域最为积极的欧洲各国把主要精力都放在欧元区和各国的国内事务上，挽救欧元、维护金融和经济秩序、解决严重失业问题是其头等要务，在此时机不可能出来承担更多责任和领导作用也无可厚非。新兴经济体虽然获得越来越多的话语权，但一方面由于其经济实力及其他方面的缺陷尚不足以领导全球，另一方面，出于"共同但有区别责任"的原则，新兴经济体也希望发达国家能够兑现承诺，新兴经济体寻求更公平的责任分担。因此，本次"里约+20"大会除了中国、意大利等少数国家的政府首脑发言和主办国巴西表现较为积极外，整体缺乏有效的领导力。

西方学者普遍认为中国等新兴大国崛起改变了既有的全球治理结构[①]。西方国家学者开始研究如何推卸环境治理的领导责任和义务，如何用全球环境治理来限制发展中国家。彼得·哈斯和托马斯·迪克逊等学者提出要从环境容量入手限制发展中国家对稀缺环境资源的无序竞争[②]，詹姆士·罗西瑙等也提出全球治理正从"权力均衡"向"付费均衡"发展，

---

① IKENBERRY G J. The rise of China and the future of the west. Can the liberal system Survive? [J]. Foreign Affairs, 2008, 87（1）：23-37.

② HOMER-DIXON T. Environment, scarcity, and violence [M]. Princeton: Princeton University Press, 1999: 26-43.

发展中国家必须为全球污染付出代价①。克里斯托弗·斯通等学者认为与其让发展中国家"搭便车"②，不如通过环境容量约束发展中国家。在臭氧层问题领域，有学者指出："关于臭氧保护的谈判是一种南—北冲突，而非一个全球共同问题。印度既不是臭氧消耗物质的主要生产国和使用国，也不关注臭氧物质对同温层的影响。没有印度和中国的参与，全球防治臭氧层行动没有意义。但这两个国家被指责为'国际上的敲诈者'和'隐藏的威胁'。"

更为重要的是，冷战结束后，"联合国已从昔日被冷落的边缘地位逐渐移向国际关系的中心，正在成为变化无常的世界局势中的'一个不变的中心点'"，在全球治理的很多领域，都在发挥作用。然而联合国环境规划署（UNEP）作为全球环境治理的核心，却很难在从气候变化到荒漠化等各个领域中发挥领导作用，并且不能有效地发挥为国际社会提供全球环境公共物品的功能。全球环境治理的领导能力缺失首先反映在联合国环境署自身，联合国环境署的领导能力有限、授权有限、预算有限，也缺少普遍的政治支持。如表二所示，联合国环境规划署所掌握的预算在国际组织比较中，显然不足以支持它的领导作用。

表二　　　　　　　　　　**部分机构2010年预算费用**

组织机构	2010年预算费用
联合国环境规划署	9 000万美元
世界银行环境项目	500亿美元
联合国开发署环境项目	12亿美元
世界贸易组织环境与贸易项目	18亿美元
绿色和平（非政府组织）	1.9亿美元
世界自然基金会（非政府组织）	2.24亿美元

资料来源　作者根据联合国、WTO、世界自然基金会和绿色和平等网站信息自制。

---

① 罗西瑙.没有政府的治理：世界政治中的秩序与变革[M].张胜军，刘小林，译.北京：中央编译出版社，2001：21.
② See STONE C D. Defending the Global Commons[M]// SANDS P. Greening International Law. London: Earthscan Publication Limited, 1993: 36.

联合国环境规划署对全球环境污染和资源管理也缺少权威。由于联合国环境规划署的制度失效，全球环境治理体制高度分散和碎片化。不仅如此，联合国环境规划署还要在责任、政治支持度、各种资源等问题上与联合国其他部门展开竞争，这些部门包括联合国可持续发展委员会、联合国发展项目组、世界气象组织和国际海洋委员会。一些独立的条约秘书处也要和联合国环境规划署竞争时间与注意力，包括《蒙特利尔条约》（关于臭氧保护的）秘书处、《巴塞尔条约》（关于危险废物贸易）秘书处、《国际贸易与濒危物种协议》秘书处和《气候变化协议》秘书处。联合国机构缺乏协调，导致环境治理在认同问题、追踪环境趋势、设置优先权、合理财政支出等方面出现问题。

领导力赤字在全球气候治理领域表现明显，全球气候变化作为一个非强制性的松散型政治议题，既吸引了各国和地区的关注，同时也无法对各国和地区的政策形成强制性制约。气候变化演化为复杂的长期环境问题，是全球市场失灵和国际制度失灵的结果。欧盟作为气候谈判的发起者，一直是推动气候变化谈判最重要的政治力量。但是哥本哈根会议之后欧洲在气候谈判中的地位不断下降。特别是2011年以来欧债危机将会给全球新能源产业发展带来阻力，进而使联合国气候谈判遇阻。债务和财政取代气候变化和低碳成为当前欧洲最紧迫的问题，民众和舆论的关注点也随之转移。与此同时，在政治层面推动力相对弱化，也将影响到欧洲应对气候变化的领导能力。而发达国家整体则继续规避自身的减排责任和援助义务。他们刻意把气候变化谈判引入讨论程序问题、技术问题、边缘问题，对于发达国家率先深度减排和兑现资金与技术转让承诺等实质性问题则采取拖延战术。从联合国对气候变化的领导力来看，应对气候变化不同的利益诉求导致各国的气候外交的立场差异，进而影响到气候变化谈判的进程，特别是由于唯一具有量化法律约束力的《京都议定书》第二承诺期无法达成一致，联合国的多边框架在气候变化问题上的主导地位正受到质疑。

四、联合国环境规划署在全球环境治理运行中的问题

随着以气候变化为核心的全球环境问题的日益复杂和加剧，联合国环境规划署的组织结构、职权与功能已经无法适应解决全球环境治理的需要。

（一）联合国环境规划署并未实现其"全球环境事务首席协调者"的地位

在联合国系统内部，联合国环境规划署（UNEP）与联合国永续发展委员会（UNCSD）、世界气象组织（WMO）、联合国开发计划署（UNDP）等20多个联合国专门机构一同治理环境问题，彼此间缺乏协调。首先，涉足环境领域的确立已久的联合国机构（WHO，FAO，IAEA，WMO，World Bank，GATT/WTO）都拒绝接受联合国环境规划署的协调。其次，新成立的环境机构如全球环境基金等也不愿接受联合国环境规划署的协调。全球环境基金（GEF）不是被置于联合国环境规划署管理之下，而是成立之初即被作为坐落在华盛顿特区的一个独立的金融组织，且实际上是置于世界银行的控制之下，但是联合国开发计划署和联合国环境规划署也被列为其"执行机构"。在联合国环境规划署推动下，全球环境基金作用不断增强。再次，联合国环境规划署本身就是分裂的，很难去协调它的8个部门、6个区域办事处、7个联络处、7个驻外办事处、6个协作中心、若干公约秘书处以及5个科学咨询小组。最后，在协调解决一些全球性的环境问题时，联合国环境规划署的管辖权窄、预算少、工作人员不足。

（二）联合国环境规划署在政治支持和机构建设上均处于弱势

联合国环境规划署作为全球环境治理的核心，却很难在全球环境保护中发挥领导作用。自从联合国环境规划署成立以来，其政策协调授权的失败已经很明显：涉足环境领域的确立已久的联合国机构与之后新成立的机构都不愿认可联合国环境规划署的权威，这进一步削弱了联合国环境规划署在全球环境政策中的作用。尽管联合国环境规划署在促进新的多边环境协定的谈判方面非常成功，但是在协调由其发起的公约所产生的政策和行动方面却相对不成功，因为这些公约变得更加自主且往往比联合国环境规划署本身得到更好的资助。一些结构上的特点抑制了联合国环境规划署实现这一任务的能力。可持续发展委员会（CSD）设立的目的是在可持续发展的三大支柱之间进行协调：监控《21世纪议程》的实施和协调1992年里约热内卢地球峰会以来的后续行动，结果是其与联合国环境规划署在功能上出现冲突。虽然2012年6月联合国可持续发展大会决定，成立联合国可持续发展高级别政治论坛，取代可持续发展委员会①，但是替代其的可持续发展高级别政治论坛与环境规划署的功能仍然存在冲突。另外，一些独立的多边环境条约及其秘书处也与联合国环境规划署在不同层面展开了竞争，例如：关于臭氧保护的《蒙特利尔条约》、关于危险废物贸易的《巴塞尔条约》、《国际贸易与濒危物种协议》、《气候变化框架公约》等。

（三）联合国环境规划署不具有协调全球环境治理的功能和职权

国际环境组织之间本身缺少协调和合作，全球环境治理天然缺失协调机制。从理论上来讲，这种协调是联合国环境规划署职能授权的一部分，但是联合国环境规划署从来没有被给予任何用于实现这一授权的资源或者政治资本。联合国环境规划署"协调"其他联合国机构的能力进一步受到联合国中大量的机构和项目的束缚，这些机构和项目都或多或少地参与了环保。作为主要的融资机制，全球环境基金（GEF）、各种多边环境协定（MEA）秘书处已经减损了联合国环境规划署的权威性，并导致了激烈的地盘之争和机构间政治矛盾。机构间互不信任的风气，参差不齐的资源禀赋及成员国不清楚甚至矛盾的授权既不利于机制合作也不利于机制协调。目前，有超过500个多边环境协定在联合国注册，包括61个与大气有关的多边环境协定、155个与生物多样性有关的多边环境协定、179个与化学及有害物质和废物有关的多边环境协定、46个与土地有关的公约、196个与水资源问题相关的公约。当不同的公约处理相同环境威胁，同时这些公约秘书处变得在地理上分散，且在不同的政治、规范和地缘背景下运转时，制度和政策上的分裂就出现了。随着机构数量不断增加，重复和相冲突的多边议程就会出现，这是因为新的条约往往是从新得谈判而来且与之前的多边环境协定相比会有不同的利益相关者。例如，尽管《濒危绝种野生动植物国际贸易公约》（CITES）和《生物多样性公约》（CBD）都有一个保护重点，但是在实际工作中他们却从不同角度强调动植物保护和可持

---

① 2013年9月20日，委员会在结束其第二十届会议的工作后正式撤销。

续性人居。同样地,《蒙特利尔议定书》提议用氢氟碳化物（HFCs）来代替氟氯碳化物（CFCs）,而同时这两类物质又被《京都议定书》认定为温室气体,这两个议定书向同时成为这两个协定缔约方的国家发出了相反的政策信号。由于多边环境协定（MEAs）、全球环境治理（GEG）分裂和协调困难度的不断增加,全球环境治理中科学的作用正在减弱。联合国环境规划署本来是被设计成有关全球环境治理的总协调机构,但是从一开始它就不得不与那些更大的、授权更多的且政治上更强大的国际组织相抗衡,这些组织拥有很重要的环境影响力,但是却没有兴趣也没有动力去接受所有国际组织中最年轻且授权最少的组织之一的联合国环境规划署的"协调"。国际社会从来没有真正给予联合国环境规划署足够的政治资本或者资源来实现全球环境治理的总协调机构的授权。缺乏全球环境治理的协调机制是全球环境治理危机的核心,因为它带来了国际政策的空白、全球努力的碎片化及有时会相互竞争和不连贯的决策结构。联合国环境规划署不具有协调全球环境治理的功能和职权。

（四）联合国环境规划署的地理位置限制了其发展

因为联合国环境规划署坐落在肯尼亚的内罗毕,除了能够传递一些有用的政治信号以外,越来越多的人认为联合国环境规划署总部通信联络经常中断、政局不稳破坏了组织的正常工作。犯罪以及其他社会问题使联合国环境规划署很难吸引和留住一流的工作人员,其解决问题的能力受到很大的影响。联合国环境规划署是目前为止唯一一个将总部设在不发达地区的联合国机构,这在早期使其贴近发展中国家,且事实上也使其比其他大多数国际组织更亲南,这同时也带来了来自北方的阻力和敌意,且大大影响其全球影响力。

（五）联合国环境规划署作为知识提供者的角色也在弱化

全球治理和现代科学联系紧密,表现在以下三个方面:一是全球治理的发展要求激发地球村各个个人的共同利益,并且强调以促进科学知识为宗旨的机制形成;二是科学知识本身对"全球公域"的定义和规则制定至关重要;三是监测全球资源分布的手段因其复杂性依赖于科学的方法和理论。联合国环境规划署设立的最初目的是"促进环境领域的国际合作并酌情为此提供建议，为联合国系统内的环保项目的方向和协调提供一般的政策指导"。为决策者提供全球环境状况的评估和大部分当前关于环境的科学信息是联合国环境规划署（UNEP）的主要任务之一。然而，联合国环境规划署并不被看做是关于环境问题的权威的科学的或知识的声音，正如许多其他国际组织在他们各自的领域中的处境一样（如世界卫生组织）。事实上，国际上也有很多关于环境的好的科学家组织。例如，政府间气候变化专门委员会通常被认为是一个成功之举。联合国环境规划署本身也已发起了一系列的倡议，包括全球环境展望和旨在协调和促进贯穿整个联合国系统的环境监控和评估活动的全球环境监测规划。然而缺失的一环不是指科学信息，而是对可用信息的综合。这种综合对许多领域的国际决策都很关键，且由于环境相互联系的性质对环境领域来说尤其如此。在当前的形势下，以多种方式收集的来自多个来源的信息很难被比较，也很难被决策者消化，且不能提供完整的环境状况，此外随着时间推移还往往不能用于持续研究同样的问题。

第二节　全球气候变化：谈判格局的变迁

如上所述，全球环境治理呈现制度碎片化和领导力缺失是造成全球环境治理赤字等问题的重要原因。全球环境治理从传统的权力单线结构朝向多元结构转变，制度建设从集中向碎片化发展。全球环境治理一直存在权力竞争和制度建设的两条主线，其中最重要的特征是缺乏领导，发展中大国、美国、欧盟等的倡议和领导能力都有所下降，全球可持续发展机制亟需注入新的领导力量。由于这种问题的存在，全球气候变化格局出现了一定的变化。

全球气候变化作为一个日益重要的政治和安全议题，既吸引了各国的参与，同时也要对各国未来的发展空间和碳排放空间进行分配。1992年《联合国气候变化框架公约》和1997年《京都议定书》后形成了发达国家和发展中国家两大谈判阵营。1997年《京都议定书》规定了发达国家减排义务和促进发展中国家可持续发展的双重目标。2005年后，京都进程启动了双轨谈判机制：一是商讨发达国家 2012 年之后第二承诺期的减排义务，二是对气候变化的长期合作行动进行谈判对话。2007 年后围绕"巴厘路线图"和哥本哈根进程，全球气候变化谈判格局和议题正向更加错综复杂的方向发展。2010 年《坎昆协定》之后的气候变化谈判进一步呈现出明确的非强制性减排模式以及从双轨向单轨转型的趋势。

2011 年南非德班联合国气候变化谈判会议通过了一揽子决议，在原有两个工作组谈判取得一定成果，特别是《京都议定书》二期得以延续的基础上，会议启动新的谈判进程——"德班增强行动平台"，从 2012 年起就 2020 年后包括所有缔约方的"议定书"、"其他法律文书"或"经同意的具有法律效力的成果"进行谈判，最晚于 2015 年结束谈判，2020 年起生效。所谓双轨制指的是围绕《联合国气候变化框架公约》的长期合作行动和《京都议定书》附件一国家的进一步承诺特设工作组会议，德班气候谈判的结果是"双轨谈判"将在 2017 年结束，2020 年后发展中国家特别是发展中大国将与发达国家在同一框架下承担义务，双轨合一。发展中国家走向绝对量化减限排的可能性剧增，这对发展中国家将是巨大挑战。后续谈判中发达国家还将进一步逃避责任，发展中国家将据理力争，各利益集团的角逐会加剧，2012 年及之后的谈判形势更加复杂和艰巨。

一、德班会议是气候变化格局嬗变的分水岭

尽管发达国家内部有美国代表的伞形国家集团和欧盟集团的分歧，围绕"共同但有区别责任"、"发达国家率先承担历史责任"等方面的南北斗争一直是气候变化政治的主线，然而德班会议成果在某种程度上削弱了南北矛盾这一主线。从表面上看，德班会议保住了《京都议定书》第二承诺期，保住了气候变化谈判的公约——议定书"双轨制"，达到了中国的主要预期目标。但是正如欧盟气候变化谈判代表会所指出的那样，"《京都议定书》将世界一分为二，分成穷国和富国，德班大会则要求每个国家都需要接受相同的法律约束力"。由于"德班增强行动平台"没有强调基于发达和发展中国家不同的"共同但有区别的责任"原则，如 2015 年"德班增强行动平台"可以实现一个具有法律约束力的新条约，并于 2020 年后实施，因此可能削弱对"发达国家"和"发展中国家"减排义务的区别性对待,在某种程度上导致南北矛盾弱化,"谁承担减排责任,减多少"将成为重中之重。

德班气候大会后现行国际气候制度面临转型,2020年后发展中国家与发达国家减限排义务将趋同,"德班增强行动平台"的设立表明以《联合国气候变化框架公约》和《京都议定书》为基本框架、以"共同但有区别的责任"及"各自能力"为基本原则的国际气候治理机制受到实质挑战。"德班增强行动平台"推动2020年出现双轨制谈判模式并轨。随着2012年《京都议定书》第二承诺期到期,未来气候变化谈判是延长现有的《京都议定书》机制,还是逐渐实现双轨制谈判并轨,已经成为主要大国角力的重点。南非德班大会要求从2013年到2017年执行第二承诺期,并保证了2012年《京都议定书》第一承诺期结束后不会出现法律的空档时期。因此在2017年之前双轨制仍然得到保留,然而双轨制并轨的趋势依然明显:德班气候大会成立了德班增强行动平台特设工作组,其本意就是修改《京都议定书》模式,把以前的双轨制谈判进行并轨,即把以往"谈判发达国家减排的《京都议定书》轨道"和"讨论《联合国气候变化框架公约》下的长期合作轨道"并轨为2020年全球减排路线图,从2020年开始根据该法律工具或者法律成果探讨如何减排,降低温室气体排放。目前西方国家认为《京都议定书》就是一个具有表面而无实质内涵的机制,坚持《京都议定书》有很多表面与政治上的价值所在,但实际上对于应对气候变化无益,特别是在德班气候变化大会闭幕后一天,加拿大宣布正式退出《京都议定书》,并称该协议不能帮助解决气候危机。另外俄罗斯、日本等国也反对《京都议定书》第二承诺期,加上在小布什政府时期就已经退出京都机制的美国,《京都议定书》第二承诺期可能涵盖了不到13%的全球排放量。欧洲国家仅仅提出第二承诺期的国家的自愿承诺,特别是在2012年5月提交了其量化的减排目标,而不是根据《京都议定书》提出进一步的承诺。因此从减排范围和效力来看,《京都议定书》面临着逐渐退出舞台的可能性。

南北矛盾在气候谈判格局中弱化的另一个标志是发展中排放大国和排放小国矛盾表面化。20世纪90年代启动国际气候谈判进程以来,发展中国家坚持以"77国集团加中国"的模式形成统一的谈判立场。然而近年来，发展中国家内部由于情况不同、地理位置不同、资源不同，应对气候变化的潜在差异逐渐表面化，特别在这次德班会议上表现尤为明显。部分基础四国之外的发展中国家认为自己的利益和基础四国不一致，转而支持欧盟的立场。特别是部分非洲国家和小岛国联盟对欧盟的支持给中国和印度等发展中排放大国很大压力。在德班会议上，"欧盟路线图"最终得到了190多个国家中的120多个国家的支持。另外，新兴发展中大国内部也出现分歧。东道国南非比较支持欧盟的方案，认为可以保证所有国家在减少温室气体排放的全球努力中的公平参与，巴西也和中国、印度的态度略有不同，支持在公约下形成新的议定书。德班气候大会之后，由于对会议成果理解的分歧，印度对发展中国家合作也出现了不同声音，印度认为其过于依赖基础四国，基础四国联盟不能给印度带来很多回报，"德班增强行动平台"没有考虑到印度大多数贫困人口的利益，甚至一些印度国会议员提出和基础四国机制保持距离。

　　欧盟力量的重新上升也是国际气候变化谈判格局变化的重要标志。从德班会议可以看出，欧盟领导能力相对上升，并且重拾气候变化谈判领袖的地位。欧盟过去一直自视为国际气候变化谈判中的领导者，外界也颇为认同。自哥本哈根会议之后，欧洲曾经被边缘化，欧盟的领导地位有所下降，特别是随着欧洲债务危机蔓延，各国更加不认可欧洲的气候领袖作用。自2011年以来欧洲的气候变化领导力正在逐渐恢复。德班会议显示欧盟的外交目标基本达到，国际媒体认为欧盟的强硬气候外交路线最终使得会议成功，欧盟气候委员赫泽高认为欧盟在德班会议上实现了其主要目标，欧盟成功确定了一个全球都参与的路线图。在欧债危机背景下，欧盟仍坚持把气候变化作为一个重要议题，欧盟等国支持具有法律约束力的国际协议，是因为有法律约束力的国际协议更有利于保护气候安全和新能源技术的使用，符合欧盟环境策略以及全球市场拓展战略。此外，为了保持其国际地位，欧盟也在利用气候变化来制定全球新的游戏规则，如2012年开始，包括与欧盟有飞行业务的非欧盟航空运营商在内的航空业排放被纳入欧盟的碳排放交易权体系。尽管欧洲没有在2020年绝对量化减排方面做更多的努力，但是欧盟实施航空业碳税等措施说明其在气候变化及经济和贸易的国际规则制定方面正加强制衡手段，并且会不断推动构建较为严格的全球减排体系。

二、气候变化格局变化原因的外交分析

根据下图（见图四），气候谈判中主要力量有三股：欧盟、伞形集团、77国集团+中国。欧盟的立场是愿意延续《议定书》的第二承诺期，但前提是所有国家必须在2015年达成一份在2020年之后有法律约束力的全面减排协议。伞形集团包括美国、日本、加拿大、澳大利亚和新西兰。该阵营一直以美国为首，主张中国、印度等温室气体排放大国必须同样接受强制减排。然而应对气候变化不同的利益诉求导致各国的气候外交的立场差异，进而影响到气候变化谈判的进程，产生了德班会议的结果以及随之而来的气候格局新变化。

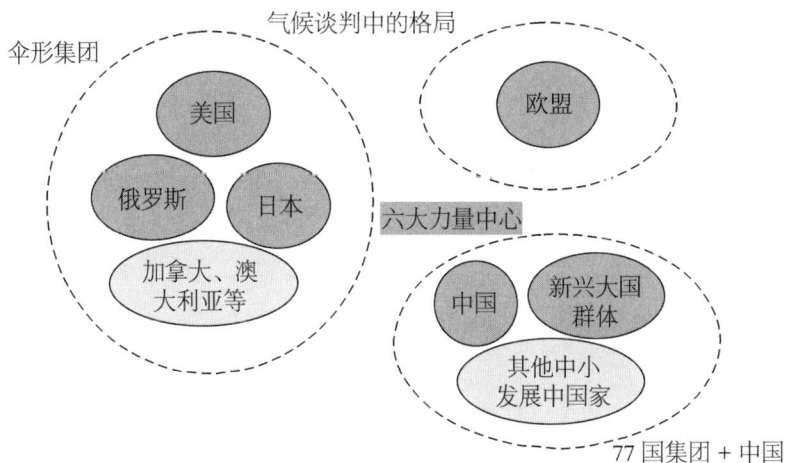

图四　全球气候谈判格局

（注：中国、美国、欧盟、新兴大国群体、日本、俄罗斯为六大力量中心，其中中国、美国和欧盟作用突出）

资料来源　作者自制。

首先是发达国家不断推动"抓大联小"战略。发达国家的"抓大联小"战略指的是发达国家强调发展中国家内部的差异性，利用最不发达国家和小岛屿国家自身的迫切需要，通过资金和技术援助许诺，分而施压，以期分化77国集团与中国在气候谈判中的团结，把矛盾聚焦在中国等发展中大国。一是发达国家将中国等新兴国家与其他发展中国家区别对待的做法，使得很多发展中国家认为中国等国家是气候谈判中的累赘，只有将这些国家排除出自己的阵营，才能从发达国家那获取更大的利益，于是这些国家转而向新兴发展中大国施压。此外，欧盟在德班会议上取得了一些发展中国家的支持，如一些拉美国家、最不发达国家和小岛国都加入了欧盟的行列，认为包括美国、中国、印度在内的主要碳排放国都需要接受减排，非洲国家支持为达成具有法律约束力的全球统一减排协议制定时间表。小岛国联盟批评印度提出的法律结果（legal outcome）选项①，而不是去接受欧洲的全球法律框架。二是发达国家还成功地破坏了发展中国家的阵营和"共同但有区别的责任"原则。"德班增强行动平台"的决定中没有提到公约最基本的公平原则以及"共同但有区别的责任"原则。

其次是发达国家气候变化协调的动力增强。欧盟和包括美国、日本、加拿大、澳大利亚和新西兰在内的伞形集团的协调不断加强。在德班气候谈判中，欧美代表的两个集团的发达国家一致要求建立全球（至少覆盖所有排放大国）统一的减排机制。在对2020年后的全球减排框架的法律形式方面，欧盟与美国、俄罗斯等伞形集团的国家在绿色气候基金、建立全球碳市场等方面的立场也趋于一致。美国对欧盟的态度从消极转向积极，美国谈判代表先据后恭，不顾国会共和党的一致批评，支持2020年的法律量化减排框架②。美国谈判代表认为德班会议成果部分取消了过去按照穷国和富国来划分减排责任的方法，这是美国乐观其成的结果③。美国认为在2020年达成有法律约束力的路线图是一个巨大胜利。此外，斯特恩认为："所有国家参与法律量化减排是一个重要的成果，未来可以形成单一的全球减排体系。"④尤为突出的是，欧美发达国家不断疑虑中国的低碳竞争力，这也推动了发达国家内部的协调行动。美国进步中心提出，中国

①　KRISHNAN N R. The climate turned against India at Durban [N]. Business Line (The Hindu), December 19, 2011.
②　ANON. After climate talks in Durban, a more truly global solution [N]. The Christian Science Monitor, December 12, 2011.
③　ANON. Climate-change summit: a deal in Durban [N]. Economist, December 19, 2011.
④　CTGGRO. Climate treaty in sight after Durban talks [N]. Guardian, December 12, 2011.

通过利用气候变化谈判和双边或多边能源环境合作，已经在能源竞争力方面取得了优势，在"低碳赛跑"中战胜了美国，并在知识产权、就业岗位、新能源贸易份额方面对欧美造成了不同程度的威胁，其中对美国的太阳能、欧洲的清洁制造业就业领域打击最为明显。美国进步中心还认为中国不仅技术创新发展迅速，而且不遵守国际知识产权规则，中国在技术创新领域已经对欧洲其他国家形成了威胁，为此需要制定新的全球碳排放体系，规范中国的低碳产业和竞争力的发展。

最后，发展中国家阵营内部分歧增多。气候变化谈判中，代表发展中国家阵营的是"77国集团+中国"，另外还有小岛国联盟和OPEC国家。发展中国家主张延续《京都议定书》的第二承诺期，要求发达国家继续承担强制性减排的责任，并向发展中国家提供绿色基金。但是，发展中国家阵营分裂较为严重，同为发展中国家，同样寻求经济发展的空间，在气候问题上的诉求却并不完全相同，甚至是完全对立。从生存需求来说，小岛国联盟由于在气候问题上面临灭顶之灾，所以要求实施最为严厉的全面减排措施。马尔代夫等小岛国，出于气候变化、海平面上升对自身存亡的威胁，自然希望通过设定更高的减排目标和"法律约束"，对全球温室气体排放实现紧约束。最不发达国家也由于自身没有能力应对气候变化带来的灾难，加上发达国家的拉拢，因此也要求实施全面的减排措施。从经济角度考虑，德班会议中的南非是非洲国家的领头羊，不仅需要考虑自身的利益，还需要兼顾非洲国家的普遍关切，即资金援助。只有具有法律约束力的气候协议，才能保证大量的、可预计的资金援助持续稳定地帮助非洲国家应对气候变化。巴西则关心具有法律约束力的气候协议可以明确未来国际碳市场的需求总量以及满足气候安全的全球减排要求，这无疑会有助于巴西等国拓展的"热带雨林"项目的前景。因此，在德班会议上，出现"77国集团+中国"中的小岛国联盟联合最不发达国家一齐向新兴国家施压，要求中国等国家接受强制性排放的协议，甚至出现巴西协调欧盟和印度冲突，推动各国接受"有法律效力的同意结果（outcome with legal force）"的最终协议。可以看出，德班气候变化谈判的过程和动向，暗示了中国和印度等国在发展中国家中领导地位的削弱，特别是基础四国内部也出现了些许裂缝。

三、气候变化谈判格局向不利于发展中国家的方向变化

以德班会议为标志，西方发达国家在协调已有分歧的基础上，加强对发展中国家阵营的利诱分化，发展中国家阵营分歧增多，气候变化格局中的南北矛盾出现弱化。从长远发展趋势来看，全球减排体系的建设将会成为气候谈判和外交中的主要线索，欧美国家和新兴发展中大国的气候外交成为气候变化谈判进展的主要推动力量。由于发达国家是延续《京都议定书》第二承诺期的主体，掌握着主动权，在与发展中国家的谈判中占据优势地位，并由此向新兴发展中大国提出要求。从全球气候变化谈判角度来看，德班会议之后，各国执行减排的任务已迫在眉睫。如果谈判达成2050年全球碳排放减半的目标，那么全球的排放空间约为105亿吨二氧化碳，而随着发展中国家经济的发展，碳排放仍然会持续增长，仅中国和印度两国，2030年的排放量就会超过100亿吨。因此，从长期目标来看，欧盟和美国将继续制约发展中国家的经济发展。

总体来看，随着发展中国家之间发展程度和差距越来越大，发展中国家谈判阵营的立场差异和分歧逐渐扩大，发达国家阵营联手遏制发展中大国的可能性增大。原来的"77国集团+中国"和基础四国互动谈判模式虽然是发展中国家阵营最重要的互动形式，但是发展中国家合作正受到发达国家外部分化和发展中国家内部原有矛盾的侵蚀。当前发展中国家的整体排放量已经超过发达国家，特别是中国、印度等国的碳排放量上升趋势明显。由于气候变化带来的生存威胁，近年来小岛国和最不发达国家特别是非洲国家要求所有排放大国都承担减排义务，要求实现1.5℃的减排目标，而经济快速增长的发展中国家限于发展阶段和资源禀赋等原因，未来一段时间内温室气体排放还要持续增长。因此在减排目标方面，发展中国家内部的分歧逐渐扩大化。而新兴发展中大国的基本国情和能源发展阶段特征决定了这些国家分歧也在逐渐增多。巴西是世界上最大的生物燃料生产国，也是世界森林和物种保护最好的国家之一。印度则刚刚开始城市化阶段，人均能源消费排在全球第130名，是世界平均水平的27%、中国的1/4。中国能源消费长期以煤为主，煤炭约为能源结构的70%，消费量占

全球的近50%，每年新增的温室气体排放量占世界新增的40%。正是发展阶段和模式不同，导致了这些国家对待全球减排问题出现分歧。特别是德班会议之后，发展中国家反应不尽相同，中国、印度等发展中大国关注京都二期的延续和"共同但有区别的责任"原则，不管其中还有多少不确定性。印度呼吁未来任何体制都必须以公平原则为支柱和核心。但是非洲和小岛屿国家显然更加关注全球减排框架，关注如何通过法律形式来提高各国减排水平。面对发达国家外部分化的压力，如何增进发展中国家的共识、防止南北矛盾进一步弱化是未来发展中国家气候外交的艰巨任务。

尽管目前的气候变化谈判格局导致发展中国家阵营面临的困难加剧，但是气候谈判格局变化对发达国家也造成了一定影响。首先，发达国家内部分歧也在增多。尽管欧盟和伞形国家都对"德班增强行动平台"表示支持，认为不论这个框架的法律效力如何，所有缔约方都应该被纳入新的框架中，但是欧美协调的同时分歧也将会继续存在。在德班会议上，欧盟和美国等伞形集团国家在《京都议定书》第二承诺期态度基本分裂。目前只有欧盟表示愿意延续《京都议定书》第二承诺期，俄罗斯、日本和加拿大则不会参与其中，美国则根本不是《京都议定书》的成员。这表明在2020年之前，欧盟和其他不承担减排义务的发达国家在排放问题上的矛盾仍将上升。其次，欧美分歧仍旧存在，美国经济、人口、碳排放尚在增长，过紧的碳约束，必将与经济发展和生活方式形成矛盾，加上国内立法进程停滞，在法律约束力问题上不会表现积极。因此，美国和欧盟在量化减排问题上的矛盾仍不会因为德班会议成果而削弱，特别是尽管美国奥巴马政府同意了德班成果，但是受到美国共和党对手激烈的攻击，未来美国国内很难积极推动气候政策。另外，低碳经济成为美国的就业"毒药"，因此美国不会认真看待德班会议成果，欧美在量化减排措施上的矛盾将会逐渐上升。

第三节　华沙大会和气候谈判最新进展

2013年11月23日，《联合国气候变化框架公约》第十九次缔约方会议及《京都议定书》第九次缔约方会议（以下简称华沙气候大会）召开。大会有两大焦点议题：一是落实"巴厘路线图"确立的各项谈判任务，特别是发达国家履行资金承诺、提高 2020 年前的减排力度以及建立"损失和危害"的国际机制；二是正式开启德班平台谈判，制订工作计划，为 2015 年达成新的协议、勾画路线图奠定基础。虽然大会取得了一些进展，但是联合国框架下的气候谈判继续处于群龙无首、低效乏力的局面，《联合国气候变化框架公约》的影响力、正当性和有效性进一步受到挑战。各利益集团的矛盾与合作已经取代全球气候治理而成为全球气候政治的主轴。会议中，谈判集团的组织也预示着地缘政治经济取代全球共同利益而成为气候谈判未来的发展方向。

一、华沙大会对联合国气候治理合法性的冲击

联合国在应对全球气候变化中所发挥的作用主要体现在担当国际气候变化谈判的主要发起者和推动者。潘基文认为，"联合国应对气候变化谈判的成败将在很大程度上定义联合国在 21 世纪上半叶的影响。"然而在华沙气候变化大会上，以《联合国气候变化框架公约》为核心的气候变化治理合法性受到质疑和挑战，其主要表现在以下几个方面：

一是气候变化谈判的核心减排问题进展缓慢。气候变化谈判以减排目标为核心，在联合国平台下的博弈焦点是能否促使发达国家或全球各国承担大幅度量化减排指标。在德班平台联合主席（分别来自欧盟和小岛国）的主导下，谈判进程非常缓慢，虽然最终通过的决议要求各国为 2015 年通过、2020 年生效的气候变化新协定启动确定自主"贡献"的工作，但是关于"2015 年协议"的决定在充满争议的背景下勉强产生，如何体现"公平"和"区别"等重要问题悬而未决，而且该决定似乎已经将全球减排谈判拉向了完全松散的格局。

二是资金机制的谈判黯然收场。发达国家没有体现出任何落实长期资金的意愿，到 2020 年达到 1 000 亿美元资金支持的空头支票依然处于"继续动员"阶段，绿色气候基金没有摆脱"空壳化"的趋势。关于发展中国家最关注的长期资金，最终通过的决定中没有任何有意义的成果，只泛泛要求发达国家每两年提交一次最新策略和方法以继续动员和扩大 2014—

2020年间的融资。在绿色气候基金方面华沙大会通过了引导性决议，要求发达国家在COP20（2014年）到来之前提供及时、有雄心的赠款，以促进绿色气候基金正常运转。勉强的亮点是七个欧盟国家和澳大利亚一起，承诺为陷入困境的适应基金注资1亿美元。小岛国联盟提出，华沙大会的首要分歧还是气候融资议题。伦敦海外开发协会（ODI）称，2012年发达国家承诺提供12.1亿美元，2013年下降了71%。乐施会报告说，除了英国，发达国家均未发布气候融资数据。联合国秘书长潘基文则敦促发达国家必须履行融资承诺。

　　三是全球气候变化谈判效率下降。政治意愿和互信的严重缺失使《联合国气候变化框架公约》谈判陷入旷日持久的清谈和"咬文嚼字"的境况，虽然"吵而不崩"，但效率低下甚至出现退化。从短期和狭隘立场看，这种僵持局面有利于维持对自身相对有利的制度安排；但从长期和全球视角看，《联合国气候变化框架公约》效率的持续低下将进一步损害《联合国气候变化框架公约》的主渠道地位，为各种其他机制的"大行其道"创造机会。《联合国气候变化框架公约》秘书处执行秘书长克里斯蒂娜-菲格雷斯认为，和日益威胁人类的气候灾难相比，联合国气候谈判进程仍然缓慢，这主要是因为华沙大会缺少政治决心和政治意愿，以及参与各方对减排的真实承诺。会后媒体认为，联合国气候会议已经表明，它不能保护地球远离快速经济发展下的气候变化问题带来的伤害。联合国前任秘书长安南对联合国气候大会所起的作用非常失望，认为只有依靠全球公民运动才可能解决问题，即"需要一个全球气候变化草根运动。"①欧洲媒体质疑联合国气候谈判效率，认为气候谈判"目光所及之处无领导"。气候变化科学联盟组织认为联合国谈判体制存在很多问题，谈判变成了空谈，华沙大会没有在评估各国行动和公平性上达成一致的标准。世界自然基金会认为，华沙大会没有在应对气候变化的行动上迈出重要一步。欧洲媒体认为在华沙举行的谈判诉诸了策略的、分裂的、联络主义和派系的自私自利行为。

---

　　① ANNAN K. Climate crisis: Who will act? International [N]. New York Times [Paris], Nov 25, 2013.

四是各方在华沙气候谈判中的热情度都在下降。在谈判中各方利益逐渐"水落石出"的情况下，主要国家的气候行动力下降，发达国家对气候变化治理的热情在下降。2013年对于欧盟来说，内部分裂和债务危机取代气候变化和低碳问题，成为其当前最突出的问题。欧盟在20%这一中期减排目标上止步不前，欧洲民众和舆论对气候变化问题的关注大幅度下降，因此欧洲在政治层面上的气候变化推动力相对弱化。美国气候变化立法已经停止，加拿大政府也借口无力支付违反《京都议定书》减排目标的罚款而退出，日本因核电站事故而放弃了25%的减排目标。美国国会依然处于分裂状态并限制美国政府的气候变化政策。众议院由共和党掌控，参议院由民主党掌控但共和党仍有较大影响力，而且来自化石燃料生产大省的民主党议员们依然会毫不犹豫地反对政府相关提案，多数共和党人仍坚持认为应对气候变化的相关行动将会损害美国经济的竞争力。因此华沙大会文件里面充满了理解上的割裂，也就是发达国家不能在资金和减排上满足小岛国和最不发达国家的诉求。英国斯特恩爵士认为，华沙大会的成果与人类面临的气候变化风险相比还远远不够。欧盟无法实现更高的减排目标，德国延缓了新能源革命，日本、澳大利亚和加拿大这三个国家因对气候行动的失约而被称为气候变化谈判的"新坏男孩"，而俄罗斯对华沙会议几乎所有议题都漠不关心，中国和美国也不能做出大幅承诺。欧盟对部分缔约国有较多批评，赫泽高批评了一些"思想狭隘的国家"（媒体认为是澳大利亚、加拿大、俄罗斯等）。

二、华沙大会后全球气候治理转变的重要趋向

从华沙谈判可以看出，全球气候治理从以往以谈判谋求成果为核心，转变为来自中、美、欧三方的核心角力和多元博弈。

全球气候治理所伴随的碳排放空间争夺、新能源技术和市场竞争、碳关税和低碳贸易壁垒、低碳经济发展等因素会显著影响传统地缘政治经济面貌，诱发新一轮分化和重组。气候变化进一步推动关系人类基本生存的要素之间的相互联系和相互依存。水、能源和粮食三者之间形成了一种彼此影响、彼此制约并极具敏感性和脆弱性的地缘政治经济纽带，这种政治经济纽带成为新的全球地缘竞争高地，其中尤其以能源为主。从全球地缘经济历史演变来看，当前能源创新是气候博弈的核心，国际体系重大结构性变化的前提和条件是能源权力结构的变化，即出现了下一代能源体系的主导国。气候变化危机为权力竞争带来了新的机会和特征，低碳国际竞争力成为新一轮工业革命的动力，世界主要国家为增强国际竞争力、占据科技发展制高点和提高能源安全保障而竞相努力，能源战略和能源技术的发展转型从未停歇。欧盟在过去二十年中，积极应对气候变化的政策已经渗入欧盟社会经济发展全局之中，在发展可再生能源和提高能效方面付出巨大努力、取得长足进步，2012 年其温室气体排放量已经比 1990 年下降21.8%，人均排放也在逐年下降。2011 年年末欧盟出台《2050 年欧洲能源路线图》，详尽描述了 2050 年欧洲能源系统实现零排放的政策框架和技术选择。欧盟的中坚力量德国奉行"弃核"的能源体系转型战略，各种手段并举，大力发展可再生能源，为各国能源发展提供了新的思路。2012年，可再生能源在德国终端能源消费总量中的比例达到 12%，在电力消费中的比例达到 20%以上。英国也顺利完成了 2012 年排放比 1990 年降低26.6%的目标，2008—2012 年累积排放 28.91 亿吨，顺利完成第一期碳预算。欧盟还将金融竞争力和气候政策挂钩，通过欧元定价的碳交易带动欧盟相关的金融服务发展，并向全球渗透，挑战美国在全球金融市场的优势地位，进而谋求地缘经济优势。奥巴马政府发布《总统气候变化行动计划》，以能源利用方式的调整为中心，借助页岩气革命等带来的美国能源创新和能效革命，提升美国减排能力和在气候变化议程的国际领导地位，强调与中国、欧洲等在新能源竞争基础上的气候外交政策。奥巴马在2014 年国情咨文中提出，"中国等其他国家主导清洁能源市场，并由此创造了许多就业机会。2013 年，风能占据了美国新能源的一半份额。那么，就让我们创造更多吧。太阳能变得越来越廉价，让我们努力把花费降得更低。只要像中国这样的国家仍在研发新能源，我们也必须这么做。美国必须支持和鼓励这些有助于使天然气燃烧变得更清洁和保护空气水源的研究和科技。"

全球气候变化谈判联盟也继续向松散化方向发展。以《联合国气候变化框架公约》为核心的气候变化治理机制受到质疑，以大国协调为特征的合作机制（如20国集团、主要经济体论坛等互动模式）、自下而上的市场资源模式等不同制度在发达国家和发展中大国之间不断发展。美国自2007年发起了主要经济体在能源安全和气候变化问题上的合作进程。这项进程包括世界上最大的17个经济体，目的是减少温室气体排放，它与联合国气候机制的关系是模棱两可的、部分而言是冲突的。环境领域中新兴联盟日益增多，而且以发达国家和发展中国家相互结盟为主。欧盟已经组成卡塔赫纳论坛（Cartagena Dialogue for Progressive Actions），并对谈判进程起到一定的推动作用，其主要成员国包括的发展中国家有安提瓜和巴布达、孟加拉国、哥伦比亚、哥斯达黎加、埃塞俄比亚、印度尼西亚、秘鲁、萨摩亚、马拉维、马尔代夫、马绍尔群岛、墨西哥、坦桑尼亚、泰国、东帝汶、乌干达等，包括的发达国家有比利时、法国、德国、新西兰、挪威、西班牙、荷兰、英国等。2012年，美国、加拿大、墨西哥、瑞典、加纳、孟加拉国和联合国环境规划署联合发起气候和清洁空气联盟，旨在减少黑碳、甲烷及氢氟碳化合物等三种污染物的排放，现已有30多个成员国。

　　既有的"共同但有区别的责任"原则将进一步虚化。历史责任和南北区分是华沙会议的重要焦点。20世纪90年代确定的"共同但有区别的责任"原则和《京都议定书》确立了全球气候治理的"南北格局"，发展中国家二氧化碳排放只占全球的32%，其中中国占11%。发达国家在减排潜力、排放量等方面占据绝对优势，因此发达国家率先承担减排义务并为发展中国家提供资金和技术支持是全球共识。经过20多年的发展变化，谈判方内部减排能力、潜力、经济实力等发生了巨大变化。2007年，政府间气候变化专门委员会（IPCC）评估报告认为，发展中大国的减排潜力日益增加，2000—2030年，基于能源使用碳排放量2/3或者3/4的增长量来自发展中国家。世界银行的报告认为，到2030年，大部分新增的全球能源消费将会来自新兴发展中大国，其中中国占55%，印度占18%。为了反对"共同的但有区别的责任"原则，美国气候谈判代表斯特恩认为，195个国家达成的协议中将"贡献"而不是"承诺"引入新政策中，这是一个很好的结果和一个相当艰难的谈判。美国只对没有"共同但有区别责任原则"的谈判结果满意，美国要求每个国家都可以在2014年气候谈判会议上拿出减排承诺。斯特恩认为："应该有更强的语言清晰地表明什么时候停止'共同但有区别的责任'原则的防火墙，并且让中国和印度提出减排国家自主承诺。"第三世界网络（TWN）认为，西方国家想要在新的气候协议中推倒这面"防火墙"，它们支持所有的国家在适用协议上一律平等。欧盟则认为防火墙必须反映当前的现实而不是20世纪90年代的历史限制。①欧盟赫泽高认为，在旧体制中的承诺和行动之间还有这个防火墙，但华沙会议让防火墙削弱了（即"共同但有区别的责任"原则削弱了），这可以更快捷地在巴黎实现谈判目标。欧盟赫泽高对未达成减排时间表表示失望，她认为少数发展中国家坚持防火墙影响了谈判进程，且相似发展中国家集团希望重装"防火墙"。②最后，发展中国家部分接受了共同在2020年后做出自主贡献，美国气候大使斯特恩对华沙大会的成果喜不自禁，认为此次会议达到了毁掉南北防火墙的外交目的。立场相似的发展中国家集团认为发达国家和发展中国家之间的防火墙体现在气候变化公约的原则中，即必须坚持"共同但有区别的责任"。印度气候谈判代表普拉萨德强烈维护防火墙，认为鉴于发达国家对气候变化不可推卸的责任，发达国家必须把减排目标增加到40%，发达国家应该率先履行它们的"承诺"，只有发达国家会有强制性减排"任务"。

　　传统联合国气候谈判的核心角力和博弈主要来自中国、美国、欧盟三方，各种其他势力依附此三者形成不同的集团影响着总体的平衡和声势。然而随着联合国平台谈判能力下降，地区性集团开始兴起并且逐渐成为谈判中的重要力量，表达着不同的利益诉求，尤其是发展中国家内部不同地区的集团利益逐渐分化。小岛国虽然在地理上分布分散，但是其共同的地理环境使其成为气候谈判中一支重要力量。非洲集团作为经济相对落后的地区，与最不发达国家集团的共同语言日渐增多，除了对发达国家减排、提供支持等方面的一贯要求外，也出现了要求新兴发展中大国承担减排责

---

①　GOSWAMI U A. UN climate talks: European Union and Like Minded Developing Countries trade accusations [N]. The Economic Times, Nov 23, 2013.
②　HARVEY F. Climate talks in trouble as EU and developing countries clash [N]. The Guardian, Nov 23, 2013.

任和提供支持的苗头。阿拉伯联盟中由于有许多成员国经济高度依赖于石化能源出口，因此对于严格的全球减排安排始终持消极态度。哥伦比亚等部分拉美国家由于在政治经济上与美国联系密切，在气候谈判中也积极呼应美国的主张。巴西、阿根廷等另外一些拉美新兴经济体国家，则跨地区与中国、印度、东南亚等新兴经济体国家形成"基础四国"、"立场相近发展中国家"等联盟，避免为本国未来一段时间的快速发展设定过于严格的量化减排任务。也有委内瑞拉等一部分拉美国家，在国际政治经济大环境中与以美国为首的发达国家开展斗争，这一形势也传导到气候谈判中。发展中国家大集团中的这些利益分歧，使其在与发达国家的谈判中逐渐处于下风。"欧盟+小岛国"、"伞形集团+AILAC"（拉美和加勒比国家独立联盟）的格局，逐渐打破了发展中国家以七十七国集团+中国为主体的团结。

三、华沙大会后气候谈判的未来走向与发展趋势

气候变化谈判一直存在联合国制度建设和大国权力竞争的两条主线。首先，现有联合国框架内的气候谈判仍是核心和基础。联合国秘书长潘基文表示，华沙大会是2015年达成普遍法律协议的一个重要的垫脚石。公约秘书处执行秘书长菲格雷斯也认为，"华沙大会在三个目标方面有进展：一是气候融资；二是通向2014年和2015年气候谈判的清晰路径；三是减少损失和损害。但鉴于全球气候灾害频发，各国受气候变化影响的代价越来越大，国际社会必须立刻开始行动。"但是效率滞后和权威性下降使华沙大会无法给各国向全面减排转变提供动力。其次，美国、欧盟、发展中大国等国家和地区的倡议和领导能力都有所下降，围绕气候变化引发的新地缘经济竞争激烈。展望未来，华沙大会既带来机遇，也充满挑战。

（一）全球气候变化谈判格局向大国政治主线回归

全球气候变化谈判过程中，由于受到气候变化影响而形成的国家利益各不相同，产生了许多气候谈判阵营，如欧盟、伞形集团①、77国集团加

---

① 伞形集团以美国为主，集结其他非欧盟的工业国家所组成，由日本、美国、加拿大、澳大利亚、新西兰等组成。

中国、小岛国联盟①、石油输出国组织等。有两条主线贯穿于气候变化谈判过程中：其一是关于欧盟和美国为代表的伞形联盟的矛盾，其二是发展中国家和发达国家的矛盾。多哈会议之后，这两种矛盾都有所上升。华沙会议以来，两大阵营的界限有所模糊。随着"巴厘路线图"谈判进入尾声，发达国家"令人难以置信的低水平减排指标"既成事实，加之在资金、技术转让方面的不作为，引发发展中国家普遍不满，在多哈会议要求发达国家履行义务的呼声强烈，平台谈判处于次要位置。在此背景下，南北矛盾是主调，发展中国家内部声音相对一致，欧美合流，"立场相近发展中国家"（+基础四国）发挥重要作用，气候变化谈判逐步回归"大国政治"格局。气候变化谈判传统的"两大阵营"格局仍然存在，但欧盟、美国、发展中国家"三股势力"鼎足而立的形势发生了某些变化。为将美国拉入"2015年协定"中并共同拆除"防火墙"，欧盟暂时放弃了对具有"法律强制约束力"的全球协议的要求，全力支持美国。"基础四国"在政治上保持团结，与其他"立场相近发展中国家"一起起到了抗衡欧美的作用。尽管"小岛国集团"和"最不发达国家"以及"独立美洲和加勒比海国家联盟"的诉求依然强烈，但在逐渐回归"大国政治"的谈判格局中显得力不从心。但从不同角度看，"小岛国集团"和"最不发达国家"的利益受到轻视和损害，将更多地损害已经分化的发展中国家阵营的整体团结。

（二）新兴发展中大国继续成为矛盾焦点

近年来，随着国际权力分配逐渐趋向平衡，国际政治格局多极化和世界经济全球化的加快，国际体系处于深刻的变化和转型过程中，已经进行二十年的国际气候谈判也进入了转折阶段。在世界政治经济格局和气候谈判格局双重调整和转变时期，气候变化谈判过程与全球政治经济格局"东升西降"的走势同步。2008年金融危机以来，以巴西、南非、俄罗斯、印度及中国等新兴经济大国为代表的新兴市场国家经济高速发展，反之，美、日、欧等发达经济体遭受严重经济创伤，在全球经济格局中的地位也

---

①　小岛国联盟这是由一些低洼与岛屿的国家成立的特设联盟，这些国家特别容易受到海平面上升的影响，直接威胁其国家的生存，所以对希望全球气候变化谈判对世界各国碳排放采取严格的限制。

相对下降。经过20多年的发展变化，谈判方内部减排能力、潜力、经济实力等发生了巨大变化，全球排放格局的焦点逐渐转移到发展中大国上来[①]。首先，不少西方媒体对"立场相近发展中国家"（LMDC）进行攻击。第三世界网络（TWN）认为，发达国家已经与新兴经济体在减排问题上形成了对决之势。美国谈判代表斯特恩认为"立场相近发展中国家"是气候谈判大会的主要断层线。媒体认为由于秘鲁和委内瑞拉、中国、印度等政治关系良好，因此2014年"立场相近发展中国家"会影响谈判进程。其次，美国和欧盟等把焦点转向中国和印度，要求中国和印度把所有气候变化谈判的底牌都亮出来，强调快速增长的经济体如中国应该参加减排。美国气候谈判代表斯特恩认为："中国说承诺应只适用于发达国家，这让人很吃惊。我感觉像是进入了一个时间隧道，这是很荒唐的。美国反对区别责任并推动建立一个适合所有国家的全球体制。"斯特恩还提出，发达国家承诺到2020年年度资金将达到1 000亿美元，中国等发展中国家也应该在气候融资方面做出贡献。最后，欧盟催促中国和美国发挥积极作用，欧盟代表赫泽高称：要想气候谈判成功，中美两国必须接受严格的减排目标，并提供资金来帮助穷国减排和适应气候变化。赫泽高认为，中国的人均排放已经超过欧洲的人均排放，美国和中国贡献了全球2/5的碳排放，且一直是达成协议的主要障碍。

在此过程中，发展中大国在气候变化谈判中的责任和地位不断发展变化。发达国家与发展中国家之间的矛盾正逐渐转变为排放大国和排放小国之间的矛盾。排放大国与小国的划分最早是由美国提出的，并得到了欧盟及其他一些国家的支持。这种划分的依据是现实排放量和减排潜力。2011年全球二氧化碳排放量创新高，达340亿吨，其中中国和印度的排放占总量的三分之一，与经济合作与发展组织国家相当。中国的人均排放为7.2吨，仅比欧盟水平低0.3吨。

20世纪90年代，《联合国气候变化框架公约》和《京都议定书》以发

---

① 2007年政府间气候变化专门委员会（IPCC）第四次评估报告认为，发展中大国的减排潜力日益增加，2000年到2030年，基于能源使用的碳排放量2/3或者3/4增长量来自发展中国家。国际能源署（IEA）预测，到2020年，发达国家总体排放量相对1990年将减少4%，其中美国减少3%、欧盟23%、日本10%、俄罗斯27%；而发展中国家的排放量相对于1990年则会有大幅度的上升，预计发展中国家整体排放量将增加107%，其中中国将增加275%、印度224%。

展中国家和发达国家两大阵营之间的对抗替代了冷战时期的意识形态对抗,气候变化由单纯的科学问题演变为政治问题和发展问题,谈判日渐艰难。目前,发达国家既希望通过"德班增强行动平台"的竞争,淡化历史责任,转嫁自身减排责任,更希望德班平台可以延缓中国崛起和发展,继续维持西方国家主导的国际政治经济秩序。

(三)围绕德班平台规则的谈判影响深远

首先,华沙大会后气候谈判将更加艰难,谈判的规则也将发生全新的变化。德班平台这些模糊性主要体现在:一是德班平台谈判结果法律地位的不确定性;二是各国气候变化责任分摊的模糊性;三是公平内涵的模糊性,主要涉及发达国家与发展中国家之间责任的公平性的协调问题。德班平台谈判最终的纠缠出现在决议文本中自主"承诺"(national-determined commitments)还是自主"贡献"(national-determined contribution)的选择上。发展中国家希望在"承诺"一词之后加上相关定语以明确体现"共同但有区别的责任"原则,遭到美国的坚决反对,最终以自主"贡献"一词模糊定稿。这其中可能有两方面的含义:第一,"防火墙"有可能被虚化;第二,"2015年协定"向全球"自下而上"的松散模式更进了一步,形成了某种事实上的倒退。在未来的谈判中,如何体现"防火墙"的问题必然首当其冲。此外,根据"2015年协定",各国还需为自主提交的"贡献"提供各类支撑信息,并可能按照统一格式填报"贡献",以保证其透明性以及未来的核算,这都将是下一步谈判的重点。其次,气候谈判联盟重新分化组合,地区性气候集团将在未来的德班平台谈判中发挥更大作用。德班平台谈判启动以来,国际气候格局形势和联盟变化更加明显。再次,如何确定谈判授权和安排谈判议题将是接下来德班平台谈判的最大挑战。2005年以来的国际气候谈判日趋复杂,不仅涉及的谈判议题日渐增多,而且谈判渠道也不再单一。虽然后京都气候谈判实行了双轨制(在AWG-KP和AWG-LCA下),但加上已经存在的《联合国气候变化框架公约》及其《议定书》会议以及相关的附属机构会议,每次联合国气候大会的议程都相当拥挤和紧张。最后,缺乏政治意愿和低期望将成为德班平台谈判的常态与基本特征。

　　综上所述，全球气候变化治理面临的一个基本事实是：如何协调中国、欧盟和美国的关系，如何继续维护联合国框架下的德班平台制度建设。首先，必须承认气候变化已经带来了新的地缘经济和政治变化，传统的联合国自上而下治理已经很难把各国碳排放控制在地球承载能力范围之内。其次，承认竞争也是推动气候谈判的动力。中美欧等大国竞争不仅仅是存在于威斯特伐利亚权力体系的"你之所得即是我之所失的零和关系"中，低碳和新能源竞争可以有效推动全球新能源发展的整体性和相互依存性，也可以提升新能源大国的实质话语权和倡议权等。当前中欧美等可再生能源大国及地区继续引领气候治理，而可再生能源资源富集国家（如巴西、北欧国家）的地位不断上升。展望未来，上述问题在华沙大会之后都会成为新的全球气候治理的中心议题。面对全球环境治理和气候谈判格局的发展变换，联合国秘书长潘基文认为，当前全球环境治理面临的一个基本事实是，如何协调发达国家和新兴大国的关系和如何建立公平有效的制度这两大问题将是今后环境外交面临的十分棘手的问题。因此，首先必须承认地球环境承载力有限的原则，世界各国必须通过有效的全球治理把人类的发展控制在地球承载能力范围之内；其次是承认地球的整体性和相互依存性原则，意识到加强国际合作是确保全球环境安全的唯一出路。正是基于以上原则，在全球环境治理中，各方不仅仅生存在威斯特伐利亚权力体系的"你之所得即是我之所失的零和关系"中，而是形成一种协调权力结构和制度建设的新的环境治理。这也正是本书第二章"限容与气候变化的结构性权力分析"所研究的主要内容。

气候变化的结构性权力分析

在国际体系中，各国间的力量对比状况决定着国际体系的性质与特点；当今国际气候谈判格局的变化也正是源于各国经济实力和温室气体排放量对比的变化。在全球应对气候变化的过程中，发展中国家和发达国家两大阵营的矛盾始终贯穿于整个过程，并以减排目标为核心，展开激烈博弈：一是针对能否促使发达国家承担大幅度量化减排指标、确保未批准《京都议定书》的发达国家承担可相与比较的减排承诺，同时推动主要发展中国家参与减排进行讨论；二是就减缓、适应、技术转让、资金支持等问题的制度安排达成共识，促进全球在可持续发展框架下根据本国国情采取适当的适应和减缓行动。解决危机是气候变化谈判的关键所在，然而应对气候变化不同的心态导致各国不同的收益或受损、立场、政策和处境，在南北立场的基本格局下，在不同时期或不同议题上，发达国家与发展中国家内部都存在许多不同的利益集团，不同利益集团之间的利益关系和谈判立场复杂多变，进而产生上述气候变化谈判态势的发展变化。在当前的气候谈判中，有三派力量决定着气候问题的解决方式：一派是欧盟，一派是美国，第三派是以中国和印度为代表的发展中国家。欧盟作为气候谈判的发起者，一直是推动气候变化谈判最重要的政治力量。本节利用结构现实主义的理论说明了当今国际气候谈判格局变化的根源是各国实力的相对变化。美欧仍是气候变化谈判结构中最重要的两极。

第一节　气候变化权力结构的极和极的变化

在国际关系理论中，"极"是一个重要的概念。国际体系的"极"传统上通常是指某种权力中心，即国际体系中，在全球一定范围之内，在政治、经济、军事等领域里具有支配能力的行为体，一般是由一个超强国家及其附属国组合而成，在某些情况下，也可以由两个或两个以上利益相同、力量相等的国家联合而成。前一种情况下的"极"比较稳固，而后一种情况下的"极"则容易分化。国际气候谈判中权力结构是由国家联合组成的集团构成，单元之间相对能力的变化会导致结构的变化，反映在国际气候谈判格局中就是谈判集团的重组乃至"多极"谈判格局的变化。

一、全球气候变化权力结构的极

在当前的气候谈判中，有三派力量决定着气候问题的解决方式：一派是欧盟，一派是美国，第三派是以中国和印度为代表的发展中国家。

欧盟作为气候谈判的发起者，一直是推动气候变化谈判最重要的政治力量。美国退出《京都议定书》，一度对京都机制构成重大威胁[①]，欧盟也借此成为气候政治的领袖。全球合作机制首次在没有美国参与的情形下获得成功，也使美国在气候合作领域被边缘化了。薄燕和陈志敏认为哥本哈根会议之后欧洲在气候谈判中的地位不断下降。特别是2011年以来，欧债危机将会给全球新能源产业发展带来阻力，进而使联合国气候谈判遇阻。债务和财政取代气候变化和低碳成为当前欧洲最紧迫的问题，民众和舆论的关注点也随之转移。与此同时，在政治层面推动力相对弱化，也将影响到欧洲应对气候变化的方方面面。

以美国为首的"伞型"集团是国际气候谈判中另一支重要的政治力量。"伞型"集团力量曾经非常强盛，随着日本、加拿大、俄罗斯、澳大利亚先后批准议定书，力量大大削弱，美国以全世界4%的人口排放将近25℃的温室气体，为世界能源最大的消耗者和环境破坏者。美国当前参与

---

① 全球变化与经济发展项目课题组.美国温室气体减排新方案及其影响[J].世界经济与政治，2002（8）:54-58.

气候合作的意图是摒弃即将到期的《京都议定书》,在温室气体排放强度方案的基础上塑造以美国为领导的气候合作的后京都机制,确立美国在该机制中的话语权,使其成为美国主导的国际机制体系的组成部分,服务于美国的全球战略。何一鸣等学者认为尽管俄罗斯仍然反对《京都议定书》第二承诺减排期,但是俄罗斯批准了《俄罗斯气候学说》,俄罗斯承认气候变化事实及全球变暖对俄罗斯未来的威胁,承诺俄罗斯将在国内和国际两个层面通过节能减排应对气候变化,并以最佳方式向发展中国家提供援助。俄罗斯确定的温室气体减排目标是到 2020 年比 1990 年减排 10% ~ 15%,到 2050 年减排 50%,并大力发展可替代能源,大量使用"绿色技术",构建节能型的经济发展模式[①]。日本在积极提升自己的国际形象、谋求在一些问题领域世界范围内的领导权,总的来说在变暖议题上日本采取合作和负责任的政策。Yasuko Kameyama(2000)对日本的气候变化政策的历史进行了双层博弈的分析后指出,除非日本的政治体系有根本的改变,否则日本的立场将一直受到美国的影响,而环境问题是日本可以在国际上发挥领导作用的重要领域,[②]可以这么认为,日本的气候变化政策其实并不是纯粹的气候变化政策,其着眼点也是改善邻国对日本的认知。[③]澳大利亚积极从事重要气候与能源技术的发展、移转与更新,包括氢经济国际伙伴协议及再生能源与能源效率计划等。2007 年 12 月陆克文成为澳大利亚第 26 任新总理,上任之际即签署批准了《京都议定书》,创建气候变化与水资源部,并开始制订了一系列的有关气候变化与能源的文件和报告。这些举措的出台,表明澳大利亚在发达国家阵营中,已由追随美国制衡欧盟演变为在美、欧之间权衡,在与发展中国家的关系方面坚持"有限区别"原则和合作原则,对前任霍华德政府仍有继承和衔接,目标是本国利益最大化。(主要附件一国家的 2020 年减排计划见表三。)[④]

七十七国集团加中国作为一个整体代表了全部发展中国家,本身就形成了强大的政治力量。温室气体排放能力,尤其是排放潜力的日益呈现,

① 何一鸣.俄罗斯气候政策转型的驱动因素及国际影响分析[J].东北亚论坛,2009(3):76-84.
② 刘江永.日本应对气候变化的战略、措施与困难[J].世界经济与政治,2003(6):72-80.
③ 张海滨.中国与国际气候变化谈判[J].国际政治研究,2007(1):21-36.
④ 周剑,何建坤.陆克文政府气候变化与能源政策评析[J].世界经济与政治,2008(8):33-41.

表三　　　　　　　　　主要附件一国家的2020年减排计划

附件一缔约方	2020年减排目标[①]	相当于1990年为基期的实质减排目标[②]
美国	以2005年为基期减排17%	减排3%
加拿大	以2005年为基期减排17%	增排2.52%
澳大利亚	以2000年为基期减排5%~15%~25%	增排13%到减排11%
日本	以1990年为基期减排25%	减排25%
欧盟（附件一国家）	以1990年为基期减排20%~30%	减排20%~30%
挪威	以1990年为基期减排30%~40%	减排30%~40%
俄罗斯	以1990年为基期减排15%~25%	减排15%~25%

资料来源　UNFCCC.Appendix I： Quantified economy-wide emissions targets for 2020 [EB/OL].[2012-08-12].http：//www.pewresearch.org/?p=1093/generations-online.

加上本身就具有的政治权力，使得七十七国集团加中国成为了京都谈判的三大力量之一。面对主要是由发达国家造成的气候问题，处于相近发展水平、具有共同发展需求的中国和G77成员国，为扭转谈判中面对发达国家的不利态势结成了巩固的战略联盟。但随着国际气候谈判的深入和各方利益的错综复杂，中国和G77部分成员国之间的矛盾与分歧凸显，但中国与G77之间继续合作的基础和条件仍然比较稳固。严双伍等[③]认为，中国和G77成员国之间虽然分歧较大，立场分化，但在反对抛弃京都模式、主张发达国家提供资金援助方面却空前团结，基本保全了"双轨"谈判机制。新兴发展中大国已经成为国际气候变化谈判的重要力量，这些国家的核心战略是争取自己的发展和排放空间，坚持发达国家应在"共同但有区别的责任"原则基础上尽早履行义务。新兴发展中大国经济持续快速发展，能源需求节节攀升，到2030年，大部分新增的全球能源消费将会来自新兴发展中大国，其中中国占55%，印度占18%[④]，但根据哥本哈根和坎昆大

①　UNFCCC. Appendix I-Quantified economy-wide emissions targets for 2020 [EB/OL]. [2010-05-15]. http://unfccc.int/home/items/5264.php.
②　UNFCCC. GHG Data:Time series-Annex I [EB/OL]. [2010-05-15]. http://unfccc.int/ghg_data/ghg_data_unfccc/time_series _annex_i/items/3814.php.
③　严双伍,肖兰兰.中国与G77在国际气候谈判中的分歧[J].现代国际关系，2010（4）：21-26.
④　Anon. Environment (a special report) ——who wants what in copenhagen [J]. The Wall Street Journal, 2009: 6-7.

会达成的2度目标,人类必须把浓度维持在450PPM左右,由于西方国家在工业化阶段已经挤占了很大的发展空间(100PPM),因此新兴发展中大国在工业化发展中才有60PPM的经济发展空间,这对新兴发展中国家的利益构成了共同而严峻的挑战[1]。此外,巴西、南非、印度和中国组成的"基础四国"[2]集团已成为一支在气候变化谈判中的有生力量,作为"77国集团加中国"谈判联盟的中坚,在坚持"维权"(维护发展权和排放权)的同时,还积极为发展中国家"谋利"(发达国家资金技术援助)。(主要发展中国家的自主减排计划见表四。)

表四 **主要发展中国家的自主减排行动计划**

非附件一缔约方	2020年减排目标[3]	国家性质
中国	单位GDP二氧化碳排放比2005年下降40%~45%	基础四国等新兴发展中大国
印度	单位GDP二氧化碳排放比2005年下降20%~25%	
巴西	在BAU[4]基础上减排36.1%~38.9%	
南非	在BAU基础上减排34%	
墨西哥	在BAU基础上减排30%	
马绍尔群岛	以2009年为基期减排40%	小岛屿国家联盟等受气候变化影响巨大的国家
摩尔多瓦	以1990年为基期减排25%	
马尔代夫	碳中立(10年内从使用石油转变为使用100%的可再生能源)	

资料来源 UNFCCC. Appendix II–Nationally appropriate mitigation actions of developing country Parties [EB/OL].[2010–05–15].http: //unfccc.int/home/items/5265.php.

除了上述三种重要力量之外,石油输出国、小岛国与最不发达国家等在气候变化谈判中发挥了日益重要的作用。石油输出国因担心温室气体减

---

[1] EILPER J. Pushes for emissions cuts from China, developing nations [N] The Washington Post, December 10, 2009.

[2] 巴西(Brazil)、南非(South Africa)、印度(India)、中国(China)四国首字母刚好组成英文单词:BASIC(基础),基础之意也喻指中国、印度、巴西、南非为当今世界最重要的发展中国家。

[3] UNFCCC. Appendix II – Nationally appropriate mitigation actions of developing country Parties [EB/OL].[2010–05–15].http://unfccc.int/home/items/5265.php.

[4] BAU是Business As Usual的简称,可理解为"按原轨道发展"、"一切照旧"或"照常"情景。温室气体排放的BAU情景是指,在照常经济社会发展趋势下所排放的温室气体。

排的行动方案对石油消费构成影响，而成为全球气候变化治理的强硬反对者。俄罗斯、挪威、冰岛等高纬度国家不仅仅从气候变化中受益，由于本身也是资源和能源大国，对气候变化治理也持消极立场。作为石油输出国的领导人，时任俄罗斯总统梅德韦杰夫在哥本哈根峰会上强调，正在哥本哈根进行的有关新的气候条约谈判不应成为"政治迫害"。梅德韦杰夫表示，国际社会一直以来对于那些碳氢化合物丰富的国家施加了不公平的压力[1]。小岛屿国家联盟（AOSIS）和最不发达国家（LDCs）对于气候变化的责任最小，但遭受气候变化带来的危害却是最深，极端气象灾害频发，给这些国家带来了严重的生存危机[2]。"小岛屿国家联盟"认为全球必须在2015年达到温室气体排放峰值，到2050年减排80%，发达国家2020年减排45%，2050年减排85%，基准年份为1990年，实现温度升高限制在远低于1.5℃的水平，将大气温室气体浓度限制在350PPM以下。在气候变化谈判中，这些国家更多地关心发达国家提供资金的问题，并坚持发达国家承担资金技术援助义务。非洲联盟的立场是发达国家到2020年每年提供1 000亿美元帮助穷国抵御和适应气候变化，而其中分配给包括非洲和小岛屿国家在内的脆弱和贫困国家和地区开展适应工作的资金不应低于50%[3]。

二、气候变化谈判格局中极的变化

肯尼思·华尔兹指出，单元能力指的是单元的综合实力，即包含了国家的政治、经济、科技等在内的综合体现，其中与气候变化最为相关的是单元的经济总量、能源消耗状况；此外，能反映单元在气候谈判中的能力大小的还有温室气体的排放量。因此，本书选取经济总量、能源消耗状况以及温室气体排放量三个指标，作为衡量单元在国际气候谈判格局中的实力。

（一）全球经济格局

在全球经济格局中，源于2008年美国金融危机的全球经济危机加速了全球经济格局的变化。金融危机爆发后从美国迅速蔓延到世界各地，从虚拟经济向实体经济扩散。直至今日，发达国家都未能完全摆脱危机的影

①　CALDWELL C. Climate change, the great leveller [N]. Financial Times, December 12, 2009.
②　吕学都.联合国气候变化大会进展及展望[J].世界环境,2009（1）:23.
③　ANON. The Copenhagen shakedown[J]. The Wall Street Journal，2009: 12–16.

响,美国依然面临着经济衰退的风险,而欧洲经济还面临着债务危机的风险,日本经济则一直在困境中挣扎。发达国家普遍处于经济不景气时期,相比之下,发展中国家(尤其是新兴经济体)的经济发展却依然强劲,率先走出危机并成为世界经济增长的主要推动力。

在全球经济危机的背景下,新兴经济体在全球经济中所占比重不断上升,对全球经济增长的贡献度不断增加,全球经济结构已经发生深刻变化,具体表现为:

第一,发达国家在国际经济格局中的优势受到削弱(见图五)。源于2008年美国金融危机的全球经济危机,给西方发达国家带来巨大的冲击。不仅如此,即使在金融危机之前,七国集团的GDP的份额就已经缩减到不及全球GDP的一半,美国占全球GDP的份额更是连续7年下降。欧盟同样也沦为金融危机的重灾区,并一直受到债务问题的困扰。与此同时,新兴经济体却仍然保持着经济的高速发展,并且率先走出了经济危机。据统计,1992年发达国家的GDP占世界GDP的比例为80%,到了2009年这个比例降到了68%。发展中国家与发达国家的经济差距也在不断缩小。据统计,1990年发达国家与发展中国家之间的人均GDP的比例为20:1,2009年降至12:1。2000—2009年间发展中国家人均GDP增长了近46%,而同期以七国集团为代表的工业化国家人均GDP仅增长13%。此外,新兴国家的外汇储备占世界外汇储备的四分之三。汇丰集团首席执行官欧智华在国务院发展研究中心主办的"中国发展高层论坛2011"上预测:到2050年全球经济格局会发生巨大变化,新兴市场的经济总量将超过发达市场,全球30大经济体当中,将有19家是今天所说的新兴经济体。经济实力的变化,对世界经济秩序必然产生深刻的影响,新兴市场大国以及发展中国家的整体性崛起将极大地冲击发达国家的经济主导地位。

第二,新兴发展中大国在全球事务中作用加大。发展中国家在各种国际合作、谈判中话语权的提升,是近年来发展中国家经济实力快速上升的直接体现。由巴西、俄罗斯、中国、印度、南非组成的"金砖五国",以及"新钻十一国"(包括菲律宾、孟加拉国、埃及、印尼、伊朗、韩国、墨西哥、尼日利亚、巴基斯坦、土耳其、越南),还有"VISTA五国"(越南、

■1990 年 □2010 年

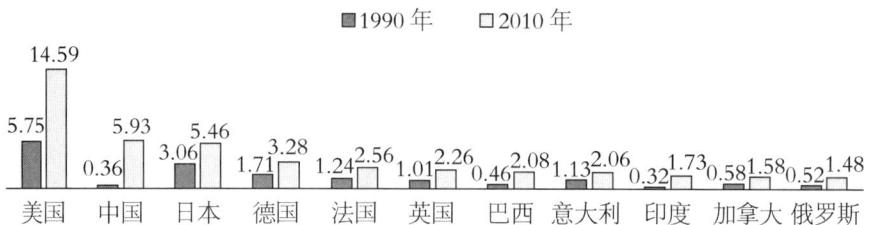

图五 1990 年至 2010 年全球主要经济体 GDP 增长情况统计（单位：亿美元）

资料来源 世界银行 WDI 数据库[EB/OL].[2014-07-12]. http://data.worldbank.org/data-catalog.

印尼、南非、土耳其、阿根廷），这些新兴国家的群体性的崛起，使得发展中国家在世界政治经济中的地位得到提高。除经济总量增加之外，新兴经济体对全球经济的推动作用也越来越大。野村证券全球首席经济学家保罗·谢尔德表示，2012 年中国对全球经济增长的贡献度将会达 1/3，整个新兴经济市场对全球经济增长的贡献度将达 3/4。经济力量是权力分配和格局变化的基础，随着发展中国家经济的持续快速发展，全球经济格局乃至政治格局也都会发生变化。

经济实力对权力分配和格局变化起着决定性的作用。在此次全球经济危机中，美国模式受到质疑，其在全球的主导地位受到一定的冲击。随着新兴经济体的群体性崛起，世界正再次经历着一场实力转换和权力再分配的变化过程，新兴经济体在国际事务中的影响力不断加强。但发达经济体经济增速放缓，并不意味着美国作为世界头号强国和现行的国际经济秩序发生了颠覆性的改变。发达国家仍是世界经济的主导力量，它们拥有先进的技术、充裕的资金和高素质的劳动力。世界经济格局正在变化，但要发生根本性的变化还需一个长期的过程。

（二）全球能源格局

新兴发展中国家的经济发展模式大多是资源消耗型的，经济增长对能源和资源的消耗是巨大的。新兴发展中大国中最为突出的无疑是中国，虽然中国的 GDP 总量名列世界第二，但能源消耗的多项指标却都是排名世界第一。目前我国经济的高速增长带动了能源需求的快速增长，从 2000年开始，我国能源消费年均增长速度接近 8%，且预计未来会进一步增长。同时，我国人均化石能源拥有量远低于世界水平，可以开发利用的煤炭资源储量不足，油气资源则更为匮乏。据工程院预测，2030年我国石油进口依存度将达到70%。另外，我国已成为世界第一大二氧化硫和二氧化碳排放国，环境污染情况十分严重。由于传统能源消费的种种问题，包括中国在内的世界很多国家都在大力进行低碳革命，发展新低碳能源技术。

如此大的能源消耗，加上经济发展的巨大潜力，无疑会使中国成为其他国家攻击的对象。

中国只是新兴经济体中表现最为突出的一个，印度、巴西、南非等其他新兴经济体对资源的需求和消耗同样处于快速上升的阶段（见图六）。巨大的经济潜力和庞大的人口数量都会使得未来很长一段时间内，新兴经济体的能源消耗和温室气体排放量持续上升。在能源和资源竞争越来越激烈的背景下，新兴经济体的崛起无疑会给现有的能源格局带来冲击。

（单位：千吨石油使用当量）

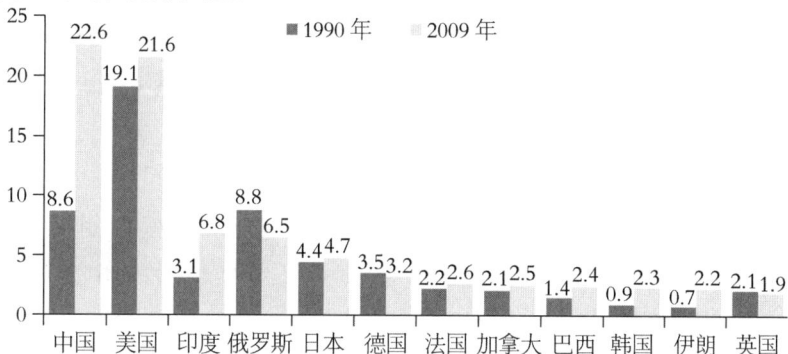

图六 1990年至2009年全球主要国家能源使用量变化情况

资料来源 世界银行 WDI 数据库[EB/OL].[2014-07-12]. http：//data.worldbank.org/data-catalog.

（三）温室气体排放格局

温室气体排放量的变化也会给国际气候谈判格局带来冲击。同样以新兴发展中大国表现最为突出的中国为例，根据世界资源研究所的研究结果，1950年中国化石燃料燃烧二氧化碳排放量为7 900万吨，仅占当时世界总排放量的1.31%；1950—2002年间中国化石燃料燃烧二氧化碳累计排放量占世界同期的9.33%，人均累计二氧化碳排放量61.7吨，居世界第92位；而到2004年，根据国际能源机构的统计，中国化石燃料燃烧人均二氧化碳排放量为3.65吨，相当于世界平均排放量的87%、经济合作与发展组织国家（OECD）排放量的33%。虽然中国温室气体历史排放量很低，且人均排放一直低于世界平均水平，但是近几年温室气体排放总量急速增加，而且人均排放量也已接近世界平均水平。荷兰环境评估局在2010年7月1日发表的年度全球环境研究报告数据显示，中国2009年人均二氧化碳排放量为6.1吨[①]。亚太经合组织澳洲研究中心莫纳什大学曾发布报告称：因中国经济增长相当稳健，到2010年，中国排放的温室气体将占世界总量的22.3%，超过美国成为全球第一。[②]而国际能源机构（IEA）甚至早在2007年版《世界能源评估报告》中就提出，经济快速增长的中国的二氧化碳排放量已经超过美国成为世界首位。从历史上看，当前大气当中累计的温室气体80%源自发达国家，另一方面，中国当前的人均排放只是发达国家的1/3、1/4甚至1/5。然而，随着国际社会对气候变化危害认识的加深，在气候变化已经成为当前全球环境变化的焦点问题的情况下，中国以及其他新兴发展中大国无疑将会面临巨大的舆论压力。

从图七中可以看出，从《联合国气候变化框架公约》签订之初到如今的20年间，全球碳排放的格局出现了很大的变化。现有的减排机制不能正确地反映全球排放的格局，这也是发达国家要求新兴发展中大国承担减排义务的理由之一。新兴发展中大国的排放量正在迅速超过发达国家，排放量前三名中，发展中国家占据了两席。此外，南非、印尼等诸多新兴发展中国家的排放量也在迅速上升。比目前排放格局更为重要的是，由于发展潜力巨大，这些发展中国家的排放量在未来还会持续上升，发达国家在全球排放格局中的比重将会越来越小。

---

① OLIVIER J G J, PETERS J A H W. No growth in total global CO_2 emissions in 2009 [EB/OL]. [2010-06-01]. http://www.rivm.nl/bibliotheek/rapporten/500212001.pdf.

② OXLEY A. Building a pro-development global strategy on climate change [EB/OL]. [2007-08-02]. http://www. worldgrowth. org/assets/File/World_Growth_-_Building_a_Pro - Development_Global_Strategy_ on_Climate_Change.pdf.

（单位：亿吨）

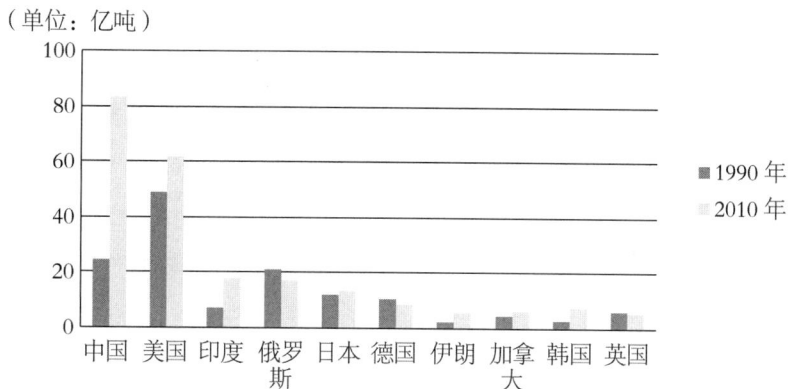

图七 1990年至2010年全球主要温室气体排放国排放量的变化

资料来源 1990年数据转引自 BODEN T，MARLND G，ANDRES R J. Global CO_2 Emissions from Fossil-Fuel Burning，Cement Manufacture，and Gas Flaring：1751-2006 [M]. Tennessee：Carbon Dioxide Information Analysis Center，Oak Ridge National Laboratory，2007；2010年数据转引自王伟光，郑国光.气候变化绿皮书：应对气候变化报告（2011）[M].北京：社会科学文献出版社，2011.

从前面列举的1990年到2010年各单元之间的相关数据可以看出，属于"77国集团+中国"阵营中的新兴发展中国家的快速崛起，明显改变了原有国际体系的单元力量对比状况。由于系统结构随着单元之间能力分配的变化而改变，国际气候谈判格局也正在发生着变化。

第二节　美国在全球气候治理中的领导地位

根据集体行动理论，主要大国参与与否是实现全球气候变化集体行动的关键。基欧汉把霸权稳定理论与集体行动相连，提出大国对于实现集体产品具有重要意义，"如果没有霸权领导或者国际制度，国际合作成功的可能性是极低的，集体行动的困境将会十分严重"。因此，美国在全球气候政策上，扮演举足轻重的角色。气候变化问题是当前全球环境治理的重要议题，事关人类可持续发展。美国以全世界4%的人口消费世界上约13.7%水资源，18.5%的森林资源，26%的石油，27%的天然气和25%的煤炭，同时占据全球28.75%的历史累计排放量（1850—2007）。特别是

2009 年奥巴马政府上台不久即把全球气候环境问题作为外交重点，实施多边主义气候合作战略，强调全球联盟和美国的领导地位。目前美国所推动的全球气候环境问题是由发达国家主导的。美国试图在哥本哈根气候大会上推动中美气候共治和《哥本哈根协议》，致力取得美国在气候变化等领域的领导地位。

然而在全球气候治理领域，美国在不同的时期表现差异很大，既有积极谋求领导气候治理进程的一面，也有退出全球合作机制表现回避的一面。自 2010 年坎昆会议和 2011 年德班会议以来，美国对于全球气候变化谈判的态度日趋消极，把发展中国家作为其不参与有法律约束力的全球协议的借口。美国也不断逃避在墨西哥坎昆会议承诺的提供快速绿色启动基金和援助资金的承诺。这和广大发展中国家主张气候变化援助资金必须坚持"新的额外的"（new and additional）原则不相符合，这就削弱了美国气候外交对发展中国家的影响力。

目前的解释把美国气候外交差异性归因为政党政治和利益集团或者执政党领袖不同的执政理念。但是，为什么克林顿政府签署的《京都议定书》会在参议院遭到同样是民主党议员的反对，小布什政府执政后期却在"巴厘路线图"等全球气候合作领域有所突破，而奥巴马政府气候外交不仅受到来自共和党也受到来自民主党议员的巨大阻力呢？

一、美国气候外交的曲折发展与体制约束因素

美国体制具有明显的分化和多元的特性，在外交领域就会表现为国会与总统的权限之争、地方多元利益分化等。亨金①在《宪政民主和对外事务》提出美国国会和总统都是权力中心，但是外交界限不明确。罗赛蒂认为美国国内体制庞大、复杂，政府和国会的分歧导致总统很难控制外交②。加里·沃塞曼认为美国体制的特点即权力分散化，政府部门被多元利益所裹挟③。杰金斯指出，影响美国气候环境政策的最重要的因素是党派之间的极化立场。因此，美国的气候外交走过了一条曲折上升的发展

---

① 亨金.宪政·民主·对外事务[M].邓正来,译.北京:三联书店，1996.
② 罗赛蒂.美国对外政策的政治学[M].周启朋，等，译.北京：世界知识出版社，1997：20.
③ 沃塞曼.美国政治基础[M].陆震纶，等，译.北京：中国社会科学出版社,1994.

阶段。

气候环境问题出现在美国对外关系议程中已有50多年的历史，早在1960年，美国气候外交随着肯尼迪总统号召美国加强气候预测和控制方面的研究并展开国际合作就开始起步。在之后的全球气候环境治理中，美国在不同时期的表现差异很大，既有积极谋求领导气候治理进程的一面，也有退出全球合作机制表现回避的一面。随着冷战结束，美国的国家安全战略将环境事务提升到国家安全利益的高度[①]，老布什政府积极推动1992年联合国首次环发大会，推动达成《联合国气候变化框架公约》。随后的1997年，美国国务院发表了《气候外交报告》，克林顿政府签署了《京都议定书》，之后，小布什政府在环境问题方面趋向保守。2001年，出于内政和利益集团的需要，小布什政府退出了《京都议定书》。英国前外交大臣库克则指出：世界环保问题的首要障碍是"双手浸透了得克萨斯石油"的小布什政府。2005年，"卡特里娜"飓风造成的美国世纪风灾对美国国内利益造成严重影响，重新推动美国国内政治重视全球气候环境问题。小布什政府也在2008年八国峰会上终于同意了2050年温室气体减排50%的目标。2009年随着民主党政府执政，奥巴马明确表示接受全球变暖的科学事实，并准备在此基础上制定一系列低碳和环保政策。然而2010年，美国国会选举民主党失利之后，美国预算和立法危机约束了其在全球气候环境治理中发挥作用。博维斯（Nigel Purvis）也认为："参议院很少批准国际条约，尤其是环保条约，除非它们是基于国内法而制定的。"立法机构的这些权力可以对民主党总统进行限制，例如《生物多样性公约》、《京都议定书》和《海洋法公约》。通过图八我们可以清楚地发现，美国气候外交曲折发展，除了经济因素之外，气候环境议题与美国国内政治环境也密切相关。推动经济刺激的方案认为，低碳技术领域的投资将会给衰退中的经济提供动力。在衰退和高能源价格时期，能效领域具有投资价值，因为这最终将减少经济发展的成本，为此奥巴马首选电力领域大规模投资作为第一步低碳革命。

---

① 蔡守秋.论气候外交的发展趋势和特点[J].上海环境科学，1999，18(6):26.

此外他还提出了在环境领域的具体目标：未来十年将向可再生能源领域投资 1 500 亿美元，到 2012 年美国 10% 的电力将来源于可再生能源，并准备建立温室气体排放交易系统，要求美国公司购买政府授权的温室气体排放许可。在 2002—2005 年间，小布什政府不把气候环境问题作为重要议题，而 2006—2008 年，随着民主党国会不断通过提案，气候环境问题逐渐成为美国外交的热点，但是到了 2009 年之后，随着共和党控制国会，气候环境议题的重要程度明显下降。

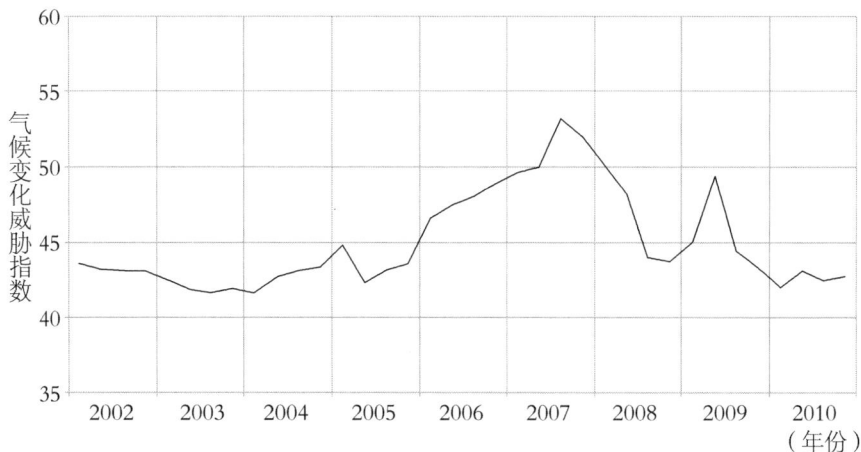

图八　美国气候变化在国内安全议程的重要程度变化

资料来源　BRULLE R J，CARMICHAEL J C，JENKINS J C. Shifting public opinion on climate change： an empirical assessment of factors influencing concern over climate change in the U.S.，2002-2010 [J]. Climatic Change，2012，114（2）：169-188.

　　上述美国气候外交发展的曲折特性和其总统制政治结构密切相关。美国是三权分立的政治体制，国会对于美国参与全球气候环境治理具有重要影响。在现行体制下，外交权由美国总统和参议院分权。但事实上，双方的权力有很多交叉之处，国会和总统相互制衡，尤其体现在参议院在国际条约上的建议和批准权，以及立法机构的拨款批准权。特别是由于美国政治行政权和立法权经常是由两党分别执掌，掌握立法权的共和党经常会否决一些有关民主党推动的气候环境议程。在涉及国际条约时，由于美国国内的环境法在某种程度上是国际法的基础，这种否决权是非常关键的，对美国参与全球气候环境治理至关重要，如《京都议定书》就限制了美国参与气候变化双轨谈判的空间。因此，两党分别控制政府和国会，会使得美国推进全球治理外交政策变得异常艰难，实际上也使得美国在进行气候外交时难有回旋的余地，经常导致相关的合作协议无法达成。即使政府在气候谈判中通过妥协达成了一些协议，国会也会通过条约批准权来否决该协议。

正是由于美国政治府院之争的特点，美国气候外交在不同时期表现也不同。在美国共和党特别是小布什政府时期，美国民主党控制的国会反而成为推动美国气候外交的重要角色。2005 年参议院通过了一项新的决议，即"参议院对气候变化的认识"，亦称为"宾格曼-斯拜克特决议"（The Bingaman Specter Resolution），这项提案有效地扭转了参议院 1997 年"伯德-海格尔决议案"（Byrd-Hagel Resolution）决议对应对气候变化行动所采取的否定态度。2007 年《美国气候安全法》（America's Climate Security Act，S. 2191）提案规定，美国应建立强制性且覆盖整个国民经济的温室气体减排体系。在奥巴马上台初期，《美国清洁能源与安全法》成为美国气候立法的阶段性里程碑。美国政府正是依据该法案在哥本哈根气候大会上提出了至 2020 年相对于 2005 年排放量减低 17% 的主张。正是依托上述国内立法进程，美国推动了《哥本哈根协议》的达成并试图以此作为将《京都议定书》和《联合国气候变化框架公约》的双轨制谈判引向单轨制谈判的基础。2010 年美国国会选举民主党失利之后，美国政治制度的三权分立、相互掣肘的特点约束了美国在全球环境气候治理的贡献，其中主要表现在气候立法受阻和预算危机方面。在参议院版本的《清洁能源工作与美国能源法》和《2010 年美国能源法（讨论草案）》之后，美国国会配合全球气候谈判的立法进程就陷入僵局。

美国国会也可以对行政机构在环保问题上做出的财政承诺进行限制，或者对参与谈判进行授权。在国会和国务院的关系方面，随着全球环境治理问题的发展，美国国会开始重视国际环境规则和机制的主导权，授权国务院可以决定气候变化谈判目标，涉及气候变化的贸易协议也是美国国务院的谈判目标。此外，国会也授权美国国务院在全球气候谈判过程中表达美国价值观、维护美国的相关贸易经济利益，国务院还必须就谈判中涉及美国利益的问题进行听证。[①] 在国会与美国环保署关系方面，美国联邦最高法院于2007年裁决将温室气体视为污染物并赋予美国环境环保署相关执法权，[②]共和党控制的众议院希望废除美国清洁空气法律的法案，由此限制了美国环保署推动气候变化政策的能力。气候环境议题也是美国对外援助的重要内容，在哥本哈根、坎昆和德班等气候变化会议上，美国承诺与其他发达国家一起承担2010—2012年的快速启动资金，以及到2020年将每年提供1 000亿美元和其他绿色资金支持，但是2011年因为美国预算危机，美国债务评级调低，美国国会实际上已经减少或阻止了在气候环境问题上的对外援助。[③]

美国气候外交的曲折发展还和美国国内政治分化密切相关。环境气候议题被锁定在美国政党政治中，并且表现出日益分化的趋势。美国国内制度以两党制为主，各个党派都需要争取自己的选票，由于民主党人事实上已经取得了环保问题上的道德高地，共和党人也基本放弃了争取环保选民的支持，因此共和党人越来越不相信气候变化问题。根据美国学者的研究结果，卡特时期，国会中民主党在环保问题上领先共和党27分，里根时期领先32分，老布什政府时期是35分，到克林顿时期差距拉大到52分，而在小布什政府时期差距是65分。2010年奥巴马政府时期，参议院中党派差距是60分（民主党人平均60分而共和党人是0分），而在众议院中差距是76分（民主党的环境委员会领导人平均获得88分）。皮尤中心（Pew Center）的一项民意测验报告显示，多数人认为地球确实是在变暖，其中民主党有81%的人同意，共和党有58%的人同意。然而，共和党只有24%的人愿意将气候变化归咎于人类的活动，而民主党是54%，独立派有47%。1998年两党在看待气候是否已经变化的问题上没什么区别，而到2008年3月，两党的差距已经扩大了30个百分点。2010年10月，皮尤中

①　AUDLEY J. Environment's new role in U.S. trade policy [J]. Trade, Equity, and Development, 2003, 3:5.
②　陈冬.气候变化语境下的美国环境诉讼：以马塞诸塞州诉美国联邦环保局案为例[J].环球法律评论，2008(5): 64.
③　ANDREWS R. Learning from history: U.S. environmental politics, policies, and the common good [J]. Environment, 2006, 48.

心在一项测验中提出一个问题：全球变暖有确凿的证据吗？对此，79%的民主党人表示肯定，而表示肯定的共和党人只有38%。由于这种党派分化现象，美国政府的决策很难建立在强大统一的国内政治基础上。随着国会中党派一致性和地域性越来越严重，这些温和派的共和党议员也越来越少，美国两党在气候环境议题中的对立局面日益严重。美国党派对气候变化问题的分化立场直接影响到美国国内对美国气候外交的支持程度。杰金斯（Jenkins）指出，美国气候环境政策的最重要的影响因素仍然是美国民主党与共和党所采取的极化立场。一旦政治领导否认气候变化造成威胁，大多数的公众也会倾向于相同的认识。公众的不同认识是因为政治领导对这一问题采取的极化态度。

美国气候外交还受到美国地方政治的影响。美国是自上而下的体制，没有地方的支持，联邦的政策很难推广下去。[①]一方面美国地方各州和环保部门将按照美国联邦的法律法令执行环保政策，另一方面这些地方部门也要按照各州的法律执行相关的政策。众所周知，美国以煤、石油、制造业或农业为主的州坚决反对美国气候变化政策。美国煤炭产地分布很广，其中得克萨斯州产量占到全美总产量的25%，阿拉斯加州占22%。美国50个联邦州中有26个产煤，其中13个州把煤炭作为主要收入来源。另外，共有52位参议员来自产煤州。由于煤炭产业通常是劳动力密集型产业，需要的就业人口很多，因此工会的力量非常强大。如果美国执行相关的气候变化政策、减少煤炭在美国的比重，将会导致美国出现大量劳动者失业的情况，因此煤炭州的工会和相关的产业利益集团将会联合对政府施加巨大的压力。而且不仅来自共和党的参议员会反对，一些来自产煤州的民主党参议员也会为了维护本州的利益而反对相关的气候政策，如来自西弗吉尼亚州的民主党议员以该州煤炭生产占美国煤炭产量的14%以上为由而反对奥巴马的气候政策。然而美国气候变化政策的复杂性在于，美国积极推动环保低碳的州和城市也很多，这些地区也在积极推动美国联邦政府的气候环境对外政策，在2009年美国奥巴马政府执政后为气候外交创造

---

① ANDREWS R N L. United States [M]//JANICHE M, WEIDNER H. National Environmental Policies: A Comparative Study of Capacity-Building. Berlin: Springer, 1997:32.

相应的国内立法基础，推动全面绿色新政（Green New Deal）。例如，新英格兰、加利福尼亚和西北区各州更多地依靠以知识为基础的产业发展，因此也更容易支持环保政策。这些地方在推动低碳经济方面已经取得了相当的经验，形成了较强的网络，并对推动整个联邦层次的政策产生了积极的助推作用。随着奥巴马政府的国家低碳经济战略和政策的形成，目前，美国费城、纽约、芝加哥、休斯敦和洛杉矶等很多城市加入大城市气候网络体系（C40），这些城市积极推动美国的气候低碳政策。此外，美国多数地方也受到积极的气候变化政策的推动，地方强制碳交易市场已经开始取代自愿式的VER碳交易市场。美国区域温室气体减排行动（RGGI）不断加强，对美国参与全球绝对量化减排框架具有一定的推动作用。2009年开始，地方强制碳交易市场覆盖了美国东北部10个州的225家电力企业，排放配额总量为1.88亿吨。美国加州计划2013年启动，覆盖加州的炼油设施、发电厂、大型工业排放源等年排放量超过23 000吨二氧化碳的企业，配额总量为1.73亿吨，占加州排放总量的85%。

综上所述，从国会、政党政治和地方气候环保政策来看，美国气候环境政策不仅缺乏两党政治共识，而且日趋分化，这就可以解释美国近些年来气候环境政策时上时下的曲折特性。但是美国气候环境政策的曲折发展不代表美国在全球气候谈判中无所作为，美国仍旧是全球气候环境治理的三大支柱之一（其他两个是欧盟和基础四国），对全球气候环境问题起到重要影响，这和美国强大的谈判能力密切相关。

二、美国在气候环境治理中的谈判能力和地位

如上所述，现阶段美国气候变化体制在国会和地方层面都出现了分化和极化的现象，美国国内的政治分裂是制约美国气候外交政策的重要因素之一。然而从哥本哈根、坎昆会议一直到2011年南非德班会议，美国在气候变化谈判的议题、倡议和协议达成等方面仍居于优势地位，美国的气候外交仍有强势的一面。这一方面和美国统筹灵活的政府决策机制密切相关，另一方面与美国气候机制所推动的灵活气候外交密不可分。

在美国的政治体制内，总统对外交具有最终的决定权。美国国务院是最重要的外交行政部门。然而由于气候变化涉及能源、经济、贸易、科技、国防等多种因素，参与美国气候变化内外决策的政府部门比较复杂，总统经济委员会、国家安全委员会、美国总统环境顾问、国防部、环保署、能源部都在不同层面参与。美国国务院在协调各部门关系并形成气候变化外交战略共识方面具有足够的权威，其他部门各司其职，如能源部负责技术研究，环保署负责地方减排问题，国防部等仅在参与国家安全委员会会议时对气候变化提出建议。此外，美国国务院可以统筹其他领域的外交与气候政策相互关联，为其进行服务。美国的外交体制具有灵活多变和善于统筹的特点。美国的气候外交体制目标明确，紧扣议题，善于动员各方力量营造政治空间和舆论空间，除此之外，美国国务院气候变化统筹能力不断增强。与小布什政府时期不同，气候变化在美国国务院和国家安全战略中逐渐处于非常重要的位置。从美国气候变化谈判代表的权威来看，斯特恩和国务卿希拉里具有很深的私交，其在2009年1月被国务卿希拉里·克林顿任命为气候变化问题美国特使。斯特恩作为美国政府的首席谈判专家，在各种有关气候变化的双边和多边的部长级别谈判中代表美国出席，并起到了关键性的作用。更为重要的是，美国国务院积极借用和控制非政府组织、智库和媒体服务于其气候政策目标，积极统筹其他领域的外交工作与气候政策相关联。美国国务院和其主要智库相互配合，创造气候变化和其他外交问题的关联性，为美外交提供合法性和话语权支持。美国智库对气候变化影响的理解是全方位和综合性的，并为美国气候外交提供了多元化视角。美国智库和政府存在 "旋转门"， 如美国进步中心（CAP）、布鲁金斯学会、世界资源研究所（WRI）等许多研究人员已经在美国谈判代表团任职，并把这种多元的研究视角融入到美国气候外交中。美国智库研究人员经常得到第一手的动态信息，并深入分析形成决策建议。

　　美国气候外交体制是美国取得谈判优势不容忽视的主要原因。事实上，格莱农（Michael J. Glennon）等也强调美国积极有效地参加每一个环境协议的谈判，即便有国内的阻力，美国政府仍然致力于通过建立和操纵各种环境制度来实施气候外交。例如通过国际珊瑚礁主动保护法案，美国已经与其他75个国家建立了合作伙伴关系，通过拉姆赛（Ramsar）协定，美国和世界各国合作保护湿地。这里最突出的例子是日本1997年京都气候变化会议和丹麦2009年哥本哈根大会。1997年京都会议前，美国参议院对全球气候变化合作做出了95对0票的反应："除非主要发展中国家也介入，否则不支持签署任何限排公约"，美国克林顿总统的气候外交受到国会巨大阻力，然而美国仍运用气候外交、推动排放贸易等灵活机制，使得《京都议定书》在内容上受到美国主导和控制。美国是《京都议定书》三机制（联合履约JI、排放贸易IET和清洁排放机制CDM）的主导性倡议者，并最终在京都会议上实现了自己的目标。2005年，主要工业发达国家的温室气体排放量在1990年的基础上平均减少了3.3%，但世界上最大的温室气体排放国美国的排放量比1990年上升了15.8%[①]。小布什政府时期的美国气候政策立场有所后退，但在各级气候变化谈判中优势雄厚。特别是美国气候外交善于创造各种机制来实现目的，如2006年美国倡导的"G8+5气候变化对话"。2005年7月亚太清洁发展与气候新伙伴计划在美国倡导下成立，该计划有助于美国通过气候外交打破《联合国气候变化框架公约》和《京都议定书》中存在于发达国家和发展中国家之间的僵局，形成对美国有利的排放大国共同减排的场景。

2009年哥本哈根大会美国国会尚未通过气候变化法案，但是美国和欧盟加强协调，并把谈判重点放在针对经济和排放量迅速增长的发展中国家上。美国国务卿希拉里·克林顿提出在所有主要经济体所采取的减排行动都必须是透明的前提下，美国将和其他国家一起到2020年每年为发展中国家应对气候变化筹集1 000亿美元资金，美国以此为基础把符合其目标的"可衡量、可报告、可核实"议题推到国际谈判领域。约翰·华利（John Whalley）认为，哥本哈根协议的主要内容最先由美国提议起草，然后扩大到美国、中国、印度、巴西和南非，且随后扩大到欧盟、加拿大和澳大利亚，把全球气候谈判推向新的阶段，标志着南北全球经济外交新形式的出现，为今后新的、更具体的、潜在的气候安排的建立提供了重要

① RITTBERGER V, ZANGL B, STAISCH M. International organization : polity, politics and policies[M]. New York : Palgrave Macmillan, 2006:188.

平台。

三、美国气候外交未来的发展

全球气候变化以大国合作与一致的多边主义为基础，多边主义两个重要手段是国际主义（国际机构在道德、法律和战略方面都高于单个国家的利益）和法治主义（相信稳定的力量主要来自法律、条约和具有约束力的国际协议）。上述两个特点与美国国内体制有冲突的地方。

首先，作为全球霸主的美国也试图主导开放和多边主义的全球治理，美国积极地参加每一个环境协议的谈判，通过建立和操纵各种环境制度来实施气候外交，同时受到国际法和全球治理的效果的影响[1]。事实上，美国应对气候变化的核心利益是维系其能源模式的同时，保护和发展其核心竞争力。一方面，美国奥巴马政府的绿色新政在应对气候变化领域，希望通过环境容量的谈判来占有未来能源市场，在维护其奢侈和浪费型碳排放模式的基础上，发展低碳核心竞争力。美国气候变化和美国当前发展战略及能源独立性紧密相连，新能源和低碳经济对于美国未来经济竞争力和国际地位具有重大影响[2]。美国推动气候变化和绿色壁垒可以保护其竞争力，同时削弱中国等竞争对手的竞争力[3]。2011年美国的可再生能源投资超过中国。另一方面，美国在气候变化制度议价过程中，逐渐取得气候变化的全球领导权力，目前自由现实主义是美国外交的主流，自由现实主义政策着眼于世界制度的长期演变，履行国际体系中最强大的国家推动全球公共利益的职责——世界各地的政府和民众都迫切需要全球公共利益，气候变化等国际公共产品问题正是美国推行自由现实主义的重要领域之一。约瑟夫·奈提出，当今的力量是以一种类似于复杂的三维棋盘的模式在各国间分配，第三层是跨国关系，跨国关系和全球性挑战超越了政府控制，美国需要建立有效的国际机构和体系以便应对气候变化等新的挑战，并且

① FOOT R, MACFARLANE S N, MASTANDUNO M. Introduction [M]//FOOT R, MACFARLANESN, MASTANDUNO M. US hegemony and international organizations: the United States and multilateral institutions. Oxford: Oxford University Press, 2003.

② SMALLWOOD A.The global dimension of the fight against climate change [J]. Foreign Policy, 2008,167: 8-9.

③ ROTHKOPF D J. Is a green world a safer world? Not necessarily [J]. Foreign Policy, 2009, 174: 36-29.

发挥带头作用①。伊肯贝利强调美国应该同样推动开放的国际经济和共同利益（环境气候变化等）并制定国际规则和制度。回归和领导全球气候多边治理是美国对外战略的重要组成部分，美国目前力图取代双轨制谈判原则，企图借此让发展中国家承担减排法律义务，同时还对最不发达的发展中国家提供资金援助，以便分化发展中国家；希望中国和印度承诺其温室气体排放峰值，并要求新兴发展中大国落实"可衡量、可报告、可核实"的减排承诺，制定严格的有关报告、监控和核查温室气体排放量和减排量的标准。特别是根据笔者的问卷分析，气候变化引发的各种威胁在中长期（2025年左右）将会逐渐成为影响美国国家安全决策的重要因素，推动美国政府更加重视和参与气候环境政策。②

　　其次，美国国内体制的分化限制部分程度上削弱了美国的气候变化领导地位。美国例外主义者认为，"按照美国决策者的观念，美国的典范、标准、国内法要优先于外国或者国际的典范、标准和法律。美国的国家主权是至高无上的（paramount），而其他国家的主权则可以忽视（peripheral）。"这种思想影响和制约了美国对外承担全球环境治理责任。布莱纳（Gary C. Bryner）认为："美国参与全球可持续发展所取得的成就是相当有限的，这反射了美国国内缺乏承担全球环境工作的政治义务的意识。美国因为他们强大的经济优势在许多谈判领域扮演了统治角色，但是在环境领域，美国并不扮演重要的国际领头羊的角色。"③奥巴马政府上台不久即把全球气候环境问题作为外交重点，实施多边主义气候合作战略，在哥本哈根气候大会上推动中美气候共治和《哥本哈根协议》，致力于取得美国在气候变化领域的领导地位。然而自2010年坎昆会议和2011年德班会议以来，美国对于全球气候变化谈判态度日趋消极，把发展中国家作为其不参与有法律约束力的全球协议的借口。美国也不断逃避在墨西哥坎

---

　　① 奈.美国霸权的困惑：为什么美国不能独断专行[M].郑志国，等，译.北京：世界知识出版社，2002:11.
　　② 本次问卷受访的对象主要来美国主要智库和相关官员，他们来自美国能源部、国务院、环保署、布鲁金斯协会、美国战略和国际关系中心、美国外交关系全国委员会、斯坦福大学国际战略和安全中心等。本次问卷调查起于2011年1月，终于2011年6月，发放问卷数量70份，回收有效问卷份数70份。问卷采取面谈和电话访谈形式，进行取样。
　　③ BRYNER G C. The United States: "Sorry—Not Our Problem" [M]// LAFFERTY W M, MEADOWCROFT J. Implementing Sustainable Development: Strategies and Initiatives in High Consumption Societies.New York: Oxford University Press,2000:278.

昆会议上做出的提供快速绿色启动基金和援助资金的承诺。这和广大发展中国家主张气候变化援助资金必须坚持"新的额外的"（new and additional）原则不相符合，也削弱了美国气候外交在发展中国家的影响力。

然而，从上面对美国气候外交的制约因素和突出优势的特点来看，美国气候外交仍然会在双重作用中继续发展。特别是美国国内的体制特征与国际主义和法治主义的关系从来都是波折起伏的。从美国的经济实力和能源消费以及提供全球公共物品的角度来看，全球气候变化问题的解决有赖于美国国内气候立法和政治环境，因此美国气候外交政策的成效在部分程度上取决于美国国内法的作用。如果美国国内体制与全球治理的利益相匹配，美国则会致力于推动全球治理取得进步。在20世纪70年代，美国尼克松政府和卡特政府推动全球环境治理发展，成果有《巴塞尔公约》（Basel Convention，管制有害废弃物跨国移动）、《蒙特利尔议定书》（Montreal Protocol，管制臭氧层破坏物质）、《生物多样性公约》（Convention on Biological Diversity）、《华盛顿公约》（CITES，保护濒临绝种动植物）、《斯德哥尔摩公约》（Stockholm Convention，管制持久性有机污染物POPs）等。冷战结束后环境安全的兴起和美国国内环保运动相得益彰，1991年美国公布的国家安全战略将环境事务提升到国家安全利益的高度。1997年美国国务院发表《气候外交报告》，并开始制定相应的部门协调机制应对全球环境治理问题。如在2006—2007年这一时期，美国共和党反对气候环境议题的表决开始下降，民主党支持气候变化行动言论开始增加。一些有名的共和党参议员如麦凯恩（John McCain）公开支持气候变化立法并与民主党的参议员一起努力，促使立法的通过——2007年的《全球变暖污染减排法》、《全球变暖减缓法2007》、《低碳经济法》、《气候工作与创新法2007》、《美国气候安全法》等就是在那个时期得到通过的。1997年《京都议定书》、2009年《哥本哈根协议》等更加说明了国内政治对美国气候外交的不同影响。

由此可见，美国国内体制和外交能力的匹配是美国参与和领导全球气候变化治理的重要基础。美国气候大使斯特恩（Todd Stern）认为，美国国会对未来框架的态度当然还完全取决于美国的国家利益。无论怎样美国也要走向清洁，2035年80%的电力将来自清洁能源，这是美国现在与其他国家一起谈判国际协议的基础。全球气候环境治理既是一种以低碳为核心的大国竞争力的较量，也是以气候变化游戏规则为核心的国际制度主导权力的竞争。美国不会因为国内体制的制约而放弃主导权力的争夺，而是在体制和能力二元平衡基础上最大限度地实现国家利益并取得全球治理的主导权。美国一方面在气候变化经济竞争力领域积极布局，力图取代欧盟占据未来低碳经济体系的主导权，另一方面也将参与和主导集体行动，并将其作为吸引其他国家成为自己盟友和伙伴的"隐性资源"和软实力，并迫使其他国家就范。通过所谓"可衡量、可报告、可核实"的全球减排法律化，美国推动的气候变化游戏规则可以不用强制力而将中国等新兴大国融入到稳定和可预期的社会经济政策取向中。

四、2012年以来奥巴马政府气候政策的调整和影响

奥巴马在第二任期就职演说中高调地将应对气候变化问题提到了执政纲领的高度，并重申美国将致力于构建全面应对气候变化的系统框架。在2013年国情咨文中，奥巴马指出："期望这届国会可以协商一致，达成一个两党都同意的、以市场为基础的解决全球变暖的方案。但如果国会不及时行动以保护子孙后代，我也将会采取行动。我将让我的内阁讨论一些我们可以采取的行政措施。"在2013年6月，奥巴马依靠其行政团队推出了《总统气候变化行动计划》，对气候政策的大幅度调整开始付诸行动。第一，提升气候变化议题的地位。奥巴马第一任期伊始，气候变化议题升温，但随着金融危机的蔓延，气候变化议题的热度在全球和美国都有所降低，奥巴马在连任竞选前的辩论和讲话中避谈气候变化。第二任期开始后，奥巴马2013年以来在总统就职演说、国情咨文、总统气候行动计划、各次演讲及对外活动之中一再提倡和抬升气候变化议题。奥巴马在就职演说中强调："我们应该对气候变化带来的威胁做出反应，如果我们不这样做，将是对子孙的背叛。"他承诺"与科学家、工程师和当选官员进行广泛的对话"，多次强调全球变暖"不会成为我们留给后代的代价高昂并难以解决的问题"。同时，奥巴马专门成立了一个气候政策总统顾问团

队，其成员均为气候议题的长期积极行动者。在奥巴马第二任期中，国务卿克里带领的外交团队更强调气候议题，国家安全事务助理托马斯·多尼隆推出美国气候安全理念，认为气候变化对国家安全的影响源自其对世界各国环境日益严重的影响。最后，奥巴马政府推动提升国内科学共识，2013年美国总统科技咨询委员会提出美国应对气候变化战略，呼吁适应和减缓气候变化并重、采取更多措施鼓励低碳发展并推动气候谈判，该部门所提出的《美国国家气候评估》草案得到了美国科学界的响应和认可。第二，确定以可持续的能源体系为核心的"能源型"气候政策，通过提高能效持续加强能源创新和减排力度，为其后续气候政策铺路。奥巴马第一任期的气候政策基于经济危机，侧重于把应对经济危机与气候变化联系起来。2010年12月，奥巴马提出把保持美国全球经济领导地位作为美国面临的最大挑战，强调通过绿色能源投资促进就业，实现绿色新政（Green New Deal），利用气候经济解决财政和就业压力。奥巴马第二任期将实行更为务实和积极的"能源型气候政策"，在逐渐企稳的经济和就业背景下，奥巴马气候政策的核心转为借助页岩气革命等带来的美国能源创新和能效革命，提升美国的减排能力和在气候变化议程中的国际领导地位。奥巴马政府重视减少煤炭使用、推动能源结构变革和减排的协同效应，2013年设置新能源标准，减少发电厂的碳排放，对新建以及现存发电厂设置更高碳排放标准；更加重视清洁能源，采取诸如加速发放清洁能源许可证、激活清洁能源创新的长期投资、确立四年一次的能源评估制度、扩大和升级电网等新措施。同时，奥巴马政府从量化和立法角度提高可再生能源比例，成立"能源安全基金"，旨在以清洁能源的增量抵消石化能源的存量，最终实现其可再生能源发展目标。奥巴马政府设定了要在2020年前将可再生能源发电量翻番的目标，2035年80%的电力供应要来源于清洁能源。第三，实行以全球减排市场和"轴幅"为核心的"气候主动外交"。奥巴马政府第一任期气候外交的重点在于以内促外，通过推动国会立法和减排承诺，促进美国重拾气候政治的领导地位。基于美国众议院2009年《清洁能源和安全法》，奥巴马在哥本哈根大会提出2020年前将以2005年的排放量为基期减排17%，通过多边外交推动排放大国协调，促成《哥本哈根协议》和减排的自愿申报模式。奥巴马政府第二任期则希望绕开国会立法困境，推进其他温室气体减排机制，通过积极的多边和双边外交行动来推动国际社会建立符合美国理念的气候治理机制。在多边层面，美国既提倡自愿减排，也推动有约束力的"富有雄心、包容性的和灵活性"的"轴辐"气候体系，其核心是构建一个所有缔约方参与的、相对恒定的"轴协议"，进而达成一系列具体并可实施、不一定所有缔约方参与、动态的"辐决议"，共同构成一揽子协议体系。同时，奥巴马更加重视二氧化碳外的其他温室气体减排，如加强黑碳、甲烷以及氢氟碳化合物减排的气候和清洁空气联盟（Climate and Clean Air Coalition），并在中美首脑首次会晤促成《中美关于蒙特利尔议定书下逐步淘汰氢氟碳化合物的修正案》共识。第四，奥巴马将过去的"气候被动外交"改为"气候主动外交"。随着气候变化成为外交重点之一，奥巴马政府改变了行动的策略。奥巴马第一任期依靠国会立法而趋于被动应付，当前则从双边和多边两个方面主动出击，通过积极外交努力提升美国在气候变化政治中的领导地位。在双边层面，气候变化已经成为奥巴马和克里外访的重要议题，克里积极推动中美签署《中美气候变化联合声明》，设置战略经济对话中的气候工作组。美国与印度、巴西也建立了相应的气候变化战略对话和协调机制。克里在对日本访问时提出所谓气候外交"三个支柱"：推动起草2020年之后的气候协议、巩固低碳发展以及构建适应气候变化的社会。目前，奥巴马正在多边领域积极推动"二十国集团"（G20）取消石油补贴，加强"主要经济体能源与气候论坛"（MEF）、清洁能源部长会议（Clean Energy Ministerial）和"气候与清洁空气联盟"（CCAC）等组织的作用。

　　奥巴马政府气候政策调整的动因是多方面的，既有国内因素也有国际因素，国内因素与美国气候灾害、国内民意和党派博弈的变化有关系，国际因素主要反映在国际压力和美国复兴环境领导力的意愿等方面。具体而言，奥巴马政府气候政策调整有源自民意、国情、党争和个人四个层面的动力。第一，民意是奥巴马推动气候政策的依据。和欧洲不同，美国民众2010年之前大多数怀疑气候变化的科学性，2011年只有38%的人认为气候变化是人为造成的，这种公众意识延缓了奥巴马政府积极应对气候变化的进程。美国遭受了包括飓风桑迪等在内的数十次极端气候灾难，承受了10亿美元的损失。在天灾等因素推动下，美国国内舆论逐渐认同气候变化问题。2012年是美国有记录以来极端气候现象第二严重的一年、有记录以来第15个最干旱的年份，美国遭受的气候灾害损失惊人。以"桑迪"世纪飓风为代表的气候灾害也让美国民众认识到美国气候变化的脆弱性。到2012年10月，有45%的美国人认为气候变化是人为活动造成的。根据皮尤中心的统计，奥巴马第一任期的2009年只有57%的美国人认为地球温度上升有充分的科学证据，2013年7月，这个数据上升为69%，特别是40%的美国人认为气候变化是美国的主要安全威胁，较2011年之前有较大增长。民众对气候变化的逐渐认同，对奥巴马调整气候政策起到了推动作用。2011年，气候变化一度在美国民调的安全议程重要性中下降到第20位，但是2013年7月成为仅次于朝鲜和伊朗核问题、极端主义恐怖袭击、金融危机之后的重要安全议题。在经济界，2013年4月美国最大的33家企业联合签署《气候宣言》，敦促国会对气候变化采取行动。因此，美国环保协会指出，奥巴马第二任期是强化气候行动时代的开端。它标志着，从那一刻起，美国政府开始迎头赶上在气候变化问题上的民意。

第二，美国国内能源结构和减排成本出现积极变化，推动奥巴马政府的气候政策调整。众所周知，美国煤炭产量占全球14.1%，煤电消费是温室气体的主要来源，美国联邦50个州中有26个产煤，其中13个州把煤炭作为主要收入来源，煤炭等产业利益和"美国燃煤制造业联盟"等组织影响了气候政策。然而，受天然气替代煤炭和清洁能源发展大趋势的影响，美国国情正在变化。一方面，煤电产业和煤炭产业都受到天然气的替代而地位逐渐下降，碳排放减少。奥巴马政府制定电厂排放标准的规制办法，要求每千瓦时发电量排放低于1 000磅（约合453.6千克）二氧化碳，这个标准让美国没有新建的煤炭火力发电厂。对比2005年，2012年美国煤炭消费下降了14%。2013年国际能源署（IEA）报告称，由于用天然气代替煤炭发电，美国电力行业中煤炭比例下降，美国交通行业中天然气大幅度上升，到2035年，这两个行业天然气替代增加接近20%，二氧化碳排放量减少了2亿吨，总排放量回落至1990年代中期水平。天然气的比重提高有利于减弱煤炭产业对气候政策的阻力、降低整体碳排放，从而使美国更容易完成减排任务，因而会倾向于积极参与气候谈判。另一方面，奥巴马政府的清洁交通、能效革命政策增加了美国减排优势。美国能源信息署（EIA）的最新统计数据表明，美国能源燃烧二氧化碳排放量在2012年为52.87亿吨，比2011年下降了5.97%，是1994年以来的最低值。在过去五年中，美国的能源消费总量降低了5%，单位GDP能源强度降低了9%。美国能源结构优化和机动车能效提升为近期的温室气体下降做出了显著贡献。气候谈判表面上是全球共同排放控制磋商，实质上是各国对能源消耗控制的协商。美国能源结构优化有利于降低减排成本，增强美国领导全球气候事务的信心。美国气候变化特使托德·斯特恩（Todd Stern）在气候谈判中多次强调，与2005年相比，美国化石能源利用产生的二氧化碳排放在2011年下降了7.7%，2011年12月—2012年3月降低了14%，是同一时期二氧化碳排放下降幅度最大的国家。第三，美国党派博弈的形势日益有利于奥巴马政府的气候政策。以往气候议题被锁定在美国政党政治中，并且表现出日益分化的趋势，但是如今就连保守的共和党人也开始肯定气候变化为科学结论。2012年，民主党人中有85%认为有确凿的证据证明平均气温升高，这高于2011年的77%但与2007年、2008年的数据持平。与2011年的43%和2009年的35%相比，现有一半共和党人认为有确凿的证据证明气温升高，大部分（58%）相对温和并有自由主义倾向的共和党人认为有确凿的证据证明气候变暖，这远远高于2011年的数字[①]。2013年参议院环境和公共工程委员会发布碳税法案，该法案为向能效高、碳排放量低的能源提供投资将会对碳排放量征收费用。众议院和参议院的民主党正推动这项碳排放征税的议案，不少温和派共和党人开始支持碳税。目前，美国75%的风能位于国会共和党控制的区域，共和党代表积极支持美国的清洁能源标准，这反映了美国国会部分共和党人开始趋于支持奥巴马的气候政策。第四，奥巴马个人因素直接推动气候政策的调整。奥巴马总

---

① 美国环保调查联盟网站.The League of Conservation Voters, LCV："Scorecard Overview"[EB/OL].[2012-10-12].http://www.lcv.org/scorecard/environmental-scorecard-2013.html.

统在第一任期主要想的是如何连任，在第二任期主要想的是如何构筑政治遗产。奥巴马2009年上台伊始就推动以应对气候变化为核心的绿色新政，后在国会立法。2013年6月，奥巴马继续以2009年的绿色新政为基础颁布《气候变化行动计划》，即利用清洁能源减少发电厂的碳排放，发展新能源，刺激新一代化石能源项目的投资，确立四年一次的能源评估制度，停止支持在海外用公共融资去建燃煤电厂，制定2018年后重型交通工具的油耗标准等。除了奥巴马，新任国务卿克里对气候变化也具有浓厚的个人情感，比其前任希拉里·克林顿具有较强的绿色价值观和应对气候变化的政策理念，在其步入政界的早期便曾力促《清洁空气法案》。克里多次强调："气候变化正卷土重来……全球气候变化是致命的挑战。"针对2013年9月政府间气候变化委员会（IPCC）第五次评估报告，克里认为："不承认气候变化风险的人在玩火。"美国气候大使托德·斯特恩也是气候变化政策强力的推动者。此外，国际气候谈判带来的压力和机遇都有助于奥巴马政府的气候政策调整。来自欧盟及发展中国家的指责让奥巴马政府在气候问题上备受压力。在2011年德班会议和2012年多哈气候大会上，美国由于国内政治原因不愿承担减排责任而成为国际舆论的批判对象，美国领导的伞形集团在某种程度上也成了"不负责任"的代名词。欧盟批评奥巴马的气候政策，欧盟气候变化谈判代表赫泽高（Connie Hedegaard）指责美国在《京都议定书》下没有承担减排的义务，而美国之前的气候盟友俄罗斯、日本等也开始和美国的气候政策划清界限，避免成为气候变化的罪人。在多哈大会上，不少国家认为，以美国为代表的富国忙于应对国内的预算危机和政治反对势力，所以在处理人类所面临的最严重的环境危机时，依旧不能走出之前的陈词滥调。国际非政府组织如地球之友（Friends of the Earth）也指责美国使得气候变化谈判瘫痪，穷国来为气候变化买单。2013年作为气候谈判"科学风向标"的政府间气候变化委员会（IPCC）第五次评估报告（AR5）三个工作组的工作成果将陆续推出，这些报告将会强调1950年以来气候变暖主要是人类造成的，必须通过切实的国际行动才能保护人类的生存环境。面对日趋升温的国际压力，连任的奥巴马政府积极应对气候变化，明确气候变化问题在其国家利益中的重要地位，并采取务实措施恢复气候变化的领导地位。"德班平台"谈判进展也减少了美国拖延联合国框架下气候谈判的理由，为美国重归气候治理带来了机遇。美国一直反对气候谈判的两项原则即"共同但有区别的责任"和"双轨制"原则。2011年底启动的德班平台谈判成果将适用于所有缔约方，没有明确体现"共同但有区别的责任"原则。2012年多哈会议结束了"巴厘路线图"及《京都议定书》谈判，"双轨制"合二为一，未来的气候谈判聚焦于"德班平台"一轨。美国认为，"德班平台"谈判的启动是国际气候谈判的重大突破，过去按穷国、富国划分减排责任的方式应逐渐取消，"德班平台"谈判应该将重点放在发展中国家未来承担减排义务上，最终应达成涵盖所有主要缔约方的全新、单一和有法律约束力的新条约。因此，《气候变化行动计划》强调努力参加"德班平台"谈判，并要求美国在2020年后的气候治理走向上发挥至关重要的作用。

与气候政策调整的内外动因相一致，奥巴马政府在其第二任期实施积极主动及多元化的气候政策会带来美国国内外其他政策出现各种梯次的改变，进而反推美国气候变化政策的继续演变。奥巴马第二任期内的气候政策无疑将更加系统、主动和清晰，但会因美国国家竞争力的需要而朝着抑制其地缘政治竞争对手的方向发展，后者可能是未来美国气候政策的最大战略前景。仅从气候政策的直接变化而言，基于奥巴马从绿色新政到《气候变化行动计划》的政策延续性，即有理由认为未来的美国气候政策将呈现更加系统、主动和清晰的特征。其一，《气候变化行动计划》为美国确立了全方位、立体的气候政策，囊括气候变化的干预（碳减排）、气候变化的适应（碳影响）和气候变化的应对（碳领导力），不论是横向的从内政到外交，还是纵向的从家庭社区到产业部门，美国的气候政策从分散走向系统。《气候变化行动计划》将先前散落于各个部门的气候变化政策进行了统一的梳理，然后建立了从"碳减排"到"碳适应"再到"碳的国际合作"的政策体系。其二，美国的气候政策从被动转向主动。自奥巴马设定其气候政策蓝图之初，美国的气候政策就面临来自国内外的各种反对和消极声音，尤其是来自国内共和党以及国会的反对声音。奥巴马绕开国会，带领行政团队"单干"，并借助民意和市场的力量倒逼反对意见和消极声音,在行政上主导推出《气候变化行动计划》,在外交上试图扭转之前的"气候被动外交",改用"气候主动外交"。其三,基于以上的特征,美国的气候政策将从模糊走向清晰。这体现在行动计划中,奥巴马政府据此组建了强大而专业的执行团队,而且确定了从能源到碳减排再到国际领导力的政策思路,指向性明确,可操作性强。2013年11月,奥巴马政府成立了一个旨在推动州政府和地方政府参与全球气候变化行动的"特别小组",成员包括7个州长和17个地方官员等。①

从全球气候治理来看,奥巴马政府气候外交逐渐呈现主动进攻型特点:一是表现为引领以"轴辐"和大国减排为核心的全球气候外交;二是气候外交被纳入对主要大国的双边和小多边外交中,二十国集团和主要经济体论坛(MEF)等多边外交逐渐彰显美国气候政策的影子。奥巴马《气候变化行动计划》强调了"环境服务和产品的全球自由贸易",并将这个条款纳入到全球自由贸易协定(FTA)谈判框架中。美国还力推《蒙特利尔臭氧层议定书》等气候合作新模式,即在不强调"没有共同但有区别责任"原则下与中国合作削减生产和使用氢氟碳化合物(HFCs)等短寿命温室气体。从更广的视角看,出于经济竞争和地缘政治博弈的需要,奥巴马总统在第二任期逐渐将气候政策提高到提升美国国家竞争力的高度,将其纳入从能源到制造业再到经济发展的竞争力体系中,其根本的宗旨便是服务于其遏制新兴大国发展和左右地缘格局的终极战略目标。

首先,气候政策推动美国形成以能源为核心的经济竞争力政策。奥巴马政府在未来将更加重视提升能源竞争力水平。自克林顿以来的美国历届政府尽管具体立场和政策有别,但却都力推能源的本土化及自主化,以令美国摆脱对中东等海外能源的依赖,并借此加速能源战略转变,提升本土社会经济的"能源竞争力",即增强能源供应的稳定性为经济成长护航。奥巴马执政以来,美国在气候变化领域的有关行动及战略产生连带的经济和能源政策有:促进包括能效行业在内的新能源大发展;促进过渡性清洁能源主要是页岩气资源的开发利用;打击传统石化资源行业,主要是煤炭

① 美国白宫网站. President Obama's state, local, and tribal leaders task force on climate preparedness [EB/OL]. [2013-11-09]. http://www.whitehouse.gov/blog/2013/11/01/.

行业。美国不断发展以能源为核心的经济竞争力有助于美国利用能源革命带来的机遇，整合能源和气候政策，并提升美国在世界产业结构和贸易结构调整中的优势。

其次，奥巴马气候政策的地缘政治含义增加。从气候变化的大国互动看，奥巴马《气候变化行动计划》中隐含新的气候外交理念，即以相对积极的气候政策或表态来消解欧盟等经济体的批评，并进一步逼迫中、俄、印度等新兴大国做出让步，同时换取其他外交领域的利益。《气候变化行动计划》提出要"领导国际社会应对全球气候变化"，并"与其他国家一道采取行动应对气候变化"，这里所谓的"其他国家"包括欧盟国家以及中国和俄罗斯等。随着美国气候变化政策的发展，美国对欧洲和其他发达国家的政策协调不断加深，在"德班平台"谈判中，欧美化解内部矛盾、团结应对新兴大国的前景日益明朗。就全球地缘政治变化而言，奥巴马《气候变化行动计划》明确了其在未来通过积极的"双边谈判"推动新兴大国应对气候变化的政策。奥巴马强调："我们同样强化了与主要新兴经济体——印度、巴西和中国的气候政策合作，它们是世界上最大的温室气体排放体。"但是奥巴马认为中国、印度等排放量增长太快，需要尽快予以控制。因此对于仍然高度依赖煤炭的中国、印度以及依赖石油出口的俄罗斯等国，奥巴马气候政策的地缘意义在于削弱新兴大国产业发展的能源基础，进而削弱他们的国际竞争优势，达到维护美国地缘格局优势的战略目的。

五、美国的减排交易体系

在全球众多自主减排行动中，美国的减排交易体系尤为引人注意。据调查，美国公众认为气候没有在变暖的比例高达18%，只有47%的公众认为是人类活动导致的气候变暖。公众支持实施碳减排政策的比例是50%，反对的是38%，不知道或中立的是12%，碳减排的公众支持度远远低于欧洲国家，甚至低于中国（76%）。[①]所以美国总体来看是一个气候变化意识比较低的国家。但是在这样一个国家，却成功地建立了包含诸多地区的减

---

① 陈涛，张泓波.中美两国应对气候变化与公众素养之比较研究[J].科技与经济，2012,25（1）.

排交易体系。对于这一问题可以从很多角度进行解读，下文将以芝加哥气候交易所为例，介绍美国自愿减排体系是如何建立并成功运行的，在总结美国地区自主减排经验的基础上分析对中国有何启示。

美国的国家结构形式是联邦制，在建立统一的联邦政权的基础上，各州仍保有相当广泛的自主权。美国宪法列举了联邦政府享有的权力，如征税、举债、铸币、维持军队、主持外交、管理州际和国际贸易等。不经宪法列举的其他权力，除非是宪法明文禁止各州行使，否则一概为州政府保留。美国实行的是三级政府架构，即联邦政府、州政府和地方政府。在州以下，无论大小都是地方政府。为方便论述，本书统一将美国的州政府和地方政府称为"地方政府"。

联邦与地方的分权对美国气候政策的制定有着重要影响。Michael E. Kraft 认为，"美国自1970年开始，其环境外交政策制定出现较大的变化之前联邦政府发挥的作用很少，绝大多数的环境责任在地方各个州。由于美国举国上下的环境保护运动，美国国会比较重视加入国际环境规则和机制。"[①]目前，美国很多州开始积极应对气候变化，主动控制温室气体排放，并正通过地方自主立法，从自愿减排向强制减排发展。

基于国际社会对气候变化的普遍担忧，1997年12月《京都议定书》在日本东京制定并于1998年3月16日至1999年3月15日之间开放签字。在议定书谈判之前，1997年6月25日美国第105界国会参议院以95票对0票通过了"伯德-海格尔决议案"，明确要求美国政府不得签字同意任何"不同等对待发展中国家和工业化国家的、有具体目标和时间限制的条约"，因为这会"对美国经济产生严重的危害"。1998年11月12日参加谈判的副总统戈尔象征性地签字，但是考虑到参议院不可能通过该条约，克林顿政府并没有将议定书提交国会审议。与此同时，基于可持续发展原则的环境金融得到了发展。其中碳交易市场开始出现规模发展。在此背景下，鉴于美国联邦政府和国会在气候变化问题上的保守政策以及全球范围内对气候变化的担忧，地方政府、学术界以及非政府组织等开始组织相关

---

① KRAFT M E. Environmental Policy and Politics in the United States: Toward Environmental Sustainability?[M]// DESAI U. Environmental Politics and Policy in Industrialized Countries. Cambridge, Mass.: MIT Press, 2002:31.

研究并探索碳交易市场。

　　芝加哥气候交易所的发展经历了几个重要的时期。2000年，美国西北大学凯洛格研究生院拨款34.7万美元为理查德·桑德尔（Richard L. Sandor）博士、米切尔·沃什（Michael Walsh）博士以及其他人员提供技术支持，帮助他们检测美国的排放市场是否可以促进温室气体减排；2001年，该院又拨款76万美元支持2002年的阶段性工作，这一阶段的参与人员包括来自公司、公众以及非政府组织和学术界的100多位专家；2003年，在美国乔伊斯基金会（Joyce Foundation）的赞助下，13个创始会员正式开始运行交易程序，它们包括：美国电力公司、巴克斯特国际公司、芝加哥、杜邦、福特汽车公司、国际纸业、马尼托巴水电公司、维实伟克公司（包装系统供应商）、摩托罗拉股份有限公司、意法半导体公司、北美斯道格拉恩索公司（综合林产品公司）、坦普尔-英兰公司（包装和建筑产品制造商）、废物管理公司。①

　　成立于2003年的芝加哥气候交易所（CCX）是全球第一家规范的气候交易机构，也是全球第一个实施自愿参与且具有法律约束力的总量限制交易计划（Voluntary Cap-and-Trade）的交易机构，其核心理念是"用市场机制解决环境问题"。"通过为二氧化碳以及其他温室气体的减排建立基于市场的定价机制，芝加哥气候交易所促进了对新兴技术和创新产品的投资并有助于企业逐步建立应对环境危机的技能和制度。"②在芝加哥气候交易所，参与各方共同商议减排目标，其制定的会员体系与交易体系对于全球碳交易都是宝贵的经验。

　　1.总体目标与减排时间表

　　芝加哥气候交易所的总体目标有五个方面：第一，用透明的价格促进温室气体排放许可交易的执行；第二，建立必要的制度，以有利于成本效益的方式管理温室气体排放；第三，促进公众和私人部门中温室气体减排能力的建设；第四，加强适当有效地减少温室气体减排所必需的智力框架；第五，在应对全球气候变化危机方面，加强公众告知和参与。③

　　① CCX fact sheet[EB/OL].[2014-08-30]. http://www.theice.com/ccx.
　　② CCX fact sheet[EB/OL].[2014-08-30]. http://www.theice.com/ccx.
　　③ Chicago Accord[EB/OL].[2014-08-30].http://www.theice.com/ccx.

　　芝加哥气候交易所开展的减排交易项目涉及二氧化碳、甲烷、氧化亚氮、氢氟碳化物、全氟化物和六氟化硫6种温室气体,目标分为两个阶段:第一阶段是在2003—2006年间,将6种温室气体每年减排1%(对应1998—2001年的水平);第二阶段是在2007—2010年间,将6种温室气体减排6%。

　　2.会员体系

　　芝加哥气候交易所(下文简称CCX)实行会员制度,所有在CCX体系参与交易的实体或个体都必须注册成为CCX的会员。目前约有会员400家,包括福特和杜邦等世界五百强企业,也包括美国新墨西哥州和波特兰市等地方政府。CCX的会员分为七类,包括:正式会员、协作会员、登记参与会员、抵消提供者、抵消整合者、流动性提供者和交易参与者。

　　CCX规定,全体会员的共同利益包括:第一,降低财务、操作及名誉上的风险;第二,减排额通过第三方以最严格的标准认证;第三,向股东、评估机构、消费者、市民提供在气候变化上的应对措施;第四,建立符合成本效益评价的减排系统;第五,获得驾驭气候政策发展的实际经验,第六,通过可信的有约束的应对气候变化措施,得到公司领导层的认可;第七,及早建立碳减排的记录和对碳市场的经验。

　　3.交易体系

　　CCX的交易体系由三个部分组成,三者整合以提供即时数据注册支持交易,帮助会员管理排放量基线、实现履约目标。

　　首先,CCX注册平台为其碳金融工具担任官方持有人记录系统,也是合约记录的电子数据库,用以记录和确定会员的减排履约和CFI(碳金融工具)交易状况,所有CCX成员必须拥有CCX注册账户。其次,CCX交易平台是一个通过互联网运行的在CCX注册账户持有人之间完成交易指令、成交确认并公示交易结果的系统。交易的标的是标准化的CFI,采取保证金交易,交易当天完成成交,次日交割。[①]CCX作为一个基于网络的交易场所,其最大的特征是价格公开透明,不支持匿名交易和通过私下

---

　　①　林健.碳市场发展[M].上海:上海交通大学出版社,2013:113.

谈判协商达成的双边交易，保证了交易的正常秩序。最后，清算和结算平台用以处理来自交易平台的所有交易活动的每日数据和信息。

4.芝加哥气候交易所的影响

芝加哥气候交易所推出的企业"自愿加入、强制减排"的减排与交易模式，鼓励企业自愿开展温室气体减排活动，是对运用市场机制减排温室气体的一种有益尝试。自2003年以来，通过CCX体系实现的碳排放交易量近1.5亿吨，减排量近7亿吨二氧化碳[①]。此外，芝加哥气候交易所还发起或参与设立了其他交易所，如欧洲气候交易所、天津排放权交易所等。这些交易所发展势头良好，在未来全球碳市场中会发挥关键作用。芝加哥气候交易所对于参与其中的企业推广市场营销、开展品牌建设与提升社会责任起到了很大的积极作用。

芝加哥气候交易所的发展为其他地区碳排放交易的展开和未来全球碳市场的推进积累了诸多经验，下文主要从地方政府的领导力、地方企业的利益趋同的特点以及所形成的交易机制的灵活性等角度来分析。

1.地方政府领导力

在美国的联邦体制下，州的强大的自主性导致州政府和地方政府的领导力相对较强，从而有利于地方的减排体系的形成。地方政府的领导力主要体现在民众对政府的信任度、财政收入体系等方面。由于美国退出《京都议定书》，制定全国范围内的总量控制法律基本是不可能的，但是各州却可以利用其立法权限制定自己的温室气体总量控制法律。

2.地方企业利益趋同

在地方政府拥有比较高的领导力的情况下，如果想要形成一种普遍的交易机制或体系，那么参与其中的成员必须就交易理念以及最终目标达成一致。交易理念以及最终目标的一致性也就意味着参与的企业部门在利益上有趋同性。在市场经济下，企业的利润有更大的话语权，只有能够实现更多的利益才能推行新的技术创新或新的市场模式。在美国，地方政府官员、企业家、新闻记者等组成社会集团，"为推动本地区的发展而联合起

[①]　数据引自CCX historical price and volume. www.theice.com/ccx.

来，以寻求各种途径的支持"①。

芝加哥气候交易所2003年成立之时的创始会员有13个，以这13家创始会员单位为例，可以分析在应对气候变化成为大势之时企业如何积极寻求合作维护利益。对于杜邦、维实伟克公司等来说，实施温室气体减排实际上给它们带来的更多的是挑战。温室气体排放量比较大的产业部门，如果不提前改进技术未来将无法承担其重大损失。所以在美国联邦政府还没有强制实施温室气体减排之前主动参与地方性的自愿减排交易系统，不仅可以使它们提前进行技术创新适应减排的压力，而且会给它们带来积极的社会影响、提升企业形象。而对水电、废物管理等产业来说，新兴的碳交易市场则是他们新的商机。温室气体减排势必会影响地区能源利用结构和效率，水电、风电、太阳能等新能源在能源利用中的比例将会大幅度提高，积极参与碳减排可以让它们在新的能源结构改革中占领先机。

总之，对于在碳交易初始之际便积极参与的企业来说，除了它们都有强烈的社会责任之外，在提升企业形象、促进未来改革、占领市场先机等方面，它们也是有着共同的利益的。所以，它们可以在自愿交易的理念上达成一致，积极推动芝加哥气候交易所的成立和发展。

3. 灵活的机制

美国的市场经济发展比较完善，形成了诸多灵活的、便利的机制。在这种市场经济的环境下，企业对于新兴的体制机制也保有浓厚的兴趣。虽然芝加哥气候交易所等自主减排体系缺乏统一管理，但是其机制灵活，从申请、审核、交易到完成所需时间短且价格低，未来发展潜力巨大。

芝加哥气候交易所的准入条件较为宽松，只要符合美国《商品交易法》规定的合格的商业实体均可成为会员，现已有会员400多个，分别来自航空、汽车、电力、环境、交通等数十个不同行业，其中也包括州市政府、学校、医院等。以芝加哥气候交易所为例，其参与交易主体包括基本会员、协作会员、交易参与商和参与会员四种类型。芝加哥气候交易所广泛吸纳全球范围的会员，会员数由最初的13名增加到400多名，来自10

---

①　梁勇. 美国地方政府在地方营销中的作用及启示[J]. 世纪桥，2011（3）.

几个国家和地区。

芝加哥气候交易所交易机制比较灵活。除市场交易主体外，碳贸易市场还包括交易辅助人，包括碳基金、交易所、独立的第三方核证机构法律实体。芝加哥气候交易所进行交易的产品主要是碳金融工具合约（Carbon Financial Instruments，CFI）。

宽松的市场准入条件以及灵活的交易机制都为芝加哥气候交易所的发展提供了很好的环境条件。在市场经济条件下，只要保持灵活的机制来促进企业积极主动参与，二者之间相互促进，进而就会促进整个碳市场的发展。

4.与其他交易体系的连接

芝加哥气候交易所与其他温室气体减排计划和地区加强联系。它发起或参与设立的交易所有：欧洲气候交易所、芝加哥气候期货交易所、Envex环境产品研发和天津排放权交易所等。此外，它还参与了印度气候交易所的开发。通过与其他减排计划和地区的联系，芝加哥气候交易所推进其体系的国际化，为未来全球的碳市场发展和其他国家的减排做出了巨大的贡献。

第三节　权力变化：欧盟在气候谈判中地位的变化

除了美国，在当前的世界应对气候变化的行动中，欧盟是最具影响力的行为体之一。欧盟的核心利益是积极应对气候危机，谋求经济环境的长期可持续发展。为此，欧盟核心战略一直是扮演气候谈判的发起者、推动者的角色，它不但主张以实际行动减排，还希望通过严格法律协议将发展中国家也纳入气候减排机制中。发展低碳经济一直是其重要的利益支点。

一、气候变化对欧洲的影响

欧盟是一个拥有广泛权力和特殊法律地位的超国家组织，是国际政治实体中一个特别的成员。当它率先提出"环境无国界"的环境口号时，就已经体现出其早期就跨国界环境保护所具有的前瞻性意识。从成立之初的各成员国自行负责到逐步形成共同的法律和行动,从最初的因经济发展保护工业环境到现今全面的生态环境保护政策和行动,从开始的治理污染为主导到后来的主动预防意识,从国家层面到欧洲的区域层面再到今天的全球环境保护浪潮,欧盟在环境治理领域的努力历经四十多年。在气候变化问题上,欧盟鉴于自己在国内生产总值(GDP)和温室气体排放量上均仅次于美国,而且在柏林、波恩和马拉喀什等缔约方会议上又以同一个声音发表看法,欧盟越来越意识到要成功地应对全球变暖就必须在三个层次即成员国层次、欧盟层次和国际层次都做出的有效的行动。

为了评估气候风险对欧洲究竟能造成多大的经济社会影响,英国政府授命世界银行前首席经济学家尼古拉斯·斯特恩提交一份关于气候变化造成影响的经济代价和相关温室气体减排的花费和收益的评估报告。该报告正式采用经济学成本收益模型计算,指出如果不采取行动,"气候变化的总代价和风险将相当于每年至少损失全球GDP的5%,而且年年如此"。如果考虑到更广泛的风险和影响的话,"损失估计将上升到GDP的20%或更多","我们现在和未来几十年里的行为可能会有给经济和社会活动带来重大破坏的风险,这些破坏的规模将类似于20世纪前半叶世界大战和经济萧条时期的规模,而且很难、甚至不可能逆转这些变化"。如果说欧洲因自然生态改变而导致的脆弱性尚在科学模型的计算内且受到的影响很直接,欧洲作为世界上最强大的发达国家组织只要拥有足够的技术就能够减缓或者适应的话,那么欧洲因为气候变化对外部世界的影响而导致的输入性影响将不是简单能够控制的。这种输入性影响首要的就是某些原本不属于欧洲的传染病的扩散。据斯德哥尔摩的欧洲疾病防控中心专家介绍,全球变暖对蚊子、白蛉、虱蝇和啮齿目动物的生存越来越有利,其活动的范围也越来越大,而不少疾病都是通过这些生物来传播的。欧洲地区未来暴发登革热、西尼罗病毒、基孔肯雅病、森林脑炎等虫媒传染病的危险性会越来越大。政府间气候变化工作小组在2007年报告中也提出警告,气候变化会加速蚊虫携带疾病的传播,尤其是疟疾和登革热。同时不得不指出的是急性呼吸道传染病——麻疹由于变暖在欧洲也呈扩散之势,世界卫生组织称2010年在欧洲消除麻疹的目标恐难实现。其次，欧洲越来越感受到周边地区环境移民的压力。2008年3月，欧盟对外政策专员贝妮塔·费雷罗-瓦尔德纳（Benita Ferrero-Waldner）和欧洲委员会负责外交事务的高级代表加维尔·索拉那（Javier Solana）近日发表报告称，预计今后十年世界上"将出现上百万环境移民，而气候变化是导致此类现象的主要动因"①，显然其中相当一部分"移民"主要目的地是欧洲。不仅是不断升高的海平面造成的沿海居民迁移，更重要的是欧洲的近邻中东和北非将会因为干旱等原因遭遇更加严峻的粮食危机、资源匮乏，落后国家、贫穷国家原本内部异常紧张的政治局势更加动荡，国家和地区间的关系变得异常复杂沉重，因饥荒、资源能源冲突和其他原因引发的危机将迫使大量人口涌向欧洲，形成势不可挡的"环境灾民"，气候变化不折不扣地充当了危机放大器的角色②。

从成员国层次上讲，欧盟主要的温室气体排放国是德国（28%）、英国（18%）、法国（15%）、意大利（13%）和西班牙（7%）③，德国和英国一直在降低温室气体排放量方面积极行动并采取措施。"德国和英国作为欧盟主要的温室气体排放国，其排放总量达到欧盟总排放量的46%。英国支持进行排放交易以减少温室气体排放量，但是德国认为气候保护政策必须建立在国内排放量减少的基础上，提倡排放和能源消费税，并主张提高能源利用效率。"在欧盟层次上，各个成员国都已根据其在《联合国气候变化框架公约》和《京都议定书》中的承诺，采取了许多措施以减少温室气体排放量。欧盟的气候政策主要有：规制方法、财政措施、会员国之间分担责任、在国家层面上的互助。④

欧盟为了加强减少温室气体排放量方面的集体行动，特意在2000年设立了欧洲气候变化计划，这个计划的重点就是在国内采取减少温室气体

———————

①　欧盟官员.欧洲将迎来"气候变化移民"潮[EB/OL]. http://env.people.com.cn/GB/6990404.html.

②　GARDNER S. EU paper warns of climate chaos [EB/OL]. [2008-03-20].http://www.climatechangecorp.com/content.asp?ContentID=5225.

③　COX J E, MIRO C R. Europe´s approach to climate change [J]. ASHRAE Journal, 2000,12:16-17.

④　HAIGH N. Climate change policies and politics in the European Community [M]//O'RIORDAN T, JAGER J. Politics of climate change : a European perspective. Routledge, New York, 1996:160-165.

排放量的措施①。1992年以来欧盟主要采取了以下措施：（1）"节约"项目，即一个主要指向能源效率的框架；（2）"替代"项目，决定对可再生能源进行开发；（3）针对化合碳的能源税，实施能源保护，制定温室气体排放量的监控机制。②根据欧盟国家信息委员会提交给《联合国气候变化框架公约》的报告：欧盟决定增加《京都议定书》承诺的温室气体减排量——至2020年以1990年水平为基准每年减少1%；在能源税方面订立更为雄心勃勃的环境目标如将油气所得税定至通胀水平；到2010年之前逐步取消矿物燃料的生产和消费的所有补贴，采取措施为有关部门发展替代就业来源；逐步使用替代燃料，到2010年生物燃料应在小汽车和卡车的燃料消耗中至少占7%；此外，欧盟还考虑欧盟候选国中煤炭的具体情况，并将其纳入候选国加入欧盟的谈判框架。欧盟还决定如果其他工业化国家削减1990年温室气体排放量的20%，那么欧盟削减为1990年水平的30%，并认为工业发达国家到2050年应该集体削减1990年温室气体排放水平的60%~80%。2005年1月法国、德国、意大利和英国参加的欧洲联盟温室气体排放交易计划（EU-ETS）开始正式运作，成为世界上规模最大的温室气体排放交易计划，而这显然会成为未来全球碳排放交易市场的模型。欧盟在金融危机期间依旧着力推动清洁能源发展计划。2010年欧盟提出了下一个十年的发展规划——"欧盟2020战略"，规划强调，欧盟的经济增长方式向"智慧增长"、"可持续增长"和"包容性增长"转变。也就是说，在今后的十年中，欧盟追求实现一种以知识和创新为基础，资源效率型、更加绿色和更具竞争力的经济增长。低碳经济是知识经济的重要组成部分，它的发展有助于欧盟提升经济结构并提高欧盟的经济竞争力。其中的关键在于：迅速从传统经济向低碳经济结构转变，提高能源使用效率；加快高新、绿色技术的开发和应用，帮助欧盟国家迅速摆脱经济衰退；巩固欧洲国家高新制造业基地的地位；利用低碳节能技术、清洁能源技术为欧盟在国际市场赢得竞争力和经济效益。欧盟领先的碳捕获与储

---

① The UNFCCC. The Kyoto Protocol to the United Nations framework Convention on Climate Change[EB/OL]. [2004-05-10]. http://unfccc.int/resource/docs/convkp/kpeng.pdf.

② HAIGH N. Climate change policies and politics in the European Community [M]//O' RIORDAN T, JAGER J. Politics of climate change : a European perspective. Routledge, New York, 1996: 164-167.

存技术（carbon capture and geological storage，CCS）具有很强的经济可行性。这项技术能够在捕捉二氧化碳的同时制造出"氢"用于燃料电池。而且，作为一项末端（end-of-pipe）技术，它不需要对现有的能源基础设施进行结构上的更新便可以简便地应用。欧盟委员会主席巴罗佐指出，"决不能忽视欧洲向低排放经济过渡所产生的巨大经济机遇……到2020年，仅再生能源部门就将带来一百万个就业机会。欧洲可以成为低碳时代的第一个经济体：必须抓住机遇。"欧盟已经建成全球最大的碳交易市场。随着全球气候治理的深入，全球碳市场的交易量不容小觑。欧盟通过欧元定价的碳交易，带动相关的金融服务发展，并向全球渗透，挑战美国在全球金融市场的优势地位。

二、欧盟的气候变化外交

在国际层面上，欧盟不但密切参与全球变暖的国际讨论，"还始终站在各项行动的最前列"。[①]欧盟不但"在发展中国家中花更多资源以引起对气候影响的认识"，还采取措施切实帮助发展中国家建设应对全球气候变化的能力。此外，欧洲国家还尽一切所能说服其他国家批准《京都议定书》。2003年托尼·布莱尔甚至不惜挑战其盟友布什，坚持呼吁全球关注能源利用和其带来的全球变暖效应的不平衡。2004年，欧盟愿意以支持俄罗斯加入世界贸易组织来交换其批准《京都议定书》，这成为对抗气候变化前所未有的承诺。英国和德国在G8和G8+5峰会中都将气候变化列为重要的问题。英国政府坚持主张联合国安理会应当把气候变化作为一个重要的安全挑战加入政策日程中，其概念文件"能源、安全与气候的关系"已于2007年4月17日提交供讨论。2010年3月，欧盟委会发布题为"后哥本哈根国际气候政策：重振全球气候变化行动刻不容缓"的政策文件，明确了欧盟后哥本哈根气候变化谈判战略。该文件主要分为三个部分：首先，欧盟将以《哥本哈根协议》为基础进一步推动谈判。其次，为达成以《联合国气候变化框架公约》为基础的、具有法律约束力的协议，在下两

---

① GRUBB M. The UK and European Union: Britannia waives the rules [J]//SPRINZ D. Climate change after Marrakech: the role of Europe in the global arena. German Policy in Dialogue, 2001,2（6）. http://www. deutsche-aussenpolitik. deSprinz. Climate Change After Marrakech. GFPD. vol2(6) 2001. Trier, Germany.

次气候会议上，为2020年后国际气候变化谈判设定一个路线图。在墨西哥大会谈判进展的基础上，于2011年在南非大会上达成最终的综合性法律协议。最后，欧盟委员会将制定2050年欧盟向低碳经济转型的发展路线，实现欧盟温室气体到2050年减排80%~95%的目标，为发达国家总体降低50%的目标作出贡献，以成为世界上气候最友好的地区，展现欧盟最令人信服的领导力。

在实践中，欧盟通过自身积极的全球减排目标[①]来实现对全球气候谈判的领导。欧洲理事会首位常任主席范龙佩强调在全球应对气候变化的努力中，欧盟应当继续发挥领导作用，并把欧盟"雄心勃勃的温室气体减排目标"转化为谈判领导能力[②]。2007年2月，欧盟委员会达成强制性目标协议，在2020年将温室气体排放量在1990年的基础上削减至少20%，将可再生能源在欧盟能源消耗中的比例提高到20%。2008年1月欧盟在一揽子决议中重新确认了其减排承诺。此外，欧盟通过积极推动国际性碳税、援助发展中国家（清洁发展机制、全球环境基金机制）和中东欧国家（联合履约机制）等来实现减缓气候变化。欧盟所有成员国皆已批准《京都议定书》，积极推动碳交易市场，成立欧盟碳交易体系，而且近年来CDM机制的成功案例也在显著增加。英国、德国和北欧等热衷于控制温室气体的国家承担的义务比较沉重，同时为了鼓励其他国家积极减排，欧盟内部还采取了一些财政激励或者惩罚，但是不可否认的是随着欧盟扩大，欧盟内部政策协调的难度加大，某种程度上已经出现了不同声音。美国退出《京都议定书》，一度对京都机制构成重大威胁，[③]欧盟也借此成为气候政治的领袖。全球合作机制首次在没有美国参与的情形下获得成功，也使美国在气候合作领域被边缘化了。

在欧盟的气候谈判政策方面，欧盟一面要求美国等"伞形国家"实施减排政策，另一面又采取与美国合作、联手分化发展中国家阵营的策略，

---

① 欧盟承诺到2020年其温室气体排放比1990年减少20%~30%，到2050年全球温室气体排放量比1990年至少减少50%。

② RHINARD M. European cooperation on future crises: toward a public good?[J].Review of Policy Research, 2009, 26:439-446.

③ 全球变化与经济发展项目课题组.美国温室气体减排新方案及其影响[J].世界经济与政治,2002, 8:54-58.

其中排放大国与排放小国的差异被突出强调。排放大国与小国的划分最早是由美国提出的，并得到了欧盟及其他一些国家的支持。这种划分的依据是排放量、减排能力和潜力。德班会议之后，欧洲和美国都认为过去按照穷国和富国来划分减排责任的方式应逐渐被排放大国和排放小国的区分方法所取代，美欧在气候谈判中实施"抓大联小"的策略加速这种趋势。"抓大"就是要将所有排放大国都纳入同一个减排框架，主张以"小多边主义"和"大国减排"取代"发达国家减排"，否定《京都议定书》模式的谈判框架，落实发展中国家量化减排目标。欧盟更加要求新兴发展中大国在"照常情景"下（BAU）减排15%~30%。欧盟还提出"全球2度目标"和2020年全球排放峰顶的谈判立场，以此制约主要发展中国家的经济发展。"联小"就是与其他发展中国家一起要求发展中大国承担量化减排责任。欧盟还利用最不发达国家和小岛屿国家的诉求，通过资金和技术援助许诺，分而施压，并将中国等发展中大国的减排与欧盟资金援助承诺相挂钩。欧盟强调和最不发达国家、小岛屿国家和拉美国家的协同合作，如欧盟和小岛屿国家在哥本哈根都坚持严格的全球减排目标，要求发达国家2020年相对1990年整体减排30%，2050年减排80%~95%。

三、欧盟的低碳经济与低碳政策

作为全球低碳交易的金融中心，欧盟形成了以低碳为核心的政策体系：

第一是欧盟总量控制下的碳排放交易政策。欧盟预先决定排放配额总量并分配到各个受控实体，受控实体分到欧盟排放配额（EUA）后可通过场内、场外交易机制自由买卖配额，并最终于每年4月30日前上缴与其经核证的前一年实际排放量等量的配额，上缴的配额随即被注销不能再被使用，如果在规定的时间内企业无法上缴足够的配额则面临高额罚款。碳交易市场具有价格发现的功能，能刺激企业通过技术投入等手段减少温室气体排放并将多余的配额出售给其他企业以获利，而减排成本过高的企业则可以在市场上购买配额满足自身排放需求。因此，欧洲环境交易体系推动欧盟国家降低减排成本，实现既定排放总量控制目标。欧盟建立了国家电子登记簿和排放权账户、欧盟中央登记系统（CITL）等交易平台，以及《排放贸易指令》、《温室气体排放监测和报告指南》、《温室气体排放核查及核查机构认证指南》等一系列法令文件，以规范、监督和保障欧盟温室气体排放交易计划的有效运作。

第二是以能源税（碳税）为主的税收政策。能源税或碳税也是欧洲一些国家采取的减排刺激政策，如芬兰、挪威、瑞典、丹麦、荷兰和英国都制定了碳税制度。税收优惠、减免等也是欧盟或其成员国经常用到的经济措施。英国对高能耗行业实施低税率（仅为其他行业的20%），但这些行业必须与政府签订提高能效或减少排放的协议，即气候变化协议（Climate Change Agreements，CCAs）。

第三是可再生能源发展政策。欧盟成员国激励可再生能源的发展。总体上，由于实施了比较积极的能源和气候变化政策，虽然欧盟不断吸纳东欧经济转型国家作为新成员国且近年来遭遇了较为严重的金融危机，欧盟27国2009年的整体温室气体排放量仍较1990年下降了17.4%，其整体温室气体排放水平在1990—2009年间保持了大幅度的下降。

金融危机之后，债务危机和财政问题取代气候变化和低碳问题，成为当前欧洲最突出的问题，欧洲民众和舆论对气候变化问题的关注相对下降。欧洲的政治层面推动力相对弱化，必然反映到气候变化和新能源产业的方方面面。

首先，欧洲各国对新能源发展的补贴和投资将会持续减少。新能源产业需要补贴才能与传统的石油天然气和煤炭等能源产业相竞争。根据国际能源署的资料，全球范围内化石能源获得的补贴超出可再生能源的5倍。地中海地区的水电、废弃物发电、光电相对于传统能源已有经济竞争力，但在欧洲绝大多数的可再生能源仍需要十多年的补贴。2009年欧盟可再生能源的基础设施建设投资约为350亿欧元，欧盟每年给予的支持有33亿欧元，多数资金来自欧洲投资银行贷款。在2011年3月的欧盟2050年低碳路线图上，欧盟重申要在2050年前减排80%，在2030年前减排40%，为此未来40年里，欧盟平均每年需增加2 700亿欧元的投资，这相当于欧盟成员国国内生产总值的1.5%，而随着欧洲各国财政困难，这些巨大的绿色投资将不能兑现。

其次，对于欧洲来说，新能源与气候变化的国际合作资金问题更难解决。欧盟各国除德国之外，政府都出现了不同程度的财政危机，未来阶段为刺激经济并缓解债务危机，欧洲各国政府还将承担沉重的财政负担，在向发展中国家提供资金和转让技术问题上的态度更趋消极，更不愿采取实质性行动履行义务，全球气候变化谈判进程将因此变得更加艰难。值得注意的是，2012年《京都议定书》机制到期，如果《京都议定书》贸易规则不能延长，则会出现碳税和单边行动进一步升级的现象。欧盟一定会采取更多的行业性减排或者碳税政策。欧盟最近提出在2050年前以铁路和水道取代中、长途的客、货运输需求，禁止使用汽、柴油的汽车进入欧洲各大城市，以减少60%碳排放量。同时将严格控管全球2 000多家航空公司，并将其纳入适用节能减碳政策的名单中，抵欧的航班都必须缴纳高额碳税。特别是，随着世界各国对《京都议定书》体制悲观态度的增长，欧盟碳排放交易系统（覆盖了欧盟现有27个成员国的近1.15万个工业排放实体，占欧盟二氧化碳排放总量的45%）将受到严重影响。

最后，欧洲债务危机将延缓欧盟新能源研发的进步。欧盟新能源的综合研究计划包括风能、太阳能、生物能、智能电力系统、核裂变、二氧化碳捕集、运送和贮存等一系列研究计划。其重点项目有：大型风力涡轮和大型系统的认证（陆上与海上）、太阳能光伏和太阳能集热发电的大规模验证、新一代生物柴油、第Ⅳ代核电技术、零排放化石燃料发电、智能电力系统与电力贮存等，而这些项目需要大量的政府支持和补贴才可以进行。

第三章

气候变化安全

随着全球气候变化趋势日益严峻及其危害性的不断加剧，气候问题开始成为一个最重要的环境安全问题。特别是在 2005 年《京都议定书》、2008 年"巴厘路线图"以后，气候变化正在成为世界政治、经济秩序调整和竞争的新舞台。如果国家安全的威胁是一个行动或一连串事件，而这个行动或者事件在一段时间内严重威胁并降低一国居民的生活品质，或是能够缩小国家内个人决策选择的范围，那么，气候变化威胁显然将影响传统国家安全，其治理问题自然成为各国关注的重点。解决生态危机是气候变化谈判的关键所在，气候变化危机加剧迫使人类重新审视传统的安全观念，提出新的安全观念和合作模式，各国政府也开始在对外关系行为中引入生态环境因素，并在多边和多维互动中衍生出各种合作模式。气候变化给各国带来了不同的安全挑战，一个国家既可以是全球气候变化的污染源，也可能是受害者，而更多的是两者兼具。有的地方会因更加干旱而受灾，有的地方却因冰川融化便于开垦更多的土地而获益；有的国家被淹没，有的国家则因北冰洋的融化而可以获得更多的航运和海洋资源。发达国家由于政治经济实力强大，适应性比一些非洲、东南亚等发展中国家好，脆弱性也相对较小。众所周知，气候安全和气候变化谈判密切相关，一个国家的谈判立场很大程度上是由这个国家的气候变化安全决定，受到气候变化的影响程度大小将会决定该国的外交重视程度。如受气候变化影响较大的小岛屿国家联盟始终就是气候谈判的推动者，然而如果一个国家的气候安全在该国政治议程中位置较低，该国的气候变化政策将会趋于保守①。

　　气候变化引发的全球安全治理包括多个层次，气候危机的加剧迫使人类重新审视传统的安全观念，提出新的安全观念，各国政府也开始在对外关系行为中引入生态安全因素，并在多边和多维互动中衍生出全球气候变化安全治理。联合国气候变化专门委员会2001年第三次评估报告指出，气候变化不同于任何其他环境问题，适应和减缓气候变化的国际合作将决定国际社会的未来安全。正因为如此，气候变化的治理成为全球安全治理的重要机制之一，全球合作下的集体行动已经全面展开，1992年到2009年，历时近30年，哥本哈根气候变化大会聚集了全球几乎全部的政治资源，为全球气候安全治理搭建了平台。虽然《哥本哈根协议》并未达成具有广泛代表性的2012年之后的减排目标，但应对气候变化的重要性已经超越当前已达成的国际法，成为全球安全治理的关键。联合国秘书长潘基文在哥本哈根大会上严肃地提醒世人："在人类的历史上没有任何危机像气候变化这样如此清晰地展示国家之间的相互依存。"然而全球气候变化谈判进程一直曲折艰难，哥本哈根大会之后，谈判格局呈现出碎片化发展趋势，全球气候变化安全治理态势令人担忧。

第一节　气候变化安全的三个层次

　　气候安全问题并非单纯的生态环境问题，而是与经济、资源、能源等其他问题紧紧联系在一起，相互影响、相互作用。2007年年初，联合国政府间气候变化专门委员会（IPCC）发表了第四次气候变化评估报告，指出人类活动造成气候变化的事实，并指出其对全球资源、环境，甚至是其他领域产生安全方面的影响。鉴于《联合国气候变化框架公约》

---

① SPRINZ D, VAAHTORANTA T. The interest-based explanation of international environmental policy [J]. International Organization, 1994, 48:77-105.

（UNFCCC）第1款将"气候变化"定义为"经过相当一段时间的观察，在自然气候变化之外由人类活动直接或间接地改变全球大气组成所导致的气候改变"，气候变化安全因此和人类活动的方方面面紧密相关。

一、环境安全和气候安全

国家安全是指任何可能会威胁到国家的生存并且会严重损害国家福利的趋势和事件，而其危害又必须通过国家动员资源来加以消除或者降低。环境安全是作为一个跨国性概念出现的，核心是强调主要由人为导致的环境恶化和耗竭对个体、团体、社会、国家、自然生态系统和国际体系的安全构成了根本威胁。诺曼·迈尔斯等学者认为生态环境问题已经成为安全问题的一个基本要素，并且在未来将会越来越成为世界各国安全事务的核心[1]。巴瑞·布赞（Barry Buzan）就此写道："环境安全关系到地方和地球生物圈的维持。"[2]杰西卡·孟修斯（Jessica Matthews）认为环境与国家安全利益存在紧密的因果关系，即自然资源、人口和其他环境变量将可能对经济表现产生巨大影响，继而成为政治稳定的潜在杀手[3]。托马斯·霍默–迪克森指出环境恶化、资源短缺已经在世界上的许多地方造成了暴力冲突，而这些冲突很可能是短缺造成的即将到来的大规模暴力的先兆，他还认为发展中国家与发达国家相比由于很难适应环境恶化带来的社会效应，因此更倾向于社会动荡[4]。罗宾·艾克斯利认为，环境问题对国家安全的破坏主要表现为四个方面：自然资源的稀缺引发国家之间的争夺战、恶劣的自然环境对人类生存领域的入侵、生态移民的大规模迁移给国家带来的各种问题、军事的强大生态破坏力量越来越被视为环境安全的首要威胁[5]。

根据哥本哈根学派的观点[6]，从物质层面来看，目前气候变化日益引发种种直接威胁（极端自然灾害、极地融化、粮食危机、疾病蔓延），更

---

① 迈尔斯.最终的安全政治稳定的环境基础[M].王正平,金辉,译.上海：上海译文出版社,2001:3–4.
② BUZAN B. People, states and fear: an agenda for international security studies in the post-cold era [M]. 2d ed, Boulder: Lynne Rienner, 1991, 19–20.
③ MATHEWS J. Redefining security [J]. Foreign Affairs, 1989:162–177.
④ HOMER–DIXON T F. On the threshold:environmental changes as causes of acute conflict [J]. International Security, 1991, 16:76–116. Environmental scarcaities and violent conflict:evidence from cases[J]. International security, 1994, 19: pp.5–40.
⑤ 陆忠伟.非传统安全论[M].北京:时事出版社,2003,199.
⑥ WAEVER O. Securitization and desecuritization [M]// LIPSCHUTZ R. On security. New York: Columbia University Press 1995: 46–86.

为重要的是催生了一系列间接安全问题（资源匮乏和竞争、社会族群矛盾和移民冲突、恐怖主义、国内和国际冲突等）。从观念层面来看，气候变化安全或许成为一种新的安全观念，或者安全意识形态，它将从欧洲外溢到其他地区，形成一个全球气候变化安全化和政治化的双向过程。

　　气候变化安全是一种综合安全，它既带来直接安全问题，也因为气候变化的安全化和政治化，带来了间接安全问题。直接安全指的是人类的生存行为对全球气候系统造成破坏和恶劣后果，如自然灾害、水资源与粮食紧缺和疾病流行等（见表五）。所谓间接安全层面指的是气候变化与传统安全治理气候变化容易诱发跨国或者国内冲突，许多严重的冲突也会影响到国家安全[①]，这些冲突可以包括政治不稳定、移民和民族冲突、资源争夺、边界纠纷等问题。

表五　　　　　　　**气候变化对各个地区带来的直接安全威胁[②]**

地区	影响表现
亚洲	因洪水增加,在海岸带地区,特别是在南亚、东亚和东南亚人口众多的大三角洲面临的风险最大,预计这些地区与洪涝和干旱相关的腹泻疾病发病率与死亡率会上升
欧洲	风暴潮和海平面上升引起海岸带洪水更加频繁,海水侵蚀加重;气候变化会使对气候变化表现脆弱地区的条件更加恶劣(高温和干旱),可用水量减少、水力发电潜力降低、夏季旅游减少以及农作物生产力普遍下降;预估由于热浪以及野火的发生频率增加,气候变化也会加大健康方面的风险
北美洲	西部山区变暖会造成积雪减少,冬季洪水增加以及夏季径流减少,加剧过度分配的水资源竞争;遭受热浪的城市在21世纪受到热浪袭击的频率、强度、持续时间都会增加,可能对健康造成不利的影响
非洲	到2020年,预估有7 500万到2.5亿人口面临的缺水压力会由于气候变化加剧;在某些国家,农业减产会高达50%,许多非洲国家的农业生产,包括粮食获取会受到严重影响,进而影响粮食安全,加重营养不良现象
小岛屿国家	预测海平面上升会加剧洪水、风暴潮、海岸侵蚀及其他海岸带灾害,进而危及小岛屿的基础设施和环境设施,而这些设施对维持小岛屿的生存至关重要

　　资料来源　作者根据IPCC报告整理。

---

　　①　SUZUKI Y, UETA K, MORI S. Global environmental security: from protection to prevention [M]. Tokyo: Springer, 1996; LONERGAN S C. Environmental change, adaptation, and security [M]. Hague: Kluwer Academic 1999.
　　②　IPCC[Intergovernmental Panel on Climate Change]. Climate change 2007: scientific basis [M]. Cambridge: Cambridge University Press, 2007: 9-45.

更为重要的是，气候变化安全研究必须重视可持续性和未来的评估，因为气候变化问题是当前人类这一代人和后代的博弈。而后代（如2050—2100年代的地球人）作为我们的环境资源安全的竞争对手，实际上没有发言权。气候变化安全具有代际转移的属性，鉴于气候变化的灾难性影响主要发生在未来，当前人类的后代将会承受气候变化的严重后果，当代社会必须付出相当大的努力和成本来降低气候变化安全问题所带来的伤害，这是气候安全和其他安全相比最大的特殊性。

环境对安全最直接的影响促成了环境安全概念的提出，20世纪80年代以来，全球环境问题取代了核威胁逐渐成为对人类生存的主要威胁①，1992年1月联合国安全理事会发表的一份声明表达了对环境安全的重视，"经济的、社会的和生态的领域中非军事性的不稳定源已经构成对和平和安全的威胁。"②杰西卡·孟修斯在《重新定义安全》中认为环境与国家安全利益存在紧密的因果关系，即自然资源、人口和其他环境变量将可能对经济表现产生巨大影响，继而成为政治稳定的潜在杀手③。1990年代加拿大学者托马斯·霍默-迪克森则进一步考察了环境恶化与政治冲突的相关性，他指出环境恶化、资源短缺已经在世界上的许多地方造成了暴力冲突，而这些冲突很可能是短缺造成的即将到来的大规模暴力的先兆，他还认为发展中国家与发达国家相比，由于很难适应环境恶化带来的社会效应，因此更倾向于社会动荡④。世界观察所的布朗在其年度报告中也认为可持续发展是国家安全的关键，在《我们共同的未来》一书中正式使用"环境安全"一词。中国学者认为，"环境安全是指一个人类生活共同体对环境严重不舒适性或生存威胁的感受、认知以及作出的规避、转移和克服等应对性反应。"⑤罗宾·艾克斯利认为，环境问题对全球安全的破坏主要表现为四个方面：自然资源的稀缺引发国家之间的争夺战、恶劣的自然环

---

①　BRADBEER J. Environmental policy [M]//SAVAGE S, ROBINS L. Public Policy under Thatcher. Basingstoke: Macmillan, 1990: 76.

②　邝杨.环境安全与国际关系[J].欧洲,1997（3）:31.

③　Mathews J.Redefining security [J]. Foreign Affairs, 1989, 38:162-177.

④　HOMER-DIXON T F. On the threshold:environmental changes as causes of acute conflict [J]. International Security, 1991, 16: 76-116; Environmental scarcaities and violent conflict: evidence from cases [J]. International security, 1994, 19: 5-40.

⑤　郁庆治，李萍.国际环境安全：现实困境与理论思考[J].现代国际关系，2004（2）:17.

境对人类生存领域的入侵、生态移民的大规模迁移给国家带来的各种问题、军事的强大生态破坏力量越来越被视为环境安全的首要威胁[①]。

气候变化日益引发种种直接威胁（极端自然灾害、极地融化、粮食危机、疾病蔓延），更为重要的是催生了一系列间接安全问题（资源匮乏和竞争，社会族群矛盾和移民冲突，环境资源冲突等）。因此，通过上述理论梳理，笔者把气候变化所引发的全球安全问题分解成三个层次，即自然生态安全治理、传统安全治理、资源与能源安全治理。

首先，在气候变化与自然生态安全治理层次，人类的生存行为对全球气候系统造成破坏和恶劣后果，如矿物质能源消费、森林砍伐、沙漠化、水资源枯竭和生物多样性危机等问题。气候变化则危及人类的自然生存环境，以图瓦卢和马尔代夫为例，由于气候变化，海平面上升，海水入侵岛国，已令该国百姓的饮用水源、民居、道路、公共设施等都受到海水淹没威胁[②]。英国国防部在《2007—2036年全球战略趋势报告》中提出，气候变化引发用水压力和其他环境灾害，将会导致军事行动和人口迁徙[③]。

其次，气候变化与传统安全治理气候变化容易影响国内的政治稳定，诱发跨国或者国内冲突，许多严重的冲突也会影响到中国的国家安全[④]。从传统安全挑战来看，气候安全通过水资源冲突、生态系统危机、移民危机等引发地区甚至全球冲突。2008年美国国家情报委员会发布报告认为："气候变化容易影响国内的政治稳定，诱发跨国或者国内冲突。2012年，严重的干旱和寒冷将导致斯堪的纳维亚的人口向南迁移，从欧盟退出；加勒比海岛国的难民流向美国东南部和墨西哥；2016年，欧洲国家之间为争夺捕鱼权冲突不断；2020年，欧洲因为水资源和移民的问题冲突增加；2025年，沙特阿拉伯的内战导致中国和美国海军在海湾直接面对面冲突。"[⑤]

---

① 陆忠伟.非传统安全论[M].北京：时事出版社,2003: 199.
② 吕学都.联合国气候变化大会进展及展望[J].世界环境,2009（1）: 23.
③ Dyer G. Climate Wars [M]. London: Scribe Publications, 2008: 27-29.
④ SUZUKI Y, UETA K, MORI S. Global environmental security: from protection to prevention [M]. Tokyo: Springer, 1996; LONERGAN S C. Environmental change, adaptation, and security [M]. Hague: Kluwer Academic 1999.
⑤ Testimony of Thomas Fingar on the national security implications of climate change [EB/OL]. [2008-06-23] http://www.dni.gov/testimonies/20080625_testimony.pdf.

最后是气候变化与资源能源安全治理层次。控制温室气体意味着控制能源和资源消费，其中能源消费是最大的温室气体排放来源，它大约占到大气层中新增温室气体的80%。全球人口增长和城市化进程的加快，造成了资源大量使用以及温室气体大量排放。全球化导致国家之间的经济行为越来越频繁，气候环境成了全球化下商业、经济的一个竞争场所，气候环境也由国家问题转变为跨国问题[1]。在全球气候变化大背景下，国家争夺能源资源成了冲突的一个主要来源。粮食安全问题也是国家安全问题。

根据上述三个层次的安全问题，笔者设计了"如何看待当前全球气候变化问题引发的安全问题"的调查问卷，主要内容涉及以下三个部分，即如何看待当前全球气候变化问题引发的安全问题[2]，如何看待2020年全球气候变化问题引发的安全问题，以及如何看待气候变化带来的主要国际冲突领域。问卷中的安全问题涉及三个层次：传统安全、生态环境安全，以及资源能源安全。问卷中涉及的安全议题包括：经济安全和可持续发展，国际气候变化移民和冲突，跨境水资源冲突，环境污染，能源安全和传统能源竞争（石油、天然气、煤炭等），核扩散危险，环境贸易和环境贸易壁垒，粮食安全，海域资源争夺，全球疾病蔓延等。从图九中我们可以看到，上述问题对国家安全都有不同程度的影响，该影响度的值是根据不同选项均值打分后计算出来的均值结果。

二、气候变化与全球生态安全治理

1994年的人类发展报告提出当前全球生态安全涉及的议题包括：水资源的取得与利用、森林滥伐、土地盐化、空气污染、干旱与洪水。其中，以气候变化为主的全球生态安全问题将在全球范围内产生巨大

---

[1] DOKKEN K. Environment, security and regionalism in the Asia-Pacific [J]. The Pacific Review, 2001, 14: 509-530.

[2] 本文对《对气候变化和国际安全的调查问卷》问卷数据报告整理基础上作出的结论。受访的对象主要来自国家气候变化评估报告主笔，以及发改委、外交部、科技部、农业部、环保部、财政部、中国科学院等参与气候变化应对工作的相关人士。本次问卷调查起于2009年10月终于2010年2月，发放问卷数量60份，回收有效问卷份数48份。在问卷统计中，为方便起见，对每一个安全议题的回答选项采用了数值以替代原来的文本。"没有影响"取值为0，"少许影响"取值为2，"影响程度一般"取值为3，"影响程度很深"取值为4，"不知道"取值为0，未回答项不取值。因此，在统计结果中出现了全距、均值、标准差等统计项目。全距反映该问题的回答项目差异范围；标准差反映离散程度，数值越小说明其一致性越高；均值用于展示各项目的影响度，数值越大说明其对安全的影响程度越深。

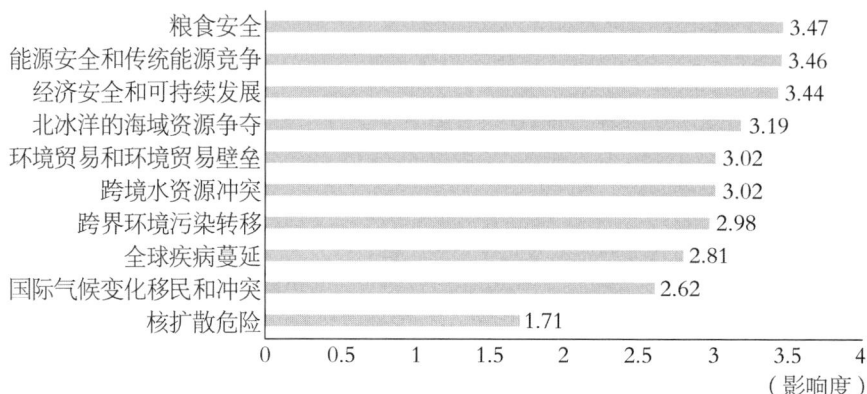

图九　当前气候变化在哪些方面影响国家安全的问卷

资料来源　作者根据问卷自制。

影响。美国参议员克里很重视气候变化带来的环境退化问题，并认为这种环境威胁是前所未有的[①]。通过问卷调查结果，我们发现，跨境水资源冲突、跨界环境污染转移与全球疾病蔓延都会严重影响生态环境安全（见表六）。从生态安全角度观察，气候变化引发了人类的生存和发展危机，进行全球治理成了国际社会一致的目标。

表六　　　　　当前气候变化在诸方面影响生态环境安全的程度

问题	有效回答数	均值
海平面上升引发的各种安全问题	48	3.12
环境污染和生态破坏	48	2.98
全球疾病蔓延	48	2.81

资料来源　作者根据问卷自制。

由于气候变化的时间长，变化速度缓慢，具有长期性，故而容易被忽略。温室气体是在相当长的时期累积产生的，当前采取的任何减缓气候变化和减排温室气体的措施，其效果只会在未来逐渐呈现。但是气候变化问题具有代际转移的属性，人类的后代将会承受气候变化的严重后果。[②]因此，我们需要考虑和研究中长期气候变化带来的安全

---

①　Transcript of remarks by Senator John Kerry, Senate Foreign Relations Committee. Subject: U.S.–China partnership on the road to the U.N. climate change conference 2009, National Pres Club [N]. Federal News Service, July 29, 2009.

②　IPCC[Intergovernmental Panel on Climate Change]. Climate change 2001: scientific basis [M]. Cambridge: Cambridge University Press，2001.

影响，通过问卷我们也发现大部分受访者实际上忽略了气候变化所带来环境生态问题的累积性，仅仅关注2020年之后海平面上升后的安全问题（见表七）。

表七　　　　　　　**2020年气候变化影响生态环境安全的程度**

问题	有效回答数	均值
海平面上升引发的各种安全问题	48	3.54
环境污染和生态破坏	48	2.96
全球疾病蔓延	48	2.94

资料来源　作者根据问卷自制。

首先，海平面上升引发的各种安全问题将引发人类的生存环境危机。2007年的人类发展报告明确将气温上升2℃设定为全球环境恶化的临界值，超越此临界值，则气候环境恶化将会被列入"危险"状态。根据联合国政府间气候变化专门委员会（IPCC）2007年发布的《第四次气候变化评估报告》显示，"目前的全球平均地表温度比工业革命前升高了0.74度；到21世纪末，全球地表平均温度将升高1.8度到4度，海平面将升高18厘米到59厘米。20世纪的100年是过去1 000年中最暖的100年，而过去的50年又是过去1 000年中最暖的50年。"[1]气温升高后冰川和积雪融化造成的海平面上升给世界各地的沿海城市构成了重大威胁，这种威胁对于发展中国家的城市如尼日利亚的拉各斯和印度尼西亚的雅加达来说尤为严重。其次，气候变化将导致全球各种环境问题日趋严重。随着温室气体含量上升，到21世纪中叶，全球各地相当于向赤道移近550公里，冰川缩减，江河减源，陆地含水层下降，降水量及其分布发生变化[2]。与此同时，气候变化将会加剧全球厄尔尼诺现象和洪涝干旱灾害的发生。如果地球进一步变暖，发生干旱和洪水的频率还会加大，农业种植区将会改变，2/3的森林可能会变成草原。对于干旱和半干旱地区，随着地球进一步变暖，那里的水资源供应将进一步减少。根据统计，1967年至1991年，约有30亿人曾受到自然灾害的袭击，其中有占80%的人口居住在亚洲地

---

[1]　IPCC warns climate affects all [N]. Nuclear Engineering International, May 22, 2007.
[2]　《气候变化国家评估报告》编写委员会.气候变化国家评估报告[M].北京：科学出版社，2007:177-182.

区。气候变化将会导致农业生产力下降、水资源供应不稳定、沿海洪灾和极端天气频繁发生、生态系统崩溃以及健康风险加大等五个影响人类发展的因素。最后，气候变化带来的各种疫病将更广泛地蔓延。极端气候事件，如干旱、水灾、暴风雨等，使死亡率、伤残率及传染病疾病率上升，并增加社会心理压力。某些传染疾病的加重也可能与气候变化有间接的关系，如疟疾是通过蚊子传播的疾病，气候变化可能使某些变暖地区的蚊子数目增加，从而加重了疟疾的发生。[①]

尽管气候变化带来环境生态层面的安全问题非常严重，根据我们的问卷，这些问题和传统安全类型、资源能源安全类型相比较，其重要性仍然偏低（见图十）。

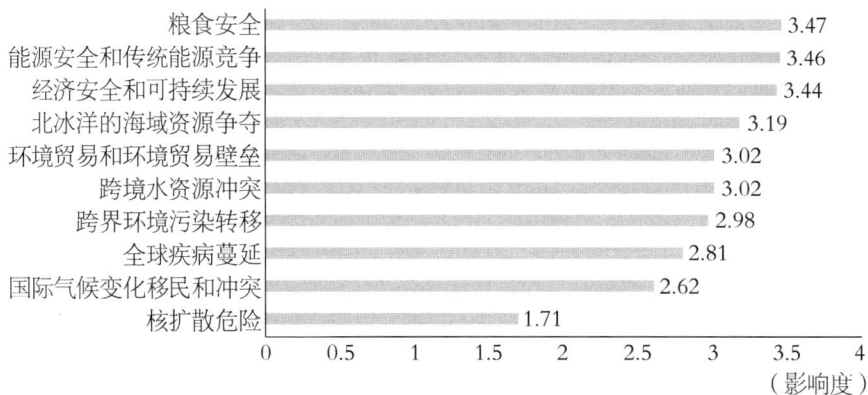

图十　当前气候变化引发的各个领域安全问题的排序

资料来源　作者根据问卷自制。

第二节　气候变化与传统国家安全治理

根据问卷设计，本书设计的"气候变化与传统安全冲突"选项主要包括：国际气候变化移民和冲突，跨境水资源冲突，北冰洋的海域资源争夺等问题。联合国秘书长潘基文也认为，气候变化引发的北冰洋海域的争

[①]　《气候变化国家评估报告》编写委员会.气候变化国家评估报告[M].北京：科学出版社，2007：329.

夺、移民和跨界资源冲突等将会改变全球地缘政治①。从安全的种类来看，涉及海洋和水资源划分的冲突则是受访者关注的重要安全问题（见表八）。

表八　　　　　　　　　　**当前气候变化与传统安全冲突**

问题	有效回答数	未回答数	均值	标准差
国际气候变化移民和冲突	47	1	2.62	0.795
跨境水资源冲突	48	0	3.02	1.021
北冰洋的海域资源争夺	48	0	3.19	1.003

资料来源　作者根据问卷自制。

由于气候变化问题具有累积性和长期性的特点，也就是说当前引发的安全问题将会持续升温和严重化。从问卷可以看出，受访者明显认为，2025年后气候变化带来的传统安全冲突问题更加严重（见表九）。

表九　　　　　　　　　　**2025年气候变化与传统安全冲突**

问题	有效回答数	未回答数	均值	标准差
国际气候变化移民和冲突	47	1	3.09	0.905
跨境水资源冲突	48	0	3.44	0.943
北冰洋的海域资源争夺	48	0	3.56	0.823

资料来源　作者根据问卷自制。

首先，从均值上分析，全球气候变化恶化到一定阶段，全球各地将会出现淡水资源减少、气候难民增加、海洋资源重新划分、国家领土被上涨的海平面淹没等结果，因此北冰洋的海域资源和水资源争夺对传统安全冲突的影响都比较大。随着温室气体含量上升，到21世纪中叶，全球各地相当于向赤道移近550公里，冰川缩减，江河减源，陆地含水层下降，降水量及其分布发生变化，②全球水资源供应系统将发生重大转变。肯·康克③通过对关于水资源的冲突的历史事件梳理说明了从气候变化到水资源

---

①　Remarks by United Nations Secretary-General Ban Ki-Moon to the World Climate Conference, Geneva, Switzerland [N]. Federal News Service, September 3, 2009.
②　《气候变化国家评估报告》编写委员会.气候变化国家评估报告[M].北京：科学出版社，2007：177-182.
③　康克.水、冲突以及国际合作[M].董晓同，译.//傅燕.环境问题与国际关系[M].上海：上海人民出版社，2007：75-99.

稀缺所产生的各种冲突，同时也说明当前甚至 2025 年以后的全球制度也无法调节和缓和水资源结构性冲突。未来资源匮乏和环境威胁一旦超过人类的适应能力，将在世界许多地区造成冲突和争执，虽然这些威胁很难导致战争，但如果一些战略要地，如中东、东亚、里海、北极、亚欧大陆边缘地带因为资源开发过度，或者环境破坏太严重，也会对全球政治安全构成严峻挑战①。美国国家情报委员会的报告重点分析了气候变化与水资源冲突对中国周边安全的影响。例如气候变化引发喜马拉雅山地区的水资源冲突，以及中国、巴基斯坦、印度和缅甸之间可能的水资源冲突，许多严重的冲突也会影响到中国的国家安全。

其次，从标准差分析，气候变化所带来的移民冲突和资源冲突等都是安全领域关注的重要问题。气候变化所带来的海洋资源划分、水资源冲突和移民冲突是当前安全领域的毫无争议的热点。联合国秘书长潘基文②则进一步阐述了气候变化可能会侵蚀一个国家生存的物质基础，如2007 年 6 月联合国环境署发表的《苏丹：冲突后环境评估》也证明了环境恶化、生态破坏对达尔富尔危机的直接推动作用。受访者的 2025 年回答的标准差出现基本一致的情况则说明了气候变化所带来的各种安全问题将会成为人类安全的共识。IPCC 主席帕乔里强调气候变化会引起海平面上升（较之前的预测快 50%）和大规模移民冲突。联合国哥本哈根气候变化大会公布的数据显示 2020—2060 年全球海平面上升 0.6~2.4 米，一些低洼地区将被海水淹没，2010 年气候移民达到 5 千万，2050 年会高达 7 亿人。

在气候变化的大背景下，全球一半人口正在或已经进入资源密集型工业化社会，传统的南北关系和资源环境体系受到严重冲击。随着经济全球化进程的不断加快，全球资源问题日益凸显，资源环境危机的直接后果是全球资源短缺危机和冲突，进而会影响到整个国际体系。因此，不论是对于传统发达国家、新兴发展中大国，还是受气候影响巨大的小岛国和最不发达国家，气候变化引发的全球资源利用问题，越来越成为一个安全问

① 转引自陈迎.国际气候政治格局的发展与前景[M]//李慎明,王逸舟.全球政治与安全报告(2008).北京：社会科学文献出版社,2007:280-309.
② BAN K M. A climate culprit in Darfur [N]. WashingtonPost, June 16, 2007：A15.

题。为平衡经济发展和应对气候变化，资源利用问题已经成为全球治理的重点领域。根据问卷回答情况，气候变化可能引发的资源和能源竞争将成为构成气候变化这一全球安全问题的重要内容。

从图十一可以看出，首先，粮食安全和气候变化问题密切相关。英国国防部在《2007—2036年全球战略趋势报告》中提出气候变化也会导致粮食危机，并造成全球人道危机[①]。2008年中国政府在《中国应对气候变化的政策与行动》中明确表示，到2030年之前，"中国粮食产量会因为气候变化而降低5%~10%（按照现在的情景）"。在21世纪中叶之后，中国粮食生产将会下降37%。气候变化也会严重影响中国的水资源。中国政府报告中也显示气候变化带来了日益严重的水资源安全问题。自2008年上半年以来，在气候危机、金融危机和能源危机的共同作用下，亚太、拉美和非洲等产粮地区都出现了粮食价格高涨和供应短缺现象。随着全球金融危机蔓延、经济放缓和燃料价格下跌，联合国定义的饥饿人口新增了1亿多人。联合国政府间气候变化专门委员会（IPCC）报告也显示，气候变化将增加自然灾害、减少粮食供给，上亿人将面临饥荒的威胁。

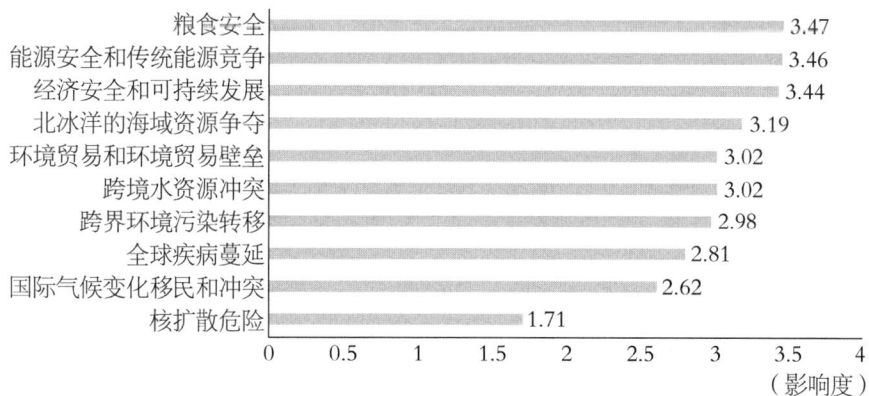

影响方面	影响度
粮食安全	3.47
能源安全和传统能源竞争	3.46
经济安全和可持续发展	3.44
北冰洋的海域资源争夺	3.19
环境贸易和环境贸易壁垒	3.02
跨境水资源冲突	3.02
跨界环境污染转移	2.98
全球疾病蔓延	2.81
国际气候变化移民和冲突	2.62
核扩散危险	1.71

图十一　当前气候变化在诸方面影响国家安全的程度

资料来源　作者根据问卷自制。

其次，从长远来看，能源安全是气候变化引发的重要安全问题，能源消费是最大的温室气体排放来源。它大约占到大气层中新增温室气体

---

① Dyer G. Climate wars [M]. London: Scribe Publications, 2008: 27–29.

的80%。图十二"2020年气候变化在诸方面影响国家安全程度",则反映出气候变化推动的能源安全问题将会成为中长期最为重要的安全问题。能源和气候问题密切相关,气候变化问题的诱因是碳排放,而碳排放又是能源问题,所以气候变化的实质是能源问题(见表十)。2007年11月WWF(世界自然基金会)发布了《气候变化解决方案——WWF2050年展望》,提出应对全球气候变化和能源安全存在着某种必然联系:一方面,能源是全球气候保护活动的重要因素;另一方面,能源也是国家经济平稳发展的利益所在。

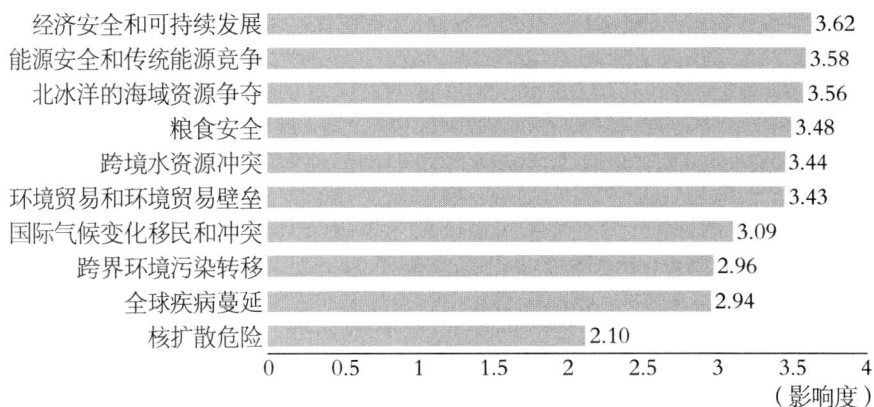

图十二　2020年气候变化在诸方面影响国家安全的程度

资料来源　作者根据问卷自制。

表十　　当前气候变化将会在多大程度上影响以下的国家安全问题

问题	有效回答数	均值
能源安全和传统能源竞争(石油、天然气、煤炭等)	48	3.46
核扩散危险(核能问题)	48	1.71
粮食安全	47	3.47

(注:均值越大,说明该问题对安全的影响程度越深)

资料来源　作者根据问卷自制。

能源问题的解决是防止全球气候变化的核心,气候变化引发的低碳和新能源革命正塑造全球能源体系的未来。基于问卷调查的统计结果,笔者发现,将近6成的受访者认为,气候变化将对能源安全造成巨大影响(见

表十一）。而能源安全背后就是国家经济发展的刚性需求。气候变化危机所带来的能源安全问题，为国际权力竞争带来了新的机会和特征。受访者中认为气候变化对能源安全有影响的达到89.6%，其中，认为影响一般的占31.3%，认为影响程度很深的占59.3%。由此可以看出，气候变化与能源安全之间存在着某种必然的联系。一方面，全球气候保护活动离不开能源安全问题，能源问题是防止气候变化的核心；另一方面，能源问题是国家经济平稳发展的利益所在。新能源的挑战将推动国际气候变化合作，随着中国经济快速持续发展，能源需求迅速攀升，所面临的全球环保压力愈发凸显。由于《哥本哈根协议》没有达成2012年后的减排承诺，2010年以后，围绕碳排放安排的国际谈判仍将十分激烈。

表十一　　　　　　　　**气候变化和能源安全数据统计结果**

问题	分布项	没有影响	少许影响	影响程度一般	影响程度很深	不知道	未回答
当前能源安全和传统能源竞争（石油、天然气、煤炭等）	频数	1	4	15	28		
	比率	2.1%	8.3%	31.3%	58.3%		
2020年能源安全和传统能源竞争（石油、天然气、煤炭等）	频数		5	6	36	1	
	比率		10.4%	12.5%	75.0%	2.1%	

资料来源　作者根据问卷自制。

通过访谈，我们发现气候变化引发的各种安全问题，特别是资源问题对中国具有强烈的现实意义。联合国粮农组织认为，全球粮食产量必须提高70%以满足全球迅速增长的人口需求，而当前气候变化问题对全球粮食生产构成了严重挑战。中国的经济增长对能源和资源的消耗是巨大的。根据估算，中国的GDP占世界的4%，却消耗了全球26%的钢、37%的棉花、47%的水泥；中国的煤炭、石油、钢等能源消耗、建材消耗、原材料进口全世界第一；中国是工业用木材纸浆纸产品全世界第二大市场、全世界第二大石油进口国；中国单位GDP能耗是发达国家的8倍到10倍，污染是发达国家的 30 倍。未来中国经济增长所需要的能源和资源的对外依存度不断提高。中国社科院发布的《2007 年中国能源发展报告》预计，到 2010 年，中国石油进口依存度将达 50%；到 2020 年，这一数字将达到 60% 左右。对这些原材料的进口，包括铁矿石、木材等已经给全球市场带来了巨大的影响，对一些资源输出国的生态环境产生很大压力。根据绿色和平组织 2005 年的一个报告，中国已经成为全球最大的热带雨林木材进口者，进口国际市场上大约 50% 的热带雨林木材，成为全球热带雨林的最大影响者。在能源和资源特别是热带雨林木材进口方面，中国广受国际社会诟病的原因在于，中国从马来西亚、巴布亚新几内亚热带雨林进口的部分木材来自非法伐木。但是中国仅仅是木材及其产品世界生产链的一个环节，中国进口的木材大部分用于加工出口，美国、欧洲和日本是这个产品链的终端消费者，更多的责任应该由非法采伐者、最终消费者来承担。但是国际社会的一些误解、曲解和偏见使得中国承受了超过自身应当承担的责任。

展望未来，由于气候变化带来的生态环境、传统安全和资源能源等多元复杂的安全问题，气候变化治理必须有统一和共同的全球责任。国际社会当前亟待解决的问题，是就气候变化安全的不同层次提高认识，为有效治理全球气候变化问题探寻答案。首先，气候变化安全问题的解决需要多元和多层次的治理机制。全球任何角落产生的碳排放都将决定大气层中温室气体含量以及升温程度。作为全球性公共产品，任何个人或者国家都无法决定大气层中温室气体的浓度，稳定大气层温室气体浓度亟须世界各国的集体行动。其次，气候变化的长期性及不可逆性引发国际政治资源的聚集与发散。气候变化问题具有代际转移的属性。鉴于气候变化的灾难性影响主要发生在未来，因此当前人类的后代将会承受气候变化的严重后果。因为气候变化安全问题不可逆的特征，给人类社会带来的种种伤害和损失往往是不可逆转的，或者必须付出相当大的努力和成本来降低这些伤害。

第三节　美国与气候变化安全化

对于美国来说，气候安全是一个逐渐升温并影响外交政策的争议性话题，20世纪90年代美国公布国家安全战略报告，将环境视为国家利益的重要组成部分。美国国家安全战略1996年首次认识到，跨国问题如环境破坏、资源匮乏和人口剧增等对美国具有近期和长远的安全意义。2008年，美国国家情报委员会联合美国16个国家级情报机构发布了《2030年前全球气候变化对国家安全的影响》（National Intelligence Assessment on the National Security Implications of Global Climate Change to 2030）报告，对全球未来的气候变化可能对美国的国家安全产生的影响做出国家情报评估。评估结果显示，未来20年，全球气候变化将会对美国的国家安全利益产生广泛的影响。2010年美国公布了《全球气候变化对美国的影响》报告。美国军方为此设立了应对气候变化机制（climate change task force），它涵盖了国际战略信息和交流、国际气候适应减缓合作、地区稳定合作、边界稳定合作等层面。

美国也是世界上少数从战略安全角度来推动气候安全的国家，其认为气候变化带来的安全挑战更应该以20年、50年等时间维度衡量，随着气候变化进程的发展，其带来的影响全球安定、国家安全的直接和诱发因素越来越多。为此在联合国层面，2010年和2011年安理会在美国等国家的推动下，就"国际和平与安全：气候变化的影响"等议题举行辩论，与2007年不同，2010年以来美国开始积极推动安理会出台有约束力的气候安全协议。

然而我们也需要看到气候变化在美国仍然是一个充满争议的安全议题，2010年10月，在皮尤中心一项关于全球气候变化安全的问卷测验中，只有79%的民主党人支持，38%的共和党人肯定。因此，深入了解美国气候变化安全对于判断美国未来气候外交的走向具有一定的理论和现实意义。基于这个原因，本书结合环境安全理论，并对《美国气候变化和国际安全的调查问卷》进行分析。问卷分析结果显示，美国的气候变化安全问题具有二元性，表面上强调气候变化带来直接风险，其实质是重视气候变化带来的间接政治安全问题，希望以此掌握未来全球治理的倡议权和话语权，美国气候变化安全将逐渐在政治议题中起到日益重要的影响作用。

一、《美国气候变化和国际安全的调查问卷》设计框架

气候变化引发的安全问题是一种综合性和可持续的安全,因为它不仅仅影响国家、国际社会,也影响未来人类生活的品质和可持续发展。因此调查问卷的主要内容涉及以下三个部分,即如何看待当前全球气候变化问题引发的安全问题,如何看待2025年全球气候变化问题引发的安全问题,以及如何看待2050年气候变化带来的主要国际冲突领域。

本次问卷受访的对象主要来自美国主要智库成员和相关官员,他们来自美国能源部、国务院、环保署、布鲁金斯协会、美国战略和国际关系中心、美国外交关系全国委员会、斯坦福大学国际战略和安全中心等。本次问卷调查起于2011年1月,终于2011年6月,发放问卷数量70份,回收有效问卷份数70份。问卷采取面谈和电话访谈形式,进行取样。

在问卷统计中,为方便起见,对每一个安全议题的回答选项采用了利克特量表形式以替代原来的文本,即"没有影响"取值为1,"少许影响"取值为2,"影响程度一般"取值为3,"影响深度很深"取值为4,"不知道"取值为0。统计分析主要采用均值和标准差等统计项目。标准差反映离散程度,数值越小说明问题回答的一致性越高;均值用于展示各项目的影响度,数值越大说明其对安全的影响程度越深。

如图十三所示,本书认为气候变化多引发的各种威胁在中长期(2025年左右)将会逐渐对美国国家安全产生比较重要的影响(平均值介于2～3.23之间)。影响度的值是根据不同选项的打分计算出来的均值结果。

项目	影响度
水资源短缺	3.3143
	3.2286
自然灾害	3.1286
	3.0429
能源资源安全	2.8429
	2.8286
国内民族冲突	2.7857
	2.6812
美国周边政治不稳定	2.5429
	2.4714
陆地边界纠纷	2.3286
	2.2464
贸易摩擦	2.1884
	2.0571
美国国内政治不稳定	1.6000

图十三　2020年气候变化引起的各种安全问题的程度

资料来源　作者根据问卷自制。

二、气候变化带来的直接安全问题对美国影响大但未成为共识

在气候变化所带来的直接安全影响方面，美国国内科学界基本达成共识。2009年4月16日，美国公布了《全球气候变化对美国的影响》报告，认为气候变化对美国的影响广泛而深远。报告指出，干旱和自然灾害（暴雨、洪灾等）成为美国各个地区的严重威胁。如表十二所示，美国各个地区几乎都无法避免气候变化带来的直接威胁和破坏，而美国最富裕的大西洋沿岸地区和新英格兰地区，所遭受的气候威胁也是较大的。不仅如此，随着气候系统或生态系统在美国所产生的不可预知的变化，如海洋或风暴潮的重大变化，会引起大规模的物种消失或虫害暴发。这些气候变化威胁都会对美国的粮食安全、水资源、传染病预防和自然灾害等构成更严峻的挑战。

表十二　　　　　　**气候变化给美国各个地区带来的直接威胁**

	干旱	热带风暴	暴雨洪水	海平面上升
新英格兰地区	▲		▲	▲
中大西洋地区	▲	▲	▲	▲
东北中部地区	▲		▲	▲
西北中部地区	▲		▲	
南大西洋地区	▲	▲	▲	▲
东南中部地区	▲	▲		▲
西南中部地区	▲	▲	▲	▲
太平洋沿岸	▲	▲	▲	▲

资料来源　The USGCRP. Global climate change impacts in the United States [M]. Cambridge： Cambridge University Press，2009.

对于美国公众来说，环境问题中气候变化影响最为突出也最为直接的是自然灾害，根据图十四对美国主要平面媒体如纽约时报等的词频分析，在美国的媒体和公众报道中，气候变化仍然是最重要的内容。特别是在2011年德班会议结束之后的一周内，西方媒体发表了345篇相关文章（根

据在 FACTIVA 数据库统计欧洲、北美、澳大利亚和新西兰等方面的媒体报道），美国平面媒体发表的文章约占 1/6。

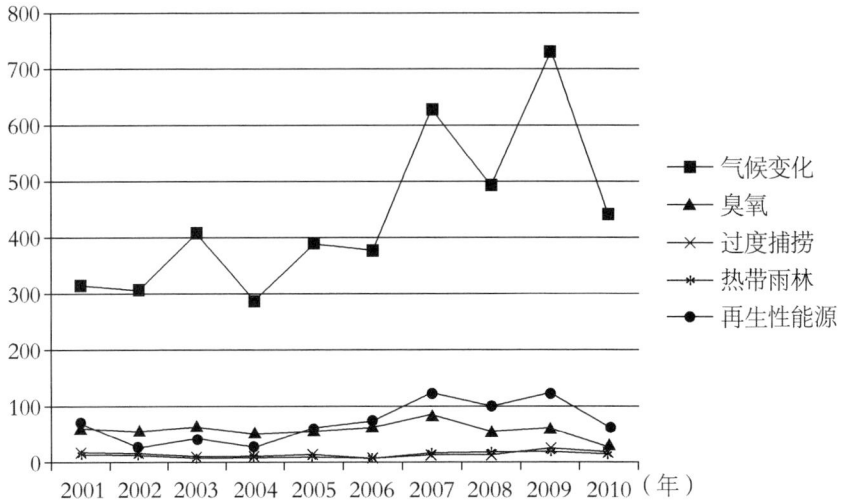

图十四　气候变化在媒体中的出现频率

资料来源　作者自制。

　　根据问卷调查，粮食安全、水资源、传染病预防和自然灾害等直接危害对于美国气候变化安全有不同的影响。根据问卷结果中对 2011 年、2025 年和 2050 年不同时期安全影响程度的回答，在未来 15 年，气候变化推动水、粮食和自然灾害成为重要安全威胁，而到 2050 年，粮食安全、水资源、传染病预防和自然灾害对国家安全的影响都很重要（见图十五）。

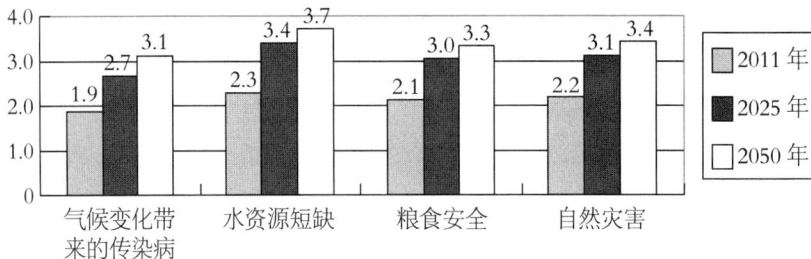

图十五　气候变化带来的直接安全问题影响（平均值）

　　（注：X 轴代表气候变化带来的自然灾害种类，Y 轴代表出现影响程度，图中 X 轴各选项的三个数字从左到右分别代表 2011 年、2025 年和 2050 年）

　　资料来源　作者自制。

问卷调查结果显示，水资源短缺问题将会成为气候变化给美国带来的最大威胁。美国不仅面临气候变化带来的水资源短缺，也面临各州跨境水资源协调与合理使用的挑战。不仅如此，气候变化会推动全球性水资源危机进一步升级，进而会影响美国的全球利益。众所周知，随着气候变化加剧，国际河流集中、缺水严重的地区，人口增长过快，经济发展也极快，同时还缺乏健全的国际河流法、水法和相应的管理机构，将成为全球跨境淡水资源竞争利用和冲突的关键地区。水资源危机既阻碍世界可持续发展，也威胁着世界和平。美国进步中心认为气候变化带来的水资源匮乏是美国需要关注的重要问题，因为这会在全世界范围内造成不稳定，对地缘政治秩序造成影响，进而损害美国国家利益。①

水资源和自然灾害的增加将不可避免地带来粮食安全问题。2025左右，美国粮食安全就会因为气候变化而成为严重问题，同样，气候问题也会对世界各地区的粮食供应和各地区的粮食安全构成严峻挑战，进而影响美国国家安全。更为重要的是，通过问卷的标准方差计算可以看出，水资源安全成为越来越重要的共识，问卷调查中个别结果偏离的现象比较少（见图十六）。

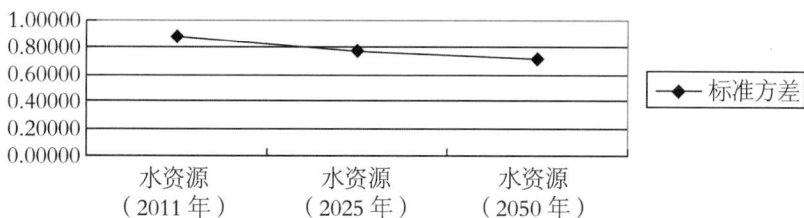

图十六　气候变化带来直接安全问题影响的标准差

资料来源　作者自制。

对于未来十年间气候变化引发的粮食安全，问卷数据的标准差和平均偏差呈递减趋势，说明受访者对于气候变化在中近期内带来的粮食安全和威胁问题，共识较大，而对于远期（2050年）的粮食安全问题出现了一些分歧（见图十七）。

① PODESTA J, OGDEN P.The security implications of climate change [J]. The Washington Quarterly, 2007: 8–25.

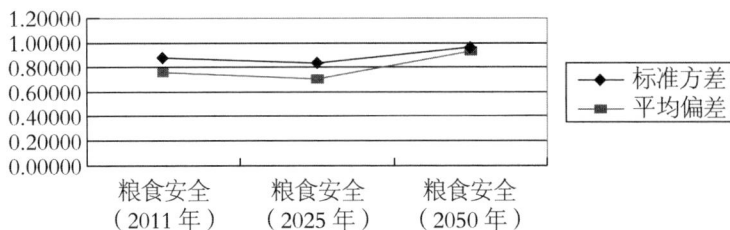

图十七　粮食安全造成影响的方差和偏差

资料来源　作者自制。

气候变化导致的过度降雨也会使各种传染病（如疟疾和登革热）极可能产生，给全球健康带来一系列的负面影响，各国应对这些健康问题的方式也会对地缘政治产生巨大的影响。问卷调查结果显示，受访者对近期气候变化引起的传染病安全共识比较大，随着时间的推移，对这一安全共识略有分歧（见图十八）。

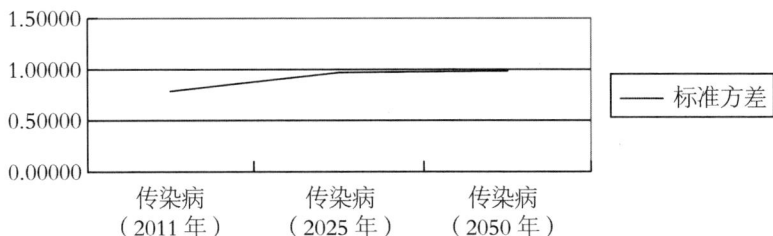

图十八　气候变化带来的传染病安全问题的标准方差

资料来源　作者自制。

通过问卷分析，我们可以发现，在美国智库和官员的回答中，气候变化引发的自然灾害、粮食安全和水资源问题都是重要的安全威胁，尽管传染病带来的挑战在排序中名列最后，其重要性也很高。然而随着时间推移，在水资源安全问题上的共识在加深，对于传染病等问题的安全共识则出现分歧。

三、气候变化带来的间接安全问题是美国气候安全战略的重点

从气候变化所带来的间接安全来看，气候安全通过水资源冲突、生态系统危机、移民危机等引发地区冲突，甚至权力转移。美国国家情报委员会《2030年前全球气候变化对国家安全的影响》显示，气候变化对美国

最显著的影响将会是间接的，并且通过恶化现有的问题——例如环境移民、贫困、社会紧张局势、环境退化、无效的领导以及薄弱的政治制度——严重地影响到美国的国家安全利益。迪克逊（Thomas Homer-Dixon）提出气候变化导致三个不良后果："资源的退化或耗尽、资源消费的增加（主要是因为人口增加或个人消费的增加）、不合理的资源分配（少数人占有了大量的资源）。资源稀缺与政治、经济以及社会因素（经济结构、教育水平、种族分裂、社会阶层分化、技术能力以及公共设施的建设、政治体制的合法性）相互作用，从而对社会产生直接的影响（贫穷、群际紧张状态、人口迁移、制度的崩溃），进而导致动乱和冲突"。

对于气候变化导致的间接安全问题，问卷通过三个角度来采集数据、进行分析：首先是国家稳定问题，包括国内、周边和盟友国家的稳定，以及国内民族冲突等问题；其次是资源和经济问题，侧重分析对经济可持续发展、能源资源和贸易摩擦带来的影响；最后是跨国冲突和预防问题，分析了海洋、陆地边界、移民冲突以及人道主义干涉等问题。

（一）气候变化与国家稳定

迪克逊认为气候变化将会加剧国内的不稳定现象，如民族冲突、公民抗争和政治混乱。美国同其他发达国家一样，不会因气候变化而出现国内人口迁移进而造成国内的不稳定，不过仍然会受到一定的影响。根据IPCC的报告，未来数十年中热带风暴的强度将会越来越大，迫使美国重新安置沿海地区的居民。这会造成巨大的政治经济影响，正如卡特里娜飓风导致的对墨西哥湾沿岸区居民的疏散和重新安置一样。

从问卷结果来看，多数人认为气候变化不至于导致美国国内政治出现不稳定，尽管问卷结果显示气候变化有可能少许地增加美国盟友和邻国的政治不稳定，然而这种影响不算很大。不过可以看出美国国内的族群冲突将会因为气候变化而逐渐增强，在中长期内成为影响美国安全的一个重要因素（见图十九）。

（二）气候变化与经济资源安全

从问卷结果可以看出，气候变化对经济问题和贸易摩擦问题的影响是一般性的。尽管低碳经济和碳关税成为时下的热点问题，但是在对美国安全的影响排序中仍然不高（见图二十）。

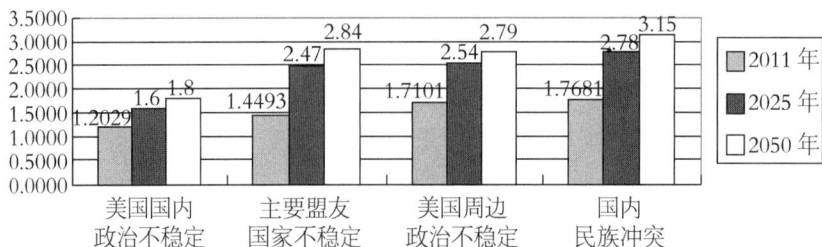

图十九　气候变化与国家稳定

（注：X轴代表气候变化带来的国家不稳定的种类，Y轴代表出现影响程度，图中X轴各选项的三个数字从左到右分别代表2011年，2025年和2050年）

资料来源　作者自制。

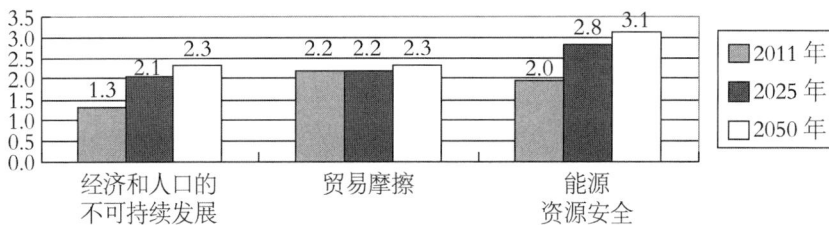

图二十　气候变化与经济资源安全

（注：X轴代表气候变化带来的经济灾害的种类，Y轴代表出现影响程度，图中X轴各选项的三个数字从左到右分别代表2011年、2025年和2050年）

资料来源　作者自制。

能源问题的解决是防止全球气候变化的核心，气候变化引发的低碳和新能源革命正在塑造全球能源体系的未来。全球从关注温室气体的"表观排放者"到关注温室气体的"幕后排放者"，深刻提示温室气体排放与能源消费的重要关系。资源对于美国气候政策的影响极大，气候变化与能源安全之间存在着某种必然的联系。一方面，全球气候保护活动离不开能源安全问题，能源问题是防止气候变化的核心。另一方面，能源关系到国家经济发展。新能源的挑战将推动国际气候变化合作，随着中国经济快速持续发展，能源需求迅速攀升，所面临的全球环保压力愈发凸显。由于"德班增强行动平台"达成了2020年后的减排框架，围绕碳排放安排的国际谈判仍将十分激烈。奥巴马政府认识到气候变化和国内发展战略及能源独立性紧密相连，新能源和低碳经济对于美国未来的经济竞争力和国际地位具有重大影响。由于传统能源稀缺和气候变化问题的凸显，世界各国的经济增长模式也必然逐步向适应新能源要求的方向发展。当前低碳经济创新是下一代能源的核心，国际体系重大结构性变化的前提和条件是能源权力结构的变化，即出现了下一代能源体系的主导国。但是同时美国对煤炭消费一直占据总能源消费 22% 左右的比例，电力消费中的煤炭比例还要更高。得克萨斯州等产煤州拥有势力庞大的煤炭工会以及政治影响力，对外交政策有一定的影响。因此，美国智库和官员更加关注气候变化对能源资源安全产生的影响。

（三）气候变化与跨国冲突

联合国报告指出，气候变化可能诱导跨国冲突，增加人道主义干涉的难度，气候变化及其与其他挑战的相互作用引发大量难民，严重威胁国际和平与安全。对于美国来说，气候难民、极地和海洋资源问题以及全球性人道主义干涉等问题的影响日益加深，会增加其维持全球秩序稳定的成本（见图二十一）。

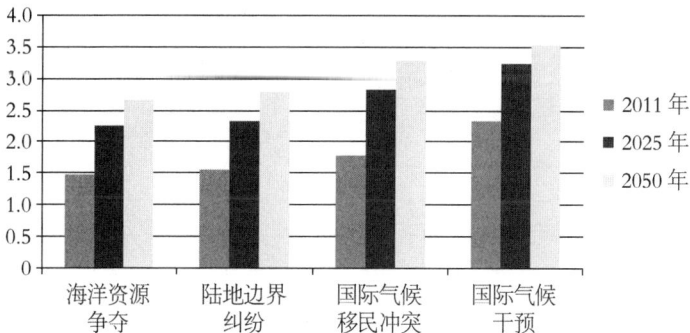

图二十一　气候变化和跨国冲突与国际气候干预

（注：X 轴代表气候变化带来的跨国冲突的种类，Y 轴代表出现影响程度，图中 X 轴各选项的三个数字从左到右分别代表 2011 年、2025 年和 2050 年）

资料来源　作者自制。

在国际气候移民冲突领域，气候变化造成墨西哥北部严重缺水，迫使当地居民向美国境内迁移，以致美国与墨西哥边境的形势日趋严峻。同样，风暴和海平面上升会给加勒比岛国的沿海地区带来巨大的灾难，使该地区人口迁移加快并导致地区政治状态的紧张，而生活在这些沿海地区的人口占加勒比国家总人口的60%。在海洋和极地资源竞争领域，随着海冰不断消融，航道开辟和资源开发问题日益突出。美国参与的国际海洋和极地竞争有进一步加剧的趋势。

对处于"一超"地位的美国来说，通过全球灾害和人道主义干涉等国际气候干预行动，则更加可以增加美国的国际领导合法性来源。从这一点来看，美国奥巴马政府越来越明确了气候变化问题对其全球领导地位的重要性，美国国防部等报告也显示美军对气候变化引发的各种灾难将会积极干涉。特别是从图二十二中可以看出，问卷回答的偏差和方差都趋于下降，说明认为全球灾害和人道主义干涉对美国安全影响日益增加的共识逐渐形成。值得注意的是，美国把水资源、国际气候干预作为最重要的安全问题。气候变化会使贫穷和不稳定地区的灾害更加频发，由此导致政治军事混乱和冲突，联合国秘书长潘基文在华盛顿邮报撰文称，达尔富尔危机的罪魁祸首可能是全球气候变化，而美国和其他西方国家可能会利用气候变化问题为它们未来可能的国际干涉行动增加合法性，通过在世界各地采取强制性气候变化干涉行动，维护自身的优势地位和既得利益。

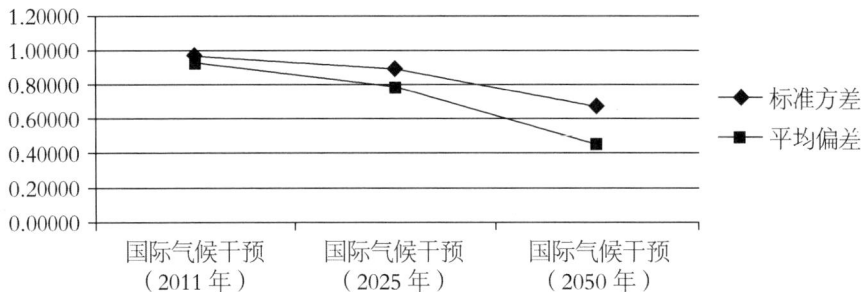

图二十二　国际气候干预的标准方差和平均偏差

资料来源　作者自制。

综上所述，本书通过在美国访问期间所作的《美国气候变化和国际安全的调查问卷》数据报告，系统地分析了气候变化所带来的直接安全和间接安全问题。气候变化的影响远不限于本身带来的生态威胁，也包括国际冲突、资源争夺和国际干预对美国外交提出的新挑战。美国对气候变化政治化和安全化的日益重视，会给未来美国参与全球气候谈判注入新的动力，使其在合作中进行积极应对。气候变化带来了综合与持续的安全挑战，福斯特（Gregory D. Foster）等认为气候变化带来的环境和健康问题会降低几代美国民众的福利，危害国家安全、经济利益以及海外人道主义的成效，美国将会面对潜在的、甚至是更具有灾难性的威胁；其他环境问题如对淡水资源的争夺，也将有可能会导致地缘政治不稳定。问卷调查结果显示美国正在不断平衡气候变化导致的直接和间接安全问题，进一步增强气候安全共识，减少因为"气候变化直接安全怀疑论"带来的影响。

从问卷和文献总体来分析，美国要把推进全球气候变化治理同处理地球自然资源紧密联系在一起，气候变化会给美国带来直接的安全威胁，也会带来潜在的安全威胁，尽管短时期内，气候变化引发的各种安全问题并不是美国当前的安全问题重点，但是美国已经开始意识到气候变化对国家和国际安全造成新的威胁，这不但会放大一些资源枯竭地区的冲突和动荡，还可能增加原本稳定地区的紧张，甚至还会对人类的能源安全构成严峻的挑战。因此把气候危机纳入到国家安全的范畴，并在全球范围内增加对脆弱地区的援助，将会成为增进美国利益、维护美国安全的重要途径。同时美国对气候变化安全的考虑离不开经济和能源资源等因素，美国国务院最新报告强调美国有责任为气候变化采取措施，但是这种措施必须与经济的持续增长和竞争力的不断增强相协调，即使在奥巴马的气候新政中也脱离不了经济因素的考量。更为重要的是，作为唯一的超级大国，美国的政治地位和实力决定了它要积极恢复并成为主导全球气候治理的领导。美国最大的战略利益就是保持美国在全球的绝对优势和维持美国的全球霸权，这个精神也不可避免地渗透到美国的碳外交中。"解决自然资源和环境灾害问题对取得政治和经济稳定、争取美国全球政策目标的实现关系重大。"

第二篇
创新：气候变化与能源安全体系的变化

　　自20世纪80年代提出气候变化问题以来，应对气候变化就始终与能源问题密切相关，二者都具有相当的复杂性和高度国际化的特点。应对气候变化的国际合作已经促使国际能源法从传统的能源安全和秩序问题转移到可持续发展问题上，并正在相互协调中谋求创新。然而，气候变化和能源安全的全球治理有其各自的发展脉络。在全球气候变化谈判的压力下，能源和气候问题联系更加紧密。在能源方面，随着世界经济发展，能源资源的全球化配置速度加快。目前全球能源消费中心向亚太地区转移，全球能源生产重心向美洲倾斜。各国纷纷调整内政外交，向资源优先倾斜；发达国家通过维和、干预和国际公域外交，以新型外交巩固能源资源的主导权。新兴发展中国家群体崛起后，已经在国际能源事务中发挥显著作用。在气候领域，全球气候谈判主要围绕发达国家如何减排、如何帮助发展中国家解决环境与发展的矛盾两大议题，其主要规则是《联合国气候变化框架公约》和《京都议定书》。2011年南非德班会议确定"德班增强行动平台"，并启动所有国家参与减排的法律协议进程。由此，《京都议定书》和"共同但有区别责任"原则被削弱，中国等发展中大国面临前所未有的国际减排挑战。当前，低碳经济和气候变化正在推动未来进入一个新能源时代。新能源的挑战将推动国际气候变化合作，能源问题是防止气候变化的核心。

　　随着中国经济快速持续发展，能源需求迅速攀升，所面临的全球环保压力愈发凸显。目前，围绕碳排放安排的国际谈判十分激烈：一方面美国欧洲力压新兴发展中大国的碳排放量增长；另一方面，全球各国都注意到气候危机的严重性，以及共同减排的义务。由于传统能源稀缺和气候变化问题的凸显，各国的经济增长模式也必然逐步向适应新能源要求的方向发展。当前低碳经济创新是下一代能源的核心，国际体系重大结构性变化的前提和条件是能源权力结构的变化，即出现了下一代能源体系的主导国。

第四章

气候变化和能源安全体系的发展与基本格局

当前，国际能源安全问题已不是简单地仅考虑石油天然气或煤炭的供应安全，还包括了对气候变化、生态环境、可持续发展战略等问题的关注。大气中温室气体浓度迅速上升导致气候变化，是国际社会公认的全球性生态环境问题，并威胁着人类生存的基本条件。世界银行指出：整个20世纪的100年，人类消耗了2 650亿吨的煤炭、1 420亿吨的石油和天然气，21世纪的头50年这些能源的消耗总量将超出20世纪4~5倍。新形势下的能源问题已经威胁到地球的可持续发展。气候变化和能源安全是人类面临的相互联系的两大挑战，也是影响当前国际体系和平与发展的重要因素。气候变化是伴随着人类工业化进程发展而产生的，需要在可持续发展的框架下解决气候变化问题；能源是社会经济发展的重要支柱，清洁能源和低碳发展是解决气候变化问题的关键。当前很多发展中国家面临着能源贫困或者匮乏的问题，这不仅制约了这些国家应对气候变化，更为全球能源合作提出了新的要求。

第一节　能源安全和气候变化

能源安全一般是指能源的供应安全即能源的可获得性和能源价格，广义涵义是指在任何时候都能获得价格合理的能源,狭义是指不受制于对某些产油国或产油区进口石油的依赖。随着环境问题的加剧,能源安全开始逐步从供应安全转向到使用安全,即开始注重能源的清洁、安全和高效使用。气候变化安全问题目前日益突出,其全球性、整体性、长期性、不可逆性和人为性使其对世界经济、国际政治产生了重大影响。能源是人类赖以生存的最重要的自然资源,各国能源资源禀赋的巨大差异促进了围绕能源而展开的国际关系的发展,也推动着相关领域全球治理机制的建立与完善。当前,国际社会已经将能源问题提升到涉及国家安全、国际和平、经济发展和持续民生的战略高度,全球和地区国际能源合作的发展日趋深入。国际能源结构走向多元,化石能源仍是消费主体。发达国家能源消费高位徘徊,发展中国家能源需求加快增长。气候变化对能源发展影响加大,低碳和零碳能源成为新热点。国际能源问题政治化倾向明显,非供求因素影响增大。金融危机之后,随着全球经济复苏和地区政治局势不稳定,全球能源供求的紧张关系不断加剧,石油价格持续攀升,世界能源供应的可持续性直接关系到世界经济发展的可持续性。

1992年《联合国气候变化公约》指出:"地球气候变化及其不利影响是人类共同关心的问题……各国应尽可能地采取最广泛的合作,并参与有效和适当的国际应对行动。"能源消费是最大的温室气体排放来源,它大约占到大气层中新增温室气体的80%。从整个人类生态系统来说,由于地球表面被大气所覆盖,所有国家都会受到气候变化的影响与冲击。人类消耗能源产生的二氧化碳排放,自工业革命以来呈现剧烈增加的趋势。全球与化石燃料相关的二氧化碳排放,从1850年的2亿吨,增长到2006年的285亿吨,增长了超过140倍(见图二十三)。

气候变化与能源安全之间存在以下联系:第一,气候变化争端解决机制对能源安全的影响。《京都议定书》表面上是控制全球温室气体排放的协定,实质上是控制各国对能源消耗的协议。它明确规定了发达国家控制二氧化碳等六种主要温室气体的时间表和目标,但对争议的解决和强制机制并无明文规定,仅在第19条规定"争端的解决比照适用《联合国气候变化框架公约》第14条的规定。"而该公约的第14条则是国际争端解决的

（单位：百万吨二氧化碳）

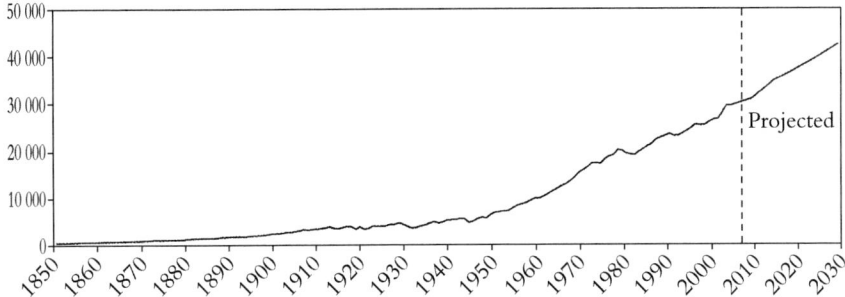

图二十三　1850—2030 年全球二氧化碳排放趋势及预测

资料来源　Pew Centre，Climate Change 101 International Action [EB/OL]. [2009-07-12].http：//www.pewresearch.org/?p=1093/generations-online.

一般性条款，即谈判、仲裁及司法。对此，学者建议，气候变化争端解决机制可以从四个原则方面设置：区分缺乏执行能力的不履约和缺乏意愿的不履约；区分发达国家和发展中国家在法律责任的归责原则上适用不同的归责原则；"最密切联系的"仲裁优先管辖原则；促进可持续发展原则[①]。

　　有学者对国际上开展全球范围温室气候排放数据收集、分析、计算、评价、建档、信息发布工作的5个国家、国际组织以及非政府间国际组织的机构的数据进行了分析，指出：对全球和各国温室气体排放量进行准确的评估，是确定和使温室气体减排行动框架更合理的基础性工作，具有重要的现实意义。但现有的温室气体排放评估方法总体上仍然是较为保守的评估方法，所有的评估手段和方法都具有很大的不确定性。温室气体排放评估工作应加强对能源表观消费量的深入分析，尤其要开展对商品碳成本科学核算的工作，建立全面、合理的温室气体排放评估体系，要把温室气体的评估工作与社会和人的发展问题结合起来考虑，要从各国的历史累积人均排放量、人均GDP排放量、排放空间等角度分析温室气体排放状况。最重要的是，温室气体排放的计算和温室气体减排的责任承担，必须从单纯地关注生产领域转变到关注商品终端消费领域，从关注温室气体的"表观排放者"到关注温室气体的"幕后排放者"，以深刻提示温室气体排

　　① 曾加，李奕霏.从履约角度谈《京都议定书》的争端解决机制[J].西北大学学报，2008（5）：135-140.

放真正的受益者，从而体现"受益者承担义务"的原则。

尤为突出的是，当前气候变化对国际能源发展问题的影响越来越大，低碳和无碳能源成为新热点。随着国际社会对温室气体排放与地球气候变化相互关系认识的不断加深，要求国际社会采取对策努力限制或减少温室气体排放的呼声越来越高。新能源的挑战也将会推动国际气候变化合作，能源问题是防止气候变化的核心。随着中国经济快速持续发展，能源需求迅速攀升，所面临的全球环保压力与日俱增。目前围绕碳排放安排的国际谈判十分激烈：一方面，美国、欧洲力压新兴发展中大国的碳排放量增长；另一方面，全球各国都注意到气候危机的严重性，以及共同减排的义务。在全球气候变化谈判的压力下，低碳经济和气候变化正在推动人类进入一个新能源时代。在气候变化大背景之下，当代国际能源问题出现了复杂的变化：

首先，世界能源体系正面临两大挑战：保障可靠的、廉价的能源供应和实现向低碳、高效、环保的能源供应体系的迅速转变。目前全球能源供应和消费的发展趋势从环境、经济、社会等方面来看具有很明显的不可持续性。可以毫不夸张地说，能否成功解决这两个问题，将决定未来人类社会的繁荣与否，一场能源革命迫在眉睫。

其次，传统化石能源仍是能源问题的核心。石油是世界上极其重要的能源，而且在未来许多年里仍将如此，即使对其他可替代能源技术的开发与应用进度做出最乐观的设想，结果亦然。但是，石油资源（以满足日益增长的需求）、生产成本以及消费者要支付的价格极不稳定，也许比以往任何时候的情况都严峻。近年来石油价格不断上扬导致了2008年石油价格暴涨，与此同时短期内价格的大幅波动，突显了价格对于短期市场失衡的敏感程度。这些现象还警示人们：石油（和天然气）资源始终是有限的。事实上，目前能源供应面临的最直接风险不是全球资源的匮缺，而是缺乏在需要的地方进行投资。数据显示，按名义价值计算的上游投资快速增长，但是大部分投资的增长都是由成本激增以及为防止不断上升的递减率所致，尤其是欧佩克（OPEC）国家以外的地区需要更高的成本。目前，大多数的资本都在以高成本进行石油储量的勘探与开发，部分原因是国际石油公司在获得最廉价资源上具有局限性。面对全球绝大部分地区资源日益衰竭和全球不断加剧的递减率，在成本最低的国家扩大产量，对于以合理的价格满足世界能源需求是极其重要的。

再次，能源去碳化是大势所趋。为防止全球气候产生灾难性的和不可逆转的破坏，最终需要的是对能源的来源进行去碳化。按照目前的趋势，与能源有关的二氧化碳（CO_2）和其他温室气体排放的上升之势难以阻挡，在较长时期内将导致全球平均气温上升6℃之多。因此需要尽快采取强有力的紧急措施遏止这种趋势。2015年巴黎气候变化大会将会根据德班平台的要求，建立一项新的旨在限制全球气候变化的政策制度。这次会议将需要讨论建立一个长期合作行动框架，旨在使世界有一个明确的政策体系，建立一个清晰的、可量化的全球目标来稳定大气中的温室气体。它将需要确保各国广泛参与，并且制定强有力的政策机制，以实现既定的目标。能源行业在控制碳排放方面必然将发挥核心作用，主要通过大范围改善能效和快速转向应用其他可再生能源和低碳技术来实现，例如二氧化碳捕集和储存（CCS）。

最后，低碳能源体系对国际机制迫切需求。确保全球能源供应，同时加速向低碳能源体系过渡需要国家和地方政府采取强有力的措施，以及通过参与国际协调机制来实现。能源供应商必须在低碳技术的开发和商业化方面投资，与此同时，家庭、企业和驾驶车辆的人们，也得改变他们使用能源的方式。要做到这一点，政府必须出台适当的财政激励措施及建立监管框架，以支持能源安全和气候方面的综合政策目标。2007年20个世界最大的非经合组织（Non-OECD）国家的能源补贴费用就高达惊人的3 100亿美元。取消能源消费补贴，可以为遏制能源需求和排放量增长做出重大贡献。虽然国际油价的上涨同样会引导降低石油消费、鼓励开发更为节能的相关技术，但是石油消费国的经济增长速度和生活水平均受影响，发达与不发达国家都是如此。高油价激发一些常规石油的替代品的出现，甚至加剧了高碳型能耗。尽管许多国家已经在带动全国性响应减排方面取得了进展，但仍有大量工作有待完成。在建设可持续能源体系的道路上，达成新的国际气候协议是一个关键的步骤，其中有效的执行是至关重要的。任何一方面的延误都将会增加完成全球既定气候目标的最终成本。

第二节 气候变化和能源安全的国际体系历程

全球气候变化合作的政治经济行动始于 20 世纪 80 年代。1988 年 11 月，政府间气候变化专门委员会（IPCC）成立，其主要任务就是围绕气候变化的有关问题展开定期的工作，进行科学、经济和社会研究，为各国政府提供决策咨询。1990 年 12 月 21 日，联合国通过了第 45/212 号决议，决定成立气候变化框架公约政府间谈判委员会，1992 年 6 月在里约热内卢召开的联合国环境与发展大会上由 166 个国家签署并通过了《联合国气候变化框架公约》。1992 年《联合国气候变化框架公约》规定了用于指导缔约方采取履约行动的目标、原则、义务、资金机制和技术转让及其能力建设。公约还规定了发达国家应在 20 世纪末将温室气体排放水平恢复到 1990 年的水平，但并没有制定量化指标。经过一系列的谈判，公约缔约方大会第三次会议于 1997 年 3 月在日本京都召开，达成并通过了《京都议定书》，定量确定了发达国家 2008—2012 年温室气体平均排放数量比 1990 年下降 5.2% 的限额。2005 年之后，气候变化谈判的主要任务（称为"双轨谈判机制"）是：在《京都议定书》下开始成立特设工作组，谈判发达国家第二承诺期（2012 年之后）的减排义务，同时鉴于美国等发达国家未批准《京都议定书》，各国还在《联合国气候变化框架公约》中促进国际社会在应对气候变化的长期合作行动方面进行谈判对话[①]。2007 年，气候变化成为从八国峰会到联合国大会、安理会以及美国组织的世界主要经济体能源和气候变化会议的重点议题。各国在 2007 年通过了"巴厘路线图"，重新强调合作包括在 2009 年的哥本哈根会议上达成的全球性共识；美国在内的所有发达国家缔约方都要履行"可测量、可报告、可核实"的

---

① 何建坤，刘滨，陈文颖.有关全球变化问题上的公平性分析[J].中国人口、资源与环境，2004（14）：12-15.

温室气体减排责任；同时强调国际社会对适应气候变化问题、技术开发和转让问题以及资金问题的重视。哥本哈根会议后，主要国家和谈判联盟正在围绕以长期目标为核心的气候变化谈判问题积极进行准备，并将在以下两个问题上展开激烈博弈：一是气候变化谈判程序规范问题；二是责任与义务问题。2011年《联合国气候变化框架公约》第16次缔约方会议暨《京都议定书》会议（坎昆会议）中的各方，重点围绕推进全球减排和建设资金技术援助机制等问题达成了共识。坎昆会议协议明确区别了发达国家和发展中国家的"共同但有区别的责任"，也就是世界各国共同努力把全球变暖控制在1.5~2摄氏度之内，发达国家承诺到2020年根据1990年的基准，减排温室气体25%~40%，设立了"绿色气候基金"，落实发达国家以300亿美元快速启动气候融资来满足发展中国家的短期需求，并在2020年之前募集1 000亿美元资金，帮助贫穷国家发展低碳经济、保护热带雨林、共享洁净能源新技术等。

全球能源治理更加复杂，不但涉及能源的直接开采所引发的争端，而且包括开发后在初级能源的加工、产品仓储、运输等过程中产生的争端，诸如能源合作双方与第三方在生产、输送等过程中所产生的环境污染、意外事故、基础能源供应、能源过境等。由于能源在全球的地理分布极不均衡，从政治格局上看，自然资源主要分布在发展中国家，然而能源的消费却集中在发达国家。世界能源分布极不平衡，主要集中于海湾、中亚、西西伯利亚、北非、南北美等地区。能源问题天生超越国家边界。主权国家的政治实体性决定其无法全程参与能源合作开发的谈判、签约、开采、争端解决等全过程，能源的合作开发需要政府、开采公司、投资者等多方参加。因此，全球能源治理可能发生在国家与国家之间，也可能发生在国家与投资者之间以及东道国实施方与投资者之间。这些争端可能单独出现，也可能多个争端同时并发。另外，"国家对能源领域商业活动的控制在20世纪70年代达到了顶峰"，使得国有化及其补偿问题也成为全球能源安全治理问题的多发领域。因此，能源争端引发了国际社会对全球能源治理的强烈需求。①尽管目前世界化石能源剩余可采储量还有较长的供应保障期，尚未对能源供给形成实质性制约，但是未来能源供求关系和市场价格已经严重受能源开采利用技术、能源结构调整、环境与气候变化、国际政治经济秩序等多种因素影响。已有的各种国际能源机制大多存在临时性、无监督和无实施保障的问题。

国际能源机构（IEA）是全球能源治理的重要机构之一，它成立于20世纪70年代，是当时的石油消费国为了应对欧佩克国家的石油危机和阿拉伯出口国的石油禁运而成立的。多年来，国际能源机构成功地建立一种能控制和监督各国石油产量的体系，有效避免了石油危机的再次发生。IEA拥有高效能的专家团队，是世界能源资料的主要来源，在全球气候变化治理过程中起到关键性作用。然而时移世易，随着全球经济格局的改变、新兴发展中大国的崛起，以及气候变化政策面临的实施困境等，目前的国际能源机构亟须提升权威性、代表性和协调能力。当前的国际能源机构已经缺乏代表性，IEA隶属经济合作与发展组织（OECD）框架，目前仅仅有34个成员国。由于IEA成员国必须首先是OECD的成员，因此在很大程度上限制了IEA成为全球能源机构，也削弱了其代表性和权威性。面对当前气候变化、环境危机和能源安全的多重相互关联的挑战，IEA职能也有待扩展。IEA的成立是西方发达的能源消费国对20世纪70年代初世界石油危机的反应，其最初的职能是在石油供应紧急时期协调成员国政策。随后IEA强调能源供给来源的多样化，致力于完善应急反应机制、共同加强能源需求管理、维护世界能源市场的稳定等。目前IEA的职能亟须扩展到实现全球能源安全、经济发展和环境保护三方面健康平衡发展的领域。由于IEA在新能源领域力不从心，欧盟已带头建立了国际可再生能源署（IRENA）以期填补这个职能真空。但IRENA当前的影响力还远远不及IEA。未来全球能源消费、气候变化行动以及环境保护的中心都正在向新兴发展中大国特别是中国偏移。根据IEA的数据，中国温室气体排放总

---

① 例如：《能源宪章条约》第26条规定，投资方既可以自愿将争端提交双方选择的仲裁机构，也可以将争端提交国际投资争端解决中心以及斯德哥尔摩国际商会下属的仲裁机构解决。又例如，阿拉伯石油输出国组织的宗旨之一就是协调成员国间的石油政策、协助交流技术情报；该组织还设有由正副庭长和5名法官组成的仲裁法庭，以解决成员国间的争端。

量2007年已超过美国,比2000年翻了一番;中国在2009年消费22.52亿吨石油当量,相比美国石油消费总量21.70亿吨高出4%。如果按照一次性能源消费来测算,中国、印度等新兴发展中大国也开始接近主要发达国家水平。然而,中国、印度等国并非国际能源机构的成员国。为了应对权威性下降和职能削弱的两大挑战,IEA需要和中国建立新型关系。

第三节　当前气候变化和能源安全的国际博弈基本格局

综合能源安全和气候变化治理的现状是:气候变化问题的治理其实就是能源问题的治理,国际社会就应对气候变化而展开的全球治理进程,其实质永远都是大国能源的争夺和利用。能源安全问题关系全球气候变化和人类的可持续发展,是当前各国政治、经济生活中的难点、热点问题。能源问题的复杂性在于:从表面上看,能源问题是能源工业的问题,但从更广泛的意义看,能源问题是整个社会存在的基础,能源不仅关系到能源工业而且和社会的方方面面都密切相关。能源业的基础地位决定了解决能源问题具有相当的难度,能源的生产、运输、储存、加工、消费和排放既密切相关又相对独立,其中每一个环节又和社会、经济的其他方面密切联系。能源的基础地位决定了能源问题的解决需要从不同的角度介入。以石油工业为代表的能源业已是一个高度国家化的行业,这表现在能源价格(主要是石油价格)上,能源价格涉及不同能源之间价格的关联性,当前众多国际化组织如国际能源组织、欧佩克等对全球的能源价格发挥着举足轻重的影响。从全球范围来看,能源业的格局和现状都是在西方发达国家主导下发展形成的,主要由发达国家的经济发展形成的全球变暖问题也已成为一个全球性的问题。当前世界能源供需之间存在着很大差距,导致了全球范围内的油气供应紧张和激烈竞争。目前产油大国突出能源外交,消费大国抢占石油地缘战略支点、强化石油领域的合作、加速石油开发与抢滩石油资源,并加强对国际输油管道的维护等。目前,国际能源体系的发展主要表现在生产国互动以及生产国与消费国互动的加强。在能源生产方面,石油储存与产区分布具有高度集中和不均衡以及国有石油公司控制油源等特点。①

　　历史上，在生产国和消费国的博弈当中，以石油为代表的国际能源曾经长期保持低价位。然而从上世纪末开始，在多种因素的共同作用下，能源价格一路狂奔，石油价格从每桶20多美元上涨到70美元上下，并在2008年突破了120美元的高位，金融危机之后，石油价格继续攀升到100美元之上。因此，能源生产国和消费国的互动呈现出竞争与合作同步加强、相互融合的复杂态势。一方面，国际能源的地缘和外交战略竞争日趋激烈，而国际能源体系中供应和需求日趋失衡，国际能源财富也在虚拟资本的控制下流入西方大国。西方主要大国仍将主导国际能源机制建设的话语权、定价权和地缘支点。另一方面，发生在石油消费国与产油国之间及其内部，以及在国际组织内部和国际组织相互之间的合作与交流对话也日益加强。国际能源合作主要是在稳定油价和油源、开发能源技术以及保障产油区地缘安全等方面。

　　全球已探明的石油储量为1 430亿吨。其中，中东占65.3%，拉美占9.1%，非洲占7.3%，前苏联地区占6.2%，北美占6.1%，亚太地区占4.2%，欧洲仅占1.8%。2001年全球生产石油35.74亿吨，最大产油国是沙特阿拉伯（4.21亿吨），第二位是美国（3.54亿吨），第三位是俄罗斯（3.47亿吨）。特别需要指出的是，中东地区拥有得天独厚的油气资源，是世界最主要的能源库。2010年美国CSIS的报告认为，非OPEC国家的石油天然气产量将会逐渐减少，国际社会对海湾中东国家的能源依赖度逐渐加深。仅就海湾地区而言，其剩余探明石油储量占世界剩余探明石油储量的64.5%，天然气探明储量占世界天然气探明储量的34.4%。世界各国的工业化建设与现代化发展都离不开石油，更离不开中东特别是海湾的石油。美国石油需求的25%、欧洲石油需求的60%、日本石油需求的80%以上都来自中东。不论美国、欧洲、日本或中国，对中东石油均仰赖甚深②。

　　石油输出国组织（简称欧佩克）是国际石油市场上最重要的一支力

---

①　VIKTOR D.The chaotic world of energy policy [N]. The Financial Times，May 8，2006.
②　王逸舟.全球化时代的国际安全[M].上海：上海人民出版社，1999：225.

量,它由11个主要产油国组成。其宗旨是协调和统一各成员国的石油政策,并以最适当的手段维护它们各自和共同的利益。目前全球石油日需求量大约为7 700万桶。虽然欧佩克的原油产量只占其1/3,但由于欧佩克的石油主要是用来出口,它控制着世界已知石油储量的3/4,所以它在石油交易市场上有较强的影响力。进入世纪之交后,世界石油格局发生了深刻的巨大变化,世界石油消费市场美、亚、西欧三足鼎立的格局形成。预计2015—2020年,亚洲的石油消费将超过北美居世界各地区之首。而在亚洲,中国将在2015—2020年超过日本,成为世界第二、亚洲第一的石油消费国。同时,世界石油供应格局与石油消费格局的错位越来越明显,消费格局是美、亚、欧约占全世界消费总量的78.4%,而供应格局则是包括中东在内的欧佩克国家和俄罗斯等约占世界总产量的54%、总剩余探明储量的72%。面临这种格局的变化,在经济全球化的形势下,今后世界能源和石油消费国家地区势必主要围绕着国际能源和油气资源更加激烈地竞争,从而使国际石油市场的变化越来越与国际政治经济的变化紧密联系在一起,其波动将日趋频繁。而中国因其石油资源短缺,今后需要更多地进口石油,且随着其在世界石油市场和消费中所占比重的增加而在国际石油市场上占有越发重要的地位。目前,美国和新兴发展中大国都关注着西半球的能源资源。特别是拉美地区对全球能源结构的地缘政治意义日趋突出,美国最重要的能源进口地区是美洲地区,加拿大几乎所有的石油出口也都流向了美国,委内瑞拉2/3的石油流入美国。目前新兴发展中大国加强了对拉美的能源关系。随着南美洲各国民族意识的增强,拉美各国在委内瑞拉的推动下,通过成立加勒比海石油联盟,来统一南美洲能源立场,加强和新兴发展中国家的联系。然而南美洲的石油只有通过石油管道运输到太平洋沿岸之后,才能大量供应中国和印度,在美国的阻挠下,新兴发展中大国和南美的能源合作一直未能大规模发展。

另外一方面,各国也在竞争新能源或者非常规油气资源。2011年年末,欧盟出台《2050年欧洲能源路线图》,详尽描述了2050年欧洲能源系统实现零排放的政策框架和技术选择。欧盟的中坚力量德国奉行弃核的能源体系转型战略:德国政府计划到2020年将可再生能源电力占全部电力生产的份额提升至35%（到2030年提升至50%，到2050年提升至80%），同时计划2022年之前逐步淘汰核能发电。"页岩气革命"在美国兴起，在过去十年，美国页岩气产量增加了12倍，被誉为黑天鹅革命，在此影响下，全球能源生产格局正在发生变化。美国页岩气革命宣示了石油工业进入了陆上非常规油气时代。2010年美国页岩气的产量已超过1 500亿立方米，燃气生产能够支持87万个全美就业岗位，预计在未来4年当中为经济的增长增加1 180亿美元。在页岩气革命的推动下，美国石油的自给率和独立性不断上升，目前美国的石油自给率已达72%，远高于10年前的50%。由于美国页岩气产量飙升，美国一跃成为天然气第一大资源国和生产国，而美国国内天然气价格自2008年以来降幅已经超过80%。美国总统奥巴马日前在演讲中把美国比作天然气界的沙特阿拉伯。根据美国能源信息署（EIA）的2011年《年度能源展望》报告，从2006年至2010年，美国页岩气产量年均增长48%，产量增长近20倍，超过1 378亿立方米。2009年美国以6 240亿立方米的产量首次超过俄罗斯的5 820亿立方米，跃升为全球第一大天然气生产国。美国更具有横向钻井和水力裂压这两项全球领先的核心技术。虽然由于经济复苏美国的温室气体排放出现反弹，但排放增速得到有效遏制。到2040年，美国页岩气产量将占其天然气总产量的40%以上。英国也在积极寻求第二次"向天然气冲刺"（dash for gas），目标同样为页岩气。

综合以上观点，当前全球能源生产中心逐步向美洲大陆转移。引发全球能源生产格局变化的因素是科学进步和国际高油价，加拿大"油砂"（oil）、美国"页岩气"（shale gas and shale oil）、巴西"盐下油"（pre-salt oil）已经实现群体产量崛起。传统天然气生产大国俄罗斯、卡塔尔等受到页岩气生产的影响，对全球能源的影响下降。全球能源消费市场向新兴发展中国家转移，其中以印度和中国的增量最快。到2030年，大部分新增的全球能源消费将会来自新兴发展中大国，其中中国占55%，印度占18%。鉴于印度的石油、天然气国内资源在15年左右会耗尽，因此新兴发展中国家内部的消费竞争日趋激烈，并且取代了以往的南北竞争。为了应对全球气候变化，从长期来看，世界能源大格局向低碳、清洁、可再生方向发展。但是中期内天然气时代提前到来的趋势不可避免。在美国页岩气革命、日本核电事故、气候变化挑战三大因素的影响下，欧洲、中国、印度等国家地区的非常规天然气生产将会大幅度上升，到2030年左右，天然气将会超过煤炭，在全球能源结构中占到1/4以上。

当前气候变化对国际能源发展问题影响越来越大，低碳和无碳能源成为新热点。随着国际社会对温室气体排放与地球气候变化相互关系认识的不断加深，要求国际社会采取对策努力限制或减少温室气体排放的呼声越来越高。绿色能源全球化已经成为全球共识，虽然可再生能源在未来很长一段时间受到挫折，但是天然气将会在50~100年内在全球能源结构中居于主导地位。英国石油公司（BP）在2011年发布的《BP 2030年世界能源展望》报告中预测：石油的市场份额长期持续下降，而天然气份额则稳步增长；到2030年，天然气的市场份额将和石油、煤炭趋同至26%~27%。中国、澳大利亚、印度和欧洲将继美国之后成为天然气生产大国。在发电和石化生产领域，天然气的成本优势和替代作用都在急剧增加。由于美国在技术、经验和产权制度创新方面具有领先优势，全球天然气结构变化将会推动美国成为重要的油气出口国和资源强国（resource power）。美国力推所谓"天然气时代"（Golden Age of Gas），从技术扩散、环保和水资源、国际合作和市场开发等方面积极构建其主导的全球天然气体系，并推动天然气取代石油和煤炭在能源中的主导地位。美国需要大力推动天然气技术扩散、中美天然气合作，以此扩大需求，通过培育天然气消费市场和生产体系，来实现美国天然气的霸主地位。

北极油气资源也会改变全球能源的地缘结构，导致全球能源生产加速向美洲转移。由于气候变化，北极地区拥有的丰富油气资源变得唾手可得，而且使得极地地区的矿藏资源不再遥不可及。2008年7月，美国国家地质勘探局公布了一份关于北极地区拥有丰富石油资源的调查报告。报告称，北极圈内石油储量为900亿桶，天然气储量为47.3万亿立方米。根据分析，这些油气资源占全球未探明储量的25%左右，其中石油约占全世界储量的13%，天然气约占全世界储量的30%。这些资源的84%分布在北极近海大陆架500米深处。

第五章

气候变化和能源安全体系的国际规范

"地球的和平有赖于我们保存生存环境的能力。" 20世纪80年代以来，能源安全和气候变化等全球性问题逐渐成为对人类生存的主要威胁[①]，杰西卡·孟修斯在《重新定义安全》中认为环境与国家安全利益存在紧密的因果关系，即自然资源、人口和能源匮乏等将可能对经济表现产生巨大影响，继而成为政治稳定的潜在杀手[②]。伴随着科学技术的进步以及全球化的发展，相互依存关系不断越出经济范围，进入政治、军事、外交、社会等领域，形成各国利益不断融合和碰撞的趋势。

建构主义学派强调国际制度对国家的身份认同（identity）、国际规范（norms）等方面的塑造。如马莎·费内摩尔（Martha Fennimore）认为国家的利益会被他们所融入的国际制度所塑造[③]，而温特（Wendt）则认为国际制度培育了共同的信念和集体认同。社会制度主义（social institutionalism）从全球文化模式来探讨一国政策制定的合法性。他们认为国际制度有许多普世的观念，比如人权、主权、男女平等。这些观念已经深深地影响了政府的相关决策[④]。卡赞斯坦（Katzenstein）认为国际规

[①]　BRADBEER J. Environmental policy [M]//SAVAGE S, ROBINS L. Public Policy under Thatcher. Basingstoke: Macmillan, 1990: 76.
[②]　MATHEWS J. Redefining security [J]. Foreign Affairs，1989，38: 162-177.
[③]　FENNMORE M. National interests in international society [M]. Ithaca: Cornell University Press，1996: 1-45.
[④]　MEYER J W. World society and the Nation-State [J]. American Journal of Social Science，1997，103: 144-181.

范（norms）指的是对行为体恰当行为的共同期望[1]。多边主义的两个重要手段是国际主义（国际机构在道德、法律和战略方面都高于单个国家的利益）和法治主义（相信稳定的力量主要来自法律、条约和具有约束力的国际协议）。斯特兰奇比较推崇知识和规范在国际权力结构中的重要作用，[2]认为谁能控制知识，权力就掌握在谁手中，并指出结构性权力包含了议程设置、设计支配、国际惯例和国际规则等。因此，本节从观念、价值等层次来分析国际能源和气候变化体系。

第一节　国家主权观念和“共同但有区别的责任”

主权现象同国家一样，是一个历史的范畴，因而理解它也应具有历史的眼光。主权是随着近代民族国家体系一同诞生的，它也将随着世界体系的变迁而改变自己作用的形式。约翰.贝斯利主编的《世界政治的全球化——国际关系导论》中把主权的特性描述为：全面的，最高的，绝对的和排他的。全面的统治是指主权国家对国内所有事务都有裁决权；最高的统治意味着在主权国家之上没有其他更高的权威，在本国的领土内主权国家对国内事务有最终发言权；绝对的统治意味着其他国家承认国家的主权是神圣不可侵犯的；排他的统治是指在国内主权不可分享，在国家间不存在“联合主权”。国际法确认了国家主权原则，国家主权原则是指各国有权独立自主地处理自己的对内、对外事务，禁止其他国家以任何方式加以干涉，国家主权原则是国际法最重要的基本原则，它是维护国家独立自主、免受外来侵略的法律依据，是国家进行自由合作和友好往来的法律基础。

国际社会始终强调保护国家管理资源的主权，1974年的联合国《建立新的国际经济秩序宣言》从国际法角度进行规定，“每个国家有权对其

---

① KATZENSTEIN P. The culture of national security norms and identity in world politics [M]. New York: Columbia University Press, 1996: 12-31.
② 斯特兰奇.国家与市场[M].杨宇光，译.上海：上海世纪出版集团，2006：20-27.

自然资源和经济活动行使永久主权"。为了保护发展中国家的主权，宪章特别说明："受压迫、遭统治和被占领的人民，其环境和自然资源应予保护。各国应遵守国际法关于在武装冲突期间保护资源的规定，并按照《联合国宪章》用适当方法和平地解决一切环境资源争端"。1992年的《联合国里约环境与发展宣言》又称《地球宪章》规定："各国拥有按照本国的环境与发展政策开发本国自然资源的主权权利，并负有确保在其管辖范围内或在其控制下的活动不致损害其他国家或在各国管辖范围以外地区的环境的责任。"联合国《国际技术转让行动守则》就在坚持尊重各国的主权和政治独立的基础上，来推动合作。

随着全球化的发展，主权的传统信条已经不能有效地解释当代国际政治舞台上发生的现实，其原因正如汉斯·摩根索所指出的："主权观念与政治现实已经脱节，而观念却被设想为政治现实的法律表现。"冷战后全球治理的兴起也给国家主权的行使带来了新的挑战。变化了的现实要求我们改变古典的主权观念。我们这个时代的复杂性在于：一方面，体现于国家当局身上的国家主权，作为国际法和国际惯例的基础和主要承受者，依然是无政府状态的现代国际关系不可或缺的中轴；另一方面，坚持主权的最好办法之一（如果不是唯一办法的话），是积极参与全球和国际组织，善于妥协和灵活应变，包括做出必要的付出和让步。

然而，气候变化和能源安全在某种程度上成为国家行使主权的制约因素。传统上讲，国家对其疆域内的自然资源享有当然的主权，一国的环境保护与能源资源利用也应完全属于主权范围内的事情。但每个国家都意识到他们在气候变化和能源安全问题上处于相互依赖之中，在某种程度上各国之间是"一荣俱荣、一损俱损"的关系。因此合作和共同发展也是国际主要规范，《联合国里约环境与发展宣言》认为：各国应本着全球伙伴精神，为保存、保护和恢复地球生态系统的健康和完整进行合作。各国负有"共同的但是有差别的责任"。发达国家承认，鉴于它们的社会给全球环境带来的压力，以及它们所掌握的技术和财力资源，它们在追求可持续发展的国际努力中负有责任，各国应该合作促进一个起支持作用的、开放的国际经济制度。联合国《发展纲领》在国际合作方面认为："由于全球化进程以及在经济、社会和环境领域内日益加强的相互依存关系，越来越多的问题光靠个别国家无法有效地解决。因此，需要进行国际合作……全球化和相互依存关系正在加深对国际合作的需求，并为国际合作创造了更多的机会。" 2008年金融危机之后，围绕气候变化和能源安全的国际合作更加重要，《世界金融和经济危机及其对发展的影响问题会议成果》提出"促成国际合作，以解决国际间属于经济、社会、文化及人类福利性质之国际问题"，和"构成一协调各国行动之中心，以达成上述共同目的"的国际共同理念。

虽然，气候变化和能源合作在一定程度上对目前传统的国家主权原则产生了影响，英国国际政治专家克里斯蒂指出："处理温室效应这样的全球性威胁，意味着要缩小国家主权并对国际性资源进行某种集中掌握"，但是国家主权必须建立在平等、自愿、互利的基础上。主权观念是世界性的，但对这一观念的理解由于文化背景、历史条件、民族构成、发展战略等的不同而大相径庭。对于有不同经历、不同文化背景、不同幅员人口、不同经济基础、不同军事实力、不同发展目标的各国而言，评说主权问题的角度、心态、利害关系自然不同。在实践中，我们必须坚持"共同但有区别的责任"原则，发展中国家应把坚持国家主权作为与发达国家对话中的有力手段，迫使发达国家做出必要的妥协和让步。沃尔夫冈·海恩也认为："只有当全球性机构成为今天发展中国家大多数穷人诉诸的焦点，只有当发达地区的统治阶级和比较富裕的大多数明白应当对这些人民及其利益做出让步，就像19世纪后半叶以来大多数欧洲国家的资产阶级与土地所有者被迫向组织起来的工人阶级所做的让步一样，那时才能为消除全球一体化和以民族国家为基础的政治组织之间的矛盾奠定基础。"根据"共同但有区别的责任"原则，发达国家需要承担全球环境保护的主要责任，因为环境问题主要是发达国家在工业化过程中过度消耗自然资源和大量排放污染物造成的，而目前占人口比例很少的发达国家在继续消费大量资源。发达国家占世界24%的人口却消耗了67.5%的世界资源，发展中国家76%的人口仅消耗世界资源的32.5%，发达国家人均标准能源消耗量高达28万吨，而发展中国家只有0.5吨。从里约热内卢、约翰内斯堡一直到联合国千年首脑峰会，该项原则一直在各项联合国公约、议定书、声明、发展计划等被重申和强调。因此，发展中国家应充分利用气候变化和能源安全合作中的"共同但有区别的责任"这一政治工具来最大限度地维护发展中国家自身利益。

第二节　公平原则和保证发展中国家权益

公平原则是全球气候变化和能源安全合作的基石。从人均平均消耗能源来看，发达国家的能耗约为发展中国家的10~20倍，全球气候变化谈判和能源合作必须关注各国特别是发展中国家的未来公平发展的权益。公正原则所侧重的是国际社会的"基本价值取向"，并且强调这种价值取向的正当性。《联合国人类环境会议宣言》对公正的体现主要表现于照顾到发展中国家的情况和特殊性，如其规定："工业化国家应当努力缩小他们自己与发展中国家的差距。工业化国家不应该损及发展中国家现有或将来的发展潜力，也不应该妨碍大家生活条件的改善。要照顾到发展中国家的情况和特殊性，照顾到他们由于在发展计划中列入环境保护项目而需要的任何费用，以及应他们的请求而供给额外的国际技术和财政援助的需要。"《建立新的国际经济秩序宣言》要求："国际经济秩序建立在所有国家的公正、主权平等、互相依靠、共同利益和合作的基础上，而不问它们的经济和社会制度如何；使得发展中国家可以积极地、全面地、平等地参与制定和实施涉及整个国际社会的一切决策。"《各国经济权利和义务宪章》要求世界各国在公平互利的基础上，进行经济、贸易、科学和技术领域的合作，以弥合发展中国家和发达国家之间的经济差距，"同时要考虑到发展中国家的具体问题。在这方面，各国应采取措施，使发展中国家取得更多的利益"。

公平发展即全球各国有权实现经合组织的社会发展水平，它的基础是全球可持续发展，气候外交和能源技术援助机制是实现公平发展的重要手段。而向发展中国家大量产业转移也会导致全球温室气体的增多，实际上中印两国大幅增加的温室气体排放也正是源于20世纪末以来的全球产业转移。发达国家片面强调环境保护而忽视发展中国家经济发展的特殊需要，认为发展中国家工业化过程是造成环境问题的根源之一，同时回避自己在造成今日环境污染问题上的责任，不愿意在资金和技术上向发展中国家提供援助。而发展中国家强调自身经济发展、人民生活水平提高的重要性，认为只有逐步发展经济，才能解决环境问题，强调发达国家是当前工业生产的主要进行者，其能源与资源的消耗大大超过发展中国家的水平，对全球环境的恶化负有主要的责任，发达国家应当向发展中国家提供足够的环保资金与技术，为解决全球性环境保护问题作出应有的贡献。根据表十三，我们可以看到发达国家和发展中国家在能源和气候变化的公平发展权益上的巨大差异。

公平是能源和气候变化全球治理中最复杂的问题，一些国家认为应从减排能力、技术和所承担责任角度来看待平等，而另外一些国家则从排放总量来判断。如何让更多的国家感受到气候变化国际制度的平等性而愿意遵行国际制度，以及认同参与国际制度带来的正面利益是气候变化国际合作制度建设应该持续努力的方向，平等和利益是气候变化国际制度成功延续的关键。臭氧层国际制度的成功就是一个典型的例子，20世纪90年代以来，各国致力于全球范围堵截消耗臭氧层物质的走私和生产，因为各国都明白一个国家大规模生产消耗臭氧层物质将导致全球防止臭氧层销蚀的集体行动毁于一旦，由于发达国家通过多边基金实施技术援助，因此臭氧层制度被公认为是比较公平和有效的。在这种环保伦理道德的指导下，人们对IPCC评估报告所指出的可能后果越发相信并逐渐形成一种生存主义的话语，也就是说不管全球变暖是否必然带来诸多恶果，人们已经在本能的道德层次上认识到碳排放减少的必要性。生存主义的逻辑迫使人类寻找解决的办法，以《联合国气候变化框架公约》和《京都议定书》为主体的国际气候变化机制随之建立。从全球治理模型研究气候变化首先源自气候变化的伦理研究，即气候变化的减缓和排放权的分配究竟哪种是公平的。公平在伦理学中主要指分配正义和程序正义，把这两种正义应用到气候变化问题上，可以得出一样的分类:基于分配的公平原则、基于结果的公平原则和基于过程的公平原则。从《联合国气候变化框架公约》出发，潘家

表十三　　　　　　　　　　各地区碳排放相关数据

国家＼类别	1850—2007年累积排放（百万吨CO_2）	世界份额	全球排序	人均历史累积排放（百万吨CO_2）	全球排序	2030年预期排放（百万吨CO_2） 2030年	2007年
美国	339 174.0	28.75%	1	1 125.7	3	6 176	5 986
英国	68 763.4	5.83%	6	1 127.2	2	——	——
德国	81 194.5	6.88%	5	987.0	6	——	——
法国	32 666.6	2.77%	8	527.4	23	——	——
日本	45 629.1	3.87%	7	357.1	36	1 085	1 262
澳大利亚	13 108.5	1.11%	15	622.1	15	546	495
中国	105 915.4	8.98%	3	80.4	89	11 945	6 284
俄罗斯	94 678.7	8.03%	4	666.3	10	1 715	1 663
南非	13 133.6	1.11%	14	274.5	47	——	——
印度	28 824.4	2.44%	9	25.6	123	2 079	1 399
巴西	9 836.6	0.83%	22	51.7	101	682	394
G8	707 091.6	59.93%		813.9		——	——
小岛国联盟	4 360.3	0.37%		93.9			
Annex I	870 019.9	73.74%		685.5		14 909	15 052
Non-Annex	296 302.1	25.11%		56.2		24 358	14 639

资料来源　Climate Analysis Indicators Tool （CAIT）[M].Washington： World Resources Institute，2010.

华等学者对人类社会应对气候变化行动中的"公平"性问题从不同角度进行了系统讨论，对发展中国家和发达国家在公平原则下责任、义务及优先事项的差别进行了分析，提出并分析了以人均碳排放权相等为标准，两阶段碳排放权分配原则。从温室气体减排问题中的公平性与效率问题入手，分析公平与效率的关系，温室气体减排应该以公平原则为先，以效率原则为辅，因为过分强调效率就会使得发展中国家不可避免地背上减排义务的负担，从而减缓经济增长，最终削弱了减排的长久能力。

　　针对全球气候变化和能源机制设计，潘家华等认为需要考虑地球上每一个人实现其发展权益的排放需求。对于发展中国家而言，认识这种发展潜力是人权的一部分，有着重要的现实意义。发展中国家由于经济技术等原因，目前没有能力开发利用区域或全球共享资源，但其人文发展潜力的实现，必须要占用一定量的共享资源。这是发展中国家发展权利的一部分，必须要争取，以防止发达国家利用现有优势，对发展中国家的发展权利实施剥夺。在此基础上，他进一步指出，实现人文发展的途径是保障基本需要的满足、限制奢侈和浪费性排放、保障气候目标的实现，从而达到代内公平与代际公平。通过讨论和分析发展所面临的消除贫困、城市化和工业化挑战以及居民生活水平提高而引起的消费增加等问题，他区分了并不需要每年更新的存量排放和经常性消费的流量排放，界定了满足基本需要的能源消费和碳排放的标准。在此基础上，他又提出了碳预算的概念和方法，比较了这一方法的特点及与其他途径的区别和联系，尤其是研究和分析了碳预算作为国际气候制度设计参考的公平和可持续含义。[1]丁仲礼等人认为，要实现控制大气二氧化碳浓度的长远目标，在目前中少数国家主导的且备受争议的减排话语下是难以完成的，必须建立以各国排放配额分配为基石的全球责任体系。而"人均累计排放指标"最能体现"共同而有区别的责任"原则和公平正义准则[2]。

　　在新的历史阶段，正是中国展现负责任大国形象的重要机遇期。中国应该站出来，提出世界是相互依赖的，为了人类的生存和发展我们应该建立共同的可持续发展价值观，各国应该超越国家利益，本着"凝聚共识，加强互信，求同存异，积极合作，共创未来"的原则，重塑全球责任的重要性。当然，这不是要将责任都压在中国肩上，而是在新的发展背景下，对"共同但有区别责任"的重新解读，"共同"是优先的，"区别责任"是可以讨论和具体化的，在提出共同愿景和负责任的同时也应附带中国希望

　　① 潘家华.满足基本需求的碳预算及其国际公平与可持续含义[J].世界经济与政治，2008（1）1:35-42.
　　② 丁仲礼，段晓男，葛全胜，等.2050年大气CO$_2$浓度控制:各国排放权计算[J].中国科学D辑:地球科学，2009（8）: 1009-1027.

获得的权力和条件。这样中国就可以占领道德制高点，从而为未来更好地发挥中国的绿色领导地位奠定基础。与此同时，有鉴于过去20年世界政治经济版图发生了深刻变化，我们应该以发展的眼光去审视过去所取得的共识。针对可持续发展涉及的广泛领域，我们应该在坚持原则的同时考虑淡化目前充满争议的"共同但有区别责任"的提法，取而代之的是强调"公平原则"，包括发展绿色经济的公平问题，并把公平问题具体化。

第三节　全球市场制度和技术转让

一般来说，国际能源贸易是能源生产和流通的重要组成部分，是一个国家能源市场在国际范围内的延展，它既反映一个国家能源贸易的国际环境，也体现该国与国际能源市场的关联程度。国际能源贸易一方面推动了出口国能源工业及其相关联产业的迅速发展，另一方面也极大地促进了进口国的经济发展。自由贸易原则作为WTO的基本原则，体现为最惠国待遇原则、国民待遇原则、透明度原则、关税减让原则等，在促进贸易自由化方面发挥着重要作用。能源贸易应遵守GATT第3条的国民待遇规则，即将进口产品置于与进口国本国的产品同样的条件下。能源贸易应遵守透明度原则。透明度原则规定在GATT第10条中，包括两个方面：一是指法律、法规、行政规章和行政命令等应事先公布，然后再予以执行和实施；二是指执行和实施的程序、标准和规则要公开化。在能源贸易中，缺乏透明度直接导致了国际能源市场波动和能源安全问题，影响国际局势的稳定。以国际石油输出组织为例，OPEC对世界的能源贸易产生重要影响，虽然对国际石油市场的调节发挥着重要作用，但另一方面也对能源贸易的自由化起了负面作用。能源宪章条约（Energy Charter Treaty）却为能源国际贸易的规则制定提供了全面应对的途径。能源宪章条约的宗旨就是各国在能源生产、运输和销售方面完全开放，这就为能源的自由流通奠定了体制基础。

联合国《国际技术转让行动守则》规定了几项国际贸易和技术转让的基本原则：（1）各国有权采取一切促进和管制技术转让的适当措施，其方式应符合其国际义务，考虑到所有有关当事方的合法利益，同时鼓励按照彼此同意的公平合理的条件进行技术转让。（2）尊重各国的主权和政治独立（尤其包括对外政策的需要和国家安全的需要），各国主权平等。（3）各国应在国际技术转让方面加强合作，以促进世界经济的发展，尤其是发展中国家经济的发展。各种技术转让方面的合作不应考虑政治、经济和社会制度有何差异。本守则的任何规定不得解释为损及或贬低联合国宪章的条款或根据联合国宪章采取的行动。（4）技术转让交易中各当事方的责任，必须与不作为当事方国家政府的责任明确划分。（5）技术转让方和技术受让方必须互惠互利，以便维持和促进技术的国际交流。（6）促进和增加以彼此同意的公平合理条件取得技术的机会，特别是发展中国家的这种机会。

在全球气候变化谈判中，关于能源和环境的技术转移问题一直是焦点议题。2001年的第7次缔约方大会上达成了一个技术转让行动框架，并设立了一个由缔约方提名的专家组成的技术转让专家小组。在2007年第13次缔约方大会上达成的"巴厘行动计划"要求发展中国家在可持续发展的框架下采取适当的国内减排行动，这些减排行动应是"可测量、可报告、可核实"的。但与此同时，发展中国家的适当的国内减排行动，应以发达国家提供资金、技术和能力建设支持为前提，发达国家向发展中国家提供的资金、技术和能力建设支持同样应是"可测量、可报告、可核实"的。由于全球气候变化是人类的公共产品，因此所有国际公约和法律都提倡技术转移原则，1992年联合国《里约环境与发展宣言》提出："发达国家有这样的义务——把自己掌握的先进技术向发展中国家无偿转移，发达国家在追求可持续发展的国际努力中负有这样的责任。"《京都议定书》是全球范围内对气候变化唯一具有法律约束意义的文件，它规定："各国有权采取一切促进和管制技术转让的适当措施，其方式应符合其国际义务，考虑到所有有关当事方的合法利益，同时鼓励按照彼此同意的公平合理的条件进行技术转让。各国应在国际技术转让方面加强合作，以促进世界经济的发展，尤其是发展中国家经济的发展。各种技术转让方面的合作不应考虑政治、经济和社会制度有何差异。"关于技术转让的资金机制，2001年第

7次缔约方大会达成的《马拉喀什协定》决定由全球环境基金（GEF）作为技术转让的专门资金机制，为技术转让行动框架提供资金支持。但GEF的资金规模有限，远不能满足技术转让的资金需求。GEF的第四次增资期预计有10亿美元，加上气候变化特别基金约1 600万美元，缺口很大。据《联合国气候变化框架公约》秘书处对减排的资金需求所做的估算，到2030年，为使全球温室气体排放在2000年的基础上下降25%所需的额外投资约为2 000亿美元。显然，《联合国气候变化框架公约》下的现有资金机制的资金规模远远不能满足技术转让的国际合作需求。

第六章

气候变化和能源安全体系中的权力转移与大国博弈

在国际体系的权力转移过程中，基于能源资源不均匀分布造成的大国冲突是产生地缘政治理论的重要原因。马汉认为：争霸世界的关键在于争夺制海权、争夺控制航海活动的能力。制海权的控制和对能源的使用、占用和利用是密不可分的，一个国家控制航海活动的能力关系着该国对能源最有效的利用。资本主义生产方式大大促进了人类对能源的需求。远洋船只不断改进对风能的利用，使西方殖民主义势力遍布全球。最终打破欧洲国际关系和全球殖民体系平衡的是英国对煤炭的利用以及为采掘煤矿而发明的蒸汽机。英国对新能源的控制是其成为海权大国长期主导国际体系的基础。美国地缘政治学者强调"均势"政策对于能源的重要性，基辛格在《大外交》一书中提出其"全球势力均衡"的地缘战略思想[1]。他们都要求美国要一直保持在欧亚大陆边缘地带的优势地位，因为这一地理区域的重要性就在于它是通向世界主要工业大国的海上能源通道，美国仍在贯彻"由海向陆"战略，把全球的海上重要航道划分为相互连接、相互支援的八个区域性（由北至南）海峡群。美国海军基本上是围绕欧亚大陆战略边缘部署的，并控制主要咽喉要道（也是石油富集地区），这也是决定美国能否最有效地控制全球石油能源链的重要环节。现实的地缘政治更多地依据能源链的控制能力来确定海权和陆

---

① 基辛格.大外交[M].顾淑馨，林添贵，译.海口：海南出版社，1998:744-775.

权的关系。进入21世纪以来，随着广大发展中国家加快工业化进程，石油和天然气的资源短缺局面日渐凸显，主要石油天然气国家的影响力日渐上升。然而，一方面能源生产国社会经济发展矛盾重重，民族和宗教冲突由来已久，国内不稳定因素很多，在西方势力的干涉和煽动下，在一段时期内，将不断出现动荡局面；另一方面，一些能源生产国为了利用资源优势，不断谋取地缘政治利益，强化资源能源的国有化战略，这些因素都会造成国际能源体系的不稳定。

当前碳政治和外交是下一代能源问题的核心，国际体系重大结构性变化的前提和条件是能源权力结构的变化，即出现了下一代能源体系的主导国。乔治·莫德尔斯基、康德拉季耶夫等认为主要大国均重视创新优势的竞争，丹尼尔·耶金认为技术和制度创新对能源权力结构具有重要意义。气候变化危机为权力竞争带来了新的机会和特征，格莱布和麦斯纳把国家竞争力变迁和技术投资与减轻气候变化成本联系起来。乔纳森·戈卢布和尼古拉斯·斯特恩等指出欧盟推动气候变化谈判不仅让其在全球治理中占据主动也为提升创新优势奠定了基础。也有学者从经济角度对气候变化对经济发展的影响进行研究，通过建立模型，指出不同的气候变化政策对经济发展的影响，认为世界主要经济体和新兴市场对世界气候变化的潜在影响不容忽视，在保持经济稳定发展的同时，承担适当的气候保护责任是不可避免的。在实行减排政策时，增加碳汇和能源替代与新能源开发明显要比单纯控制碳排放量增长更具有市场效率。因此，世界主要大国都把新能源和低碳经济作为实现减缓气候变化的优选途径。而未来国际经济体系重大结构性变化的前提和条件仍然是能源权力结构的变化，即出现了新能源和低碳经济的主导国。未来国际体系的大国要取得国际体系的优势就必须具有发展低碳经济方面的创新优势。欧美发达国家通过气候变化谈判来占有未来能源市场和环境容量，更为重要的是利用气候变化议题逐渐实现对低碳经济的控制。

第一节　全球气候变化治理呈现碎片化趋势

全球气候变化治理碎片化的几个特征为：一是随着发展中国家之间发展程度和差距越来越大，发展中国家谈判阵营的立场差异和分歧逐渐扩大；二是发达国家阵营在气候变化中长期减排方面立场的固有差异仍未解决，对国际合作模式的认识差异增多；三是以《联合国气候变化框架公约》为核心的气候变化治理机制受到质疑和挑战，以大国协调为特征的合作机制模式在发达国家和主要发展中大国之间不断发展；四是参与谈判的各国力量和影响力发生变化，发展中国家整体实力增强，发达国家影响力有所削弱。

首先，发展中国家阵营内部立场出现分化，出现了越来越多的不同声音。20世纪90年代启动国际气候谈判进程以来，发展中国家坚持以"77国集团加中国"的模式形成统一的谈判立场。然而近年来，发展中国家内部由于情况不同、地理位置不同、资源不同，应对气候变化的潜在差异逐渐表面化，尤其反映在减排目标和责任等方面：（1）在减排目标方面，由于气候变化带来的生存威胁，近年来小岛国和最不发达国家要求所有排放大国都承担减排义务，实现1.5度的减排目标，而经济快速增长的发展中国家限于发展阶段和资源禀赋等原因，未来一段时间内温室气体排放还要持续增长。因此在减排目标方面，发展中国家内部的分歧逐渐扩大化。（2）在减排责任方面，2007年IPCC评估报告作出了"2000年到2030年，基于能源使用碳排放量2/3或者3/4的增长量来自发展中国家"的结论，发展中国家在"巴厘路线图"接受履行相应的减排义务。新兴发展中国家过去20年温室气体排放增量是最大和最快的，相比之下，小岛屿和经济极不发达国家的排放量增长量和总量则小得很不显眼，而小岛屿国家近年来则不断要求发展中大国大幅减排。此外小岛屿国家要求制定一项比《京都议定书》更加严格的具有法律约束力的协议，而很多发展中国家则表示了不同意见，这表现在《哥本哈根协议》后续的谈判博弈中，小岛屿国家都成为"具名支持"者，而委内瑞拉等拉美国家明确反对具名支持

《哥本哈根协议》。

　　其次，发达国家阵营内部立场差异性增多。在发达国家内部，以美国为代表的伞形联盟与欧盟关于《京都议定书》模式这一固有差异仍未解决，与此同时，发达国家内部新的矛盾也在扩大，主要体现在基准年标准和减排目标方面。欧洲一直坚持绝对量化减排，而美国则认同在"政治上和技术上可以实现的"减排。欧美在减排基准年份的分歧日益明显，欧盟表示"计算标准可以是任何一年，但评价基准年只能是1990年"，以此强调将继续以《联合国气候变化框架公约》及《京都议定书》定下的基准年1990年作为国际谈判的基准。美国则认为，欧盟虽然承诺至2020年将排放量降低20%，但如果将2005年设置为基准年份，欧盟相对1990年的20%减排目标仅仅相当于2005年的13%，这个目标低于美国的减排目标。在欧盟内部，德国、英国和部分北欧国家希望将其减排幅度提高至30%，但增大减排幅度引起东欧国家、意大利等国的激烈反对，导致欧盟无法形成统一行动。此外，欧盟对《哥本哈根协议》和气候变化"中美共治"也表示不满[1]。

　　再次，发达国家和发展中国家的气候谈判互动模式发生转型。虽然《联合国气候变化框架公约》下的双轨制谈判模式在形式上仍是发达国家和发展中国家进行博弈的主要平台，但随着气候变化谈判行为体立场差异日趋增多，二十国集团、主要经济体等互动模式在发达国家和发展中大国之间不断发展。在哥本哈根大会期间，奥巴马和中国等新兴发展中大国领导人在哥本哈根气候变化谈判上发挥了斡旋的领导作用，小岛屿国家、拉美则与欧盟一起批评美国和基础四国的气候磋商结果，认为这会"把世界推到了生态灾难的边缘"。哥本哈根大会之后，欧美推动将《京都议定书》下发达国家中期减排目标的谈判和《联合国气候变化框架公约》下长期目标的谈判"双轨"并轨，或者形成以《哥本哈根协议》为核心的第三轨。2010年坎昆会议上日本、美国等发达国家反对《京都议定书》框架、要求发展中国家承担减排义务。

　　① DEERE-BIRKBECK C. Global governance in the context of climate change: the challenges of increasingly complex risk parameters [J]. International Affairs，2009，85: 12-23.

最后，参与谈判的各方的影响力都在不断发展。这种发展既表现在行为体数量方面，也表现在行为体影响力的变化方面。安德鲁·伍德（Andrew Ward）认为，全球气候变化格局也反映了各种力量多极化演进的现实，即超级大国或其他主要力量无法控制气候变化全球谈判的发展变化。一方面，参与气候变化谈判博弈的国家行为体日益增多。哥本哈根大会作为通常仅为部长级别的联合国气候会议，却有100多位国家元首及政府首脑出席。哥本哈根会议期间，除了之前一直占据话语权的发达国家，发展中国家以公开或非公开的方式提出了各自的案文，包括中、印、巴、南"基础四国"、非洲集团、沙特阿拉伯、小岛国集团等。另一方面，发展中国家整体实力增强，发达国家影响力有所削弱。欧盟委员会主席巴罗佐承认，欧洲在哥本哈根气候变化大会上被边缘化，而不少政治经济不发达的国家对气候变化的影响力日益提升，发展中国家特别是最不发达国家在气候变化谈判中有了部分话语权，除了中国、印度和巴西承诺了大幅度自愿减排目标之外，阿根廷、墨西哥等拉美国家主张全球减排，墨西哥承诺到2050年将排放量减少50%。小岛国和最不发达国家特别是非洲国家要求所有排放大国都承担减排义务，这些方案推进了哥本哈根会议进程。非洲国家中途集体离开会场，以此"展示他们的巨大能量"。在哥本哈根大会上，小岛国的提案得到了超过100个国家的支持。以往在气候变化谈判中地位不显著的玻利维亚，不仅在哥本哈根大会上表现惹眼，而且2010年还将举办由各国国家首脑参加的"世界气候变化人民大会"，并建立一个审判污染环境国家的气候法庭。英国《金融时报》认为，"此次大会已经证明：欧洲、美国已不再是唯一主角……许多在地图上都难以找到的外围国家，比如玻利维亚以及众多非洲国家也成为主角"。

第二节 能源体系权力结构处于转型时期

能源是国民经济的动力和引擎，当前国际能源体系的权力结构处于不断调整的过程中，所谓能源体系权力结构就是主要能源生产国、消费国相互博弈和长期竞争的结果。传统的国际能源体系基本上是以美国为首的发达国家营造和主导，而煤炭和石油等化石燃料占据主体地位。发展中国家在能源技术和能源资源利用两个方面都严重落后于发达国家。欧美等主要发达国家具有雄厚的软、硬实力，始终掌握着全球能源治理的话语权和主导权，并占据世界能源消费的主要份额。但是金融危机之后，美国、欧洲和日本等主要发达国家处于经济和战略困境。随着国际能源体系权力结构的调整，能源武器将会成为能源生产和输出的发展中国家争取建立国际政治经济新秩序的有力工具。美国对外关系委员会指出，伊朗、俄罗斯和委内瑞拉等国通过出口石油赚取财富，使它们得以实行和采纳反对美国利益和价值观的政策，对石油的依赖，也促成相关国家重新调整结盟关系，约束了美国同其他国家结成伙伴关系的能力。能源体系权力转移主要表现在发达国家对全球能源资源的垄断局面开始削弱，发展中资源大国逐渐崛起，新兴发展中大国的话语权增加，新的全球能源治理规则机制逐渐形成。

一、未来能源发展态势

　　未来能源发展走势将会是：在未来二三十年内，全球石油供应链不会出现大的问题，[①]天然气在未来20~30年中逐渐替代石油的作用，石油生产国影响市场、控制油价的作用和影响缓慢降低，天然气大国的作用上升。金融危机之后，世界经济处于新的一轮增长周期，而世界各国共同的利益关系抑制价格上扬。此外，全球气候变化压力和新能源开发抑制石油价格上涨。在国际能源体系中居于主导地位的美国加紧全面推进全球能源战略布局，加紧巩固和抢占能源地缘要地和新兴石油生产地区，强化美国倡导的涵盖能源生产、运输、加工、定价等制度建设，以及加强对能源交通要道和核心技术的控制等。控制世界主要产油区已成为美国在全球争霸的主要手段之一。欧洲国家大多数是能源进口国和国际能源机构成员国家，在全球能源治理中起到十分重要的作用。英国、德国、荷兰等国家跨国公司实力强大，对全球能源市场具有主导作用。欧盟的《能源宪章》和统一的能源战略对全球能源治理的规则有着重要的影响。

---

① 陈凤英，赵宏图.全球能源大棋局[M].北京：时事出版社，2005.

当前发展中国家的能源消费随着快速的工业化和城市化增长势头强劲。国际能源机构预测,2005—2030年,世界一次能源需求的新增量将有2/3来自发展中国家。[①]中国由于人口增长和正处于高速工业化、城市化进程之中,是世界上能源消费增长最快的国家之一。新兴发展中大国和传统的发达国家在国际能源市场上主要是竞争关系,但是在维护能源价格稳定、发展能源技术合作方面有着共同的利益。美国不仅是全球能源生产大国,更加在垄断天然气、煤炭液化等方面掌握关键技术,因此发展同欧美大国的合作对于新兴发展中大国保证能源资源供应、发展能源技术,都存在着非常重要的意义(见表十四)。

表十四　　　　　**2009年国际能源强度比较(IEA)报告**

国家	GDP/(百万美元)	一次能源消耗量/(百万吨)	单位GDP能耗/(吨/万美元)	单位GDP能耗比/(中国/外国)
中国	2 668 071	1 697.8	6.36	1.00
印度	906 268	423.2	4.67	1.36
印度尼西亚	364 459	114.3	3.14	2.03
俄罗斯	986 940	704.9	7.14	0.89
日本	4 340 133	520.3	1.20	5.31
美国	13 201 819	2 326.4	1.76	3.61
德国	2 906 681	328.5	1.13	5.63
世界	48 244 879	10 878.5	2.25	2.82

资料来源　世界发展指数数据库[EB/OL].[2012-06-22]. http: //data.worldbank.org.cn/.

当前的国际能源体系结构继续处于不稳定的变动之中,由于能源体系结构不仅和世界经济结构紧密相关,更加受到各国政治和外交的影响。当前石油进入一轮长期不稳定的周期,传统能源的不稳定、环境危害性等正日益影响世界经济。更为关键的是,传统能源成为影响发达国家经济复苏的重要因素。国际能源机构(IEA)指出,过去一年经合组织(OECD)

[①]　IEA. World energy outlook 2007: China and India insights [EB/OL]. [2012-06-22]. http: //www.doc88.com/p-1854778949667.html.

成员国的石油进口成本已从 2 000 亿美元飙升至 2010 年底的 7 900 亿美元，原油价格高涨造成的石油进口成本上升，相当于 OECD 国内生产总值 0.5% 的收入损失，而当前埃及局势和穆斯林世界的政治混乱将会继续推高油价。

在应对气候变化的大背景下，全球能源结构中传统化石燃料比例持续下降，但是随着能源地缘政治的格局受到主要产油区政治动荡、日本核电危机的共同冲击，石油天然气生产国的话语权继续增长。当前对中东、北非等地区动荡的不确定性担忧让石油价格飙升，伴随着日本核电灾害——福岛核电站事故之后，全球出现了核恐慌和核恐惧，给全球正在蓬勃发展的核能产业带来巨大打击，核电安全性问题因此进一步被放大，各国政府开始重新审视核能政策，这严重影响到全球核电事业的发展，并将会进一步推动化石燃料特别是石油和天然气价格的攀升。

二、大国博弈的发展

美国自 20 世纪 70 年代 OPEC 成立后也面临能源链的裂缝。由于美国经济的高度发达和对石油能源的高度依赖，迫使其转向海外，特别是向中东地区获取低价能源供应。中东政治动荡、战争频繁，无疑增加了美国维系能源链的成本。但从 20 世纪最后十年开始，美国之所以发展迅速，成为世界唯一的超级大国，一个重要原因是它不仅拥有丰富的石油资源，而且通过两次海湾战争控制了世界上重要的石油资源产地、运输通道，从而从中东、拉美等产油国获取了大量石油。近些年来，美国四处推行民主价值观念和颜色革命，希望按照西方的政治体制来构建中东、北非和中亚地区的国内政治体制。这些情况导致能源生产国内部不稳定加剧，全球能源安全受到威胁。

长期来看，俄罗斯、中亚、非洲等国家地区在国际能源生产中的地位将不断上升，影响增强。如俄罗斯在国际能源生产体系中地位日益关键，多次运用天然气为武器来推行本国的外交政策，俄罗斯不仅是保障欧洲能源安全的关键角色，也对亚太地区的油源多元化起到重要作用，而玻利维亚、委内瑞拉等拉美国家纷纷宣布能源国有化和推行能源民族主义。非洲将会成为未来全球能源体系竞争的热点，资料表明，非洲已探明的石油储量超过950亿桶，约占世界总储量的8%。不仅如此，非洲石油品种多、品质高，大多属于低硫的高品质石油，易于提炼为汽车燃料。如此巨大而优质的能源上游市场，是任何一个国家都不愿意放过的。根据英国石油公司（BP）最新统计，在已探明的石油储存量当中，非洲的767亿桶占7.3%，位居第三。

　　在中东和北非国家出现严重不稳定的情况下，俄罗斯在国际石油和天然气格局中的权力大幅度上升。俄罗斯通过石油运输管道提升中国、印度和俄罗斯的整合。俄罗斯把中、日、韩作为经济全球化和区域集团化日益发展的主要能源合作伙伴，俄罗斯利用世界能源市场的新变化，以"突破北美、稳定西欧、争夺里海、开拓东方、挑战OPEC"的方针全面开展能源外交，迅速扩展对国际能源市场的影响，地位迅速攀升。2011年石油价格攀升至金融危机以来的最高位，俄罗斯必然会开足马力增产，可见，北非局势让俄罗斯不但不受影响，反而从中"渔利"。此外，由于利比亚石油产量骤减，欧洲各国也会相对增加从俄罗斯进口原油的数量。因此，俄罗斯石油地缘政治影响力提升。

三、能源地缘通道日益重要

　　现今世界上产油国共有77国，但由于油源集中于某些区域，因此世界上大部分的国家仍属石油进口国。目前石油输出最多的国家位于中东地区，其中又以波斯湾地区为主要出口地点。据统计，每年有30亿吨的石油是通过海上运输，约占每年总运输量的70%以上。从波斯湾输出石油到欧洲是经由苏伊士运河，到东亚国家经过马六甲海峡，往北美则是经由好望角。每日从霍尔木兹海峡输出的原油有1 500万桶，通过马六甲海峡的也有1 100万桶（见图二十四）。美国控制着这两个最重要的能源通道，扇形理论（fan-spread）和"第一岛链"战略则表明美国继续在东南亚谋求最大的利益和地缘优势，发挥最大影响力[①]。美国利用反恐为名，将东南亚、北非等作为能源地缘政治的"心脏地带"，实现对全球能源通道的战略控制。

---

　　① BAKER J. America in Asia: emerging architecture for a Pacific Community [J]. Foreign Affairs，1992，70：1-8.

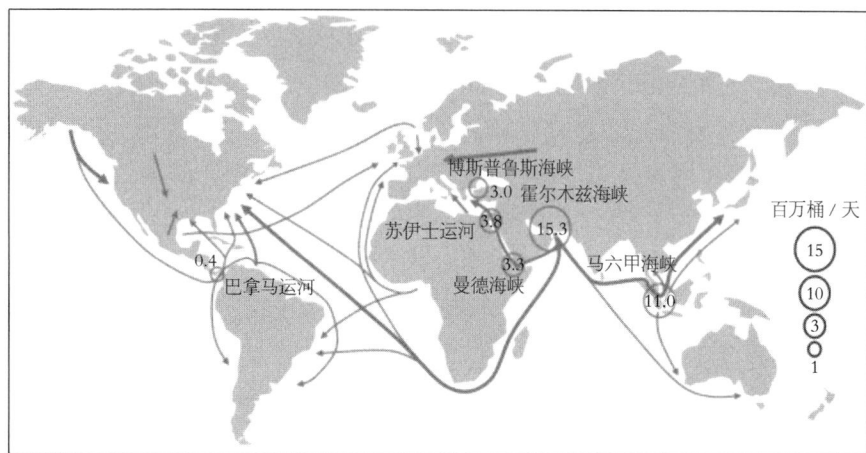

图二十四　世界上各主要海峡的每日石油运输量

资料来源　BP.Statistical Review of World Energy 2013[EB/OL].[2014-07-12]. http：//
www.bp.com/liveassets/bp_internet/china/bpchina_chinese/STAGING/local_assets/ownloads_
pdfs/.

第三节　低碳创新成为能源气候博弈的核心

　　当前低碳经济创新是能源气候博弈的核心，国际体系重大结构性变化
的前提和条件是能源权力结构的变化，即出现了下一代能源体系的主导
国。乔治·莫德尔斯基、康德拉季耶夫等认为主要大国均重视创新优势的
竞争，丹尼尔·耶金认为技术和制度创新对能源权力结构具有重要意义。
气候变化危机为权力竞争带来了新的机会和特征，格莱布和麦斯纳把国家
竞争力变迁和技术投资与减轻气候变化成本联系起来。乔纳森·戈卢布和
尼古拉斯·斯特恩等指出欧盟推动气候变化谈判，不仅让其在全球治理中
占据主动也为提升创新优势奠定了基础。也有学者从经济角度对气候变化
对经济发展的影响进行研究，通过建立模型，指出不同的气候变化政策对
经济发展的影响，认为世界主要经济体和新兴市场对世界气候变化的潜在
影响不容忽视，在保持经济稳定发展的同时，承担适当的气候保护责任是
不可避免的。在实行减排政策时，增加碳汇和能源替代与新能源开发明显

要比单纯控制碳排放量增长更具有市场效率，因此世界主要大国都把新能源和低碳经济作为实现减缓气候变化的优选途径。而未来国际经济体系重大结构性变化的前提和条件仍然是能源权力结构的变化，即出现了新能源和低碳经济的主导国。未来国际体系的大国要争夺主导地位就必须具有发展低碳经济方面的创新优势。欧美发达国家通过气候变化谈判来占有未来能源市场和环境容量划分，更为重要的是利用气候变化议题逐渐实现对低碳经济的控制。

英国不仅是欧洲煤炭资源最丰富的国家之一，也是欧洲最早统一的扩张性君主立宪制国家，这就满足了对能源占有、利用和控制的一系列条件，进而造就了"日不落帝国"的神话。其他大国因为制度的落后而远远比不上英国，导致16世纪英国实现了从生物能源到煤炭能源的转型，而其工业革命比欧洲其他国家提前很多年，能完整掌握能源链条并取代英国的只有富有制度和技术创新优势的美国。美国人19世纪末在北美大陆发现了石油，他们率先将煤油用于照明，随着产油量增加还大量出口石油，由于液体燃料（石油天然气）相对于煤炭更容易运输、节省人力，形成了美国主导的新一轮国际能源权力变迁。虽然德国人发明了内燃机，但只有拥有各种先进政治经济制度和创新体制的美国才能将其广泛应用于各种运输工具和工业生产中，尤其是汽车制造业中。

尽管两次世界大战的始作俑者德国同样拥有鲁尔区这样煤炭资源丰富的地区，在19世纪中期实现统一后，德国能源的开发与控制权迅速由中央掌握。很快德国就成了英国强有力的竞争对手，甚至在许多能源技术领域超越了英国。但德国毕竟是后发现代化国家，政治制度远远落后于同时期的英国和美国，地缘上没有海洋优势，更没有能与英国相媲美的殖民地资源，所以其扩张屡次受挫，直到找到欧洲煤钢联盟这一模式。相比之下，日本则在发展过程中遇到能源瓶颈，为了获得石油和其他能源不惜发动战争。美国的能源占有优势、技术效率优势和逐步加强的国家控制力使其从二战至今保持了世界超级大国的地位。

经过数十年的经营，欧盟已经基本上实现了能源链的统一。随着欧盟版图扩张和欧盟自身制度的完善，能源链占有逐渐扩大，能源政策渐趋统一，能源技术也是全球领先。遗憾的是，欧盟毕竟是主权国家联盟，有利益一致，也必然有利益分歧，特别是欧盟各国内部分歧和新老成员之间的分歧都使欧盟的能源链存在很多隐忧。欧盟这种结构无法实现对能源链的有效利用和掌握，遑论通过制度创新以推动能源链变革了。

保罗·肯尼迪指出："在1870年，英国使用1亿吨煤，这相当于800万亿大卡的能量，足以供养8.5亿成年男子达1年之久。而且1870年煤炭驱动的蒸汽机的能力约为400万匹马力，这相当于4 000万成年男子所能产生的力。煤炭动力源的使用，能够容许从事工业的人突破生物学的极限。"[①] 因此，从能源链占有（地缘政治）和新能源有效利用（制度和技术创新）两种角度来看，能源链的竞争事关以创新能力为核心的综合国力竞争、事关国际体系中的权力转移。在未来国际体系主导权的争夺中，能够最大程度地掌握新能源的能源链将会成为衡量体系主导性大国的重要标准。

进入21世纪以来，由于美欧日经济保持增长、能源生产国联盟日趋强势、新兴发展中大国能源需求急速扩张、全球能源供求平衡矛盾突出、气候变化所带来的环保压力上升，以及主要产油区地缘政治形势不稳等因素的共同作用，国际石油能源链出现碎片化现象，新能源却为人类的能源合作点燃了一缕曙光。国际能源体系的主导权正在朝清洁能源方向发展，新能源已经成为国际经济的增长热点，欧洲、美国和日本都在大力开发核能、水力、风能、生物能源等可再生能源，坚定不移地奉行能源多元化战略已经成为大势所趋。历史上新能源的主导权关乎权力转移和霸权更迭，中国在国际体系中的地位取决于能否在自主创新的基础上掌控下一代能源。目前普遍谈论的中国"和平崛起"，其实就是希望中国在不彻底变更现有国际能源权力结构的条件下，渐进地改善自身的能源链以实现增进国家利益的目的，因此新能源是中国成为国际体系大国的重大选择。

碳金融是低碳创新的另一个重点。随着国际经济一体化的发展，国际金融日益成为以国际贸易为核心的国际经济发展的重要支撑力量。同时，

---

① 保罗 K.大国的兴衰——1500—2000年的经济变迁与军事冲突[M].王保存，等，译.北京：求实出版社，1988：178-180.

为使日益严重的环境问题和各国经济发展的需求相协调，基于"可持续发展原则"指引的发展路径必然需要在市场经济框架下寻求成本效益的均衡点。当经济手段通过法律的确认而广泛应用于解决环境问题的时候，以资金融通为核心的金融因素顺其自然地与环境问题联系起来了。全球唯一的环境金融杂志（Environmental Finance Magazine）则将范围广泛的涉及金融的环境问题，概括为天气风险管理（weather risk management）、可再生能源证书（renewable energy certificates）、排放市场（emissions markets）和"绿色"投资（green investments）等内容。随着全球各主要经济体市场经济模式一体化的完成，在《联合国气候变化框架公约》之后，1997年签署、2005年生效的《京都议定书》为有效应对气候变化设计了以市场为基础的三种灵活机制，使得市场化手段开始在全球范围内为提高"气候公共物品"的稀缺性资源配置的效率而发挥作用。由于《京都议定书》对各工业化国家温室气体限排和减排义务的规定都是用 CO_2 减排量来计算，所有其他五种温室气体（CH_4、N_2O、HFCs、PFCs、SF_6）的减排量都要折算成 CO_2 的减排量（CO_2 当量）。因此，基于温室气体减排而产生的信用即可统称为碳排放减少信用（carbon emission reduction credits）。随着碳信用的产生，碳市场和碳交易开始发展。自《京都议定书》生效以来，碳交易规模显著增长，2007年达到640.35亿美元，[1]相当于2005年的6倍，碳市场发展成为全球最具发展潜力的商品交易市场。同时，与碳交易相关的贷款、保险、投资等金融问题相应产生。可以说，由《京都议定书》规制的碳排放减少信用而开发的金融衍生工具，属于上述环境金融的组成内容，但具备了碳金融的独特内涵。碳金融包含了市场、机构、产品和服务等要素，是金融体系应对气候变化的重要环节。为实现可持续发展、减缓和适应气候变化、灾害管理三重环境目标提供了一个低成本的有效途径。[2]深入研究碳金融问题，需要从经济、金融、国际法的多个层面综合考量，为进一步研究其存在的问题和未来的发展奠定基础。世界银行碳金

　　[1]　Carbon Market at a Glance，Volumes & Values in 2006-07[M/OL].World Bank Institute. [2009-01-28]. http://wbcarbonfinance.org/docs/State_Trends_FINAL.pdf.
　　[2]　Labatt S，White R R. Carbon finance : the financial implications of climate change[M].[S.1]: Wiley & Sons，2007.

融部门认为，碳金融提供了各种金融手段，利用新的私人和公共投资项目，减少温室气体的排放，从而缓解气候变化，同时促进可持续发展。[①]因此，碳金融可以理解为应对气候变化的金融解决方案。碳金融发展必须依托全球碳市场，目前这个市场由京都机制下两个不同但又相关的交易系统组成：一种是以配额（allowances）为基础的交易，使用的是在欧盟、澳大利亚新南威尔士、芝加哥气候交易所和英国等排放交易市场创造的碳排放许可权；另一种是以项目（project）为基础的减排量交易，使用的是通过清洁发展机制、联合履行机制以及其他减排义务获得的减排信用交易额。国际金融公司（International Finance Corporation，IFC）下设专门机构 Sustainable Financial Markets Facility（SFMF）开展"可持续发展和减轻气候变化领域的金融服务"。IFC还专设碳金融机构，直接为合格的买家和卖家提供碳融资服务。该机构指导并支持私营部门参与不断变化的碳市场，通过碳融资项目的碳信用额度，创建长期信贷风险的新兴市场。IFC开发的碳融资产品和服务包括：碳交付保险（Carbon Delivery Guarantee）、销售碳信用额度现金流的货币安排（monetization of future cashflows from sales of carbon credits）、富碳产品与营业的债权和资产安排（Debt and equity for carbon rich products and businesses）、与气候中介机构和政府合作以各种资本运营手段促进碳信用的实现。联合国框架下的诸多机制都为全球碳交易的发展做出了贡献。世界银行成立了专门的碳资金事务处（Carbon Finance Business Unit），并陆续创立了原型碳基金（Prototype Carbon Fund，PCF）、由荷兰政府捐资设立的清洁发展基金（Netherlands Clean Development Facility）、社区发展碳基金（Community Development Carbon Fund，CDCF）和生物碳基金（Bio Carbon Fund，BioCF）等数个与碳排放和碳汇项目相关的基金，以促进国际排放贸易市场的形成。国际金融公司（International Finance Corporation，IFC）是联合国的专门机构，它为发展中国家私营部门的项目提供多边贷款和股本融资。国际金融公司致力于开发碳市场，通过设立专门机构 Sustainable

---

① World Bank Institute. About World Bank Carbon Finance Unit (CFU)[M/OL].[2009-01-28]. http://wbcarbonfinance.org/Router.cfm?Page=About&ItemID=24668.

Financial Markets Facility（SFMF）开展"可持续发展和减轻气候变化领域的金融服务"。IFC认为：气候变化特别对发展中国家造成巨大风险，国际金融公司应帮助他们应对这些风险，并确定融资方案，以减轻气候变化对他们的影响。大量新兴市场可推动减少全球温室气体排放。通过超过400个金融中介机构（financial intermediaries，FIs），IFC为可再生能源开发定制金融和信贷额度，帮助中小型企业加快能源效率的升级，投资清洁生产技术，将可持续性标准纳入供应链，并加强公司治理标准的实施；促使小型排放者在这些市场上发挥关键作用，既实现减排，又解决他们的融资问题。IFC为此专设碳金融机构（IFC Carbon Finance Unit），直接为合格的买家和卖家提供碳融资服务。该机构指导并支持私营部门参与不断变化的碳市场，通过碳融资项目的碳信用额度，创建长期信贷风险的新兴市场。

第四节　主要大国以新能源为竞争的支点

能源气候博弈主导权仍掌握在发达国家手中，但新兴大国作用上升。发达国家通过和温室气体排放大国进行沟通和协商，推进大国清洁伙伴关系，建立后京都时代合理和有效率的环境容量约束制度等，来维护能源消费、地球气候和经济发展的协调均衡，另外也推动发展中国家接受环境容量的软法和硬法约束。新兴发展中大国特别是中国日益成为全球气候变化和碳排放的关键行为体，需要逐步争取气候变化议题的话语权。在能源气候博弈中，尽管欧美内部存在矛盾，但他们在维系与发展中国家之间的发展鸿沟、延缓新兴大国崛起方面存在着共同利益。发达国家能源气候协同的基础是美国政策重心向气候变化倾斜，其结果是美欧日等发达国家共同向发展中国家施加减排压力。受到发达国家自身减排意愿下降和谈判策略调整等因素影响，发展中国家减排和能源发展问题将成为谈判的焦点。发达国家将在量化减排和新能源市场方面继续向发展中国家施加压力，并切割发展中国家阵营，让排放量相对较高的新兴发展中大国承担量化减排指标，同时还希望通过一揽子协议将所有国家纳入气候变化框架减排机制。

国际能源体系的主导权正在朝向新能源方向发展，低碳经济已经成为国际经济的增长热点，新能源产业已经在全球范围内成为重要的经济增长点，直接拉动投资在 1 000 亿美元以上，带动就业人口超过数百万，具有深远的社会和经济效益①。因此欧美发达国家认为，垄断国际体系的前提就必须具有发展新能源的技术。新能源与油气资源不同，它属于自产自销的资源，谁掌握了可再生能源开发装备的制造技术，谁就掌握了发展先机，它在促进本国的能源转型和带动经济发展方面有着双重的直接作用，同时还可以投资国外市场掌握他国的能源命脉。所以，包括风能、太阳能、生物智能、智能电网、电动汽车和储能技术等新能源技术研发、产业化发展和商业化应用已经成为世界各国关注的重点所在。推动本国新能源产业发展，保持国内氢能能源产业的竞争优势、促进新能源技术进步、引领未来新能源的发展潮流、抢占新一轮能源革命制高点已经成为各国考虑的一项重要任务。2012 年 11 月，奥巴马再次当选美国总统，在竞选期间，奥巴马极力推动所谓绿色新政，即大力支持发展新能源，在所有的这些部门推动创新，以确保美国有最好的技术和最好的技术员来开发新能源，目前美国的能效已经大幅度提高，风能和太阳能发电量翻番。奥巴马也计划推动政府和企业共同投入数百亿美元来加强清洁煤技术。奥巴马在制造业回归中的最重要创举是绘制美国未来新能源的蓝图：未来 6 年支出530 亿美元用于高铁建设，给美国能源部增加 295 亿美元的预算，大力发展地热技术、电动汽车、太阳能、风能和生物质能源，还成立基础能源科学研究中心以便发现新的方法来生产、储存和使用能源。美国总统奥巴马2012 年国情咨文有四大目标，包括在 2015 年要见到逾百万辆电力汽车在路上行驶、在 2016 年美国有 98% 的地区有高速无线网络覆盖、2035 年有80% 的美国人可乘搭高速铁路，以及 80% 的电力由洁净能源供应，四大目标中除了加大高速无线网络覆盖范围外，其余三项均与能源创新革命有关。以风电为例，美国的风电补贴政策主要包括联邦层面的 PTC 和州层面的 RPS。美国在 1978 年通过的公共电力管制政策法案要求电力公司"必须

---

① 麦肯锡.中国的绿色革命——实现能源与环境可持续发展的技术选择[EB/OL]. [2011-02-01]. http://www. mckinsey. com/locations/chinasimplified/mckonchina/reports/china_green_revolution_eport_ cn.pdf.

以'可避免成本'购买合格发电设施所发电力"。加州在实行风电固定价格收购制度的1982年,"该州风力发电迅猛发展,该州风力发电占全国风力发电的80%,1986年取消了此优惠政策,发展速度立即下降"。美国联邦政府对风电的补贴政策,经历了从投资补贴政策向生产补贴政策的转变。投资补贴政策即"20世纪80年代早期,美国对风电项目实行投资补贴政策,当时联邦与州政府的投资补贴加起来大约可以达到总投资的50%~55%。在公共电力管制政策法规定的'可避免成本'购电合同联合作用下,启动了一批风电项目。"1992年,美国通过能源政策法取消了联邦政府对风电的投资补贴,转而对风电进行生产补贴。法案规定对风电等可再生能源发电给予1.5美分/千瓦时的价格补贴,从项目投产起补贴10年,并随通货膨胀率调整补贴价格[①]。PTC曾经在2000年、2002年、2004年和2012年中断,导致这几个时间段美国的风电装机出现明显的停滞,比如说2013年美国的风电装机数量相比2012年大幅下降,显示出PTC对于美国风电产业的重要性非同一般。当然这种影响主要是装机容量增长周期性波动的影响。相比之下,州层面的RPS的影响就比较稳定。州层面的可再生能源刺激政策除了RPS之外,还包括"其他联邦级和州级举措支持国内可再生能源设备的制造,具体有:(1)联邦贷款担保计划;(2)联邦生产退税;(3)联邦与地方财政激励计划,鼓励制造可再生能源设备;(4)联邦与州级研发基金等[②]。"在所有这些刺激政策中,对风电产业影响最为明显是RPS,主要是因为RPS鼓励可再生能源内部的竞争,成本最低的可再生能源在RPS中最占优势,而风电是除了水电之外,所有可再生能源中成本最低的,"1998—2009年,在配额政策的推动下,美国新增的可再生能源装机容量中,风力发电占94%左右;剩余的6%分别是生物质能、太阳能和地热[③]"。

欧盟在金融危机期间依旧着力推动新能源发展计划。2010年欧盟提出了下一个十年的发展规划——"欧盟2020战略",规划强调,欧盟的经

---

① 北京恒州博智国际信息咨询有限公司.2009—2013年中国风电设备产业链深度研究报告[R].北京:[s.n], 2009.
② 李俊峰, 等.2012中国风电发展报告[M].北京:中国环境科学出版社, 2012:17.
③ 李俊峰, 等.2012中国风电发展报告[M].北京:中国环境科学出版社, 2012:17.

济增长方式向"智慧增长"、"可持续增长"和"包容性增长"转变。也就是说,在今后的十年中,欧盟追求实现一种以知识和创新为基础,资源效率型、更加绿色和更具竞争力的经济增长。低碳经济是知识经济的重要组成部分,它的发展有助于欧盟提升经济结构并提高欧盟的经济竞争力。其中的关键在于:迅速从传统经济向低碳经济结构转变,提高能源使用效率;加快高新、绿色技术的开发和应用,帮助欧盟国家迅速摆脱经济衰退;巩固欧洲国家高新制造业基地的地位;利用低碳节能技术、新能源技术为欧盟在国际市场赢得竞争力和经济效益。欧盟领先的碳捕获与储存技术(carbon capture and geological storage,CCS)具有很强的经济可行性。这项技术能够在捕捉二氧化碳的同时制造出"氢"用于燃料电池。而且,作为一项末端(end-of-pipe)技术,它不需要对现有的能源基础设施进行结构上的更新便可以简便地应用。欧盟委员会主席巴罗佐指出,"我们决不能错过欧洲向低排放经济过渡所产生的巨大经济机遇……到2020年,仅再生能源部门就将带来一百万个就业机会。欧洲可以成为低碳时代的第一个经济体:我们必须抓住机遇。"[①]欧洲商会的研究也表明,气候政策对就业形成了正效应。因为通常能源进口不会给地方带来新的就业,而应用新的能源技术可以在其相关的支持和服务行业创造工作岗位。数据表明,快速成长的风电企业已经在德国雇用了6.4万人,在丹麦雇用了2.1万人,在西班牙则雇用了3.5万人。欧盟的"生物量行动计划"(Biomass Action Plan)影响评估预测,行动计划通过生物发电和生物燃料,可以给欧盟25国的电力和交通行业直接提供25万~30万个工作岗位。2011年年末欧盟出台《2050年欧洲能源路线图》,详尽描述了2050年欧洲能源系统实现零排放的政策框架和技术选择。欧盟的中坚力量德国奉行弃核的能源体系转型战略:德国政府计划到2020年将可再生能源电力占全部电力生产的份额提升至35%(到2030年提升至50%,到2050年提升至80%),同时计划2022年之前逐步淘汰核能发电。另外,欧盟已经建成全球最大的碳交易市场。随着全球气候治理的深入,全球碳市场的交易量不容小觑,通过欧

---

① Commission staff working document, limiting global climate change to 2 degrees Celsius: the way ahead for 2020 and beyond, Impact Assessment[EB/OL]. [2012-09-02]. http://europa.eu/legislation_summaries/environment/tackling_climate_change/l28188_en.htm.

元定价的碳交易，带动欧盟相关的金融服务发展，并向全球渗透，挑战美国在全球金融市场的优势地位。

"金砖四国"已从原有概念转为"金砖五国"合作机制，正式登上了世界政治和经济的舞台，成为全球治理的重要角色。这些国家可以推动发展中国家合作，建立多个层面的协调机制；可以与其他新兴国家加强团结，促进共同发展，为此，在发展中国家间开展互利的双边和多边合作，以共同应对不利因素；可以推动南南合作，积极推动国际能源和气候变化的合作。巴西政府提出到 2020 年，与照常情景相比，降低 36% ~ 39% 的等效二氧化碳排放（包括热带雨林的保护和恢复）。换句话说，要在 2005 年的基础上降低 12% ~ 15%，可减少 1G 吨（1G 吨 =10 亿吨）二氧化碳排放，2020 年为排放顶峰，随后下降。南非在 2020 年与照常情景相比，二氧化碳排放将降低 34%，在 2025 年降低 42%。2020 年是第一个转折点，二氧化碳排放从迅速上升转为缓慢增长。2020—2025 年期间为排放增长平坦期，2025 年为第二个转折点，二氧化碳排放开始下降。2020 年和 2025 年与照常情景相比，减少 0.15G 吨和 0.22G 吨二氧化碳排放。2050 年排放达到 0.3G 吨，只是 2003 年的 68%。印度到 2020 年二氧化碳排放要比 2005 年水平降低 20% ~ 25%，与情景照常相比，可减少 1.95G 吨二氧化碳排放。印度没有提出何时达到二氧化碳排放转折点，排放下降。中国在 2005—2010 年期间，能耗强度下降 19.1%，减少了 1.7G 吨的二氧化碳排放。从 2010—2015 年，二氧化碳强度要下降 17%，2020 年在 2005 年的水平上，二氧化碳强度下降 40% ~ 45%。另外可再生能源份额的 15% 指标以及森林碳汇指标也都成为国内有法律约束力的指标。

第五节　低碳产业发展中的竞争和贸易纷争

低碳和新能源产业是新兴国家与发达国家竞争的主要阵地，一方面这是带动经济发展的新增长点，另一方面新兴产业是发展中国家抢占未来竞争制高点的强国之路。新能源产业是新兴产业的典型代表。2011 年全球范围内风力发电新增装机达到 4 100 万千瓦（其中中印两国新增容量占新增市场的 51%），累计装机达到 2.38 亿千瓦，市场规模达到 300 亿美元以上；太阳能光伏发电新增规模也达到 2 700 万千瓦，市场规模达到 200 亿美元以上。总的来看，新能源产业已经在全球范围内成为重要的经济增长点，直接拉动投资在 1 000 亿美元以上，带动就业人口超过数百万，具有深远的社会和经济效益。可再生能源资源与油气资源不同，它属于自产自销的资源，谁掌握了可再生能源开发装备的制造技术，谁就掌握了发展先机，它在促进本国的能源转型和带动经济发展方面有着双重的直接作用，同时还可以投资国外市场掌握他国的能源命脉。所以，包括风能、太阳能、生物智能、智能电网、电动汽车和储能技术等新能源技术研发、产业化发展和商业化应用已经成为世界各国关注的重点所在。推动本国新能源产业发展，保持国内氢能能源产业的竞争优势、促进新能源技术进步、引领未来新能源的发展潮流、抢占新一轮能源革命制高点已经成为各国考虑的一项重要任务。新兴国家在新能源产业发展方面的起步不输于发达国家，强大的国际竞争力使发达国家有所忌惮，不断制造贸易摩擦。目前我国风机和太阳能光伏电池产量均居世界第一，特别是太阳能光伏电池产量占到全球份额的 50% 以上，在全球排名前十的太阳能电池生产商中，中国大陆地区企业共占 5 家。中国新能源的发展情况见图二十五。

因此，新兴国家与欧盟、美国等传统西方国家的矛盾体现在低碳经济发展潜力、新兴产业发展以及最终的国际竞争力上。据美国一家咨询公司（GTM Research）的调查数据显示，过去一年里美国约有 1/5 的新能源产能消失，主要原因是无法与中国的"廉价"太阳能产品竞争。欧美等国从战略、贸易和技术标准等方面不断制造贸易摩擦，对中国新能源发展进行遏制。

2010 年以来，美国先后对我国可再生能源产品，包括风电产品和太阳能电池（板）进行"301 调查"、"反倾销"和"反补贴"（双反）调查，欧盟也出现了对我国光伏电池等新能源产品进行贸易摩擦的企图。奥巴马政府刻意把中国出口与美国的失业率联系起来，对中国新能源行业采

（单位：兆瓦小时）

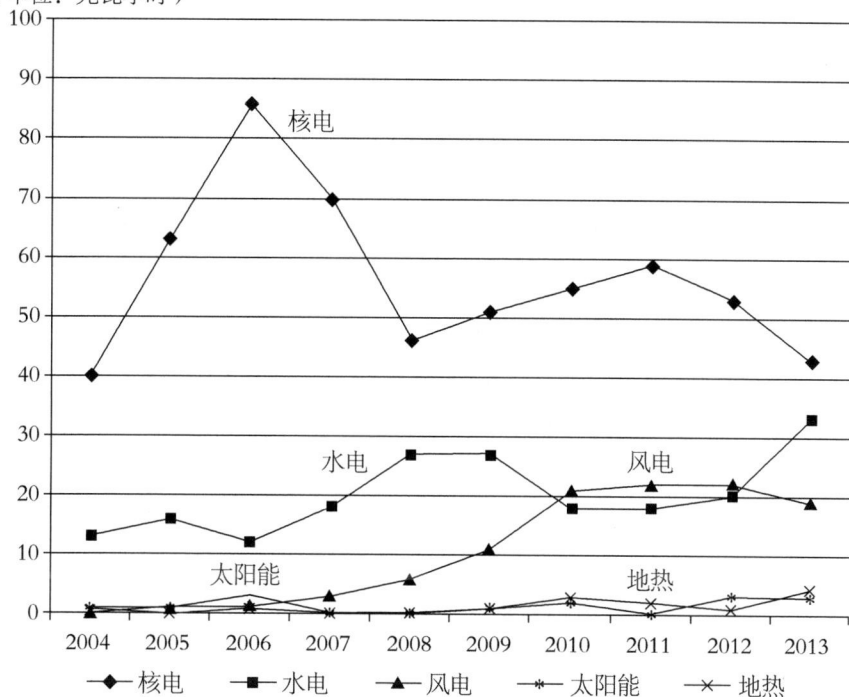

图—十五　中国新能源的快速发展

资料来源　麦肯锡.中国的绿色革命——实现能源与环境可持续发展的技术选择.
[EB/OL]. [2014－07－12]. http：//www. mckinsey. com/locations/chinasimplified/mckonchina/
reports/china_green_revolution_report_cn.pdf.

取各种贸易保护措施，早在2010年，美国钢铁工人联合会向美国贸易代
表办公室提交申请，称中国政府给予新能源企业高额补贴以提高其产品的
价格优势，从而影响美国就业。美国一些研究机构宣称，2010年以来美
国约有1/5的新能源产能消失，主要原因是无法与中国的"廉价"太阳能
产品竞争。之后美国贸易代表柯克（Ron Kirk）宣布，美方正式按照《美
国贸易法》第301条款针对中国的新能源政策进行301贸易反垄断调查。
之后，美国先后对我国可再生能源产品，包括风电产品和太阳能电池
（板）进行"301调查"、"反倾销"和"反补贴"（双反）调查。2012年3
月20日，美国商务部初步裁定将对我国出口美国的晶硅太阳能电池和组
件征收2.9%～4.73%反补贴关税，以抵消中国非法补贴的影响。2012年5

月 16 日，美国商务部裁定，中国制造商在美国销售的太阳能电池价格低于生产成本，根据制造商的不同，初步征收反倾销税从 31%～250% 不等。

中美光伏产品贸易争端已经引起其他地区和国家对我国光伏产品的贸易抵制以刺激其国内市场和产业。欧盟也出现了对我国光伏电池等新能源产品制造贸易摩擦的企图。2012 年 9 月欧盟委员会宣布对从中国进口的光伏板、光伏电池以及其他光伏组件发起反倾销调查。这是中国历史上涉案金额最大的贸易争端。此次反倾销调查延续了 15 个月。欧盟委员会表示，一旦倾销证据确凿，可能采取贸易保护条款对中国产品征收 9 个月临时反倾销税。据欧盟委员会统计，2011 年，中国向欧盟出口了价值 210 亿欧元（约合 265 亿美元）的光伏板及光伏组件。同年中国自欧盟进口多晶硅 14 643 吨，总价值超过 55 亿元人民币。近几年欧美对华新能源企业的反倾销事件见表十五。

欧美也通过世界贸易组织规则来进一步对中国的新能源产业予以遏制，世界贸易组织秘书处贸易与气候变化报告引用大量文献分析了类似欧美碳关税国内措施的合理性。“碳关税”已经开始在发达国家间运行起来以向发展中国家施压。从多边环境协定的角度看，《京都议定书》第 2 条为附件一国家提供了相当大的选择国内政策的灵活性，以满足其减少温室气体排放量的承诺。使一国以促进减排为由单方面征收“碳关税”，以削弱未参与减排的国家的进口商品的竞争力并且获得国际环境法的认可。因此，类似诸如“碳关税”之类的碳贸易限制措施具有较大的实施可行性。由于我国国内生产总值增量普遍依靠国际贸易和投资，此类碳贸易限制措施必然成为我国政府和外向型企业关注的重点。我国目前的二氧化碳排放量中，大约有 7%~14% 是为生产出口美国的产品而产生的。在中国出口美国的商品中，机电、建材、化工、钢铁、塑料制品等传统高碳产品占中国出口市场一半以上的比重，而这类高碳产业在我国国民经济中又占有很大比重，对这类产业进行全面低碳化升级改造面临着资金、技术等多方面约束，短期内无法实现。如果按照现行征收碳税国家每吨碳 10~70 美元的计税标准，若取中间值 30 美元/吨碳和 60 美元/吨碳两个等级的碳关税税率，

表十五	欧美对华新能源企业的反倾销事件
2010 年 9 月	美国钢铁工人联合会向美国贸易代表办公室提交申请,称中国政府给予新能源企业高额补贴以提高其产品的价格优势,从而影响美国就业
2010 年 10 月	美国贸易代表柯克(Ron Kirk)宣布,美方正式按照《美国贸易法》第 301 条款针对中国政府所制定的一系列清洁能源政策和措施展开为期 90 天的调查
2010 年 11 月	美国能源部长朱棣文批评中国的新能源补贴没有体现必要的公平性
2011 年 10 月	德国企业 SolarWorld 美国分公司向美国国际贸易委员会和美国商务部提出申诉,要求对中国出口的太阳能电池板进行反倾销和反补贴调查
2011 年 11 月	美国商务部正式对中国输美太阳能电池(板)发起反倾销和反补贴调查,这是美方首次针对中国清洁能源产品发起"双反"调查。商务部对此表示严重关切
2012 年 1 月	德国太阳能设备生产企业 SolarWorld 高管表示,计划在欧洲对中国光伏竞争对手发起"双反"
2012 年 1 月	美国商务部就对华太阳能电池(板)"双反"案作出初裁,决定将在 2012 年 3 月 2 日初步裁定反补贴税率后,向前追溯 90 天开始征税
2012 年 5 月	美国商务部做出对中国太阳能电池和组件反倾销结果的初审,征收高达 31% 到 250% 的反倾销税
2012 年 7 月	德国 SolarWorld 公司要求对中国向欧盟出口的光伏产品进行反倾销调查

资料来源 作者自制。

前者将导致我国进出口总额下降 0.517%、而实施后者我国进出口总额将下降 0.869%。若以目前我国与美国的贸易额计算,征收 30 美元/吨碳的关税,将使我国对美国出口总额下降近 1.7%,上升为 60 美元/吨碳时,下降幅度增加到 2.6% 以上[①]。

---

① 缪东玲,闫碘碘.美国气候变化立法中的贸易措施及工具[J].亚太经济,2011(1):80-85.

第六节　低碳减排和应对雾霾的亚洲低碳共同体

为了应对环境污染和气候变化，更加清洁和低碳的经济已经成为国际经济的增长热点，中国、欧洲、美国和日本都在综合、高效、环保地利用传统能源的同时，因地制宜，大力开发核能、水力、风能、生物能源等可再生能源，从而实现环保、气候和经济的多赢发展。鉴于能源气候问题和雾霾问题的协同效应，东亚地区的经济增长模式也必然逐步向适应于低碳和清洁要求的方向发展，通过区域低碳合作模式实现雾霾治理和可持续发展。

一、气候变化和空气污染的协同效应

环境有效性指气候政策降低温室气体排放和改善环境的程度。气候政策的根本目标是降低气候变化对人类的负面影响，因此环境有效性是最基本的评价准则。如果某一气候政策相比其他政策，可以更好地实现环境目标，那么这一政策便具有较高的环境有效性。尽管气候政策的直接目标是减缓与适应气候变化，但往往会带来附加的环境收益，因此在评价气候政策的环境有效性时，要综合考虑减缓气候变化带来的直接收益以及附加的间接受益。比如Burtraw等（2001）的研究表明美国的温室气体减排政策可以降低传统空气污染物的排放，25美元的碳税可以带来12~14美元的附加环境收益；并且，这些附加收益是局部的和近期的，而减缓气候变化带来的收益是全球的和长期的。

首先，气候变化与空气污染治理的协同表现在两者在解决问题过程中都应强调"谁污染、谁治理、谁付费"的基本原则，尤其是在交通污染问题上更应该如此。根据北京环保局的数据，北京的交通污染占大气PM2.5污染的22%以上。北京近500多万辆的私人汽车是主要的污染源，排放大量的污染物和二氧化碳。虽然油品获得升级能够减少相关的污染，但在高级别油品生产过程中高级油品比中低级油品还是增加了能源的消耗和二氧化碳的排放。汽车的使用产生了许多"外溢成本"：为方便汽车出行，城市把大量的公共资源投资到道路建设以及停车站的建设中。汽车尾气污染

的排放不仅影响到驾车人员的身体健康，更对多数不驾车的人造成健康危害。因此，气候变化和环境治理都需要将源头治理与末端治理结合。我国通过实施管理减排、结构减排和工程减排等三大措施，主要污染物减排工作取得了突破性进展。环境管理政策措施在提高资源能源效率和经济效益、控制国内环境污染、减缓温室气体排放等方面带来了"多赢"的效果，体现在多个层面。在机动车尾气污染治理方面，我国近年来在相关标准政策上取得重要进展。2008年3月1日起实施机动车国Ⅳ排放标准。各种鼓励措施都是建立在节能环保基础上的。这些政策的实施不但有助于改善城市大气环境质量，同时减少了温室气体的排放。

其次，气候变化与环境保护都受到全球能源结构调整的影响。能源结构的调整是国际发展的趋势。从历史上看，发达国家也是从原来的以煤炭为主的能源结构，将煤炭降低到现在占能源结构20%~30%的地位。煤炭消费下降主要是考虑到环境问题和公众身体健康的因素，同时也有市场因素的作用。目前，我国正积极地调整能源结构，加大对风能、生物能等绿色能源的使用，降低煤炭在能源消费中的比例。在"十二五"初期，国家发改委制订了能源总量控制的方案，2015年煤炭的消费总量占总能耗的65%以下。然而，由于能源消费总量的设计问题和缺乏强大的助推力，进展效果不彰，估计煤炭的消费很难降低到65%以下。在国务院出台的大气污染治理计划中，也提出对煤炭总量实行控制，要制订中长期的煤炭总量控制方案，实行责任制，到2017年煤炭的消费量要在总能耗中从68%下降到65%。在应对大气污染与应对气候变化时，中国政府都提出煤炭消费比例65%的目标。从实施的力度和可能完成的情况来分析，显然大气污染治理计划中65%的目标更为迫切，采取的措施更为严厉，制订的激励方法也更加有效。因此，大气污染治理的最终效果有助于节能目标和二氧化碳强度目标的实现。

二、亚洲国家面临的能源和气候困境

东亚各国主要依靠化石能源，根据2011年的数据，中国、印度和韩国的能源结构中煤炭仍然占最大的比例，分别是68%、52%和32%。此外，油气资源也占有较大比重（见图二十六）。韩国和日本两国的石油消耗分别占总能源消耗的49%和47%之多。另一方面，亚洲国家对能源的需求巨大，但已探测到的油气储量少且分布不均。主要国家的油气依靠进口，东亚各国在能源安全、环境保护和气候变化领域都面临着重要挑战。

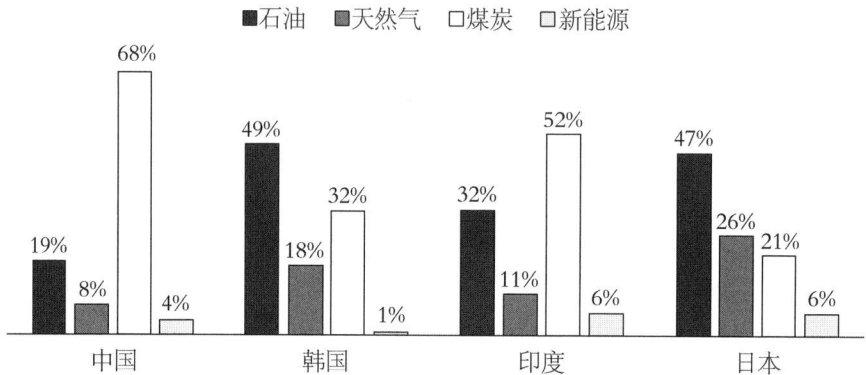

图二十六　中日韩印能源结构图

资料来源　BP. Statistical Review of World Energy 2013[EB/OL]. [2014-07-12]. http://www.bp.com/liveassets/bp_internet/china/bpchina_chinese/STAGING/local_assets/downloads_pdfs/.

首先，部分东亚国家面临能源安全和环境安全的双重挑战。东亚主要经济大国日本、韩国和中国，都存在较大的能源缺口，能源对外依赖严重，石油进口主要来自中东，能源运输都主要依赖印度洋—马六甲一线。无论在进口来源还是在运输上都存在较大的风险和安全隐患。对于中国以煤为主的能源消费结构，粗放型的经济增长模式，加上燃煤技术低下，导致能源发展与环境保护的矛盾尖锐。

其次，东亚各国缺乏有效的能源安全协调机制。东亚主要能源消费国之间长期处于各自为政、疏于协调的状态。各国的能源进口来源和进口路线较为接近，互相间存在着较多的同构性竞争。由于东亚地区缺乏有效的区域合作机制和对话平台，加上一些尚未解决的冲突和潜在热点，深层次的不信任阻碍了东亚各国之间在能源安全领域的合作。

最后，在清洁能源领域，东亚国家合作利益远远大于传统能源带来的冲突和危机。中国拥有丰富的自然资源和相对廉价的劳动力。日本和韩国在清洁能源和可再生能源等方面具有先进的经验和技术。日本每1

美元 GDP 能耗相当于美国的 37%。日本太阳能发电规模居世界第二，太阳能电池生产规模世界第一，风能装机容量世界第八，混合动力车生产和消费量世界第一，垃圾焚烧发电方面，日本是世界最发达的国家之一。从 2006 年到 2020 年，中国在可再生能源方面的投资将达到约 2 万亿元（按照 2006 年人民币价格计算）。中国可以同日方在新能源领域加强合作。

三、亚洲主要国家气候变化现状

日本政府将整个经济分为产业部门、民生部门与运输部门三个部门，分别采取各种减量对策。日本积极参与并加入了《联合国气候变化框架公约》和《京都议定书》，从国内层面上其环境基本法规定了基本性的原则，制定了《地球温暖化对策推进法》征收碳税控制温室气体排放，为可再生能源进行立法，制定《环境教育法》。日本在积极提升自己的国际形象，谋求一些领域上在世界范围内的领导权。总的来说，在变暖议题上日本采取合作和负责任的政策。

气候变化将会给印度带了各种自然灾害。90 年代，印度的森林覆盖率从 35%~40% 缩减到 19.5%，森林的蓄水作用日益减少，因水土流失而造成 9 000 万公顷土地受损，相当于国土面积的 1/3。仅在喜马拉雅山地区，水土流失每年使 4 900 万公顷土地受涝，地表土损失达 60 亿吨。印度的地下水位也在不断下降，森林面积缩小引起的气候条件恶化和雨量减少，造成沙漠和干旱地区面积扩大。目前印度干旱和半干旱地区已占耕地总面积的 70% 以上。2005 年增加到 38.7%，且呈现出不断上升的趋势。印度认为，气候变化可能改变印度自然资源的布局和质量，对印度人民的生活产生负面影响，尤其是在对气候敏感的农业、水资源和森林等领域。根据印度过去 40 多年的观测，气候变化将导致降雨量的变异。印度全国农业委员会曾估计，雨量变化对农业产量变化的影响占到 50%，对棉花和花生产量的影响高达 90%，对大麦和高粱的影响为 45%，对小麦产量的影响是 47%，即每升 1 度小麦将减产 400 万~500 万吨。由此可见，气候变化对印度农业的影响很大。印度《十一五规划 2007—2012》提出 2016—2017 年度比 2007—2008 年度能效提高 20% 和单位能源使用的 GHGs 排放下降 20%

的目标。由于印度经济的高速增长，低耗能的服务业发展出现了高于工业和制造业的趋势，并且印度在《节能法》规定下专门成立了能源效率局，在全国推出了一系列的节能措施。同时，印度的新能源与可再生能源部、国家原子能局积极推进核能与可再生能源的运用。因此，印度应该能够保持上述节能和GHGs减缓目标的可持续性，到2020年，能效将比2007—2008年度提高30%，单位GDP的二氧化碳排放下降25%。在水电之外的可再生能源中，生物质能在印度的全部一次能源结构中占将近30%，但可再生能源商业化供应有一定的难度。

四、亚洲低碳共同体的合作模式与发展前景

能源困境与环境问题是亚洲国家共同面对的问题。虽然国家之间长期具有竞争和冲突，但不可否认的是各国的利益相互包容，可以通过合作实现共赢，共同应对能源和环境问题带来的风险。建立亚洲低碳共同体的合作模式，让亚洲国家在技术、资金、能源安全、环境保护及治理模式等方面共同合作是降低能源和环境危机风险的可行方式。

（一）亚洲低碳共同体有实践基础

亚洲低碳共同体模式是学界对未来亚太地区区域合作的模式有比较全面的研究后，提出的设想。有学者指出，最近亚太地区的区域组织之所以成功，是因为其所采用的是"开放的区域主义"（open regionalism），而不是排外的或基于文化上（culture-based）的区域主义。开放的区域机制能够弥合大国和小国间的不兼容性。目前，"亚洲—太平洋"机制一直是亚洲合作的主导模式，采用此模式的有"亚太清洁发展和气候伙伴计划"、"国际甲烷市场化合作计划"、《联合国气候变化框架公约》、全球环境基金、亚太经济合作组织会议、主要经济体能源与气候变化会议和"G8+5"等国际机制。"开放的区域主义"是"亚洲低碳共同体"发展的渐进式构建模式。将于2020年建成的"东盟共同体"、已于2010年建成的"中国—东盟自由贸易区"、已顺利开展的"10+3"机制以及中日韩合作机制等多边共进的合作模式都可以成为"低碳共同体"建设的区域国际法基础。以这种模式建设的"低碳共同体"符合"多元性安全共同体"的构成特征。目前，亚洲范围内东盟一体化发展稳健，特别是近来关于应对气候变

化和低碳发展的新议题形成了"连续外溢"的"环溢"（spill-around）效应，虽然东盟并未因职能范围扩大而加强自身在亚洲共同体建设上的权威，但"也许能为实现政治一体化的跨越奠定基础"。东盟依托其内部10国的一体化进程，与包括东亚三国、南亚、甚至外部的亚太地区建立起的规模庞大的以整个亚洲经济体为对象的外部联系机制（external relations）将促使亚洲"低碳共同体"建设步入稳健发展的轨道。不论是中日等大国主导，还是各层级范围的多边共进，现阶段通过各类合作机制促进"低碳共同体"建设的主要措施应当包括：调整各机制内经济体的产业结构实现低能耗高效；全面实现用能技术的先进化，大范围普及先进高效技术；全面合理发展可再生能源和核电，使它们在一次能源中占据重要位置；全民参与，改变生活方式，寻求低碳排放的消费行为；发展低碳农业，增加森林覆盖面积并加强管理等。

（二）亚洲低碳共同体保障能源安全

低碳共同体建设将为亚洲一体化提供能源安全保障功能。亚洲是一个典型的"异质"成员结构的区域，并呈现地缘政治经济分离的状态。因此，保障经济发展的能源安全问题，成为亚洲各国关注的核心问题。当前，中日韩三国能源合作有助于形成能源消费联盟，实现多方共赢，各方在能源问题上正处在"是以竞争与非理性态度为重，还是以合作与理性态度为重"的十字路口。[①]当前，亚洲地区存在供给源风险、价格风险、运输风险和溢价冲击四大风险。由于这些风险和消费国的恶性竞争，中国、日本等付出了昂贵代价以满足能源需求。然而，"合作安全"是"以国家之间的相互依存而非对抗作为其政策的基点，其实质是建立在互信互利基础上的国家间相互合作的安全关系"，[②]由于传统化石能源的稀缺必然带来能源争夺，使得杨泽伟教授提出的"能源共同体"的目标难以实现。全球共同应对气候变化，为遏制化石能源的过度利用提出了新能源的议题。成思危认为："新能源产业革命将是继蒸汽、电力、计算机之后的第4次产业革命。新能源产业革命可以缓解对石油需求的压力，可以减少二氧化碳

---

① 杨泽伟.东北亚能源共同体法律框架初探[J].法学，2006（4）.
② 赵怀普.欧洲一体化对东亚合作的若干启示[J].外交学院学报，2005（2）.

的排放，可以解决以玉米、甘蔗为主生物能源原料的依赖问题，解放更多的耕地以应对粮食危机。在当前金融危机影响全球经济的情况下，新能源可以成为新的经济增长点。"因此，亚洲各国可以为共同应对气候变化而调整能源政策，以低碳发展的市场为导向，从能源供应和能源需求两个方向寻找共同应对策略：一方面可以通过增加非化石可再生能源的供给合作，降低化石能源在总能耗中的比重，从而实现温室气体排放的减少；另一方面也可以通过节约使用能源、提高能源效率合作，来抑制过高的能源需求、降低总的能源消费量，即用等量的能源实现更多的产出，或者用更少的能源实现等量甚至更多的产出，从而实现温室气体排放的减少。这有助于亚洲各国降低对进口化石能源的依赖，从而维护自身的能源安全，并在这样的思路下统一亚洲的能源政策和气候政策。

（三）低碳共同体促进经济可持续发展

低碳共同体建设将为亚洲一体化提供经济可持续发展功能。随着国际社会应对气候变化的共同意愿越来越强烈，低碳未来已经成为社会经济发展的一个重要方向。2010 年 4 月举行的博鳌论坛以"绿色复苏：亚洲可持续发展的现实选择"作为主题，凸显了金融与气候危机下，亚洲发展的低碳方向。所谓"低碳"可以有多种解析，如低碳经济、低碳社会、低碳发展等，均是在未来实现低碳排放的一种社会经济发展的表述。低碳经济转型成为一体化战略中可持续发展战略的目标。正如 2010 年 4 月东盟 16 届峰会《可持续恢复和发展声明》指出的那样，"经济一体化建设必须强调可持续的经济发展模式，增强本地区应对疾病、灾害、环境污染和气候变化等挑战的能力"。应对气候变化与可持续发展原则的结合，成为国际社会和各国发展共同面对的问题。巴拉萨（Balassa）认为，经济一体化过程，意味着旨在消除各国间的歧视并达到不存在歧视的状态。亚洲各个区域内已经实现的自由贸易区，已经实现了非歧视的一体化进程，但是亚洲尚缺乏在本区域内整体性的非歧视的低碳可持续发展机制。要实现低碳发展路径，必须从现在就采取适合于低碳发展的政策，着重发展具有国际领先地位的重大清洁能源开发、转换和利用技术，大力发展可再生能源和核电技术，提高公众意识，使低碳生活方式成为普遍行为，逐步实施能源税和碳税。而在上述措施上达成合作在亚洲区域范围内很容易形成共识，从而促进亚洲低碳共同体的建设，引导亚洲实现真正的可持续发展。

（四）亚洲低碳共同体由多国主导

亚洲低碳共同体模式是在中国、日本和印度等大国主导下进行的。当今世界经济一体化现象更多地表现为经济的区域化和集团化现象，其重要的原因之一就是地理因素。因为在一定区域内相邻的国家之间，由于自然条件较为接近，在历史上政治和经济的联系较为频繁，出于共同发展的需要，较为容易结成区域性的经济联盟。如欧洲联盟、北美自由贸易区、东盟等等，区域性本身就已经表明了一体化组织的地缘特点。中国和日本作为地缘特征最紧密的、亚洲最大的发展中国家和发达国家，具备"经济共同体"的互补特性，并在经济规模总量上具备"同质"国家属性，并且对亚洲事务都具有较强的话语权。加之中日对全球气候变化影响巨大，在世界能源消费量、生态足迹、温室气体排放总量三大指标中，中日分列全球第二和第五位。中日已经在共同应对气候变化领域开展了紧密的双边协作，例如2007年，《首次中日经济高层对话新闻公报》提出，在《联合国气候变化公约框架》下，两国将积极应对气候变化，参与构建2012年后的框架，之后达成《关于进一步加强气候变化科学技术合作的联合声明》、《关于进一步加强中日环境保护合作的联合声明》、《关于推动环境能源领域合作的联合公报》；2008年，中日达成《关于全面推进战略互惠关系的联合声明》、《关于气候变化的联合声明》、《关于加强交流与合作的联合新闻公报》、《关于继续加强节能环保领域合作的备忘录》等合作协定，并通过政府渠道、官民一体渠道和非政府组织的渠道，进行了广泛深入的项目、资金和技术的合作。中日两国已经形成了共同应对气候变化的双边合作机制。日本的气候变化政策其实并不是纯粹的气候变化政策，其着眼点也是改善邻国对日本的认知。中日两国巨大的政治影响力和经济实力决定了它们具备成为区域合作的主导力量的实力，是区域一体化主要的制度供给主体。如果中日能将政治资源着眼于建设"亚洲低碳共同体"的国际制度，将有可能为以亚洲多边主义为基础的国际机制奠定基础，更可能最终实现削弱民族国家间的历史恩怨。

五、在亚洲低碳共同体基础上的跨国空气治理协作

2013年，中国的空气污染引起了周边国家的普遍担忧，韩国和日本政府及媒体分别表达了对中国空气雾霾污染影响本国空气质量的关切。自然资源、自然环境具有区域性公共物品的性质，既是引起国家间冲突的因素也是促进国家协商合作的动力。低碳减排与空气治理具有协同效应，减少废气的排放、使用清洁能源都能够减少对空气的污染。两者同根同源，都涉及能源结构的调整。产生温室气体的主要工业，如金属生产业、矿产业等工业亦是向空气排放大量粉尘微粒的产业。亚洲各国已经意识到合作治理空气污染的急迫性。

（一）亚太地区清洁能源与清洁发展的合作

中国目前与日本的碳交易、东南亚的生物燃料合作都为跨国空气治理奠定了基础。中国与邻国的地缘政治、能源博弈是中国与周边国家协作治理空气污染的重要方面。东亚国家（韩国、日本）发电主要依赖化石燃料，核发电技术发展成熟，发电技术多样化；东南亚国家缺少核发电技术，但是拥有丰富的水能资源，注重生物发电，开始注意太阳能和风能发电。然而，东南亚国家普遍缺少资金和技术优化能源结构。亚洲国家在汽车、交通、钢铁、能源和电力等行业的低碳环保合作和技术转让，为协作空气治理奠定了基础。近几年亚太地区的低碳合作见表十六。

（二）亚洲空气污染协作现状和问题

2013年12月15日，中国国际经济交流中心、日本日中产学官交流机构和韩国贸易协会在河北共同主办"东亚大气污染治理与环保产业国际合作峰会"。峰会以"开放、合作与绿色的亚洲"为主题，由来自中日韩的官员和专家参加。会议围绕建造京津冀"生态城市群"、加强节能环保产业发展及国际、东亚大气污染治理的国际机制与创新以及企业大气污染的治理技术和管理创新进行了讨论。日本驻华大使馆一等秘书井上直己提出防治污染要达成生化环境节约的可视化，即利润的可视化、成本的可视化和责任的可视化。典型的可视化模式就是日本的公害防治管理者制度。韩国产业研究院研究员郭大钟表示，中日韩三国发展的能源需求越来越大，但是节能产业却没有同步提高。其他与会专家也指出，中日韩三国建立合

表十六 　　　　　　亚太地区低碳合作2005—2007

项目	时间	内容	性质
《"亚太清洁发展与气候新伙伴计划"意向声明》	2005年7月28日	通过合作共同研发一种能提高矿物燃料燃烧效率的技术,拓展现有技术潜力,进行新能源技术的基础研究,加强二氧化碳的捕获和储存达到减排的目的	亚太地区的一个区域性合作新机制,虽然不具有法律约束力
《APEC领导人关于气候变化、能源安全和清洁发展的宣言》(Sydney APEC Leaders' Declaration on Climate Change, Energy Security and Clean Development)(简称《悉尼宣言》)	2007年9月8日	鼓励各成员利用技术革新,在保持经济高速增长的同时大大降低能耗,实现节能减排,并为成员提高能效设置了意向性的目标,即到2030年APEC地区的单位产值能耗比2005年至少减少25%,森林覆盖面积到2020年至少增加2千万公顷;确认了联合国气候变化进程是关于国际气候变化谈判的合适的多边论坛,为"后京都时代"奠定了谈判方式和方向	政治领导人达成的共识
《亚太经合组织领导人关于气候变化、能源安全和清洁发展的宣言》	2007年	定下了该区域发展低碳经济的目标,同时也建议通过技术合作提升中国等国家的能源强度。APEC其他措施还包括建立一个"能源技术网络"以促进各国在诸如清洁煤和可再生能源等领域内的研究合作,其他亚太合作平台还包括"碳收集领导人论坛"、"甲烷市场化伙伴计划"和"氢能经济伙伴计划"	政治领导人达成的共识

资料来源 作者自制。

作机制，既有助于解决雾霾问题，也将使环保产业成为新的经济增长点。

虽然亚太各国在低碳和环境治理方面已经取得一些成就，但是亚洲各国协同治理环境仍然面临许多尚未解决的问题。例如，在签订相关合作协定、联合发布宣言之外，是否有必要以及可能建立一个亚洲范围内的空气治理机构，方便各国协调跨地域的监控和客观中立地公布亚洲主要地区的环境污染现状。此外，跨区域的空气治理机制需要平衡发展中国家和发达国家的利益，承认发展中国家还在技术和经济上与发达国家具有差距。在空气污染治理方面，需要在不干涉各国内政的框架下深化合作。

第三篇
中国的应对

　　"挑战与创新"是本书的研究主线，挑战主要涉及减排，创新则指的是能源领域新的革命，即气候变化挑战首先涉及如何实现全球协同减排和分配碳排放空间，进而涉及各国低碳创新和发展空间的竞争。为了应对挑战与创新，国际社会正在建设符合气候变化特征的有效的全球治理模式。展望未来，一个成功的国际气候制度必须是政治上可行、经济上合理、生态上有效的国际制度。从国际气候协定的发展来看，其走向取决于三大因素，即政治意愿、经济利益和科学认知[①]。

　　进入21世纪以来，中国对国际制度建设的影响日益提升，随着中国综合国力的提升，中国的对外战略在全球舞台上有了质的发展，中国开始在许多气候能源领域扮演负责任的大国角色。当前中国与世界经济的相互依存程度日益加深、国际地位有了根本的提高，中国的大国风范和杰出表现更让其成为全球气候能源领域的关键力量。中国是一个新兴的社会主义发展中大国，是联合国安理会常任理事国，在全球应对挑战与创新方面，具有重大的责任。

　　对于中国来说，21世纪是中华民族全面振兴发展、全面融入世界和扮演负责任大国的新世纪。随着中国综合国力的不断增强，气候能源领域问题日益成为国际社会的重中之重，中国在国际舞台上的利益和认同进入一个震荡调整时期，中国不仅需要更加积极地参与进入气候能源领域、在全球治理和世界事务中发挥作用和实现自己的国家利益，还要以公共外交为中心进行外交和新安全观建构。这有益于应对各种"中国能源气候威胁论"，塑造中国负责任的大国形象，也有利于消除由中国和西方意识形态领域分歧带来的消极影响。[②]中国气候能源领域外交的主要特点是:与时俱进的理论品质、协同共进的发展方向、与友共赢的应对策略以及"与世界和谐相处"的大国形象。

　　①潘家华，庄贵阳，陈迎.气候变化20国领导人会议模式与发展中国家的参与[J].世界经济与政治, 2005（10）52-57.
　　②孙英春.中国国家形象的文化建构[J].教学与研究, 2010（11）：31-36.

第七章

气候变化和能源安全体系的未来图景

　　随着全球气候变化趋势及能源安全危害性的不断加剧，全球关于气候变化的合作日趋深入。在传统的气候变化和能源安全体系中，美国等主要发达国家占据主导地位，随着发展中国家力量的增长，全球气候变化和能源安全体系呈现出碎片化、低碳为核心等特征。保罗·肯尼迪认为，军事能力、经济发展、全球贸易、联合国改革、对外援助、一体化建设等方面的发展决定了未来国际体系的面貌，而他所说的六大方面都与能源安全和全球气候变化问题密切相关。由于各国国情和利益各不相同，能源、气候变化和经济发展的矛盾错综复杂，国际能源和气候变化体系处于关键的转折点。国际能源体系中的权力竞争矛盾呈现失衡与复杂化的趋势。欧美等主要大国仍将主导国际能源机制建设的话语权、定价权和地缘支点，新兴发展中大国与能源生产国在国际组织内部以及国际组织相互之间的合作与交流对话也日益加强。主要大国的合作主要是在稳定油价和油源、开发能源技术以及保障产油区地缘安全等方面。在气候变化方面，由于少数发达国家从全球治理结构中收缩，故意阻碍新兴发展中大国在全球治理结构中的兴起，甚至反对《联合国气候变化框架公约》和《京都议定书》等原因，未来能源和气候变化的全球治理将是一个渐进的长期过程。

　　潘基文指出："我们面临领导全球的挑战。"回顾2008年全球金融危机、粮食危机和气候危机相继爆发以来，全球治理呈现了失序和失效的趋势：一是随着发展中国家之间发展程度和差距越来越大，发展中国家对于处理全球危机的看法的立场差异和分歧逐渐扩大，亟须加强协调和团结；二是在全球经济缓慢复苏的背景下，发达国家固有差异仍未解决，对国际合作模式的认识差异增多，欧盟和美国在发展援助、应对气候变化和粮食危机等问题方面差异越来越多，治理意愿逐渐削弱；三是由于经费短缺和改革缓慢，以联合国为核心的全球治理机制的效率不断受到质疑。针对上述问题，2011年《三亚宣言》在推动新兴发展中大国合作的基础上，为修补能源和气候变化等领域的全球治理失序提供了思路。

第一节　有效的全球气候变化治理难以形成

有效的全球治理缺乏政治上的可行性，气候变化是全球性公共物品，未来的国际制度必须具有公共性和非排他性，因此气候变化的治理在全球难以形成强制性的制约。加勒特·哈丁认为"公共资源的自由使用会毁灭所有的公共资源"，《公地悲剧》思想完全适用于大气系统，也就是说大气权利过度使用也会出现农村草地一样的悲剧——枯竭、恶化。

在经济方面，全球气候变化作为国际政治经济错综复杂的体系中一个非强制性的松散型政治议题，虽然吸引了各国和地区的关注，但是无法对各国和地区的政策形成强制性制约。各国和地区的态度和政策极不协调和统一，削弱了这些政策和其努力向未来延伸的积极性，使未来的气候变化应对策略变得极不确定。从政策选择来看，控制气候变化影响因素的手段主要有两种，一种是命令与控制（command and control），另一种是总量与交易（cap and trade），前者依赖于政府制定相应的法律、法规，后者主要依赖于市场交易，并辅之以环境税（environmental tax）。无论是哪一种，在其执行之后，都会直接对企业生产和居民生活产生影响，提高生产和消费的成本，这在很多国家和地区是无法承受的。因而，历经多次全球气候会议的国际间气候政策协商，在屡受挫折后很可能会出现倒退的趋势，政策前景并不乐观。

在生态方面，气候变化的全球治理也缺少绝对的科学证明，学界对气候变化的方向和影响因素有争论，客观上政府间气候变化专门委员会本身也并没有得出百分之百的肯定结论。2010年初，联合国报告了一系列出错事件以及北半球罕见的严冬等，推动气候变化"怀疑论"升温。"怀疑论"的升温将导致未来应对气候变化的国际合作难度增大。根据最近美国皮尤中心一项民间问卷调查，认同变暖观点的比例已经下降到40%左右，说明在气候变化方向以及影响因素等问题上还是有待科学的进一步论证。到目前为止，尽管还没有形成国际上的统一步骤，但各国都已经或多或少地在众多领域里采取了相应的气候变化应对和干预手段，从法律、政治、经济、社会、技术等角度出发，发起了迈向最终可持续发展的强大攻势。虽然这些措施在政治和经济上带来一些收益，比如新能源的发展既有利于转移国际金融危机在全球产生的政治和经济压力，又可以在短期创造出产值和就业，造就新一轮的经济繁荣，但其实际上在气候变化问题本身的解决上却收效甚微，甚至是无能为力，最典型的案例便是年年出现、并愈演愈烈的气象灾难。

特别是全球气候变化治理在国际社会只有"道义上"的市场，而没有"执行上"的市场，其背后的意思非常明显，各国都在向对方喊话，希望其他国家在应对全球性气候变化上作出更大贡献，而把自身置于观望的有利位置。这种做法在利益至上的国际政治经济博弈中也无可厚非，但问题是，无论气候变化是否确实，在全球范围内实现可持续发展的方向却是没错的，我们还是要找寻能够实质性地推动这一发展的可操作方法和途径。

第二节　未来全球气候变化治理的结构变化

国际合作制度建设指的是自利团体之间为了处理集体行为问题而进行的协商，主要建立在利益取向的概念之上。各国是否愿意参与多边气候国际制度，是否愿意遵行气候变化国际制度，可以用国际合作制度建设理论进行解释。奥兰·杨提出六种影响国际合作制度建设的要素：一是多元行为体以及全体共识原则；二是整合的议价；三是国际制度的安排不确定性问题；四是国际制度在不同问题领域的处理方式问题；五是跨国制度谈判联盟问题；六是变动的连接，国际制度将不同的议题挂钩，通过国际对等和集体交易的原则互投赞成票，可以提高各行为体相互妥协的可能性，可以同时解决许多问题。根据奥兰·杨的国际合作制度建设理论，议题和行为体的性质对国际合作制度建设成功起到关键作用。在气候变化制度中，议题本身具有收益和受损的非对称性特点，而参与的行为体则以大国为核心。奥兰·杨提出："外部危机使得协商国际制度的可能性提升。拥有一个有力的领导国家，制度议价就可以成功。"因此，在未来全球气候变化治理过程中，大国关系是影响国际制度的决定因素，大国参与是实现全球应对气候变化合作的关键。

在全球气候变化谈判中，伞形集团、欧盟和七十七国集团加中国这三大集团发挥了主要作用，其中伞形集团地位相对突出，国际气候政治表现为非均衡性的三极结构。在此结构下，三大力量围绕着议定书的指导原则、减排目标与落实机制等问题展开激烈博弈，在不涉及三大集团的根本利益的情况下，博弈产物《京都议定书》在更大程度上反映了相对强大的伞形集团的政治意志。在哥本哈根会议中，美国和中国已然成为了温室气体的超级排放大国，加之强大的世界政治经济影响力，使得谈判在权力对比上开始呈现出两极结构。

纵观国际气候谈判的政治集团分化组合的演变，从最初简单的以发展水平为标准，到现在呈现出大国政治的特征，说明各国在选择谈判集团时越来越考虑是否符合自身的国家利益。这一演化经过也表明，国际气候政治集团经历了从离散型组合到聚合型组合的过程，即从标准的相对分化和利益的相对不明确，向标准的相对集中和利益的日益明确的方向转变。

虽然政治集团经历了多次分化组合，但国际气候政治格局迄今尚未发生过根本性变化，欧盟、伞形集团和七十七国加中国这三大集团间的博弈一直影响着国际气候谈判进程，此前的集团分化组合不过是在大国主导的人集团博弈格局下的一种附属物。但是，这种状态随着国际气候政治形势的变化越来越难以为继。就连在共同外交与安全政策机制下"一致对外"的欧盟内部在哥本哈根大会上都出现了不同的声音：一是在减排承诺方面，西欧国家成员希望提高欧盟的减排承诺，而意大利、奥地利和东欧国家成员则不愿做出减排30%的承诺；二是在资金问题上，成员国间就如何分摊资金难以达成共识。然而，集团大分化的动力更蓄积于伞形集团和七十七国集团加中国内部。

　　首先，来看伞形集团。该集团本来就是一个松散的组织，内部差异很大。除了发展水平之别外，各成员国温室气体排放密度也大为不同：美国、加拿大、日本、澳大利亚和新西兰密度最大，俄罗斯和乌克兰中等，冰岛和挪威最小。在全球媒体对哥本哈根大会铺天盖地的报道下，国际气候谈判已不仅是政治性问题，也成为了一种道德问题，各国都不愿背负"历史罪国"的骂名。以反对强力减排为建立初衷的伞形集团面临着内外多重压力，其成员的不同反应将进一步扩大内部分歧。第一，冰岛和挪威不愿继续承受"拖后腿者"之名。两国的清洁能源使用率很高，排放能力较小，由于集团政治规则所迫而加入伞形集团。在全球舆论压力下，两国不再愿意与伞形集团的大排放国绑在一起，越来越倾向于脱离出来。冰岛已申请加入欧盟，未来与欧盟站在一起已非悬念。至于挪威，如果离开伞形集团，其可选择加入的集团有二：欧盟，或是环境诚信集团。俄罗斯、乌克兰和日本也担心与美国为伍而成为国际舆论谴责的对象。在当前国际气候政治中，美国由于国内政治原因不承担应有责任而成为众矢之的，美国主导下的伞形集团在某种程度上也成为了"不负责任"的代名词。俄罗斯和乌克兰这两个与美国排放能力并不对等的成员开始权衡与美国为伍的政治利弊，越来越倾向于同美国划清界限。俄罗斯前总统梅德韦杰夫表示，包括美国在内的排放大国应当立即担负起必要的责任义务并予以严格遵守。就连一向同美国共进退的日本也颇有微词，提出美国必须同舟共济，在规则上必须一视同仁。美国有撇开传统盟友而与中国共同主导气候政治进程的迹象。奥巴马政府深刻认识到中国的重要性，希望通过与中国加强合作来推动全球气候合作进程。2009年，中美高层的一系列政治互动都无不涉及气候议题。《哥本哈根协议》也是在美国与基础四国共同决定下出台的。难怪"中美共治"的声音在哥本哈根大会不时传出。一旦中美在全球气候合作上达成某种共识，伞形集团对于美国而言意义就大为逊色了。综上，伞形集团未来分裂的可能性很高。

其次，再看七十七国集团加中国。该集团在十几年中出现了多个子集团，其背后动力其实是利益诉求不同，继续深化的分歧正在加大集团的分裂趋势，具体表现为三个方面。一是大国与小国之间分歧加大。基础四国本身就是集团分裂的一个迹象，而大国与小国间的分歧深化则直接使集团分裂公开化。在哥本哈根会议期间，图瓦卢代表小岛国联盟提出的激进减排方案遭到了发达国家和中国、印度、南非等发展中大国的反对，图瓦卢代表遂退出会场表示抗议。二是子集团各自为战趋势明显。小岛屿国家更关心适应和减缓问题，不惜牺牲集团的团结来换取国际社会的关注。最不发达国家和非洲国家偏向于供资问题，OPEC成员担心减缓过程对石油需求的削弱，拉美国家集团则希望加大力度减少毁林活动等等。子集团对大集团存在的必要性似乎并不关心。三是中国鹤立鸡群的地位加深了其他发展中国家的疑虑。中国排放能力居于全球前二位，且排放需求强大。与此同时，中国在清洁发展机制中还占有主导地位，获得了该机制的大部分项目，在一定程度上也滋生了其他发展中国家的消极情感。所有上述因素都使得七十七国集团加中国作为一个整体变得极为脆弱，共识缩小，而分歧加大，分裂趋势明显。

第三节　未来全球能源治理和新兴发展中国家的参与

在气候变化领域，气候变化的限容压力都指向发展中国家过早减排的场景。然而所有发展中大国都面临着发展经济、提高生活水平的任务，减排温室气体会严重影响经济和人民福利。由于气候变化的核心是能源问题，全球能源治理的挑战在于南北合作。在气候变化要求限制能源消费的同时，大约15亿人口生活在完全没有现代能源供应的世界，同时新兴发展中国家的能源消费正在迅速增长。如中国有1.5亿人口生活在贫困水平（联合国标准），人均GDP仅为发达国家的1/10；印度83%的农村以及24%的城市居民没有现代能源供应。因此，过早承担和发达国家同样的减排义务会给发展中国家带来巨大的经济社会成本。根据部分模型计算，过早减排给欧洲国家带来的年GDP损失可以达到4.8%，年新增资本投入1 500亿~2 000亿欧元以上①，其中1/3将会产生巨大的经济成本。在发达国家不愿意转让其低碳技术的情景下，大量固定基础设施的"锁定效应"②，将可能迟滞发展中国家的经济发展。因此，挑战与创新不仅涉及全球能源和气候制度的构建进程，也影响发展中大国的基本发展权益，发展中国家需要通过积极的气候外交，来应对国际气候谈判的难度和复杂性，有效维护发展中国家的基本发展权益，推动全球气候变化治理进程的发展。

第一，应充分把握发达国家政治中气候议题权重下降的时机。2012年对于欧盟来说，内部分裂和债务危机取代气候变化和低碳问题，成为当前欧洲最突出的问题，欧盟在20%中期减排目标上止步不前，欧洲民众和舆论对气候变化问题的关注大幅度下降，因此欧洲在政治层面上气候变化推动力相对弱化。而且美国气候变化立法已经停止，加拿大政府也借口无力支付违反《京都议定书》减排目标的罚款而退出，日本因核电站事故而放弃了25%的减排目标。上述现象或许将降低发达国家对小岛屿和最不发达国家的气候变化道德感召力，由此削弱发达国家的分化战略和能力。如德班会议确定绿色气候基金为《联合国气候变化框架公约》下金融机制的操作实体，成立基金董事会，并要求董事会尽快使基金可操作化。但出于维护技术优势和自身利益等考虑，目前发达国家在这方面并不积极，而且为技术转让设置了诸多贸易壁垒和前提条件，这就引起了最不发达国家、小岛国和其他发展中国家的不满。欧盟气候谈判高级顾问贾格布告诉笔者，由于欧盟缺乏资金，气候变化绿色基金问题将会让发展中国家重新团结、并削弱欧盟的气候变化领导力。

第二，从欧美分歧中寻找突破口。欧美在《京都议定书》和绝对量化减排上一直存在分歧。从《京都议定书》来说，欧盟目前仍然是《京都议定书》的主要推动者，美国则是坚定的反对者。由于欧盟和"七十七国集团加中国"在全球排放量份额、投票国家数量等方面都占据优势，因此发

---

① Mckinsey & Company, 2009. China's green revolution: prioritizing technologies to achieve energy and environmental sustainability. [2011-12-05].http://www.wilsoncenter.org/event/chinas-green-revolution-prioritizing-technologies-to-achieve-energy-and-environmental.
②邹骥. 低碳道路的技术转让和资金机制[M]//中国科学院可持续发展战略研究组. 2009中国可持续发展战略报告—探索中国特色的低碳道路. 北京: 科学出版社，2009: 172-197.

展中大国和欧盟共同维护《京都议定书》第二承诺期，世界各国可以在
2020 年之前在政治上继续保持《京都议定书》，让"共同但有区别的责
任"原则得以维系。从绝对量化减排来看，和欧洲不同，美国国内很难认
同德班会议强调的自上而下的强制性全球气候减排体系，美国已经宣布只
认同在"政治上和技术上可以实现的"的减排，并且力推自下而上的自愿
性减排，美国同时要防止因国内气候立法失败而成为"气候谈判破坏
者"。发展中大国家也在回避绝对量化减排的时间表，这些共同点可以成
为这些国家协调的重点，并促进国际社会反思未来国际气候机制如何更好
地兼顾排放大国的利益需求。在欧盟单方面推进排放大国—排放小国格局
的情况下，其带来的减排压力的单边效应促使中美在软实力方面加强合作
以制约欧盟气候外交上的主导性话语权。如 2012 年开始，欧盟计划把其
他国家的航空业排放纳入其碳排放交易权体系，实行单边航空业碳税，为
此中国、美国、印度、俄罗斯等排放大国签署了《莫斯科宣言》，共同抵
制欧盟的单边主义措施。

　　第三，寻求扩大与发展中大国的合作基础，争取更大的发展空间。
2012 年 2 月在新德里的基础四国会议上，中国、印度、巴西和南非的代表
反思德班会议出现的分化问题，强调了维护共同利益基础的重要性，这种
共同利益基础就是维护发展中大国在快速经济发展中的排放空间。根据联
合国预测，如果基年设为 1990 年，该年全球温室气体排放约 394 亿吨二氧
化碳当量，发达国家排放 182 亿吨(人均排放 15.6 吨)，发展中国家排放 212
亿吨(人均排放 5.2 吨)。若 2050 年全球减排 50%，则排放空间为 200 亿
吨，其中发达国家 36 亿吨(比 1990 年减排 80%)，而发展中国家的排放空
间为 164 亿吨（比 1990 年降低 22.6%）。然而根据联合国预测，到 2050 年
发展中国家人口将比 1990 年增长一倍。因此发展中国家的人均排放量要
从 5.2 吨降低到 2 吨左右，比 1990 年降低 61.5%。2011 年的"基础四国提
案"要求发达国家应到 2020 年在 1990 年水平上减排 25%～40%以及气候
变化绿色基金到位等都是基础四国继续团结合作的重要基础。因此 2012
年以来基础四国共同推动"公平获取可持续发展空间"主题，以此强化
"共同但有区别责任"的原则，更有效地融入和参与全球气候变化治理

进程。

第四，全球治理机构也在不断加强和新兴发展中大国的关系，未来全球能源消费、气候变化行动以及环境保护的中心都在向新兴发展中大国特别是中国偏移。根据国际能源署的数据，从现在到2030年之间，全球能源需求将会增加大约45%，新增的石油天然气需求主要会来自经济合作与发展组织（OECD）以外的国家，尤其是像中国、印度、巴西这些新兴发展中国家。中国温室气体排放总量在2007年已超过美国，比2000年翻了一番。中国在2009年消费22.52亿吨石油当量，相比美国石油消费总量21.70亿吨高出4%。如果按照一次性能源消费来测算，中国、印度等新兴发展中大国也开始接近主要发达国家水平。然而，中国、印度等国并非国际能源机构的成员国。为了应对权威性下降和职能削弱的两大挑战，国际能源署需要和中国建立新型关系。鉴于中国经济实力、能源消费和碳排放增长，特别是在金融危机之后的杰出成就，使得国际能源署和中国加强协调与合作成为大势所趋。1996年10月，国际能源署执行主任罗伯特·普利德尔（Robert Priddle）访华，与中国政府签署了《关于在能源领域里进行合作的政策性谅解备忘录》。国际能源署当前的工作重点集中于气候变化政策、市场改革和能源技术合作，以及将其活动范围扩展至世界其他地区——特别是像中国、印度、巴西、俄罗斯与石油输出国组织国家这样的能源消费和生产大国。

第八章

挑战与创新：中国的政策发展

当今世界共同面临气候变化和能源安全的双重挑战，能源资源价格攀升、生态退化、环境污染严重、自然灾害和全球气候变化等重大问题继续恶化，这些问题相互关联，共同推动国际体系的变化。能源问题的解决是防止全球气候变化的核心，气候变化引发的低碳和新能源革命正塑造全球能源体系的未来。当前美国与欧洲一方面力图限制中国的能源和经济发展，另一方面希望尽快将中国融入现有的能源环境治理体系。2010年墨西哥坎昆会议和2011年南非德班会议都强调了所有发达国家和发展中国家缔约方都要有可测量、可报告、可核实的温室气体减排行动。随着中国经济持续快速发展，能源需求节节攀升，在全球能源环境中将面临巨大压力。

中国是一个新兴的社会主义发展中大国，是联合国安理会常任理事国，在全球能源环境中具有重大的责任。胡锦涛指出，和谐世界要求建立一个可持续发展的国际社会，使人类与地球和睦相处，通过国际合作来保护全球的自然生态环境，合理开发和使用全球资源，使人与自然友好相处，实现可持续发展。杨洁篪指出："气候变化和能源资源安全问题突出，任何国家都无法单独应对。越来越多的国家认识到冷战思维、零和博弈等思想不合时宜，同舟共济、互利共赢才是生存和发展之道，在竞争中合作、在合作中发展成为处理相互关系的普遍共识。"同时，中国要积极争取自己和发展中国家的发展和排放空间，坚持国际社会应在"共同但有区别的责任"原则基础上尽早履行对发展中国家的援助义务、兑现技术转让和资金承诺，并充分考虑发展中国家的基本发展权问题，在维护减排空间和积极大国责任之间做出平衡，将自身的发展融入到全球能源环境治理中，积极利用、塑造和建设全球能源环境新秩序。

第一节　中国应对挑战与创新的任务及愿景

挑战与创新指的是能源和环境的双重挑战。20世纪以来，人类创造了前所未有的物质财富，同时也造成人口剧增、资源浪费、环境污染、生态破坏等一系列资源环境问题，严重地威胁了世界各国的生存和发展。2007年4月17日，联合国安理会首次把环境问题作为讨论内容，就能源和气候变化之间的关系进行公开辩论，这标志着能源环境问题的政治化趋势上升到了新高度。中国的历届党和国家领导人高度重视环境问题，胡锦涛指出："妥善应对气候变化，事关中国经济社会发展全局和人民群众切身利益，事关国家根本利益"。温家宝指出，中国通过节约资源能源、保护环境，使得中国的发展不会给世界造成影响。中国作为发展中大国，依托"77+1"集团，代表绝大多数发展中国家的立场与利益，积极开展环境外交，建设性地参与国际环境合作。

一、中国应对挑战与创新的战略

（一）能源领域

能源安全，是中国成为全球性大国的物质基础与保障。这个问题的解决，应当放到全球能源体系的大背景中，除了自身的努力之外，中国政府还必须让其他生产国和消费国认识到，中国的能源外交，是在现有能源体系中遵循能源规则开展的。随着经济的强势增长，中国每年对能源的需求是呈几何级数上升的。2010年中国对外石油依存度已经超过55%，并很可能在"十二五"期间超过60%。为保持国民经济的高速增长，即使中国的石油公司不去海外找油，也必须通过国际能源市场来满足自己的需求，这是客观规律。能源体系的各方必须对一体化这一现实有清醒的认识，全球只有一个复杂的能源体系，对于所有参与者来说，能源安全就在于这个一体化大系统的稳定。

随着欧佩克组织影响力的下降和经济全球化的逐渐深入，越来越多的风险渗入到能源安全中来，产能的调整、储量的变化、战争与和平、国际金融资本的注入、新产油国和消费国的崛起、恐怖袭击、核电事故、甚至美国西海岸的一次飓风，都会引起石油价格的波动，国际能源安全也变得更加复杂而脆弱了。尽管各国已经投入大量人力物力进行新能源的开发与试验，但在成熟的能源替代品出现以前，未来世界能源供应对中东产油国的依赖程度仍很难降低。最近在中东地区爆发的链式"维基革命"说明，以沙特、巴林和阿联酋等国为首的威权式国家政体正受到强烈冲击，不排除这些重要产油国在未来一段时间出现动荡的可能。因此，除了继续与处于不同地区的沙特、伊朗、苏丹、尼日利亚等出口国进一步开展合作之外，中国尤其要注意处理好与美国、俄罗斯和欧盟主要国家的关系，以最大程度维持国际能源市场的稳定。

胡锦涛在2005年八国峰会上指出，中国能源战略的基本内容是：坚持节约优先、立足国内、多元发展、保护环境，加强国际互利合作，努力构筑稳定、经济、清洁的能源供应体系。在国际能源安全战略方面：一是要加强能源开发利用的互利合作。二是要形成先进能源技术的研发推广体系。三是要维护能源安全稳定的良好政治环境。树立和落实互利合作、多元发展、协同保障的新能源安全观。对此，中国政府正在致力于寻求多种途径，实现能源供应的多元化。一方面，调整国内能源产业结构，加大新能源的投入。预计到2020年，将达到除水电以外的可再生能源比重从目前的1.5%左右提高到6%，其中核能的比重将达到5%。另一方面，加强国际能源合作。一是与能源生产国建立长期能源供应协议，确保能源供应的稳定，开展多元能源外交，加强与非洲、拉丁美洲以及俄罗斯等石油出口国的能源合作。二是与能源消费国开展多种形式的能源对话，建立长效互信机制。

面对当前新能源挑战，温家宝强调，"中国没有任何别的选择，只有坚持节约发展、清洁发展、安全发展，才是实现经济又好又快发展的正确道路。"一方面，要通过推进技术进步，不断提高能源利用效率。国家能源局能源节约和科技装备司巡视员陈世海在参加"2009能效机制建设国际论坛"时说，目前中国的总体能源利用效率为33%左右，比发达国家低约10个百分点。同时，要重视发展低碳经济和可再生能源，并稳步发展清洁能源国际合作。目前，中国已经通过立法，将可再生能源开发利用列为能源发展的优先领域，并制定了可再生能源中长期发展规划，规划明确指出：中国将大幅度提高新能源在整个能源消费中的比例，力争到2010年使可再生能源消费量达到能源消费总量的10%，到2020年达到15%。2009年4月，国家发改委启动了拟定"新能源发展规划"的项目，其中包括了风能、太阳能、生物质能，也包括对传统能源进行技术变革形成新的能源，如煤炭清洁高效利用、车用新型燃料等。它将是应对当前的金融危机、扩大内需、拉动投资、增加就业、应对气候变化、调整能源结构、推动能源的可持续发展，并抢占未来经济发展的制高点、提升中国能源的国际竞争力的新能源综合文件。

对于能源合作和外交来说，中国在对外能源合作关系中需要统筹考虑各种能源资源的关系，天然气、石油、煤炭、铀矿等资源都将是重要的能源资源，当前石油价格日益攀升，煤炭对各国电力供应的重要性仍将持续一段时间。核能对中国能源可持续发展的作用日益显现，中国需要引进利用国外先进的核电技术和管理手段，建立稳定的国际铀矿供应关系。中国目前石油和天然气对国外的资源依赖度较大，煤炭进口依存度也将继续增加，中国的进口来源主要集中在中东和非洲等局势不稳定、突发事件多的地区，而且中国的海上运输通道主要集中在马六甲海峡。这些都会影响中国进口油气资源的可持续稳定性。

为维护石油安全，中国政府已采取了一系列的措施，如三大石油公司加大"走出去"的力度，大力利用国外油气资源，增加石油储备数量以应对突发事件，逐渐建立和完善石油期货市场以争取石油定价权。此外，加大国内油气勘探力度，实施多元化的能源开发，发展替代能源以及进一步完善国内石油市场机制等多重战略手段的采用，都将有利于解决中国的石油供应安全问题。石油作为一种重要的战略资源，其供应安全不仅牵涉到国民经济，更与诸多国内和国际政治问题密不可分，只有从政治和经济层面同时入手，通过政府、社会和民间的共同努力，才能在能源安全形势愈发紧张的新世纪确保中国的能源供应。事实上，当前国际石油市场面临的主要问题不是没有油气资源，而是如何安全地、以合理的价格提供石油。尽管利比亚危机和国际投机等因素造成石油价格高涨，但在全球能源市场上，绝大多数时间石油是处于过剩状态，造成"数量安全问题"的威胁主要来自于政治因素，而不是市场因素。因为石油作为一种特殊的战略产品，始终与国家权力、资本和大国地位联系在一起，从许多国家将美国发动伊拉克战争和介入利比亚国内冲突的原因归咎于石油动因就可见一斑。

随着中国能源外交的稳步开展，中国的能源安全得到了保证。中东成为中国最大的石油供应地，中国从中东地区的石油进口量一直呈稳步上升趋势；中国对非洲地区的能源外交也取得了显著成果，在短短的几年里，非洲已经成为中国第四大石油进口来源地；中国对俄罗斯、中亚地区的能源外交虽然开展时间没有中东地区早，但是也卓有成效，中国从以上两个国家、地区进口石油的速度不断增长。中国通过政治、外交和经济等多种途径展开与多个能源出口国的合作，实现了中国能源进口来源的多元化。这些能源外交实践，确保了中国石油的稳定进口，也保障了中国的石油安全。中国经济没有因为世界能源政治、能源经济形势的变化与动荡而停止发展，反而一直保持7%以上的速度增长，以持续渐进的发展态势朝着中等发达国家这一战略目标前进。而这一切都得益于丰富的石油供应，得益于中国能源外交的有效开展。

（二）气候环境领域

自参加1971年斯德哥尔摩人类环境大会以来，中国环境外交取得了重大的进展。作为一个发展中国家，中国深知自己在促进世界经济的健康增长和保护地球生态环境方面的责任和可以发挥的作用。中国环境外交的主要出发点是维护国家利益、争取国际援助、促进国内环境保护事业的发展。根据这一出发点，中国一方面十分重视解决自己在经济和社会发展过程中出现的环境问题，同时也十分重视和积极参与环发领域的国际合作，大力开展多边和双边环境外交，使中国环境外交成为世界环境外交领域中的一支突出力量。目前，气候变化问题是中国环境外交的重点领域。从2005年到2009年，胡锦涛和温家宝等主要国家领导人多次呼吁国际社会重视气候变化问题，最终推动实现了哥本哈根会议的成功（见表十七）。

表十七　　中国领导人系统阐述保护气候国际合作立场的重要讲话

时间	场合	发表者	讲话题目
2005年7月	八国集团同发展中国家对话会	胡锦涛	携手开创未来 推动合作共赢
2007年9月	APEC第十五次领导人非正式会议	胡锦涛	在亚太经合组织第十五次领导人非正式会议上的讲话
2007年11月	第三届东亚峰会	温家宝	携手合作 共同创造可持续发展的未来
2008年7月	经济大国能源安全和气候变化领导人会议	胡锦涛	在经济大国能源安全和气候变化领导人会议上的讲话
2008年11月	应对气候变化技术开发与转让高级别研讨会	温家宝	加强国际技术合作 积极应对气候变化
2009年9月	联合国气候变化峰会	胡锦涛	携手应对气候变化挑战
2009年12月	哥本哈根气候变化会议领导人会议	温家宝	凝聚共识 加强合作 推进应对气候变化历史进程

资料来源　作者自制。

作为一个发展中国家，同时又是一个环境资源大国，中国政府高度重视环境外交，许多国家领导人出访都将环境保护作为重要的活动内容之一。周恩来非常重视首次联合国人类环境会议，派代表团出席了瑞典斯德哥尔摩会议，并且发挥了积极作用，会议的宗旨是取得共同的看法和制定共同的原则以鼓舞和指导世界各国人民保持和改善人类环境。中国在采取一系列措施解决本国环境问题的同时，积极务实地参与环境保护领域的国际合作，为保护全球环境这一人类共同事业进行了不懈的努力。中国为进一步加强在环境与发展领域的国际合作，1992年4月成立了"中国环境与发展国际合作委员会"。2007年，胡锦涛和温家宝等时任国家领导人先后

8次参加环境和国际合作与交流活动。胡锦涛在2007年亚太经合组织峰会上提出应对气候变化的四项原则即：坚持合作应对、可持续发展、坚持《联合国气候变化框架公约》的主导地位和坚持科技创新。2008年6月，胡锦涛在中共中央政治局第六次集体学习时强调："坚定不移走可持续发展道路、加强应对气候变化能力建设。"胡锦涛指出："妥善应对气候变化，事关中国经济社会发展全局和人民群众切身利益，事关国家根本利益。"在2009年哥本哈根气候变化大会上，温家宝总理推动各方凝聚共识、加强合作，共同推进应对气候变化的历史进程，四处斡旋，协调发展中和发达国家的分歧，并且最终推动达成了《哥本哈根协议》。

中国政府积极参加各项国际公约的谈判活动并力争加入促进中国国家利益的多边环境公约，具有很大意义。中国从维护国家环境权益、履行国际义务、促进国际环境合作的目的出发，加入了包括危险废物的控制、危险化学品国际贸易的事先知情同意程序、化学品的安全使用和环境管理、臭氧层保护、气候变化、生物多样性保护、湿地保护、荒漠化防治、物种国际贸易、海洋环境与资源保护、核污染防治、南极保护、自然和文化遗产保护和国际环境权保护在内的14大类50多项多边环境协议。在臭氧层蒙特利尔议定书谈判过程中，中国为资金机制的建立发挥了重要作用，在中国的倡导下，最终成立了多边基金。中国积极加入多边公约的同时，也积极参与区域性多边环境外交与合作，如APEC环境保护中心、东北亚环境合作、东亚海和西北太平洋行动计划等。中国与联合国环境规划署、全球环境基金、多边基金等许多环境保护多边机构建立了密切的联系。

中国加强和推动与周边国家或相关地区的合作，积极参与区域合作机制化建设，建立中日韩三国环境部长会议机制，定期进行政策交流，讨论共同关心的环境问题，建立了中欧环境政策部长级对话机制和中欧环境联络员会议机制，并召开了中国—阿拉伯国家首次环境合作会议。中国积极开展环境保护领域的双边合作，先后与美国、日本、加拿大、俄罗斯等42个国家签署双边环境保护合作协议或谅解备忘录，并且不断推动中非环保合作。表十八反映了中国政府积极参与国际环境机制建设，并且充分维护发展中国家的利益。

表十八 　　　　　　　　中国参与建设的国际环境规范

国际文件	时间	关注点
联合国人类环境会议的报告	1972年	《联合国人类环境会议宣言(Declaration of the United Nations Conference on the Human Environment)》是这次会议的主要成果,阐明了与会国和国际组织所取得的七点共同看法和二十六项原则,以鼓舞和指导世界各国人民保护和改善人类环境
联合国环境与发展会议的报告	1992年	大会通过的《里约环境与发展宣言》又称《地球宪章》是一项包括27点指导环境政策的广泛原则的无约束力声明。声明包括:各国有责任确保在本国境内开展的一切活动不会损害别国的环境;环境保护构成"发展进程中的一个组成部分";发展中国家、尤其是最穷国家和"环境方面最薄弱的国家"的需要应得到重视
联合国千年宣言	2000年	在2000年的联合国千年首脑会议上,189个成员国通过了《联合国千年宣言》,承诺在2015年前实现8个千年发展目标。宣言共8章,包括:1.价值和原则;2.和平、安全与裁军;3.发展与消除贫穷;4.保护我们的共同环境;5.人权、民主和善政;6.保护易受伤害者;7.满足非洲的特殊需要;8.加强联合国
联合国可持续发展问题世界首脑会议的报告	2002年	《约翰内斯堡可持续发展声明》是各国政府做出的含有对全球可持续发展优先事项的具体目标和时间表的政治宣言。它回顾和总结了自1992年里约热内卢环境与发展大会以来国际社会在环境与发展领域里走过的路程,明确指出当前国际社会所面临的主要挑战,重申对可持续发展的承诺,明确提出人类的未来在于多边主义,号召各国采取切实的行动,力求实现可持续发展的目标
可持续发展北京宣言	2008年	认识到实现可持续发展是全人类共同面临的严峻挑战和重大紧迫任务;亚欧会议成员愿本着互利共赢的精神加强合作,为实现可持续发展做出积极贡献;重申各国在追求经济增长的同时应努力保持和改善环境质量,充分考虑子孙后代的需求;认识到经济发展、社会进步和环境保护是可持续发展的三大支柱,三者相互依存、相辅相成

资料来源 　作者自制。

二、中国的国际贡献及成效

面对气候变化与能源安全的挑战与创新在国内和国际两方面的压力，中国扮演着极为重要的双重角色：一方面，中国起到作为最大的发展中国家的中流砥柱的作用。其中"77国集团加中国"模式对国际能源环境问题谈判发挥着举足轻重的作用，为发展中国家根据"共同但有区别的责任"原则争取国际援助和公平发展；另一方面，中国作为世界最大的高能耗国家不仅面临着全球环境安全的严重挑战，其自身也是全球环境问题的主要来源。因此，面对不断融合和相互联系的能源环境问题，中国作为负责任的发展中大国一方面要恪守承诺，为维护全球能源和环境安全作出贡献；另一方面也要在清洁能源方面取得突破性发展，促进能源和环境的协调均衡、实现"又好又快"的可持续发展。

（一）对外能源合作领域

中国对国际能源合作的主要贡献包括推动全球经济的相互依存不断深入，以及维护生产国与消费国的良性互动。中国是维护全球经济稳定和能源安全的重要国家。经济相互依存是中国进行能源合作的推动因素。从全球经济相互依存的双重影响来看，中国已经成为与诸多西方大国一样的世界能源消费大国，在保障能源安全、应对能源危机、影响市场交易等方面都与这些国家有着共同的利益。中国经济的持续增长使得它与其他国家经贸关系相互依存不断加深，双方获益不断增加。一方面，主要大国作为世界上最大的能源消费国，都需要稳定而可靠的能源供应，这是各国在能源问题上的最大利益交汇处。如果中国和世界主要力量在多边框架内协调各自的能源政策，并与其他国家共同合作，就有可能从需求方面制约世界石油投机行为，稳定国际能源市场。另一方面，作为主要能源消费大国的中国通过调整国内产业结构以及技术革新提高燃油效率，将减缓世界能源需求压力，使全世界受益。

此外，中国政府积极推动新能源安全观的建设。为保障全球能源安全，胡锦涛在八国峰会上倡导树立和落实互利合作、多元发展、协同保障的新能源安全观。新能源安全观的深刻内涵包括：第一，在能源的开发利用上，主张互利合作。中国新能源安全观要求从能源开发到利用的各个环节中加强能源出口国、中转国和消费国之间以及能源消费大国之间的对话与合作，以实现互利共赢，确保全球能源安全。第二，倡导国际社会应该加强节能技术的研发与推广，支持和促进各国提高能效、节约能源、开展可再生能源和核能等合作，建立清洁、安全、经济、可靠的世界未来能源供应体系。第三，倡导携手努力，共同维护能源生产国特别是中东等产油地区的稳定，确保国际能源通道安全，避免地缘政治纷争干扰全球能源供应，抛弃以传统现实主义的旧思维方式来看待能源问题的观念，不局限于对现有能源市场的分割和对既得利益的维护上，不把能源问题政治化，更不能动辄诉诸武力，而是要树立新的能源安全观念，通过对话和协商的方式解决彼此的分歧与矛盾，加强合作、协同保障以有效维护能源产地和能源通道的安全。

更为重要的是，中国强调全球能源合作。2007年《中国的能源状况与政策》白皮书指出能源安全是全球性问题，每个国家都有合理利用能源资源促进自身发展的权利，绝大多数国家都不可能离开国际合作而获得能源安全保障。要实现世界经济平稳有序发展，需要国际社会推进经济全球化向着均衡、普惠、共赢的方向发展。中国一是与能源生产国建立长期能源供应协议，确保能源供应的稳定，开展多元能源外交，加强与非洲、拉丁美洲以及俄罗斯等石油出口国的能源合作；二是与能源消费国开展多种形式的能源对话，建立长效互信机制。

（二）清洁能源合作领域

2005年以来，中国大力参与国际清洁发展机制的合作，成为世界上拥有最多清洁发展机制项目的国家。为加强对《京都议定书》清洁发展机制项目活动的有效管理，中国政府发布了《清洁发展机制项目管理办法》，并于2008年8月在北京和上海分别成立了北京环境交易所和上海环境能源交易所，适时推进碳排放交易。截至2007年12月31日，中国政府共批准了1 023个项目，其中在清洁发展机制执行理事会注册成功的项目有151个，预计年减排量约9 100万吨二氧化碳当量，约占全球年减排量的48％。2009年1月30日，中欧启动了中欧清洁能源中心，支持中国建立一个更加持续、环保和高效的能源产业，一个更好地获取国际上尤其是欧洲的政策、法律框架、技术经验和最佳模式的途径，从而增加清洁能源的利用。2008年第五次中美战略经济对话中，双方签署能源与环境十年合作框架，在清洁电力、交通、清洁水、大气治理、湿地和其他自然资源保护五个领域建立联合工作组。在2009年6月7—10日美国气候变化特使托德·斯特恩访华期间，中美双方再次重申将加强中美清洁能源和气候变化伙伴合作关系，同意建立技术研发中心，推动技术研发合作，并将尽快成立中美技术合作和技术转让联合专家工作组。

（三）应对气候变化领域

中国始终注重加强与广大发展中国家的团结与合作，尤其是在各公约及其相关问题的谈判过程中。在1991年的北京发展中国家环境与发展部长级会议上，广大发展中国家和中国就环境保护形成了共同立场，并通过了《北京宣言》。在历次多边和双边环境外交谈判中，尤其是在里约环发大会和可持续发展首脑会议上，中国坚持"共同但有区别的责任"原则，提出发达国家对保护环境负有比发展中国家更多的责任，理应率先行动起来，为保护全球环境做出贡献。

中国不断推动发达国家向发展中国家提供额外的资金援助和优惠的技术转让，并认为帮助发展中国家是为了人类共同利益和自身利益的一种投资，也是对它们过去向环境索取并造成严重污染与破坏后的一种补偿。长期以来不平等、不公正的国际经济秩序使发展中国家发展滞后、资金缺乏、技术落后，这无疑将会给保护全球气候的国际合作和协调行动带来困难。因此，在向发展中国家提供资金援助和技术转让的同时，要建立公正的经济秩序，消除外部经济条件恶化带来的不利影响，加强发展中国家的技术和经济实力，以提高他们对保护全球气候的支持能力。

此外，作为一个负责任的发展中国家，中国政府高度重视并积极应对气候变化，认真履行了在《联合国气候变化框架公约》中所作的承诺，早在20世纪90年代，中国政府就成立了国家气候变化对策协调小组，又于2007年成立了由温家宝总理任组长的中国政府应对气候变化领导小组，同年发布了发展中国家第一个应对气候变化的国家级方案，在推进国家可持续发展战略进程中，采取了一系列有利于控制温室气体排放的政策和措施，为减缓全球气候变化作出了积极的贡献。

胡锦涛在2007年亚太经合组织峰会中提出了中国参与气候变化谈判的四项原则："合作应对，可持续发展，坚持《联合国气候变化框架公约》的主导地位，以及坚持科技创新。"温家宝在2007年东亚峰会中阐述了中国应对气候变化的五项主张："第一，气候变化是全球性问题，需要各国携手合作。第二，气候变化从根本上说是发展问题。第三，《联合国气候变化框架公约》及《京都议定书》奠定了应对气候变化国际合作的法律基础。第四，技术进步对减缓和适应气候变化具有决定性作用。"中国不仅积极参与现行国际制度，在全球气候变化谈判中采取学习和适应的方式，还逐步向积极进取、有所作为和谋求主导的方式转换。首先，中国和其他发展中国家一起要求发达国家按照"共同但有区别的责任"原则来率先承担减排，并且向发展中国家提供技术援助。其次，中国、欧盟和美国等发达经济体之间也具有一些共同点，都注重气候变化的适应能力建设（adaptation measures）问题。在2007年12月的联合国巴厘岛气候变化大会上，中国和欧盟同意采取"可测量、可报告和可核实的减缓温室气体排放行动"，为"巴厘路线图"最终通过作出了巨大贡献。最后，中国在国际谈判中具有双重定位：一方面中国是最大的发展中国家，以"77国集团加中国"的模式参与谈判；另一方面中国固有的能源消费和温室气体排放增长已明显拉开了与其他发展中大国的距离，不得不逐渐从幕后走向台前，直接面对来自欧盟和美国的国际压力。当然中国也在积极协调"77国集团加中国"阵营，为发展中国家努力争取更多的资金技术援助以促进发展中国家应对气候变化的能力建设，同时保持发展中国家阵营的团结。

第二节　中国应对挑战与创新的外交思想

在新旧国际体系转换的时期，传统安全与气候能源安全威胁相互交织，各种全球化发展的深层次矛盾推动各国外交出现复杂和深刻的变革，中国在气候能源领域的外交日益重要。气候能源安全是世界和平、区域稳定、国家与公共安全面临的新威胁，也是政治学中的"低级政治问题"，其影响和实施主体小到社区和个人，大到跨国组织、国家甚至整个地球。气候能源问题涵盖领域非常广，既包括由于科技发展及全球化引起的人类与自然界的可持续发展问题，也包括非国家行为体对国际秩序或国际稳定所造成的威胁和挑战。在气候能源领域的外交则要更多借助于多边机制和国际社会，包括多种非政府组织和跨领域、跨学科力量的加入。这些问题的最终解决必须依靠标本兼治的治理模式，因为这些问题多半不囿于国家之间，而源自人与自然的关系、社会体制、国家内部，有着深刻的突发性、自然性、体制性、结构性根源。

一、与时俱进的理论品质

党的理论是指导外交工作的基础，实事求是和与时俱进地判断和平发展环境是中国外交的"战略机遇期"理论的出发点和基础。①2001年7月，江泽民在庆祝中国共产党建党80周年大会的讲话中指出："不同的时代，基于不同的背景，中国共产党领导人对于国际形势的判断不尽相同，这种不同的时代观就反映出了马克思主义与时俱进的理论品质"。从50年代至70年代中期，党认为时代的主题是民族解放运动和革命斗争争取和平，直到1977年仍然认为，"在革命因素继续增长的同时，战争因素也明显增长"。自70年代末开始，邓小平根据国际形势的变化，对国际形势进行了新的分析和判断。江泽民同志为核心的党的第三代中央领导集体牢牢把握世界多极化和经济全球化等发展趋势，倡导积极参与国际交流与合作，建立起全方位、多层次的外交格局。党的十六大以来，以胡锦涛同志为总书记的党中央高举和平、发展、合作旗帜，提出走和平发展道路、奉行互利共赢的开放战略和推动建设持久和平、共同繁荣的和谐世界等重大战略思想，中国的全方位外交不断取得新进展。②

在与时俱进的理论指引下，中国国家领导人对外交战略进行了重大调整，充分认识到和平与发展的时代主题的新变化。当今的时代是"国与国

---

① 于洪君. 冷战后时代的中国外交：战略、策略与成就[J]. 北京联合大学学报, 2003（44）；王福春. 十六大与21世纪初的中国外交战略[J]. 国际政治研究, 2003,（1）曲星. 坚持韬光养晦、有所作为的外交战略[J]. 中国人民大学学报, 2001,（5）.
② 杨洁篪. 新中国外交在党的领导下不断胜利前进[J]. 党建研究, 2009, 10: 2-6.

相互依存日益紧密"①的时代,世界各国的利益复杂交织。现存国际体系的开放性正是源自全球体系的相互依赖性,在相互依存的国际体系转换时期,传统安全与气候能源安全威胁相互交织,各种全球化发展的深层次矛盾推动各国外交出现复杂和深刻的变革。中国在气候能源领域的外交日益重要,特别是进入新世纪以来,全球共同面临着能源资源价格攀升、生态退化、环境污染、人口健康、饥饿贫困、南北差距、严重自然灾害和全球气候变化等重大问题②。中国外交决策层面已经充分注意到气候能源领域问题与国家的政治、经济和社会现实密切相关。③温家宝指出,中国对非传统安全持合作的态度,通过科学发展对世界和平与繁荣作出重大贡献。

面对冷战后气候能源等非传统安全问题地位不断上升的趋势,江泽民强调普遍的安全和树立以互信、互利、平等、合作为核心的安全观,并提出"全球性问题需要各国共同解决,全球性挑战需要各国合作应对。任何一个国家和一种力量,都不可能也没有能力来独自完成这个任务。只有各国通过民主性的参与,这些全球性问题才能得到妥善的解决"。④针对21世纪以来的各种错综复杂的国际问题,2005年胡锦涛同志在联合国讲台上明确提出了"和谐世界"的理念,"和谐世界"思想要求建立一个可持续发展的国际社会,使人类与地球和睦相处,要求通过国际合作来保护全球的自然生态环境,合理开发和使用全球资源,使人与自然友好相处、可持续发展,"加强应对气候变化能力建设,为保护全球气候作出新贡献"等。⑤

在"和谐世界"的理念基础上,气候能源安全外交已经成为中国国家发展战略的组成部分,是建设"和谐社会"的支撑。中共十七大为2020年全面建成小康社会的奋斗目标赋予了新内涵,十七大报告要求"统筹兼

① 参见新华网.胡锦涛在党的十七大上的报告[EB/OL].[2007-10-24]. http://news.xinhuanet.com/newscenter/2007-10/24/content_6938568.htm.
② 陆忠伟.非传统安全论[M].北京:时事出版社,2003:33.
③ 崔立如.全球化时代与多极化世界[J].现代国际关系,2010年院庆30周年特刊,第1-4页.
④ 江泽民.让我们共同缔造一个更美好的世界[M]//《江泽民文选》(第一卷).北京:人民出版社,2006:476-482.
⑤ 参见新华网.胡锦涛在党的十七大上的报告[EB/OL].[2007-10-24]. http://news.xinhuanet.com/newscenter/2007-10/24/content_6938568.htm.

顾"和"统筹国内国际两个大局"①，强调兼顾传统与气候能源两个方面的安全问题。其中很多气候能源领域问题，如能源和环境的关系、可持续发展、经济转型、生态文明和包容性增长等，是"又好又快发展"的外部条件。

二、协同共进的发展方向

协同共进是相互依存和全球化时代下中国气候能源外交的必然选择。互利共赢地发展国际交往合作，不仅是中国的需要，也是其他国家的需要。这意味着，一方面，中国必须在国际舞台上高举"合作共赢"的大旗，与世界各国携手解决各种气候能源领域的问题；另一方面，中国气候能源领域的外交要着重关注对全球相关领域治理制度的修改、完善和新制度的制定，从基本规则入手，以制度建设促进全球治理和中国形象的建设，最终实现合理、公正、符合全人类的和谐世界。

世界各国面临的气候能源安全危机趋于全球化，形成全球治理在各国以及国际组织中不断磨合的趋势。积极开展国际气候能源合作已经成为当代中国外交重要的内容。党的十七大报告全文四次论述了中国对世界的贡献或全球贡献，并指出，"中国的发展，不仅使中国人民稳定地走上了富裕安康的广阔道路，而且为世界经济发展和人类文明进步作出了重大贡献"，到2020年中国将成为"为人类文明作出更大贡献的国家"等。为了应对全球气候变化挑战，从2005年到2009年，胡锦涛和温家宝等主要党的领导人多次呼吁国际社会重视保护气候，最终推动实现了哥本哈根会议的成功。

在全球化时代，全球性和跨国性问题不断增加，国际合作在应对这些问题上具有不可替代的作用。斯特恩指出，国际制度就是应国际合作的需要而产生的，气候能源问题不断地增多，使得各类功能性和地区性组织不断加强、应运而生，在一个日益以游戏规则为各国利益分配指导的国际社会中，国际制度正在部分地克服世界的无序状态，推动各国的外交出现新的变化。中国外交尤其需要重视这些制度和规范。温家宝指出，中国是国

---

① 新华网. 胡锦涛在党的十七大上的报告[EB/OL]. [2007−10−24]. http://news.xinhuanet.com/newscenter/2007−10/24/content_6938568.htm.

际体系的参与者和维护者。中国不仅积极参与现行国际制度，同时提供了
大量的全球治理产品，与其他国家一起"相互帮助、协力推进，共同呵护
人类赖以生存的地球家园"。20世纪70年代以来，中国参与制定了几乎世
界上所有重要的制度和规范。表十九反映了中国政府积极参与国际制度和
规范的建设，这些制度和规范既包含中国的主张和看法，也推动中国外交
开拓新的重要领域和合作方向。

表十九　　**中国领导人系统阐述保护气候国际合作立场的重要讲话**

时间	场合	发表者	讲话题目
2005 年 7 月	八国集团同发展中国家对话会	胡锦涛	携手开创未来 推动合作共赢
2007 年 11 月	东亚峰会	温家宝	携手合作　共同创造可持续发展的未来
2008 年 7 月	经济大国能源安全和气候变化领导人会议	胡锦涛	在经济大国能源安全和气候变化领导人会议上的讲话
2008 年 11 月	应对气候变化技术开发与转让高级别研讨会	温家宝	加强国际技术合作 积极应对气候变化
2009 年 9 月	联合国气候变化峰会	胡锦涛	携手应对气候变化挑战
2009 年 12 月	哥本哈根气候变化会议领导人会议	温家宝	凝聚共识 加强合作 推进应对气候变化历史进程
2012 年 6 月	联合国里约+20 可持续发展峰会	温家宝	共同谱写人类可持续发展新篇章

资源来源　作者自制。

三、与友共赢的应对策略

中国一向重视并积极推动与发展中国家的合作，尤其是与新兴大国之
间的合作。中国的气候能源领域外交一方面针对当前的热点问题，不断推
动发展中国家谋求公平发展的权力，促进中国和发展中国家的互利共赢，
另一方面也在积极推动发展中国家在全球治理中发挥更大的作用。杨洁篪
指出，"全球治理"的核心是促进国际社会各方要普遍参与、普遍受益，
为广大的发展中国家发展创造更加有利的条件和环境。

"共同但有区别的责任"原则是维护发展中国家公平发展权益的基石，建设国际经济新秩序是中国长期坚持的方向。长期以来不平等、不公正的国际经济秩序使发展中国家发展滞后、资金缺乏、技术落后，无疑将会给气候能源领域的合作和协调行动带来困难。在邓小平亲赴联合国的推动下，国际社会终于在 1975 年通过了《建立国际经济新秩序宣言》和《行动纲领》，要求制定一项符合广大发展中国家需要的国际经济新秩序。自此之后，中国始终与"77 国集团"一起为发展中国家维护发展权和发展空间，在历次多边和双边外交谈判中，中国坚持发达国家负有比发展中国家更多的责任，理应率先行动起来，为全球气候能源问题的治理作出贡献。中国认为广大发展中国家的发展权力应得到维护，绝大多数发展中国家尚处于满足人民基本需要的发展阶段，承受着保护环境和发展经济的双重压力。中国不断推动发达国家向发展中国家提供额外的资金援助和优惠的技术转让，并认为帮助发展中国家是为了人类共同利益和自身利益的一种投资，也是对他们过去向南方国家索取并造成其发展滞后的一种补偿。中国积极主张建立公正的经济秩序，消除外部经济条件恶化带来的不利影响，加强发展中国家的技术和经济实力，以提高他们在防灾、反恐、环保等领域的国家建设能力。

中国认为发展中国家在国际交往中也理应享有平等的参与权与决策权，为此就要反对单边主义，提倡和推进多边主义，最大限度地发挥联合国及其安理会在国际事务中的积极作用。在联合国框架下的国际反恐合作是中国推动的最终方向。江泽民主张："打击恐怖主义要遵守联合国宪章的宗旨和原则及公认的国际法准则，充分发挥联合国和安理会的作用，一切行动应该有利于维护地区及世界和平的长远利益。"在全球疾病防控领域，温家宝强调，联合国应发挥其政治优势，加强禽流感防控国际合作的政策协调。世界卫生组织应加大向发展中国家提供防控禽流感的技术支持力度。

中国始终注意加强与南方国家中的资源出口国的团结与合作。中国和海湾国家在能源等领域展开了卓有成效的合作，中国与海湾国家的能源对话机制已经启动，目前正在进行自由贸易协定的谈判。中国已相继在沙特、伊朗获得能源大项目，与海湾地区的能源合作势头看好。中国企业在非洲建立了原油勘探开发、输油管线、炼油、石化等上下游一体的石油工业体系，并培训本土技术人员、鼓励旅游业发展。这样不仅避免了欧美国家历史上对非洲的片面掠夺性开采、防止非洲国家形成对能源资源的过度依赖，也协助非洲实现产业升级和提升经济活力。中国和非洲的能源合作主要采取"股权换油源计划"，通过帮助非洲国家改善农业、电力和通讯等产业来交换石油的勘探开发权。这种中非石油供需双方的直接交易既可以防范欧美金融炒家，又可以实现非洲石油投资多元化发展。

作为新兴发展中大国，中国、印度、巴西崛起势头迅猛，经济发展成就显著，在诸多气候能源领域方面具有共同的利益。2011年"金砖四国"已转为"金砖五国"合作机制，正式登上了世界政治和经济的舞台，成为全球治理的重要角色。这些国家可以推动发展中国家合作，建立多个层面的协调机制，可以与其他发展中国家加强团结，促进发展中国家共同发展。发展中国家的核心集团"基础四国"也已经成为气候变化谈判的主要力量。联合国政府间气候变化专门委员会主席拉津德·帕乔里表示，由中国、印度、巴西和南非组成的"基础四国"成为哥本哈根会议上一股重要力量，他们可能会引领未来的气候谈判道路。

四、"与世界和谐相处"的大国形象

近30年来，中国经济以世人罕见的发展速度和质量取得了举世瞩目的成就，同时又坚定不移地走社会主义道路，"中国模式"和"北京共识"已经成为许多发展中国家借鉴的主要经验。这就使一些西方政治家、理论家怀疑和曲解中国未来是否要挑战现行国际秩序，是否要报复曾经加害过中国的世界列强，加上意识形态、地缘政治带来的隔膜和个别妖魔化中国的恶意炒作，中国坚持和平发展的国家形象被有所影响，也使得世界其他一些国家和人民不免有所担心。中国和平发展的进程必须以气候能源领域的外交为平台，以充分构建良好的国家形象为起点，通过积极有效、务实协作的公共外交应对"中国威胁论"。

良好的国家形象意味着该国在国际社会中的言词和行为较易得到别国的认同，能够比较容易地影响和说服他国，表示该国拥有雄厚的软实力和

　　较为广阔的国际活动空间，能够促使本国在国际事务和国际竞争中占据主动，增强国家的外交力量和在国际事务上的发言权，促进国家目标和利益的实现。因此，良好的国家形象某种程度上已经成为"一国对外交往的旗帜、走向世界的通行证、社会和经济发展的助推器"。

　　中国政府认为，中国一贯坚持的是国家和谐与世界和谐、国家利益与全人类共同利益相统一的原则，始终把自身的发展与人类的共同进步联系在一起，既充分利用世界和平发展带来的机遇发展自己，又以自己的发展更好地维护世界和平、促进共同繁荣。这种和谐的世界观和发展观保证了中国外交思想与治国理念（科学发展观、和谐社会）统一，进一步澄清了中国的和平共处五项原则的外交内涵，减少了因不确定性而战略误判的可能，也更加清晰地阐述了自己的形象原则，即在"独立自主"、"改革发展"的形象之外增加了一层"与世界和谐相处"的和谐形象，所以胡锦涛同志说"中国的发展，是和平的发展、开放的发展、合作的发展、和谐的发展"。2007年3月，温家宝总理在十届人大第五次会议上所做的政府工作报告中明确提出：要树立中国和平、民主、文明、进步的形象。

第九章

挑战与创新：制度内化和软能力

全球气候变化谈判推动全球环境政治进入一个新的时代。十七大报告提出："加强应对气候变化能力建设，为保护全球气候作出新贡献。"国内制度和软能力都是重要的能力建设。首先，政策协调是所有国内制度的核心问题。目前气候变化国际气候制度仍然处于谈判阶段，国际气候制度对于塑造决策者的利益、改变知识结构，以及形成内化的国际制度具有重要的意义。应对气候变化过程中，国际制度可以经由利益协调、规范内化和制度建设这三种解释变量来塑造中国国内制度与规范、影响部门利益和政策制定过程，进而推动气候变化软能力的发展。其次，气候变化软能力建设包括三个层面：第一是利益协调，包括气候变化谈判带来的新的利益理念、利益集团等，它们既是提升气候变化软能力的动力，同时也促进中国国家利益通过国际气候变化谈判而对国际制度或规范形成反作用力；第二是规范内化，它包括国际规范的扩散与内化、信息交流等，部门协调和交流对软能力建设至关重要，同时国际制度与规范也逐渐被当地化；第三是制度建设，它包括协调体制的演变、议事日程的设定、国际履约等。在全球气候变化谈判中，软能力建设对中国气候外交具有重要的政治和战略涵义。随着中国日益成为国际体系的参与者、维护者和建设者，中国和国际制度的关系经历了反对、尾随、遵循和负责任的不同阶段，因此软能力建设国际化的要求也必然会日益强烈，中国软能力建设将不可避免地随国际化和国内政治发展需求而逐渐发展变化。随着中国日益成为气候变化全球治理的参与者、维护者和建设者，中国软能力建设将逐渐地、全方位地影响气候变化制度演进，因此中国必将对气候变化制度本身的发展和变迁作出贡献。

第一节　气候变化制度内化

本书的重要观点是：在国际气候制度创立之前，中国政策制定是脱节和不协调的，国际气候制度促进了中国政策的协调发展，是影响中国政策协调变化的最重要之变量。在前面的几章，我已经总结评价了国际气候制度和中国政策协调的关系。国际制度和参与国际政治活动的各个行为体的动机、行为有着密切的内在联系，甚至是复杂的相互依赖型关系。纵观国际政治经济学发展的历史，对国际制度内化的研究一直围绕着政府自主性、国家能力、国内制度等方面展开，而政府自主性和国家能力也被嵌入（embedded）到国际制度内化的重要指标——国内制度变革中。斯蒂芬·哈加德(Stephan Haggard) 和罗伯特·考夫曼(Robert Kaufman) 认为制度会决定政策偏好、选择和结果。[1]诺斯（North）认为制度是社会的一种游戏规则，或者是用来塑造国家交往的人为限制。中国参与国际制度的过程，将会伴随着一种国际制度内化的过程，即国际制度修正、塑造、改变，甚至会创造不少国内制度，在学习、参与和融入国际制度的同时，中国自身国内制度建设将会产生某种程度的变化和调整。国际制度在中国的内化过程和结果是怎样的？李侃如（Kenneth Lieberthal）、奥克森伯格（Michel Oksenberg）和兰普顿（David Lampton）等从政治结构来分析中国国内制度走向（政治结构论者）。[2]埃克诺米和皮尔森等则阐述全球化条件下，国际制度的影响（国际制度论者）。本书会整合政治结构论和国际制度论，

---

① HAGGARD S, KAUFMAN R R. The political economy of democratic transitions [M]. Princeton: Princeton University, 1995: 74.

② LIEBERTHAL K, Lampton D. Bureaucracy, politics, and decision making in Post-Mao China[M]. Berkeley: University of California Press, 1992; LIEBERTHAL K, OKSENBER M. Policymaking in China: leaders, structures, and processes [M]. Princeton: Princeton University Press, 1988.

分析国际气候制度在中国内化的内容和过程。本书对国际制度因素和公共政策协调的关系进行论证，并以国际防治气候变化制度为例。本书主要采用文献分析和实证研究相结合的方法。本书的实证研究中主要采用文本分析和深度访谈的方法。受访的对象为发改委、外交部、科技部、农业部、环保总局、财政部、中国科学院等参与国际制度的国家部委和重要学术机构。在本研究中深度访谈的主要指标是：1.参与行政协调的不同人士和部门的利益偏好和理念的同构性和异质性；2.参与行政协调的不同人士对国际气候制度的认同；3.不同部门在接触相关国际气候制度之前和之后的协调程度比较。

一、国际制度内化的原因

《联合国气候变化框架公约》在中国的制度内化有两个原因：一是国际制度多元化和复杂化的议题要求；二是国际制度本身的规定。

首先，国际制度的内化政策协调来源于对各种部门利益、对策和专业知识整合的需要。[①]《联合国气候变化框架公约》的制度内化的主要后果是政策协调制度的出现和发展。

表二十　　　　**《联合国气候变化框架公约》主要谈判议题**

谈判议题	框架公约相应条款
减量分担责任	责任不同：成员承担共同但程度不同的责任与能力，"附件一成员"需率先承担责任，采取行动，防治温室气体的排放（公约3.1条）
减量负担公平性	公平原则：应将公约中有特别需求或面临特殊状况的成员（特别是发展中国家）所可能承担之不成比例负担或反常负担列入公平考虑（公约3.2条）
如何减量	防范措施：采取"经济有效"及"最低成本"措施防治气候变化（公约3.3条）
发展权	经济发展：成员有权促进可持续发展，并将经济纳入防治气候变迁的关键考虑因素（公约3.4及3.5条）
不确定性	不确定性：各缔约国应采取预防措施，减缓不利影响，不应该以科学上的不确定性作为推迟采取措施的借口（公约3.3条）

资料来源　作者自制。

---

① HALPERN N P. Information flows and policy coordination in the Chinese bureaucracy [M]//Lampton D. The making of Chinese foreign and security policy in the era of reform 1978—2000. Stanford, California: Stanford University Press, 2001: 126-128.

在对问卷中"国际防治气候变化制度对部门间的协调制度出现的作用"的回答上，绝大多数参与气候变化政策制定的人士都认为非常必要（见图二十七）。

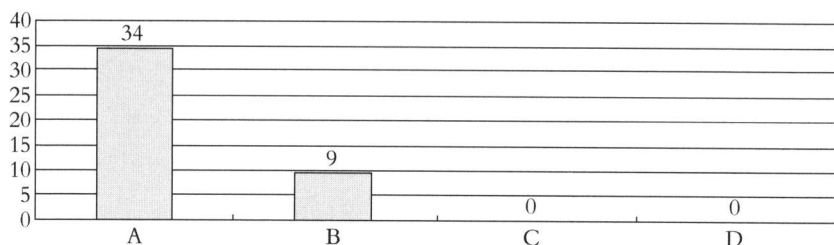

图二十七　国际防治气候变化制度对部门间的协调制度出现的作用

（注：横轴坐标代表：A.非常必要；B.必要；C.不太必要；D.不必要。纵坐标代表：参与这个问题调查的人数）

资料来源　作者自制。

其次，《联合国气候变化框架公约》的谈判过程和国际条约本身也导致了在中国的制度内化。大多数受访官员和学者还认为国际防治气候变化制度的压力促进了中国的政策协调制度的产生（见图二十八）。

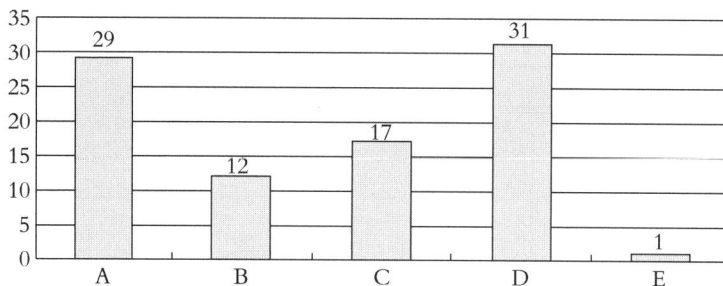

图二十八　促进政策协调的多种因素

（注：横轴坐标代表：A.国家考虑；B.国际组织（UNEP, etc.）；C.国务院的工作议程；D.气候变化谈判的要求；E.其他。纵坐标代表：参与这个问题调查的人数）

资料来源　作者自制。

此外，根据《联合国气候变化框架公约》的 FCCC/CP/1995 – FCCC/CP/2001/ 等文件，国家信息通报和国家政策协调等是履行 FCCC 的一个重要指标。《联合国气候变化框架公约》缔约方会议第7届会议报告要求："建立一个国家适应计划组，由一个牵头机构和包括政府机构与民间社会在内的利害相关者代表组成这个小组，并应采用公开包容和透明的灵活程序组建。适应计划组将负责编制适应计划和协调适应计划的执行。国家协调机制和协调中心以及国家协调实体在确保国家和区域一级的协调方面可发挥重要的作用，并可作为协调能力建设活动的中心点。"

二、气候变化制度内化的内容

埃克诺米和西吕厄斯指出："环境政策的国际化不仅仅意味着国家对环境问题的反映，也意味着国际制度影响国内政策制定议程，影响政策产出和实施"，"国际气候制度会推动新的国内决策单位的产生、国内新的机构的建立，以及新的政府部门联系的产生。"[1]埃克诺米同时认为国际制度推动产生新的政府安排以应对国际制度，并提升科学家或其他专业团体在政策制定中的位置。[2]中国学者认为，为了遵守机制的各种规则、程序和准则，参与国内部需要建立一些相关的制度并设置或授权相关机构。这样就在国家内部形成了国家行为体，包括政府机构和非政府的利益集团等，保持机制和他们的利益一致，因而形成国内支持机制的势力。另外，赞成参与机制需要一定的国内决策过程，并使这种过程实现实体化和结构化。

作为一种重要的国际制度内化现象，《联合国气候变化框架公约》推动中国实施负责、综合与协调的政策应对气候变化，并且成立了相应的国内协调制度、和谐的决策理念和程序。为了实现中国在《联合国气候变化框架公约》中的承诺、编制完成气候变化初始国家信息通报、提高中国应对气候变化的能力、促进中国可持续发展，并在国际谈判中实现国家利益，中国成立了相应的《联合国气候变化框架公约》的政策协调组织——国家气候变化对策协调小组。国家气候变化对策协调小组的主要职责是讨论涉及气候变化领域的重大问题，协调各部门关于气候变化的政策和活动，组织对外谈判，对涉及气候变化的一般性跨部门问题进行决策。对

---

① ECONOMY E, SCHREURS M A. Domestic and international linkages in environmental politics [M]// ECONOMY E, SCHREURS M A. The Internationalization of Environmental Protection. New York: Cambridge University Press, 1997: 6.
② ECONOMY E. The impact of international regimes on China's foreign policy-making [M].Stanford: Stanford University, 2001: 251.

重大问题或各部门有较大分歧的问题，国家气候变化对策协调小组将报国务院决策，以指导对外谈判和国内履约工作。

国家气候变化对策协调小组是中国政府关于应对气候变化问题的跨部门议事协调机构，协调小组的成员单位包括财政部、商务部、农业部、建设部、交通部、水利部、国家林业局、中国科学院、国家海洋局和中国民航总局。国家发改委是组长单位，外交部、科技部、农业部、环保总局、财政部、中国科学院、气象局、水利部、交通部、林业总局等是副组长单位。根据协调小组的有关分工，国家发展和改革委员会牵头负责有关应对气候变化对策的总体协调工作。国家气候变化对策协调小组每年召开数次会议。会议主要内容包括：1.外交部介绍关于国际谈判的进展，和通知下次会议的主要内容和议程。2.国家气象局通报政府间气候变化专门委员会主要进展情况。3.国家发改委汇报国家气候变化对策协调小组工作情况，讨论国家气候变化对策协调小组的工作安排等。为保证协调小组工作的顺利进行，设立国家气候变化对策协调小组办公室，承办协调小组的日常工作。办公室设在国家发展和改革委员会地区经济司。在具体业务方面，我们可以从以下三个层面解释气候变化政策协调过程的特点：

首先，气候变化政策协调是一种相互协商的过程。[①]在气候变化政策协调过程中，相互协商是指不同的机构通过通讯、交流和会谈，将自己的对案整合到政策协调过程中去。气候变化政策协调的最终成果是各个部门达战的共识，它将是最终应对《联合国气候变化框架公约》缔约方会议的对案。中国人民大学环境学院邹骥教授认为《联合国气候变化框架公约》缔约方会议对案不是一个简单的环境政策制定问题，不是一个专家或者一个小组所能够决定的，必须要征求许多方面的意见。

其次，通过气候变化政策协调，各个相关的部门可以进行不同领域的知识和信息的交流，互相理解对方提出应对《联合国气候变化框架公约》缔约方会议的对案。中国应对《联合国气候变化框架公约》缔约方

---

① HATCH M T. Domestic politics and international negotiations: the politics of climate change in China. Paper at the 2001 Berlin Conference on the Human Dimensions of Global Environmental Change, 2001[C]. http://www.pik-potsdam.de/reports/welcome.htm#Rr48582.

会议谈判的最终对案是对源自不同机构的建议与对案进行不断评估和选择的结果。

最后，参与政策协调的不同机构在应对《联合国气候变化框架公约》缔约方会议谈判方面具有信息或者知识的不完全性特点。各个相关机构在参与政策协调或者共同交流之前已经确定了各自的任务，以及在应对气候变化谈判过程中的各部门自己的观点和立场，通过政策协调，最终取得一致意见。

早在1990年，中国政府就在当时的国务院环境保护委员会下设立了国家气候变化协调小组，协调小组办公室设在原国家气象局。由于它主要处理和气候变化科学问题有关的事宜，因此由时任国家科技部部长宋健担任小组领导。中国气象局被设置为领导机构，其下设有气候变化协调办公室。中国参与《联合国气候变化框架公约》以及缔约国谈判之后，中国面临的问题越来越复杂，国际制度影响涉及诸多学科领域，对气候变化的政策制定要求的协调能力和水平日益提高。很显然，中国气象局无法协调如此复杂的局面。1998年，在中央国家机关机构改革过程中，设立了国家气候变化对策协调小组，时任国务院副总理曾培炎同志任组长。中国参加《联合国气候变化框架公约》谈判之后，国家发改委、科技部和外交部承担了主要责任。2003年10月，经国务院批准，新一届国家气候变化对策协调小组正式成立。时任国家发展和改革委员会主任马凯担任新一届国家气候变化对策协调小组组长。时任国家发展和改革委员会副主任刘江担任常务副组长，外交部副部长张业遂、科技部副部长邓楠、中国气象局局长秦大河和国家环境保护总局副局长祝光耀担任副组长。2007年，中国成立国家应对气候变化领导小组，该工作小组由时任国务院总理温家宝担任组长，负责制定国家应对气候变化的重大战略、方针和对策，协调解决应对气候变化工作中的重大问题。目前国务院总理李克强担任国家应对气候变化及节能减排工作领导小组组长，国务院副总理张高丽和国务委员杨洁篪任副组长。国家应对气候变化及节能减排工作领导小组具体工作由发展改革委员会承担，成员则有：国务院副秘书长肖捷、外交部部长王毅、发展改革委员会主任徐绍史、教育部部长袁贵仁、科技部部长万钢、工业和信息化部部长苗圩、民政部部长李立国、财政部部长楼继伟、国土资源部部长姜大明、环境保护部部长周生贤、住房城乡建设部部长姜伟新、交通运输部部长杨传堂、水利部部长陈雷、农业部部长韩长赋、商务部部长高虎城、卫生计生委主任李斌、税务总局局长王军、质检总局局长支树平、统计局局长马建堂、林业局局长赵树丛、国务院副秘书长兼国管局局长焦焕成、法制办主任夏勇、中科院院长白春礼、气象局局长郑国光、发展改革委副主任兼能源局局长吴新雄、海洋局局长刘赐贵、交通运输部副部长兼铁路局局长陆东福、交通运输部部长兼民航局局长李家祥、发展改革委副主任解振华。

三、气候变化制度内化的阶段

国际制度要求各参与国的政策进行相互融合和调整，导致国内利益偏好和表达、政策制度和决策过程等方面出现变化。笔者认为，国际防治气候变化制度内化的重点在于国家政策协调制度的建设和决策过程的调整。政策协调制度一般包括以下三个要素：部门利益的表达，部门与跨部门的知识（信息）建构，各部门对最后决策形成的意见建议交换。本书将从部门自主决策、信息交流咨询，以及追求共识等方面讨论国际制度的内化内容。

在第一个阶段，经过不同小组研讨，每一个小组都将提供一个缔约方会议对案。不同的部门首先在各自分管领域制定政策：国家发改委负责能源工业、协调国家发展策略、调节不同部门之间的冲突；外交部负责国际公约的制定、国际谈判；科技部负责科技项目的管理和实施；商务部负责吸引国外环境资金、国际环境贸易；国家气象局负责国际气候变化科学合作；财政部负责国际资金的控制；国家环保总局关注环境国际公约等。

第二个阶段，是信息相互交流咨询阶段。在这个阶段中一般包括以下三个要素：部门利益的表达，部门与跨部门的知识（信息）建构，以及各部门对最后决策形成的影响（决策结构）。这一阶段也是一个双向的信息和知识交流的阶段。各个部门相互告知自己领域中涉及《联合国气候变化框架公约》的知识和信息，以及他们将要采取的对案，需要建立和保持常规的信息和知识交流渠道，如日常会议、简报通传等，气候变化政策协调是一种相互协商的过程。[1] 在气候变化政策协调过程中，相互协商是指不同的机构通过通讯、交流和会谈，将自己的对案整合到政策协调过程中去。气候变化政策协调的最终成果是各个部门的共识，它将是最终应对《联合国气候变化框架公约》缔约方会议的对案。从图二十九的问卷数据中我们可以了解到国际防治气候变化制度的内化可以促进各部门信息交流。

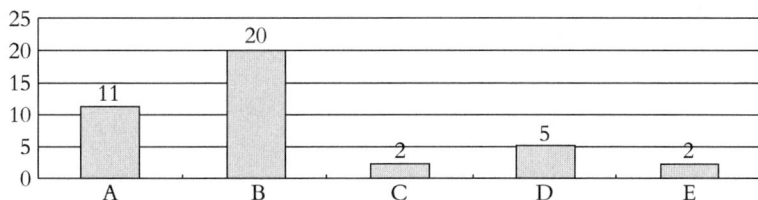

图二十九　　国际防治气候变化制度是否可以促进各部门信息交流

(注：横轴坐标代表：A.作用明显；B.作用很大；C.作用不太大；D.没有效果；E.不清楚。纵坐标代表：参与这个问题调查的人数)

资料来源　作者自制。

　　第三个阶段是追求共识阶段，中国应对《联合国气候变化框架公约》缔约方会议谈判的最终对案是对源自不同机构的建议与对案进行不断评估和筛选的结果。不同的部门需要尽可能地协调不同意见、取得共识、统一口径。统一口径意味着不同的立场和谈话口径不能出现在政府在公众和国际谈判的话语中。由于在防治气候变化政策制定中，不同部门彼此相互依赖，并且气候变化政策的制定和实施对一些行业和部门弊大于利、另一些行业和部门利大于弊，所有部门都有其自身的利益和诉求，因此政策协调非常重要（见图三十），尽管会存在种种部门间利益冲突，但是国家谈判中中国需要一种声音，政策协调会减少部门分歧。

---

[1] HATCH M T. Domestic politics and international negotiations: the politics of climate change in China. Paper at the 2001 Berlin Conference on the Human Dimensions of Global Environmental Change, 2001[C]. http://www.pik-potsdam.de/reports/welcome.htm#Rr48582.

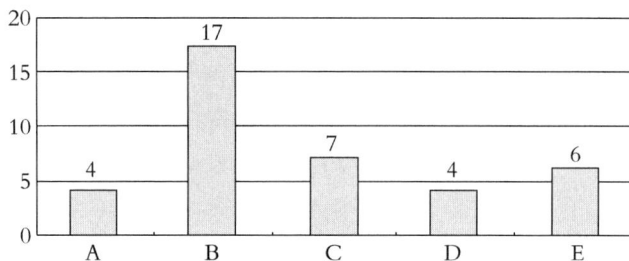

图三十　　国际防治气候变化制度在解决不同部门冲突时的作用

（注：横轴坐标代表：A.作用明显；B.作用很大；C.作用不太大；D.没有效果；E.不清楚。纵坐标代表：参与这个问题调查的人数）

资料来源　作者自制。

　　第四个阶段是建立共识的阶段，该阶段最终消除不同部门之间的分歧，并建立共识。这种水平层面上的协调过程可以解决不同的观点、提议和利益分歧（见图三十一）。财政部协调在各种环境基金领域中出现的分歧。外交部统一在应对谈判中的各种不同意见。由于经济规划对和防治气候变化有关的能源工业、农业等非常重要，大多数气候变化政策是经由国家发改委统一协调的。国家发改委是组长单位。各个相关机构在参与政策协调或者共同交流之前已经确定了各自的任务以及在应对气候变化谈判过程中各部门自己的观点和立场，通过政策协调，最终取得一致意见。

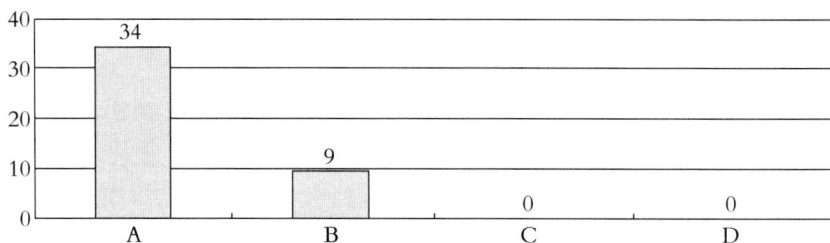

图三十一　　对于气候变化政策协调制度的评价

（注：横轴坐标表示：A.非常必要；B.必要；C.不必要；D.其他。纵坐标表示：参与这个问题调查的人数）

资料来源　作者自制。

四、国际制度内化的特征

　　西方中国问题专家李侃如、奥克森伯格和兰普顿等提出用松散的权威体制(authoritarian fragmental model)来解释中国的政策制定。他们认为中国的政策制定存在脱节和缺乏协调等特征。但是通过本书的分析，我们可以看到，在应对《联合国气候变化框架公约》的谈判过程中，国际制度的内化产生出四个方面的新特征：

第一是政策协调中的共识取得问题。许多受访者强调国家政策协调委员会最终获得共识的重要性。刘江、曾培炎等领导一直强调在每次国际气候变化谈判前进行政策协调的重要性。与此同时，共识的形成未必遵循例外管理模式，一些共识可能由参与政策协调的核心单位制定。在气候变化政策协调的实践过程中，一些部门在制定对案的工作中承担着更多的责任，也被称为窗口单位（或主管单位），例如国家发改委、外交部、科技部和财政部等。许多政策建议的产出有赖于专业人士和科学家等，如科技部经常会和清华大学保持战略联系。由于谈判的需要，政策协调也变得越来越频繁。

第二是关于松散的权威理论的解释力问题。根据该理论，同一等级的行政单位不能向另外一个同一等级的单位发布命令。但是，国家发改委作为主管单位在气候变化政策方面拥有更多的权威。其他窗口单位例如外交部、财政部、科技部等在政策协调过程中也发挥了重要作用。

第三是水平协调问题。国际制度的内化正在推动中国气候变化政策向着协调运作、有条不紊的方向发展。国际制度的内化主要产生水平层面上的政策协调制度。水平政策协调制度是指政府各部门之间的权力和职能划分，即政策决策权在水平层面的政府上被分成不同类别由各职能部门掌握。在政策决策中，经常出现职能不清、权责不明、互相推诿扯皮、部门分割、各自为战的现象，而水平层面的政策协调制度不但使各部门的职责明确，而且推动各部门协调、沟通，并以全局为重。

第四是关于国际制度内化的效果。墨宁（Melanie Manion）认为："政策协调机制对中国的政策制定体系有着特殊的重要意义，中国的政策决策需要许多机构的合作。"[1]埃克诺米认为中国气候外交被许多单位所分

---

① MANION M. Politics in China [M]// ALMOND G A, POWELL G B, STROM K, et al. Comparative politics today: a world view. New York: Addison Wesley Longman, 2000: 449.

享。①在国际防治气候变化谈判的各个阶段中，国际制度内化的主要标志是政策协调制度的建设。这对中国在应对各种国际气候制度、参与国际环境合作、在合作中促进中国和世界可持续发展的同时，树立负责任的大国形象等发挥了举足轻重的作用。基于有效的国际制度内化，中国政府成功地履行了在《联合国气候变化框架公约》下承担的具体义务，完成了《中华人民共和国气候变化初始国家信息通报》，并着手制定《应对气候变化国家战略》，用以指导未来几十年中国应对气候变化的政策措施。

埃克诺米认为："国际制度将会导致新的国内行为体的剧增、新的决策部门联系的出现，这些都会影响政策制定，国际制度总是能够提供训练机会、财政援助、技术引进，这些都会有助于政策的变化。"②因此，尽管松散的权威模型认为中国的政策制定不协调、脱节并且缓慢，然而国际防治气候变化制度在中国的内化产生了高度协调的政策制度。《联合国气候变化框架公约》在内化过程中扮演了非常重要的积极作用。通过国际制度的内化，政策协调制度将国家的、社会结构的、人类发展的方面与经济分析放在同等重要的位置，作为一个整体考虑。十六大提出："要进一步转变政府职能，改进管理方式，努力形成行为规范、运转协调……的行政管理体制。"在中共中央"十一五"规划中，"建设资源节约型、环境友好型社会"作为基本国策，被提到前所未有的高度。国际制度对于国内政策制定的影响在于它使早期的国际体系发生了结构性的变化，世界由一个相互隔绝的时代进入到一个相互依存的时代。民族国家在日益相互依存的国际体系中运作，一方面得到了新的机会、利益、权利和知识，另一方面它们的自主性也受到了限制，甚至不得不建立符合国际制度要求的新的国内机构。因此，各个国家应积极参与国际组织的活动，促进国际组织的民主化，使之能反映和代表国际社会的意愿。正如沃尔夫冈·海恩所说："只有当全球性机构成为今天发展中国家大多数穷人诉诸的焦点，只有当发达地区的统治阶级和比较富裕的大多数明白应当对这些人民及其利益作出让

---

① ECONOMY E. The river runs black: the environmental challenge to China's future [M]. London: Cornell University Press, 2004: 105.

② ECONOMY E. The impact of international regimes on China's foreign policy-making [M]. Stanford: Stanford University, 2001: 236.

步，就像19世纪后半叶以来大多数欧洲国家的资产阶级与土地所有者被迫向组织起来的工人阶级所做的让步一样，那时才能为消除全球一体化和以民族国家为基础的政治组织之间的矛盾奠定基础。"

第二节　中国应对挑战与创新中的软能力建设

随着全球气候变化谈判的兴起，如何应对气候变化谈判、如何参与气候外交、如何在国际制度中最大限度实现国家利益的同时又发挥中国的作用等问题现实地挑战着中国的外交能力。"软能力建设"是指一国在与国际制度互动的过程中衍生出的以利益协调、制度建设和规范内化为内容的机制化过程。气候变化软能力建设不仅是一个部门协调和制度建设的过程，也是安全泛化引发的国际规范内化现象，更体现了罗西瑙（James Rosenau）所谓"连接政治"（linkage politics）现象[①]。作为国际政治和外交学研究范畴中新兴的热点领域，气候变化对政府行为、跨国关系、国际政治经济结构、国际能源政治等均会产生影响。但是它会在决策环境层面上产生什么影响、如何影响，这些问题鲜见于国际关系的理论文献中。本书通过研究气候变化软能力变化，建立了利益协调、制度建设和规范内化这三个解释变量，笔者认为气候变化塑造了相关外交决策的运作环境、行政网络与能力，并推动气候变化软能力的进步。

在全球气候变化谈判中，如何形成气候变化的利益协调和传导机制，如何提升引导话语权和谈判进程的能力，如何平衡国家利益与国际责任两方面的关系，如何强化气候变化战略共识与协调机制等问题，对这些问题的思考正是笔者要探究的。本书以中国批准《京都议定书》和巴厘岛气候变化大会两个时间段的实证结果分析比较为基础，主要探讨了全球气候变化谈判对国内行为体的利益、观念、政策偏好等的影响，希望能对上述问题的研究起到抛砖引玉的作用。

---

① ROSENAU J N. Linkage politics:essays on the convergence of national and international systems [M].New York: Free Press, 1969: 1–16.

一、研究对象和研究方法

目前，国内外学者研究环境问题的著作很多。新自由主义强调国际公共物品的供给效率；新现实主义强调国际环境谈判中的大国博弈和权力结构；后现代主义强调环境政治所带来的蝴蝶效应和混沌政治；新制度主义则强调国际气候制度的路径依赖；全球化理论强调全球环境问题对国内政治的冲击；建构主义和社会制度主义则强调全球环境保护作为一种文化或者规范对国家身份的影响。但是，这些研究一般集中于某个具体的领域，并未系统地分析气候外交行为、决策环境和政策能力变迁。

本书提出气候变化软能力概念，希望通过跟踪研究气候变化政策组织行为和决策环境变化，来提出建立国际制度和气候变化软能力的分析框架。基于气候变化等环境问题是一种纷繁复杂的后京都国际—国内互动政治现象，本书主要采用文献分析和实证研究相结合的方法。从课题论证过程来看，采用了历史分析和比较分析的方法对中国气候变化外交进行探索。问卷和访谈调查的结果和质量在很大程度上取决于受访者参与或熟知问题的程度，取决于受访者的素质、合作态度和回答问题的能力。笔者的受访对象为发改委、外交部、科技部、农业部、环保总局、财政部、中国科学院、清华大学、北京大学、人民大学、环境科学院、中国社会科学院等参与气候变化外交的国家部委和重要学术机构。接受深度采访的对象大多是气候变化领域的资深专家，如林而达、丁一汇、潘家华、姜克隽、胡秀莲、冯飞、邹骥等。对这些学者和机构的访谈问卷有利于深入了解气候变化政策形成过程的内部联系和本质规律，能够与参与的气候变化专家学者建立学术网络，为今后深入完善气候变化软能力研究打下基础。

本书的研究跨时较长，起于2003年的第一次访谈和问卷调查，终于2007年至2008年初左右，在中国批准《京都议定书》和开始准备后京都谈判这两个最重要的关键时间点上进行访谈和问卷调查。笔者采用深度访谈（focus interviews）和问卷调查两种方法来取得气候变化软能力建设的实证数据。问卷调查包含31个问题：第一部分为"如何看待全球气候变化问题及其相关国际制度安排"，包括对气候变化问题本身的认识、对国际制度的看法等；第二部分为"如何看待中国与全球气候变化国际制度",包括中国的角色、应该采取的行动、影响、国际制度对中国的影响等;第三部分为"中国国内针对全球气候变化所作的制度协调"。样本为43个,均为有效样本。笔者选择其中最重要的八个问题,对两次调查结果进行比较研究,并构成了本书的数据基础。在下文图表中,横坐标代表问卷问题选项,纵坐标代表受访者回答该问题的人数。在本次问卷调查中,气候变化外交能力体现于三个关系中:

第一是国际谈判和外交的自主性,其衡量指标主要是国际气候变化制度带来的利益和规范因素在参与气候变化外交人员中的权重。在本书中体现的问题包括:"中国承担实质性减排指标和时间表的时机是否已经成熟","全球环境基金等气候变化资金机制对于各部门政策的影响",和"国际气候变化谈判中对中国政府气候政策影响最大的国际因素"。深入访谈问题包括:"中国责任论"或"扮演领导角色"等论调对受访者的影响。第二是国际气候谈判和战略共识,其衡量指标包括部门间的信息和对案交流、相互学习和沟通、信任程度、最终共识等。问卷问题包括:"全球气候变化谈判与信息交流表","是否支持中国继续在公约和议定书的框架下与国际社会一道为应对气候变化作不懈努力","是否支持中国在全球气候变化行动中发挥积极主导的作用"和"中国在气候变化国际谈判中应该扮演何种角色"。深入访谈问题包括:"中国是否应积极充当气候变化国际领导"、"如何平衡经济发展、能源利用、气候变化和国际责任"等。第三是国际气候谈判和协调机制建设,其衡量指标包括协调机制化程度、完善水平、对口单位的作用等。问卷问题包括:"对气候变化政策协调制度的评价"。深入访谈问题包括:"各部门气候变化协调现象"、"国家气候变化协调制度变迁",以及"制度建设的内因"等。

二、气候变化谈判与利益协调

气候变化谈判事关人类发展前途以及各国发展权益和国际责任,是涉及经济和政治利益的重大问题,也是发达国家在政治上干涉、经济上遏制发展中国家的主要工具。因此在全球气候变化谈判中,处理国内利益对于中国参与协调南北和大国关系、伸张公平和正义等起到了重要的作用。日本环境官员认为:"气候变化等环境问题是众所关注的焦点,同时中国需要接受国际资金和技术转让。由于人口和发展水平的原因，"77国集团加中国"的组合是一个理想的搭配，有助于加强国际认知能力，在气候变化方面，中国是一个需要得到国际资金支援的重要国家。"①

利益协调的主要对象是气候变化谈判带来的新的利益理念、利益集团等，主要目标是平衡全球、国家和部门间的利益关系，并实现各方的帕累托最优。科斯定理指出："无论最初的权利如何分配，有关各方总可以达成一种协议或制度来解决，而且结果是有效率的"②，因此利益协调既是促使气候变化软能力提升的动力，同时也是促进中国国家利益通过国际气候变化谈判而对国际制度或规范形成反作用的力量之一。利益协调主要集中在减排目标和国外环境援助两个方面是否具有共识和归一化。全球气候变化谈判推动参与部委的部门利益和理念呈现多元化和复杂化特点，因此气候变化问题需要许多部门参与和相互协调。

首先，在应对全球气候变化减排指标压力方面，全球气候变化谈判中的减排指标和时间表事关中国的国家利益和未来的发展权益，事关未来全球经济、能源和政治竞争格局，因此是新兴而且较为重要的中国国家利益。在两次访谈中，参与官员和相关专家都表示中国不适宜过早承诺减排时间表。访谈结果反映出中国国内各部门在气候变化谈判中的利益统一性，即避免过早承担实质性减排指标。目前发达国家利用气候变化硬法限制中国经济发展的企图很明显，他们进而要求中国承担和减排温室气体相关的各种不符合实际情况的责任，而且会限制中国的发展权和环境容量。按照受访者的一致看法③，中国已经为全球气候变化行动作出了巨大贡献：一方面国家积极协调经济、能源、环境和气候变化的关系，建设"生态文明"；另一方面，中国不惜牺牲国内产业和出口中高能耗企业的利润来实现能源结构的大幅调整。从图三十二可以看出，中国的能源消费增长率的递减已经证明了中国为减缓气候变化所做的巨大努力，而单方面的减排承诺并不符合发展中国家的实际情况。

---

① KOBAYSHI Y. China: luxury vs. survival emissions [M]// HARRIS P G. Global warming and east Asia: the domestic and international politics of climate change. London: Routledge, 2003: 63.
② 曼昆.经济学原理[M].梁小民，译.北京：北京大学出版社，1999：217.
③ 主要受访者为国家发改委能源所胡秀莲、姜克隽，以及国务院发展研究中心冯飞等专家。

（单位：万吨标准煤）　　　　　　　　　　　　　　　　　　　　%

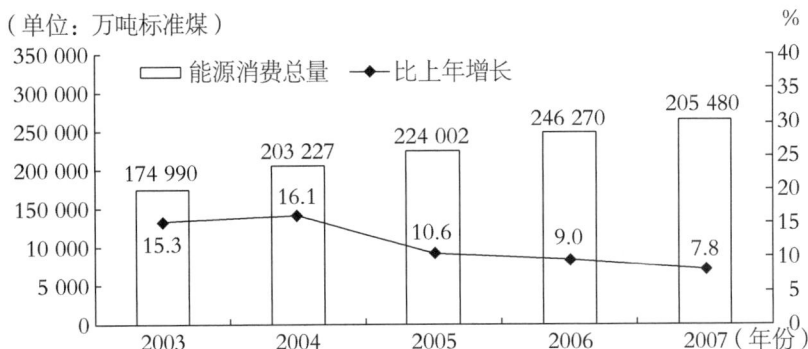

图三十二　2003 年到 2007 年中国能源消费和 GDP 增长比较图

资料来源　FEI F. China's energy policy. Paper at the Conference of Third Meeting of the CSCAP Study Group on Energy Security by China Institute of International Studies, March 24–27, 2008[C].Beijing:[s.n.],2008.

　　其次，国际环境援助也是利益协调的一个重要方面。埃克诺米（Elizabeth Economy）和皮尔森（Margaret Pearson）等认为国际援助、资金机制等会影响国内决策单位，并导致决策环境和规范发生变化。[1]目前在气候变化成为全球重要安全问题的压力下，发达国家意识到向发展中国家提供少量环境援助，是为了人类共同利益和自身利益的一种投资，世界银行等国际组织强调技术转让对发展中国家转向低碳发展道路的重要性。中国正积极参与的新能源合作机制有以下几种：亚太经合组织中的新能源合作[2]、东亚地区的清洁排放贸易、亚太清洁发展和气候伙伴计划（AP6）[3]，其他有关气候变化的合作平台还包括碳收集领导人论坛、甲烷市场化伙伴计划和氢能经济伙伴计划等。全球气候变化的利益驱动因素将会有利于中国深化和改变能源结构体制，为国内参与各个行为体带来实际

　　① PEARSON M M. The major multilateral economic institutions engage China [M]// JOHNSTON A I, ROSS R S. Engaging China: the management of an emerging power. New York: Rutledge, 1999: 207–234; ECONOMY E. The impact of international regimes on China's foreign policy–making: broading perspectives and policies but only to a point [M]// LAMPTON D. The making of chinese foreign and security policy in the era of reform 1978–2000. Stanford: Stanford University, 2001: 241.
　　② 2007 APEC 峰会发表的《亚太经合组织领导人关于气候变化、能源安全和清洁发展的宣言》定下了该区域发展低碳经济目标，同时也建议通过技术合作提升中国等能源强度。APEC 其他措施还包括建立一个"能源技术网络"以促进各国在诸如清洁煤和可再生能源等领域内的研究合作。参见新华网.亚太经合组织领导人就气候变化问题发表宣言[EB/OL].[2007–11–02]. http:// news.xinhuanet.com/newscenter/2007–09/08/content_6687190.htm.
　　③亚太清洁发展和气候伙伴计划旨在推进商业和公共部门在能源密集型行业推广清洁能源技术和最佳实践经验所做的共同努力。参见国家发改委气候办.亚太清洁发展与气候新伙伴计划介绍[EB/OL].[2007–11–02].http://www.ccchina.gov.cn/cn/NewsInfo.asp?NewsId=4210.

的利益，并影响到政策制定的进程与各个角色的态度。随着清洁排放机制在中国的日益发展，与2003年相比，越来越多的参与官员和相关学者对"气候变化资金机制的影响"选择"非常重要"和"重要"（见图三十三）。这就说明，气候变化资金机制正日益受到重视，中国正积极抓住气候变化带来的低碳经济合作历史机遇，通过统筹国际各种资源和技术合作，来促进中国节能减排和生态文明建设。

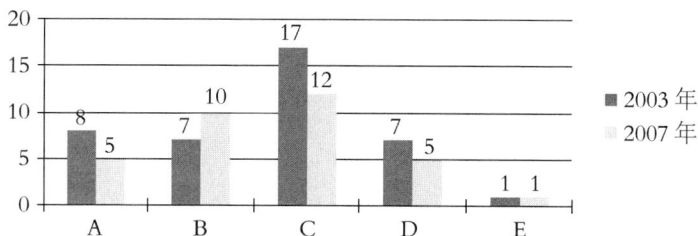

图三十三　气候变化资金机制的影响

（注：横轴坐标代表：A.非常重要；B.重要；C.作用一般；D.不重要；E.不知道。纵坐标代表：参与这个问题调查的人数）

资料来源　作者自制。

我们注意到，许多受访者选择"作用一般"，这主要是因为，西方的援助对于发展中国家提升减缓或适应气候变化的能力建设来说仍然是杯水车薪，且发达国家在援助发展中国家气候变化能力建设方面一直存在问题。尽管中国已获得全球环境基金的赠款承诺超过3亿多美元，而且外来资金减轻了中国在有些清洁能源项目方面的巨大财政压力，但是国际环境援助与中国能效和清洁能源建设所需资金之间仍存在巨大鸿沟。国家气象局丁一汇认为国际环境援助资金尚不够建设一座大型的水电站[1]，如三峡电站在2003年之前就已经投资1 800亿元人民币。2007年12月联合国开发计划署认为，发达国家在应对气候变化问题方面没有尽到帮助发展中国家的责任，国际环境援助远远不能满足发展中国家环境能力建设的需求。[2]

此外，影响中国气候变化的利益集团的声音正在上升。公共选择理论

---

[1] 根据笔者2003年3月对国家气象局原副局长丁一汇的访谈。
[2] 林小春，高丽.联合国开发计划署：富国没有尽到帮助穷国的责任[EB/OL].[2007-12-11]. http://news.xinhuanet.com.

认为对外政策制定受到一系列来自全球化和不同利益集团压力的相互作用，虽然政府的政策执行部门是中立的，但同时受到利益集团所左右，因此大多数国家的气候变化政策是可以通过利益集团理论进行解释的政策。美国小布什政府背后的利益集团一个是大的石油企业，另外则是中西部的农业产业，接受强制性减排指标会伤及这两个美国共和党传统票仓的利益。而美国所主张的根据市场和自愿原则减排温室气体，同时发展所谓生物燃料和能源技术，归根到底也是服务于美国的国内利益和政党利益。尽管中国政治无法简单套用西方的利益集团理论，但是随着环境贸易、国家节能减排工作的深入发展，目前中国许多与水力、风能、生物能源等可再生能源和提高能源效率有关的企业也是防止气候变化的积极倡导者。2008年5月，在笔者参加的《中国气候与环境：2012》章节主笔会议中，不同部门的学者就可持续发展和低碳经济问题，产生了激烈争论，一方认为可持续发展的目的就是低碳和减排，另一方则认为可持续发展的重点在于发展、在于满足中国日益增长的社会经济需求。显而易见，以发展为导向的可持续战略必然和以低碳为核心的政策发生利益冲突，这说明不同部门希望通过不同的政策建议来影响最终中国的气候变化政策。

三、气候变化专业和国际规范对外交软能力的影响

软能力的第二个方面是规范内化，它包括国际知识和规范的扩散、信息交流等，部门协调和交流对软能力建设至关重要，同时国际制度与规范也逐渐被当地化。

首先，在全球气候变化所带来的专业知识压力方面，全球气候变化谈判非常复杂，呈现出科学问题政治化、政治问题科学化，以及经济能源问题政治化的趋势。针对2007年公布的联合国政府间气候变化专门委员会（IPCC）《第四次气候变化评估报告》，林而达等认为，很多气候变化科学结论偏向对欧盟或美国有利的方向，在降雨量分布、农业产量变化等方面在初稿中未充分考虑中国的建议。而秦大河等认为中国学者在IPCC报告中引用率过低反映了中国影响气候变化谈判进程的能力不足。不同部门和单位之间的协同研究、成果整合与信息交流，对于中国掌握全球气候变化谈判的主动权至关重要。中国的气候变化外交需要各部委在政策协调基础

上，通过科学结论和战略共识来谋求国家利益。有鉴于此，必须要加强气候变化协调工作，包括部门间的信息和对案交流、相互学习和沟通、加强跨部门信任程度等。在对"全球气候变化谈判推动了各相关部门的信息交流"的问题回答中，大多数参访者的回答是肯定的，而且2007年和2008年选择"重要"和"非常重要"的参访者明显多于2003年（见图三十四）。

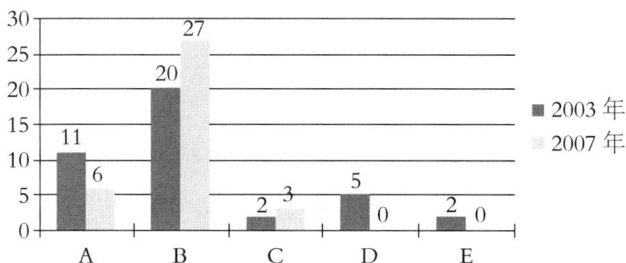

图三十四　气候变化谈判与信息交流

（注：横轴坐标代表：A.非常重要；B.重要；C.作用一般；D.不重要；E.不知道。纵坐标代表：参与这个问题调查的人数）

资料来源　作者自制。

作为集合能源、经济、气象、交通、建筑等诸多问题的谈判，气候变化国际制度正出现专业性、复杂性、多元性以及向多领域、多学科、多部门渗透的内化特征。而同时，政出多门、信息失灵必然会降低中国参与国际制度建设的能力。由于存在科学上的不确定性以及降低温室气体模式的复杂性，全球气候变化谈判是通过科学和专业知识来解决问题的国际制度(涉及气象学、能源科学等十几门专业科学)，因此需要多种专业知识的交流互补和以部门交流为核心的平台，如果没有不同相关部门的整合，中国也无法确定自己的国家利益并应对全球气候变化谈判。

其次，全球气候变化道德规范对中国的决策发挥着日趋重要的影响。集体行动理论的"最弱者法则"和"激励兼容机制"要求让所有参与方都认识到合作会带来明显的国家净利。因此美国和欧洲自20世纪80年代就开始通过推动全球气候变化道德规范来要求新兴发展中大国参与能源环境协调对话，并促进这些国家将全球环境保护融入到国家利益考量中。欧盟气候变化政策协调官员谢泼德（Lynn Sheppard）认为，欧洲通过全球气候变化的道德领袖地位，来促进中国和印度将气候变化理念融入本国政策制定过程中①。通过对是否支持"中国继续在公约和议定书的框架下，与国际社会一道，为应对气候变化做不懈努力"的问卷调查，可以得出应对气候变化已经成为中国恪守的重要国际规范（见图三十五）。

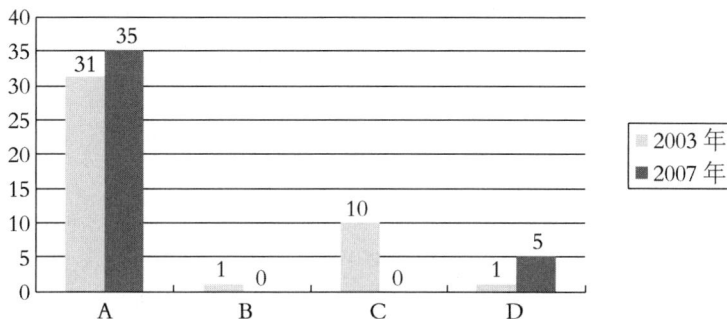

图三十五　中国参与全球气候变化行动

（注：横轴坐标代表：A.非常及时，表示赞成；B.时机不成熟，表示反对；C.有待深入研究；D.其他。纵坐标代表：参与这个问题调查的人数）

资料来源　作者自制。

因此，西方国家通过施加气候变化的国际道德规范压力，试图改变中国和印度等发展中国家的国内规范。印度学者罗纳德·黑林（Ronald J. Herring）认为："气候变化谈判是一种南—北道德形象冲突，而非一个全球共同价值问题。没有印度和中国的参与，全球防治气候变化没有意义。但这两个国家却在环境谈判中被指责为'国际上的敲诈者'和'隐藏的威胁'。"②在关于"国际气候变化谈判对中国的影响"的两次问卷调查中，笔者发现大多数气候变化官员和相关学者认为谈判涉及国际规范因素（如中国责任论、全球环保理念等）对中国的政策影响比较大，但是不同因素的权重在不同时间段也发生了一定的变化（见图三十六）。

---

① 笔者2008年3月在德国发展研究所对欧盟气候变化政策协调官员谢泼德（Lynn Sheppard）进行了访谈。

② HERRING R J, BHARUCHA E. Embedded capacities: India´s compliance with international environmental accords [M]// WEISS E B, JACOBSON H K. Engaging countries: strengthening compliance with international environmental accords. Cambridge: MIT Press, 1998: 408-409.

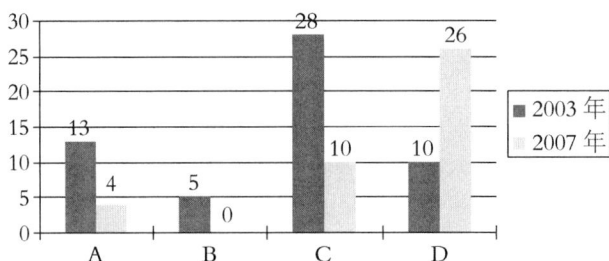

图三十六　影响最大的国际气候变化因素

（注：横轴坐标代表：A.全球环保规范和理念；B.国际专家与国际培训；C.国际环境贷款与援助；D.国际谈判的需要。纵坐标代表：参与这个问题调查的人数）

资料来源　作者自制。

因此，从两次问卷结果可以看出，到《京都议定书》签署之前，国际环境贷款与援助因素对中国气候变化政策制定的影响非常大。然而在2007年之后，由于巴厘岛气候变化谈判大会以及后京都进程的日趋迫近，国际气候变化谈判压力对中国气候变化政策的影响作用凸现出来。同时由于全球气候变化理念已经普世化，因此其受重视程度小于气候变化谈判压力。此外，这也和最近一些年来所谓"中国环境威胁论"的兴起有着密切关系。随着中国经济社会不断进步，发达国家从舆论上希望将中国描绘成"世界污染大国"、"环境危机的制造者"、"不承担全球环境责任的重商主义者"等，迫使中国在全球环境保护中承担力所不能及的责任和义务，在气候变化谈判方面施压就是一个重要的手段。气候变化谈判的要求和压力构成气候变化外交的重要影响因素，中国气候变化外交实际受到国际因素的强大且不正常的制约。

最后，对国际化和国际制度所带来的利益与规范影响的认识必然与客观现实存在偏差，因此国内认知对于中国气候变化政策的国际化也有着重要建构作用。后一方面是传统的建构主义所少有关注的，但也同时是中国参与全球化中不可忽视的行为。例如在回答"中国在气候变化问题中是否应该承担主导作用"这一问题时，绝大多数官员和相关学者表示支持或者强烈支持（见图三十七）。

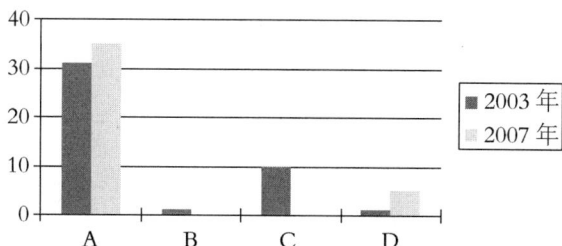

图三十七 中国在全球气候变化行动中发挥积极主导的作用

(注：横轴坐标代表：A.强烈支持；B.赞同；C.不清楚；D 不同意。纵坐标代表：参与这个问题调查的人数)

资料来源 作者自制。

以上受访者态度的变化和中国最近几年重视环保与节能减排工作是密不可分的，目前伴随着国际气候变化谈判紧锣密鼓地进行，中国逐渐将环境保护国际合作作为中国和平发展道路的重要组成部分，与国家对外政治、经济、文化和安全等重大战略并重。十七大提出"相互帮助、协力推进、共同呵护"地球家园的"十二字"方针①，这就展示了中国参与全球气候变化合作更加积极和主动的意愿，同时体现了中国将在全球气候变化领域树立更加负责任的形象。这些政策势必推动政策执行部门更加支持中国发挥积极主动的作用。

但是在回答"中国在气候变化国际谈判中应该扮演何种角色"这一问题时，大多数受访者坚持以国家利益为重（见图三十八）。能源问题既是中国经济增长的瓶颈问题，又是防止气候变化的核心。随着中国经济快速持续发展，能源需求迅速攀升，避免过早和轻易地承担减排指标，对于落实全面建设小康社会的各项任务、对于中国经济持续"又好又快"发展，都具有重要和现实的意义。而过早承担减排指标也不符合"共同但有区别的责任"原则，从历史累计看，1950 年到 2002 年，中国化石燃料燃烧排放的二氧化碳只占世界同期累计排放量的 9.33%（同期发达国家排放量占 77%，而此前的 200 年间，发达国家更是占到 95%）；从人均水平看，2004 年中国人均二氧化碳排放量仅为世界平均水平的 87%。国家发改委

---

① 胡锦涛.高举中国特色社会主义伟大旗帜为夺取全面建设小康社会新胜利而奋斗——在中国共产党第十七次全国代表大会上的报告[R].北京：人民出版社，2007：42.

姜克隽在访谈中认为实际谈判中，各国代表已经认为中国为气候变化作出了巨大贡献，而所谓减排承诺并不是一种科学和客观的要求。

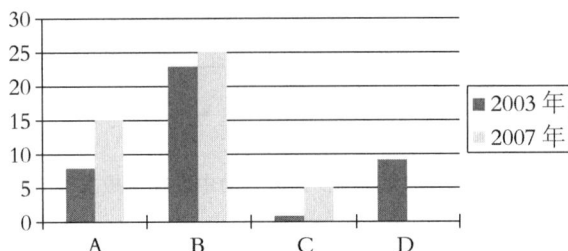

图三十八 中国在气候变化中的角色

(注：横轴坐标代表：A.积极充当发展中国家领导；B.以维护国家利益为主，不轻易表态；C.与发达国家协调合作；D.与发展中国家协调合作但不当领导。纵坐标代表：参与这个问题调查的人数)

资料来源 作者自制。

众所周知，中国作为世界最大的高能耗国家不仅面临着全球环境安全的严峻挑战，其自身也是全球环境问题的主要来源。因此，面对不断融合和相互联系的能源环境问题，全球气候变化谈判影响到中国气候变化政策的国际化，也影响到对国家利益的认识。上述两个问题的问卷调查可以反映出，中国对于气候变化的认识和实际国家利益仍然存在偏差。中国作为负责任的发展中大国，一方面要恪守承诺，为维护全球能源和环境安全保护作出贡献；另一方面中国也不能充当全球气候变化领域的主导或者领导，否则将会严重牺牲本国的利益和发展权益。

四、气候变化软能力制度建设

在国际国内问题日益相互渗透的时代，政府传统的运作模式不得不进行调整，新的政府部门间协调制度不断涌现出来。网群政府理论(Networked Government)认为，科层政府体制向网群政府方向发展，自上而下的管理模式被协调机制所替代，而政策协调是所有政府转型中的核心问题。[1]全球气候变化谈判具有高度不确定性以及降低温室气体模式的复杂性，是一种科学问题政治化、政治问题科学化的新兴国际关系领域。国际气候变化制度通过议事日程和规则的变化、新的配套协调决策机构的建立

---

① SLAUGHTER A M. A new world order [M]. Princeton: Princeton University Press, 2004: 9–10.

等来影响部门利益的表达、部门与跨部门的知识（信息）的建构，以及各部门对最后决策形成的意见建议交换，并导致新的国内制度的产生。

气候变化国际谈判为中国气候变化政策制定引入了全球化因素，并促使各相关部委之间建立与气候变化谈判的对口协调部门或制度。2003年10月，经国务院批准，新一届国家气候变化对策协调小组正式成立。时任国家发展和改革委员会主任马凯担任新一届国家气候变化对策协调小组组长，外交部、科技部、国家气象局和国家环境保护总局等为副组长单位。国家气候变化对策协调小组的主要职责是讨论涉及气候变化领域的重大问题、协调各部门关于气候变化的政策和活动、组织对外谈判、对涉及气候变化的一般性跨部门问题进行决策，对重大问题或各部门有较大分歧的问题将报国务院决策，以指导对外谈判和国内履约工作。2007年中国成立了由时任国务院总理温家宝亲任组长的国家应对气候变化及节能减排工作领导小组。2013年国务院总理李克强担任国家应对气候变化及节能减排工作领导小组组长，国务院副总理张高丽和国务委员杨洁篪任副组长。国家应对气候变化及节能减排工作领导小组具体工作由发展改革委员会承担。

全球气候变化谈判推动中国实施负责、综合与协调的政策应对气候变化，并且成立了相应的国内协调制度和相关的决策理念及程序。在对"对于气候变化政策协调制度的评价"的问卷回答上，绝大多数参与官员和相关学者选择"非常重要"和"重要"（见图三十九）。

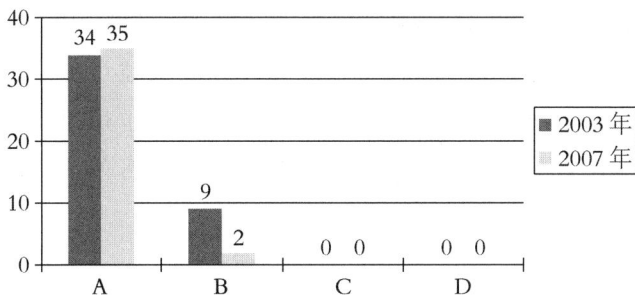

图三十九 气候变化政策协调制度

(注：横轴坐标代表：A.非常必要；B.必要；C.不必要；D.其他。纵坐标代表：参与这个问题调查的人数)

资料来源 作者自制。

　　气候变化外交还推动参与部委的部门利益多元化和复杂化。复杂的部门利益关系导致有些气候变化事项或缺乏过问，或部门分工模糊、竞争激烈，并导致气候变化政策协调仍然出现一定的脱节、松散与政出多门等现象。因此，如何对全球气候变化谈判形成战略共识和提升软能力仍然是中国气候变化外交面临的主要任务，而软能力的制度建设既是一个信息交流的过程，也是一个知识提升的过程。同时在这个协调过程中，彼此学习和相互交流非常重要，目前国家气候变化对策协调小组经常召开协调例会，其办公室不断协调各部委关系并推动形成气候变化外交战略共识。

　　因此，气候变化软能力在国际化时与国际制度和规范之间存在着双重的相互建构关系，即理性主义的利益逻辑和建构主义的规范建构逻辑。从理性主义国际关系理论的角度，国际制度所带来的利益是软能力建设国际化的动力，同时为了追求利益的最大化，软能力会对国际制度形成反作用。而从建构主义国际关系理论的角度，专业知识或规范因素是软能力与国际制度互动的另一大方面，国际制度和规范对国内软能力建设带来影响和压力，但同时国内在相关议题上的知识、规范认知也会对国际气候变化制度的影响效率产生影响。软能力建设反映了国际制度给国内政治所带来的利益、规范和制度效应。国际制度为软能力建设引入了全球化的因素，并促使国家内部建立与国际制度相联系的对口协调部门或制度，这些都有利于国际因素影响国内决策环境。与此同时，国内对国际制度所带来的利益与规范影响的认识会存在分歧甚至缺乏战略共识，因此软能力建设也是国际制度因素的重要建构过程。后一方面是传统的建构主义所少有关注的，这也是本书的实证研究成果之一。

第十章

挑战与创新：中国外交战略分析

气候变化和能源创新是本书的核心，因此本书提出中国应该推动气候能源外交。气候能源外交就是应对低碳经济带来的全方位的利害关系，就是携手国际社会从政治、经济和安全诸方面一起努力，以公正合理的方式寻求现实有效的治理途径，这也是我们必须面对的根本性挑战。挑战与创新关系到气候能源领域的发展，气候能源安全威胁与传统安全威胁一起深刻地影响着一国战略的优先秩序，以及维护国家安全的途径与行为方式。因此这两种挑战事关中国的经济社会利益、今后的发展权益和国际责任，在国家整体外交中的战略意义不断上升。如何在国际社会承担义务并掌握话语权和软实力，如何进一步提升中国在全球治理领域的影响和作用，如何在中国和平发展的同时树立负责任的大国形象等问题是中国整体外交的重要组成部分。

中国已经成为影响全球气候变化的"利益攸关方"。随着中国经济的持续增长，中国对全球气候变化的影响仍在扩大，中国面临的国际社会压力仍将持续，而全球气候变化问题的解决需要中国积极参与的呼声也愈燃愈烈。在"和谐世界"理念指引下，中国气候能源领域的外交，可以用和谐创新、协同共赢来形容。中国气候能源领域的外交在理论和实践上必须破除"文明冲突论"、"世界权力转移理论"创造出来的中国将会在权力崛起过程中不可避免地与西方国家发生碰撞的虚幻，向世界展示和谐发展的中国形象。

第一节　中国气候能源外交的指导思想和总体思路

中共十七大报告提出"生态文明"观念，要求"共同呵护人类赖以生存的地球家园"。中国将自身的发展融入到全球气候变化行动中，积极融入、利用和建设气候变化治理进程。

一、中国气候外交的指导思想

中国气候外交的指导思想是旨在捍卫国家环境权和争取国家发展权的同时，兼顾国际共同环境利益，并利用中国的国家实力谋求特定的政治目的和其他战略意图。具体到应对气候变化的领域，其外交的指导思想是："根据《联合国气候变化框架公约》及《京都议定书》的要求，坚持'共同但有区别的责任'原则，积极推动落实'巴厘路线图'谈判，为气候变化国际合作作出更大贡献。中国愿同国际社会一道，为推动世界实现和谐发展、清洁发展、可持续发展而不懈努力。"

国际环境法为气候外交设置了国际习惯法规范。因此，在气候外交中，应依托既有的国际法规范，并完备相应的基本原则。

（一）可持续发展原则

认同可持续发展原则，既关注全球性环境问题，又关注对国内有直接影响的环境问题。在全球范围内，将对环境与经济福利的关注结合为一体，可以为通过外交来协调环境全球化、经济全球化之间的关系，搭建合作框架。

（二）国家权益至上原则

气候外交毕竟还是外交活动，原则上首先服从于主权国家的外交战略和外交政策、服务于国家利益，国际共同环境利益只能兼顾，而不能冒进。当气候外交的多边协调是适宜和必要的时候，多边机构具有体制基础能够成功完成任务并且是对中国国内可持续发展政策的一种补充时，中国应在国家外交领域积极地利用多边主义。但是当多边机制缺乏成功完成使命的能力时，国家利益决不能让位于"国际环境利益"。基于与发达国家政策的"对等性"安排上述气候外交的基本原则，将能有理有据有节地驳斥发达国家本着本国国家利益至上原则打算牺牲中国国家利益而提出的任何谈判要价。尽管西方学者一再宣称"全球化不仅仅改变了国家活动的内容，而且改变了国家本身的基本性质"，但是国家外交活动还没有脱离追求国家利益的本质，还没有哪个国家能够做到不顾自身利益，追求所谓的"国际利益至上"的。

（三）"共同但有区别的责任"原则

中国仍然是典型的发展中国家，有权利"发展优先，兼顾环境"，这也符合"共同但有区别的责任"原则的本质要求。"共同但有区别的责任"原则是国际环境合作的核心原则。不论发达国家还是发展中国家都有采取减缓和适应气候变化措施的责任，但是由于各国历史责任、发展水平、发展阶段、能力大小和贡献方式不同，发达国家要对其历史累计排放和当前高人均排放承担责任，率先减少排放，同时要向发展中国家提供资金、转让技术；发展中国家要在发展经济、消除贫困的过程中，采取积极的适应和减缓措施，尽可能少排放，为共同应对气候变化作出贡献。

二、中国气候能源外交的总体思路

（一）坚持原则和维护中国核心利益

整个气候能源外交的核心利益就是保证未来中国20~30年的排放空间和发展权益，为中国现代化建设赢得发展时间与空间，发达国家提出的排放峰值年份是中国的核心利益，中国不能在此问题上让步或者做交易。

对于能源合作来说，中国在对外能源合作关系中需要统筹考虑各种能源资源的关系，天然气、石油、煤炭、铀矿等资源都将是重要的能源资源。当前石油价格日益攀升，煤炭在各国电力供应中的重要性仍将持续一段时间。核能对中国能源可持续发展的作用日益显现，中国需要引进、利用国外先进的核电技术和管理手段，建立稳定的国际铀矿供应关系。目前中国对国外的石油和天然气资源依赖性较大，煤炭进口依存度也将继续增加，进口来源主要集中在中东和非洲等局势不稳定、突发事件多的地区，而且中国的海上运输通道主要集中在马六甲海峡。这些都会影响中国进口油气资源的可持续稳定性。

（二）积极融入国际能源体系

在能源领域，中国作为世界能源需求大国，需要与国际社会展开合作，积极参与国际能源治理不仅可以保证充足的外部能源供应，也有助于中国国内能源问题的解决。中国国际能源合作的四个主要领域是：在能源地缘政治上，可维护产油和输油地区的安全与稳定；在国际能源市场的有序运作上，能源合作可引导石油价格；在能源技术方面，可合作石油勘探技术、能源节约与增效以及与能源相关的环境保护治理；在能源机制领域不断融入和参与。中国是全球最重要的能源生产和消费国，参与国际能源署紧急共享体系，在石油供应不稳定的时期同国际能源署成员一起采取行动，可以有效维护全球能源安全。目前，中国与国际能源署在石油安全及石油储备方面也开展了一系列的对话和合作。该机构的规划、机制符合国际市场准则和惯例，值得中国学习。

因此中国应该参与和利用相结合地应对国际能源体系变革。中国必须积极参与全球能源机制，努力发展与各能源生产国、过境国和消费国际组织和国家的关系，在发展能源关系的同时，尽可能避免单独出击，应该协同新兴发展中国家共同行动，在参与多边合作的同时，加强多边框架下的双边合作，积极融入现有的全球治理机制。与此同时，中国应充分了解和掌握国际能源游戏规则和权力博弈结构，在维护国家利益的基础上，平衡能源合作和国家利益的关系，确定中国国家利益和现有国际能源机制的交汇点，通过妥善运用全球能源治理机制，来实现有利于中国能源利益的国际环境。

中国和能源资源丰富的发展中国家关系一直发展顺利，能源生产国主要分布在海湾、里海、非洲、拉美等地区，能源资源是这些国家发展经济的基础，也是这些国家外交政策的重要工具。除了原来的能源超级大国俄罗斯和沙特之外，伊朗和卡塔尔对全球天然气的影响日益扩大。中国通过道义支持和经济援助，产生了良好的社会效应。中国发展能源合作有良好的政治和道义基础，一些能源生产国要借助中国来制约美国的民主人权压力。上海合作组织成员国是中国主要海外石油来源地区。2005年以来，进口自上海合作组织国家的石油占中国石油进口总量1/4以上。上海合作组织是中国可以影响的最重要的国际组织，对于增强中国在里海石油的博弈地位、加深中俄能源战略合作关系都具有重要的影响。中亚各国不仅是重要能源生产国，也是重要的油气资源过境通道，对于中国对外能源合作意义重大。除俄罗斯对中国大量出口石油之外，哈萨克斯坦目前也是中国重要的石油输入国，中哈长3 000公里、价值30亿美元的石油管道2009年完工输油。当中国进入全球能源市场的时候，世界石油天然气资源基本上被欧美的大公司瓜分，欧美不愿意把股份转让给中国公司，中国能够进入并且得到"份额油"的都是风险很大、成本很高、效益很低的边缘地区。因此，发展中东地区的合作、取得石油利益，对于中国等新兴发展中国家极为重要。伊朗具有独特的地缘优势，其矿产资源丰富，地缘处于三大洲的交汇处，这种属性有利于伊朗的生存和发展。处于对石油天然气的需求，欧洲不愿意经济制裁伊朗。伊朗拥有世界上10%的石油天然资源，伊朗通过石油在世界上的影响日渐扩大。当前天然气对中国的作用日益突出，新兴发展中国家在考虑能源多元化的情况下，也在推动和海湾国家及伊朗的关系，推动国际能源市场稳定。

中国不仅要继续发展和能源生产国的战略合作关系，更加要发展和主要发达国家的消费国合作共荣关系。美国和中国是全球第一、第二大的能源消费大国，在维护国际能源价格稳定、应对全球气候变化方面存在共同的利益基础。美国在天然气、核能、煤炭、可再生能源等领域具有全球的技术和资源优势，中国在这些领域对美国的依存度逐渐上升，因此争取美国的认同与合作、避免与美国的冲突，对中国的能源关系极为重要。

（三）在气候变化谈判中采取灵活务实外交

在气候变化领域，中欧之间与中美之间的矛盾焦点不同，欧盟力压中国减排，美国要将中国纳入大国体系。但长期来看，欧盟与美国联手对付中国是其共同的理念，当前中国则可以把握欧美之间的战略分歧。中美在气候变化领域上的分歧和冲突大于合作，中国应该谨防气候变化领域的中美共治，但是中国可以依托中美间已经建立的全面能源和新经济领域的合作框架，以复苏全球经济为目标，积极拓展大国低碳合作。发达国家的中期减排问题也是发达国家自身的核心利益，中国应对发达国家留有余地，以实现张弛有度的务实外交。

发达国家之间和发展中国家之间都有分歧和矛盾，但南北矛盾始终是中国制定对外气候变化战略的基本出发点。以发展中国家为依托，维护发展中国家的团结符合中国的根本利益。因此，基础四国是发展中国家的基础四国，基础四国必须搞好发展中国家的团结，代表发展中国家利益。目前中国对非洲援助的渠道太分散，中国内部应该协调整合，建设整体资金援助管理体系，加强南南合作，促进发展中国家的绿色发展。

当前中国气候能源外交有三个侧重方面：第一，在履行《联合国气候变化框架公约》及《京都议定书》方面发挥示范作用。《联合国气候变化框架公约》及《京都议定书》确定了气候变化国际合作的框架、原则、目标，规定了发达国家和发展中国家应该作出的努力。发达国家应该严格履行《京都议定书》确定的减排目标，并切实兑现向发展中国家提供资金和技术转让的承诺。发展中国家要在可持续发展框架内，积极采取减缓和适应气候变化的政策措施，为应对气候变化作出力所能及的贡献。第二，在推动国际谈判方面发挥积极作用。"德班增强行动平台"和"巴厘路线图"为国际社会探讨未来后气候变化国际制度安排指明了方向、确定了时间表。国际社会应该共同努力，推动气候变化国际谈判取得积极进展，要坚持把《联合国气候变化框架公约》及《京都议定书》作为气候变化国际谈判和合作主渠道，其他倡议和机制作为有益的补充安排。第三，在开展务实合作方面发挥带头作用。我们应该推动完善全球环境基金等现有资金机制，尽快落实全球气候变化谈判下的基金机制建设，为发展中国家适应气候变化提供新的、额外的资金支持。国际社会应该积极探讨建立有效的技术转让和推广机制，实现技术共享，确保广大发展中国家利益。

（四）综合运用软硬实力，实现中国的国家利益和国际责任

中国目前经济快速发展、社会稳定，中国模式在国际上具有越来越强的号召力。中国是联合国常任理事国，同时对上海合作组织、中非合作论坛和东盟合作机制有重要影响力，中国在国际合作中坚持国家主权和不干涉内政的原则，具有极高的国际道德形象。中国可以协同运用软硬实力，

强调发挥中国软实力的重要作用，促进能源安全和国际影响力的协同发展，提升中国软实力在能源外交的地位。首先，主要的和核心的减排目标问题必须放在公约框架下进行谈判，绝对量减排问题涉及中国和其他发展中国家的核心利益，不容进行大国交易和谈判，应该也必须在双轨制谈判的架构下进行国际协商。其次，建设共进的气候变化模式的核心内容是资金和技术合作。中国作为最重要的能源市场，本身的能源需求就是对国际能源秩序发挥影响的重要手段。中国企业在走出去战略指导下，不断在全球能源资源产地取得经验和影响，这些都成为中国参与建设国际能源体系的重要条件。欧美离开了中国等发展中大国的市场无法开展低碳经济革命，中国则必须通过大国合作尽快完成工业化向低碳化的社会转型。因此，低碳资金和技术合作可望成为大国气候变化治理模式的战略基础。发达国家在能源环境领域具有先发优势，但是需要在与发展中大国气候变化战略合作基础上，与主要发展中国家共同实现技术进步和全球低碳发展目标。最后，新的气候变化治理模式的基础在于发达国家对发展中国家的资金和技术支持。发达国家不给资金技术，发展中国家就无法提升气候变化适应和减缓能力，未来谈判也不可能成功。在资金和技术方面向发达国家施压，较在中期减排目标上向发达国家施压更加现实，也更不容易出现强烈反弹的严重后果。

三、多方位构建中国气候外交的协同机制

中国气候外交应从多方位构建协同机制，充分利用与发展中大国和某些发达国家具备一致性的发展目标，充分利用气候外交促进国家利益的最大化。目前最为尖锐的气候外交问题是应对气候变化的温室气体减排制度的制定问题。中国和主要发展中国家普遍认为发达国家负有最大的减排责任和能力，要在国际气候保护行动中作出表率。中国和主要发展中国家曾协调立场提出发达国家减排应当至少是40%的目标，但发展中国家的呼声并没有得到回应。迄今为止，大部分发达国家尚未主动拿出数字来。在已经公布了中期减排目标的国家中，只有挪威、瑞士等国达到了25%～40%的范围，而有的发达国家甚至允许自己进一步增加排放，比如日本拿出的可能范围上限是增排4%。根据"绿色和平"的计算，综合现有的各国减

排目标，到2020年发达国家只能做到4%~14%的减排，大大低于保护地球气候所需要的行动力度。很多发达国家拿美国当挡箭牌。美国新任气候特使托德·斯特恩表示，美国"愿意并且正在努力"积极参与谈判。目前美国的减排目标尚在讨论之中，奥巴马总统早先提出到2020年美国排放量会恢复到1990年水平，新的气候与能源议案（草案）给出的减排范围不到10%。中国认为"美国现在的目标是排放下降"，而前总统布什的蓝图是"美国仍将处在排放上升的路线上"。因此，中国的气候外交不仅应将重点放在与主要发展中国家的协同上，与美国这样重要的发达国家在某些领域的协作共进也是有可能的。

（一）多方位的气候外交格局

在南北对立的基本格局下，谈判过程中国家集团分化重组。在伞形国家集团、欧盟、77国加中国、小岛国联盟、石油输出国、中欧11国集团、中美洲集团、非洲国家集团等利益集团中，以美国为首的包括加拿大、日本、澳大利亚、新西兰等国在内的伞形国家集团、欧盟和"77国加中国"一度呈三足鼎立之势。在近来的博弈中，小岛国与欧盟立场靠近，伞形国家集团中美国、澳大利亚表现出微妙的积极姿态，加拿大因态度倒退遭到批评，日本消极观望，不管日本人多么不情愿放弃"京都"二字，但其效率很高的能源利用率也会对其达到欧盟更高要求的减排承诺产生制约。发展中国家也在产生新的分歧，难以形成统一战线。"77加中国"集团中，小岛国如汤加、马尔代夫等和易受气候变化影响的国家开始希望所有的国家都承担减排义务，石油输出国则有自身利益，对气候变化应对模式有自己的立场。阿根廷和韩国是减排目标全球化的推进者，曾经或者有意作出限排或减排的自愿承诺。此外，美欧共同向发展中国家特别是中国、印度、巴西等发展中大国施压已是明显的事实，使中国的回旋余地缩小。在如此多方位的气候外交格局中，牵一发而动全身。中国气候外交战略必须置身其中寻找可以协同的伙伴，并将矛盾转化、分化或者转移，才能有效应对来自各方的"中国环境威胁论"。

（二）与主要发展中国家的气候外交协同发展

在防守中维权与谋利、寻求与推动合理有效的国际环境合作，也许是发展中国家建设性的气候外交定位与战略。发展中国家应当团结有为，反对坐而待毙、碌碌无为。发展中国家经由下述三个国际会议展开了气候外交，即 1990 年 4 月 23 日至 25 日在印度首都新德里举行的发展中国家全球环境会议、1990 年 10 月 15 日至 16 日在泰国曼谷召开的亚洲及太平洋环境和发展部长级会议和 1991 年 6 月 18 日至 19 日在北京召开的发展中国家环境与发展部长级会议。发展中国家旨在商讨对策，并就某些问题达成一致，以期能够形成一股力量，使 1992 年环境与发展大会通过对发展中国家有利的决议。事实上，发达国家也同时在为自身的利益召开类似的会议。从新德里会议到北京会议，发展中国家最终走到了一起，达到了空前的团结。

发展中国家已成为世界气候外交舞台上不可忽视、日益重要的力量。"77 国加中国"的模式，改变了发展中国家以往涣散和软弱的局面。但是随着气候变化等全球性环境问题的政治化趋势加剧，发展中国家初现内部分化的尴尬，也将面临欧美等大国有意分化发展中国家阵营的风险。这一阶段，绝大多数发展中国家面临的是：对全球化的负面效应已感同身受，南北差距与分歧依然未见改善，环境问题与贫困相伴，发展依然是国家利益的首要选择，没有发达国家足够支持和自身的困境导致难以践行可持续发展，发展中国家在全球化进程中的差距加剧、国家间利益诉求开始不同，发展中国家已感受到环境问题给发展和健康带来的威胁与危害，认识到气候外交包括环境合作与环境援助日益重要与迫切，当然最根本的还是要改变不公正的世界政治经济秩序。伴随着发展中国家对国际环境规则的掌握、对气候外交实践的经验积累、对国际多边环境机制的参与，发展中国家已无可否认地成为世界气候外交舞台举足轻重的力量。他们的气候外交整体战略基本成型、开展气候外交的能力趋于完善、经验与智慧趋于成熟、在坚持"维权"（维护发展权和境内资源的所有权与经营处置权、仅承担与国力与历史责任相符的国际环境责任等）的同时积极"谋利"，强烈呼吁发达国家兑现对发展中国家的环境与发展援助的承诺，加大环境技术对发展中国家转让的力度并降低使用门槛。

（三）多层次构建中国气候外交的层级机制

以应对气候变化为核心的气候外交主要体现在三股力量之间：其一是欧盟；其二是以头号排放大国美国为首，包括加拿大、日本、澳大利亚等国在内的"伞形国家集团"；其三是包括77国集团和中国在内的发展中国家。围绕气候问题的气候外交，主要是这三股力量博弈的结果。因此，必须多层次构建中国气候外交的层级机制，与各个博弈主体分别建立层级外交，促使国家利益的最大化实现。

（四）利用各发达国家气候外交不同的理念和行动

发达国家在应对气候变化领域的气候外交理念并不相同，欧盟提出"自上（政府）而下（企业）"的减排模式，美国提出"自下而上"的模式，希望在《京都议定书》以外建立由美国主导的新的应对模式。新模式反对定量减排和设定时间表，主张市场机制，要求把发展中国家纳入减排体系，用科技减排，不能影响经济发展。实际上，这否定了"共同但有区别的责任"原则。美国环境经济的政策建议者斯塔文斯介绍基于美国主流观点提出的"超越京都协议"包括三个特征：（1）全球参与，特别指中国、印度必须承担减排责任；（2）延长减排期限；（3）以市场为基础的减排机制。美国的这种做法，是其单边主义外交思维的体现。在行动上，以英国为先锋的欧盟积极推进气候立法、气候经济政策制定与实施、推行"低碳经济"、构筑"低碳壁垒"；而美国则与中国、印度、日本、澳大利亚和韩国于2005年7月组成了一个亚太清洁发展机制，并发表了《亚太清洁发展和气候新伙伴计划意向宣言》。此外，美国还分别发起了"氢能经济国际伙伴计划"、"碳收集领导人论坛"、"甲烷市场化伙伴计划"、"第四代国际论坛"、"再生能源与能源效益伙伴计划"等游离于联合国气候变化谈判之外的合作机制。这是美国出于维护本国利益的实用主义考虑。因为美国的能源结构和经济发展，要实现《京都议定书》规定的减排目标，美国将比欧洲付出更高的经济成本。中国在此领域的气候外交就应充分分析欧美减排理念的差异，既为在京都框架下促进减排明确各方要价，又能及时规划京都框架之外协同合作的可能性。

第二节 中国气候外交战略的国内支撑

一、提升气候能源外交在国内议程中的位置

中国气候外交战略作为保障中华民族生存安全的整体安全战略的重要内容，也是中国外交整体战略的重要组成部分，其服务于整个中国发展大战略。中国气候外交战略是中华民族生存安全战略的基石，确保中华民族所赖以生存的环境的安全，是保障整个中华民族生存安全的基本前提，也是中国气候外交战略的最基本目标。中国气候外交战略服务于国家发展大局，在确保国家基本安全的基础上，为国家发展创造有利的外部环境是中国气候外交战略的次级目标。中国气候外交战略是中国外交整体战略的重要组成部分，服从于中国外交整体需要，是中国气候外交战略的直接目标。2008年7月胡锦涛出席经济大国能源安全和气候变化会议时指出，气候变化国际合作，应该以处理好经济增长、社会发展、保护环境三者关系为出发点，以保障经济发展为核心，以增强可持续发展能力为目标，以节约能源、优化能源结构、加强生态保护为重点，以科技进步为支撑，不断提高国际社会减缓和适应气候变化的能力。此为中国开展气候外交安排了基点，而指导中国气候外交的基本策略就是在可持续发展框架内综合解决气候环境问题。因各国发展阶段不同、科技水平不同、所处环境不同，应该本着"共同但有区别的责任"原则，为应对气候变化积极作出自己的努力，并力求有所作为。

气候能源问题是重要的国际政治问题，对当前国际关系发展的作用举足轻重。国际环境政治已经成为当前国际政治中最具活力和发展前景的领域，21世纪的国际关系不可避免地要受到环境资源因素的主导性影响。在此大背景下，大力发展气候外交成为各主权国家在复杂的国际环境关系中维护本国利益、谋求安全环境和良好发展的重要手段。同时，全球环境的改善和人类整体环境危机的摆脱也有赖于气候外交的开展。对此，发达国家已经着手实践，发展出各具特色的气候外交，占据了国际环境政治的先机。作为世界环境大国，环境问题对中国的影响尤为严重。中国目前正

面临环境、资源危机，环境问题已成为21世纪中国面临的最为严峻的挑战之一，气候外交的发展需求十分迫切，气候外交应成为中国外交工作的重点。中国气候外交实践虽然已有相当的发展，但仍与现实需要差距甚远，需要大力改进。我们必须从理论上高度重视发展气候外交的迫切性和必要性，正确判断中国所处形势及其利弊所在，从国情出发制定切实可行的发展战略，有重点、有层次地发展、完善中国的气候外交。

当前迫在眉睫的气候变化等环境问题立场和政策首先来自对自身实际情况的全面把握，发展中国家的身份很大程度上决定了其立场。如前所述，发展中国家认为，工业革命以来的人类活动确实是全球气候变化的主要原因，温室气体减排是延缓全球变暖的主要方法。发达国家在实现工业化、现代化的过程中无约束、大量地排放了温室气体，因而对气候变化负有不可推卸的责任并应承担主要的义务，但这并不代表中国在实现自身发展时对气候变化没有责任，由于气候的全球公共物品属性，包括发展中国家在内的全球参与的减排才能真正遏制正在发生的气候变化危机。中国应根据自身情况采取相应措施，在发展经济的过程中注重引进、消化、吸收先进的清洁技术，为应对气候变化作出力所能及的贡献。这充分说明中国认同和坚持《京都议定书》确认下来的"共同但有区别的责任"这一原则。目前发达国家已提出各种减排方案，基本掌握了气候谈判等环境问题的主动权，中国如单纯应对和死扛硬顶，只会导致外交困境。因此如何及早安排谈判的宏观基调和微观策略，使它们在有的放矢地参与全球协同减排的同时促进国民经济和社会的可持续发展将成为问题的核心。随着气候外交谈判形势日益复杂和艰巨，特别是中国对全球环境和碳排放影响日益关键的形势下，为拓展中国的发展空间和加强内部团结，中国亟须把气候外交放在重中之重的位置。

二、建设中国气候能源外交的国内支撑

第一，战略层面上中国应改变过分重视能源安全、相对忽略气候变化和环境问题的政策取向，将气候安全和生态安全纳入国家安全与长期发展战略的框架中，使能源和气候变化问题相结合。根据国家发改委能源所中国与全球温室气体排放情景分析（IPAC）模型组的研究结论，在战略层面上规制能源与气候可持续发展，将通过低碳社会发展目标实现多种社会发展目标的和谐共进，促进"可持续发展目标"、"社会千年发展目标"、"中国国家经济发展三步走总体目标"、"中国构建科技创新强国目标"等国家战略发展的一致性。

第二，在政策层面上，随着全球低碳核心技术的勃兴将在世界范围内提升能源产业及其装备制造业的战略地位，中国企业既面临着空前的竞争压力，又面临着跨越式发展的机遇，在这过程中，中国要积极加强应对气候变化的法律法规、政策体系和管理机制建设，为企业低碳发展营造良好的制度环境、政策环境和市场环境，把政策激励和企业自身发展动力结合起来，使企业自身最终形成低碳技术发展模式并掌握低碳核心技术。鉴于中国的产业结构和产能，进行产业升级、淘汰落后产能、提高能效、积极进行绿色能源的投资是必要的，但更重要的是要通过鼓励技术创新、推动立法、转变消费模式、建立碳市场等方法建立适应气候变化的市场机制和产业体系，同时适当调整贸易政策，适当限制高能耗产品的出口，并扩大工业制成品进口。

第三，在技术层面上，建议按照《中国应对气候变化科技专项行动》的内容，大力发展节能和提高能效技术、可再生能源和新能源技术、煤的清洁高效开发利用技术、油气资源和煤层勘探的清洁高效开发利用技术、先进核能技术、二氧化碳捕集与封存技术、生物固碳技术和其他固碳工程技术、农业和土地利用方式上的控制温室气体排放技术等。技术是应对气候变化的长期战略中最重要的部分，发展与提高能源技术，每年可将应对全球变暖的成本降低近万亿美元。①科技是未来可持续的能源前景的关键因素，必须大力开发新兴技术，以减少因依赖化石燃料给能源安全和环境所带来的负面效应。因此，中国应与欧盟等发达国家开展技术转移和实施清洁排放机制，通过碳市场来促进能源结构调整和清洁能源发展。

第四，在社会意识层面上，中国要有意识地引导、鼓励、发展社会公众的低碳意识，实践证明社会有效参与是向低碳经济转型的基础，把低碳

① Global Energy Technology Strategy: addressing climate change[M/OL]. The Global Energy Technology Strategy Program（GTSP）. [2008-11-08]. http：//www.pnl.gov/gtsp.

消费作为社会公德，引导、规范和制约社会消费行为对开展全民节能减碳具有重要意义。首先，应促进政府、社会组织实质性参与到低碳经济转型的实践中去，通过其行为的规模效应，促进环保成本相对较低的转型。其次，更应通过作为社会个体的公民的低碳消费推广、促进全民层面的低碳转型。因为，选择低碳发展以尽量避免和减缓气候变化的发生，不仅是政府和社会组织的责任，也同样是消费者和公民的责任，是可持续发展目标的应有之意。但由于中国推进低碳生活还缺乏社会服务基础和经济支持力度，应首先通过公民低碳意识教育来预防未来高碳生活的可能，进而建立低碳的意识和责任，实现低碳社会的全民有效参与目标。

第五，在国内体制能力方面：（1）中国的气候变化外交需要各部委在政策协调基础上，通过科学结论和战略共识来谋求国家利益。气候变化外交具有高度不确定性以及降低温室气体模式的复杂性，是一种科学问题政治化、政治问题科学化的行为。有鉴于此，必须要加强气候变化外交协调工作，包括：部门间的信息和对案交流、相互学习和沟通、提高跨部门信任程度等。当中国气候变化政策面临与国际接轨和全球气候变化谈判压力的要求时，应逐渐改变自身的利益观念、规范观念，同时也不断进行制度建设以便提升中国气候变化软能力。（2）为了应对全球气候变化谈判的挑战，既要避免全球气候变化谈判带来的利益和规范冲击，也要促进中国国家利益通过国际气候变化谈判而对国际气候变化制度或规范形成反作用力。在气候变化外交软能力建设方面，中国应该：首先形成气候变化利益协调和传导机制、提升引导气候变化话语权和谈判进程的能力；其次参与气候变化外交的各部门应有平衡国家利益和国际责任两方面的考量，在平衡国家利益和国际责任基础上强化气候变化战略共识和协调机制；最后是建设形成张弛有道、行为规范、运转协调的气候变化外交体制。

第三节　气候能源外交和国际秩序

气候能源外交推动了国际政治的协调共进，开拓了国际经济合作发展的新模式，使得国际气候能源秩序的建设成为国际政治经济秩序发展的核心问题。中国和平发展的进程必须以充分参与国际气候能源秩序的构建和完善为起点，通过积极有效、务实协作的气候能源外交应对"中国环境威胁论"。国际气候能源秩序的建立需要在国际合作与国际冲突层面、全球化以及国际机制建设层面创建共同参与、求同存异的新秩序，能够促使气候能源外交实践朝向有利于我国的趋势发展。而新秩序的推进，并不以极力反对发达国家的霸权主义为核心，因为长期内发达国家主导国际秩序的格局不会改变。

一、气候能源外交推动下的国际政治秩序发展

当前的国际政治秩序，提倡尊重世界文明的多样性，积极推动国际关系民主化，提倡多边主义，提倡以互信、互利、平等和协作为核心的新安全观，通过对话解决国际争端。同时，气候能源外交对世界政治秩序不可避免地产生巨大影响。主要表现在气候能源外交可能引发围绕国际气候能源合作的主权让渡与主权干涉的争议，反对环境殖民主义的声音愈演愈烈。由于环境问题具有全球性、超越意识形态性、公益性、整体关联性、严重挑战性等特征，这对当代国际关系产生了极为广泛而深远的影响。全球环境问题引发对当代国家主权的调整。主权国家作为最重要的国际行为体，在解决生态环境问题方面肩负着重大历史使命，并且承担着主要的责任。然而由于环境问题的全球化，客观上要求加强国际合作和强化各种国际机制的作用，并且通过主权让渡和主权干涉的形式对国家主权进行必要的调整，从而构成了对传统国家主权的严峻挑战。因此气候能源外交特别是国际气候能源保护工作在处理与国家主权的关系时，应当坚守国际气候能源法的三大基本原则：开展全球合作、照顾和尊重发展中国家的利益、公平承担责任。各国通过气候能源外交，加强环境管理，履行必要的义务，甚至出让一部分主权是难以避免的。各国应当在加强国际气候能源合作与维护国家主权之间寻求一种平衡。在气候能源外交领域，坚持国家主权原则并非一概反对对主权的任何限制，而是反对对国家主权基本性质和基本内容的否定，反对对国家主权进行单方面、不公平的限制，反对对国家主权实行强行、强迫的限制，反对借气候能源外交之名行主权干涉之实。

二、气候能源外交推动下的国际经济秩序发展

当前的国际经济秩序，提倡共同繁荣、共同发展，缩小南北差距，促进全球经济、社会的均衡和可持续发展，通过 WTO 的规则解决经济贸易争端，以此推动 21 世纪的国际秩序朝着更加公正合理的方向发展。气候能源外交对世界经济秩序的影响还非常有限，它与世界经济秩序的联系应当着重于世界投资贸易以及发展中国家的环境与发展领域。气候能源外交应当秉持可持续发展理念和国际气候能源法原则，推动公正合理的世界经济秩序的构建。迄今为止，世界贸易领域中贸易与环境规章之间的冲突还非常明显而且复杂，环境问题的考量在 WTO 中处于弱势地位，贸易自由化与环境保护"绿色壁垒"的矛盾短期内难以协调。发展中国家面临新的困境。气候能源外交理应介入贸易与环境问题，将其纳入气候能源外交的研究和实践范畴，既有现实合理性，反过来又可丰富气候能源外交的内涵，提升其重要性。

三、气候能源外交推动下的国际气候能源秩序的建立

国际气候能源秩序的建立需要在国际合作与国际冲突层面、全球化以及国际机制建设层面创建共同参与、求同存异的新秩序，能够促使气候能源外交实践朝有利于我国的趋势发展。而新秩序的推进，并不以极力反对发达国家的霸权主义为核心，因为长期内发达国家主导国际秩序的格局不会改变，具体体现在：各国认识到了在全球环境这一"公共物品"的全球治理中存在的政府失灵与市场失灵，以及各国在环境问题上尤其相互依赖，冲突的背后根本上应该相互合作；基于权力的国际气候能源机制虽然仍然居于主导地位，但气候能源外交主体的多元化、发展中国家在国际气候能源机制的构建与完善中的积极参与，将有利于构建基于互利共赢机制的国际气候能源秩序，共同践行可持续发展；软实力概念以及基于知识与文化的国际机制，为发展中国家在气候能源外交中提供了新的视角与着力点，发展中国家可以努力通过民族文化的魅力促进沟通、包容与合作；面对冲突，发展中国家应该有更广的视野、更多的策略、更强的信心去规避与化解国际

气候能源冲突、承担起"共同而有区别的责任"，寻求与开展互利共赢的国际气候能源合作。

气候能源外交与世界政治经济秩序相互联系与影响。目前的世界政治、经济秩序仍然由发达国家主导。但是应当看到，发展中大国在气候能源外交中的积极有效的表现代表并带动了广大发展中国家，有利于促进国际气候能源合作的机制化，有利于多边主义战胜单边主义。堪忧的是，环境恶化从未停止，而全球气候能源治理却在艰难中前行。根源还是霸权意识、单边行动、南北分歧、环境资源的公共性、全球环境管理中的市场失灵与政府失灵，这些都对全球、多边或双边环境国际合作产生了不同程度的消极影响：国际气候能源机制相对"软弱"、污染转嫁、援助有限如"杯水车薪"甚至"口惠而实不至"、绿色壁垒、北北明争暗斗、南北鸿沟难以逾越（北方仓廪实因而更加关注生态环境问题，南方首先关注温饱与经济发展问题；即使对于环境问题，北方更关注全球性问题，如气候变化等，而南方更关注国内环境问题，如水污染等；对于全球环境问题的根源与历史责任、对环境与发展的优先度抉择、对环境与主权、对环境保护的实现途径等均存在分歧。）、南南出现分化（发展中大国、发展中富裕小国、大量落后的中小国家在一些重大环境问题上观点甚至立场开始出现分化，首先是基于国家环境利益和经济利益的考虑，其次是受到国家整体外交关系的影响）。在一个"无世界政府"却"有世界秩序"的全球化时代，气候能源外交对内还受制于国家发展战略与整体外交战略，首先服务于国家环境利益，其次才考虑兼顾国际共同利益。南北分歧与巨大差距、国际气候能源机制的相对"空洞"和"软弱"、世界环境资源的"公共物品"属性、世界环境管理的政府失灵与市场失灵，加上世界气候能源外交的专业化、全球化、复杂化、政治化，共同注定了世界气候能源外交虽不可缺少，但将艰难前行。对于发展中国家而言，不可对气候能源外交的作用抱以过快、过高的期待，也不可乞求与等待发达国家的并不"纯洁"的经济技术援助，更不应怨天尤人、束手待毙、无所作为。归根结底，发展中国家最根本的出路只有一条，那就是发展自己，改变世界。

综上所述，气候变化与能源挑战与创新问题是重要的国际政治问题，对当前的国际关系发展有着举足轻重的作用。国际气候能源政治已经成为当前国际政治中最具活力和发展前景的领域，21世纪的国际关系不可避免地要受到环境资源因素的主导性影响。在此大背景下，大力发展气候能源外交成为各主权国家在复杂的国际气候能源关系中维护本国利益，谋求安全环境和良好发展的重要手段。同时，全球环境的改善和人类整体环境危机的摆脱也有赖于气候能源外交的开展。对此，发达国家已经着手实践，发展出各具特色的气候能源外交，占据了国际气候能源政治的先机。因此，气候能源危机是全球治理失效的直接后果，它对世界和平和发展构成了严重挑战，最终的解决也必须通过全球治理的修补。国际社会的主要任务不是推翻现有的全球治理体系，而是要尽量克服后者在气候变化和能源挑战等方面的内在缺陷。这些危机的解决之道，在于追求全球的可持续发展，夯实经济、社会与环境三个可持续发展的支柱，即实现全球共同的可持续发展。更为重要的是，气候变化和能源安全体系改革的关键在于进一步提高新兴国家和发展中国家在国际事务中的发言权。国务委员杨洁篪强调，全球治理的核心是国际社会各方普遍参与、普遍受益，全球治理应该为广大的发展中国家发展创造更加有利的条件和环境。因此，随着发展中国家整体实力增强，发达国家影响力和参与意愿的削弱，以大国协调为特征的合作机制模式在发达国家和主要发展中大国之间不断发展，如金砖机制等就是当前维护、参与和加强全球治理的重要机制。

中国目前正面临环境、资源危机，环境问题已成为21世纪中国面临的最为严峻的挑战之一，气候能源外交的发展十分迫切，气候能源外交应成为中国外交工作的重点。中国气候能源外交实践虽然已有相当的发展，但仍与现实需要差距甚远，需要大力改进。我们必须从理论上高度重视发展气候能源外交的迫切性和必要性，正确判断中国所处形势及其利弊所在，从国情出发制定切实可行的发展战略，有重点、有层次地发展、完善中国的气候能源外交。展望未来，气候能源外交推动了国际政治协调共进，开拓了国际经济合作发展的新模式，使国际气候能源秩序的建设成为国际政治经济秩序发展的核心问题。中国和平发展的进程必须以充分参与国际气候能源秩序的构建和完善为起点，通过积极有效、务实协作的气候能源外交对全球治理作出贡献。

↘ 结语：气候挑战的发展轨迹和展望

　　气候变化谈判是一个复杂、多边和持续的政府间互动过程，既涉及协调合作更涉及控制竞争。国际社会力图通过合作实现减排温室气体，但是各国对排放容量的竞争也在同步发展，竞争及合作贯穿气候谈判始终。从战术上看，气候谈判竞争远远大于合作，但从战略和人类共同利益来看，合作共赢是主流。应对气候变化只有通过国际间的合作才能成功。自1990年联合国正式启动国际气候谈判进程以来，国际气候谈判已进行20多年。目前减缓气候变化的国际合作已形成以联合国为中心、20国集团等其他多边机制为补充的多层次治理模式，但其成效有限[①]。在"共同但有区别的责任"原则上，发达国家与发展中国家依然存在重大分歧。与此同时，发达国家阵营和发展中国家阵营都出现了不断分化的趋势。全球气候变化谈判始于1992年《联合国气候变化框架公约》；1997年《京都议定书》设定了发达国家2008年至2012年的减排目标，是人类历史上首次以国际法的形式对特定国家的特定污染物排放做出具有法律约束力的限时定量控制；2005年京都第二承诺期谈判开启；2007年，气候变化问题逐渐走到世界舞台中央，年底"巴厘路线图"通过，开启了加强《联合国气候变化框架公约》下长期合作行动的谈判；2009年通过政治宣言《哥本哈根协议》；2010年《坎昆协议》部分地将《哥本哈根协议》正式化，并要求世界各国共同努力把全球变暖控制在2摄氏度之内；2011年南非德班会议启动新的谈判进程"德班增强行动平台"，就加强2020年后国际社会合作应对气候变化行动进行谈判。二十年来气候谈判在缓慢但不断地进展，尽管有美国、加拿大等缔约方退出议定书，部分发达国家的政治意愿也有所减退，但合作应对气候变化仍然是个大趋势。各国于2014年末齐聚秘

[①]　VICTOR D G. Global warming gridlock: creating more effective strategies for protecting the planet[M]. Cambridge: Cambridge University Press, 2011.

鲁利马起草一个通用的协议草案以待2015年最终落实，新协议将在2020年开始生效。克里斯蒂娜·菲格雷斯说："我们现在进入了国际合作气候政策中的一个重要阶段。"公约秘书处执行秘书长菲格雷斯也认为："华沙大会在三个目标方面有进展，一是气候融资，二是迈向2014年和2015年气候谈判的清晰路径，三是损失和损害。但鉴于全球气候灾害频发，各国受气候变化影响的代价越来越大，国际社会必须立刻开始行动。"①

　　气候变化谈判过程与全球政治经济格局"东升西降"的走势同步，在此过程中，发展中大国在气候变化谈判中的责任和地位不断发生变化。气候谈判之初，发展中国家碳排放只占全球的32%，发达国家在减排潜力、排放量等方面占据绝对优势。随着谈判的发展，发达国家率先减排的政治意愿不断下降，发展中国家所承担的义务逐渐加重，发展中大国气候攸关方的地位不断凸显。2008年金融危机以来，巴西、南非、俄罗斯、印度及中国等新兴经济大国为代表的新兴市场国家经济高速发展，反之，美、日、欧等发达经济体遭受到了严重的经济创伤，并在全球经济格局中地位下降。经过20多年的发展变化，谈判方内部减排能力、潜力、经济实力等发生了巨大变化，全球排放格局的焦点逐渐转移到发展中大国上②。到2030年，大部分新增的全球能源消费将会来自新兴发展中大国，其中中国占55%、印度占18%。经过金融危机的短暂影响之后，2011年全球二氧化碳排放量创新高，达340亿吨，其中中印排放总量占1/3，与经济合作与发展组织国家相当；中国的人均排放为7.2吨，仅比欧盟水平低0.3吨。随着全球政治经济格局的"东升西降"，发达国家在气候变化领域议程设置和建章立制的能力受到一定削弱。发展中大国群体性崛起，他们正在走向国际舞台中心，积极主动参与全球气候变化规则和治理方案的制订工作。

　　在世界政治经济格局和气候谈判格局双重调整和转变时期，不同阵营

　　① Spotts, Pete. Global warming: can post-Kyoto climate pact work by taking a different tack? [N]. The Christian Science Monitor [Boston, Mass], June 21, 2014.
　　② 2007年政府间气候变化专门委员会（IPCC）第四次评估报告认为，发展中大国的减排潜力日益增加，2000年到2030年，基于能源使用的碳排放量2/3或者3/4增长量来自发展中国家。国际能源署（IEA）预测，到2020年，发达国家总体排放量相对1990年将减少4%，其中美国减少3%、欧盟23%、日本10%、俄罗斯27%；而发展中国家的排放量相对于1990年则会有大幅度的上升，预计发展中国家整体排放量将增加107%，其中中国将增加275%、印度224%。

之间和内部的差异性和交互性增多。美国学者罗伯斯（Timmons Roberts）以美国"霸权主义"倾倒为基础撰写了"多极化和新世界秩序（失衡）：美国霸权的衰落和国际气候体制的分裂"的论文[1]，认为国际气候格局呈现出"碎片化"局面：一是随着发展中国家之间发展程度和差距越来越大，发展中国家谈判阵营的立场差异和分歧逐渐扩大，应对气候变化的潜在矛盾逐渐表面化，尤其在减排目标和责任等方面；二是欧美等发达国家对气候变化中长期减排立场的固有差异仍未解决，对国际合作模式的认识差异增多；三是以公约为核心的气候制度与公约外制度同步发展，区域气候变化合作制度、嵌入全球气候谈判的各种地区合作制度、气候制度和贸易制度进程的交叉制度、行业性减排制度等都对全球气候谈判产生不同程度的影响[2]。发达国家和发展中大国之间沟通与协调机制的建设也在发展与磨合过程中（如二十国集团、主要经济体论坛等互动模式），自下而上的市场资源模式等不同制度在发达国家和发展中大国之间不断发展。

由于气候变化是全球性公共物品，未来的国际制度必须具有公共性和非排他性。温室气体固然是一个国家排放到大气系统中去的，但是温室效应却不局限于一国、一域。气候变化演化为长期复杂的环境问题，是全球市场失灵和国际制度失灵的结果[3]。加勒特·哈丁认为："公共资源的自由使用会毁灭所有的公共资源[4]。《公地悲剧》思想完全适用于大气系统，也就是说大气权利过度使用也会出现农村草地一样的悲剧——枯竭、恶化[5]。"政府间气候变化专门委员会（IPCC）发布第四次综合评估报告指出，全球变暖趋势正在加剧。为遏制这种趋势、落实《联合国气候变化框架公约》最终目标，全球应积极进行国际合作，实现到2050年将气温控制在较工业化前水平高2摄氏度以内。

从建设符合气候变化特征的国际气候协定的发展来看，其走向取决于

---

① ROBERTS J T. Multipolarity and the new world （dis）order： US hegemonic decline and the fragmentation of the global climate regime [J]. Global Environmental Change， 2011， 21： 776-784.
② WERKSMAN J. Legal symmetry and legal differentiation under a future deal on climate [J]. Climate Policy， 2010， 10： 672－677.
③ 黄卫平，宋晓恒.应对气候变化挑战的全球合作框架思考[J].经济理论与经济管理，2010（1）：12-17.
④ HARDIN G. The Tragedy of the Commons [J]. Science， 1968， 162： 1243-1248.
⑤ HARDIN G. The Tragedy of the Commons [J]. Science （New Series）， 1968， 3859： 1243-1248.

三大因素，即政治意愿、经济利益和科学认知。一个成功的国际气候制度必须是政治上可行、经济上合理、生态上有效的国际制度。在国际政治经济错综复杂的体系中，作为一个非强制性的松散型政治议题，全球气候变化既吸引了各国和地区的关注，同时却无法对各国和地区的政策形成强制性制约。各国和地区的态度和政策极不协调和统一，削弱了这些政策向未来延伸的积极性，使未来的气候变化应对策略变得极不确定。国际气候变化合作具有整体性和长期性的特征。气候变化问题的影响层面很多，具有"牵一发而动全身"、"不可分割"等整体性特性。[①]气候变化的时间长、变化速度缓慢，由于具有长期性，容易被人所忽视。温室气体是在相当长的时期累积产生的，当前采取的任何减缓气候变化和减排温室气体的措施，其效果只会在未来逐渐呈现。但是，气候变化问题具有代际转移的属性，后代人将承受气候变化的严重后果。[②]

展望未来，气候谈判进一步从联合国框架朝向大国政治主线回归。首先，当前两大阵营的界限有所模糊。发达国家"令人难以置信的低水平减排指标"既成事实，加之在资金、技术转让方面的不作为，引发发展中国家普遍不满，在此背景下，气候变化谈判逐步回归"大国政治"格局。气候变化谈判传统的"两大阵营"格局仍然存在，但欧盟、美国、发展中国家"三股势力"鼎足而立的形势发生了某些变化。为将美国拉入"2015年协定"中并共同拆除"防火墙"，欧盟暂时放弃了对具有"法律强制约束力"的全球协议的要求，全力支持美国。"基础四国"在政治上保持团结，与其他"立场相近发展中国家"（LMDC）一起起到了抗衡欧美的作用。尽管"小岛国集团"和"最不发达国家"以及"独立美洲和加勒比海国家联盟"（AILAC）的诉求依然强烈，但在逐渐回归"大国政治"的谈判格局中显得力不从心。但从不同角度看，"小岛国集团"和"最不发达国家"的利益受到轻视和损害，将更多地损害已经分化的发展中国家的整体团结。其次，新兴发展中大国继续成为矛盾焦点。经过20多年的发展

---

① IPCC. Climate change 2007: scientific basis [M]. Cambridge, Eng: Cambridge University Press, 2007.
② IPCC. Climate change 2001: scientific basis [M]. Cambridge, Eng: Cambridge University Press, 2001.

变化，谈判方内部减排能力、潜力、经济实力等发生了巨大变化，全球排放格局的焦点逐渐转移到发展中大国上。不少西方媒体对立场相似的发展中国家集团（LMDC）进行攻击，第三世界网络（TWN）认为，发达国家已经与新兴经济体在减排问题上形成了对决之势。美国和欧盟等也把焦点转向中国和印度，要求中国和印度把所有气候变化谈判的底牌都亮出来，强调快速增长的经济体如中国应该参加减排。

↘ 附录一 1966年以来主要环境领域重要公约简介

一、经济、社会、文化权利国际公约（1966年12月16日，以下简称《公约》）

International Covenant on Economic, Social and Cultural Rights

《公约》共有31个条款。第1条规定所有人民都有自决权，有权自由决定他们的政治地位，并自由处置其天然财富和资源，谋求经济、社会及文化的发展。

第2条至第5条规定了缔约国的一般性义务，包括遵守非歧视原则和男女平等权利；尽最大能力逐步实施《公约》规定；只能加以同《公约》规定的权利性质不相违背且仅为了促进社会福利依法确定的限制；对于缔约国业已承认或存在的任何人权，不得借《公约》没有规定或规定适用范围不同予以限制或克减等。

第6条至第15条为《公约》的实质条款，具体规定了各项权利：工作权；享受公平与良好工作条件、同工同酬（特别是男女同工同酬）、晋升及带薪休假等休息权；自由组织和参加工会的权利、罢工权；享受社会保障的权利；婚姻自由、家庭权和妇女儿童权益；为自己及家庭获得相当的生活水准的权利，包括足够的食物、衣着和住房等；享有最高的体质和心理健康权利；受教育权；享受科学文化生活的权利等。

第16条至第25条主要就缔约国向联合国秘书长提交《公约》执行报告作出规定，指出报告应说明影响履行《公约》义务的因素和困难；为促进《公约》规定得以切实履行，请经社理事会对《公约》执行过程中出现的问题进行研究并提出建议，并提请联合国其他机构予以注意；《公约》的各项条款不得被曲解等。

第26条至第31条涉及《公约》的加入、生效、修改、文本等方面的规定。

二、联合国人类环境会议的报告（1972 年 6 月 5 日至 16 日，斯德哥尔摩）

Report of the United Nations Conference on the Human Environment

1.《联合国人类环境会议宣言（Declaration of the United Nations Conference on the Human Environment）》

该宣言是这次会议的主要成果，阐明了与会国和国际组织所取得的七点共同看法和二十六项原则，以鼓舞和指导世界各国人民保护和改善人类环境。

七点共同看法的大意是：

①由于科学技术的迅速发展，人类能空前规模地改造和利用环境。人类环境的两个方面，即天然和人为，对于人类的幸福和对于享受基本人权，甚至生存权利本身，都是必不可少的。

②保护和改善人类环境是关系到全世界各国人民的幸福和经济发展的重要问题，也是全世界各国人民的迫切希望和各国政府的责任。

③在现代，如果人类明智地改造环境，可以给各国人民带来利益和提高生活质量；如果使用不当，就会给人类和人类环境造成无法估量的损害。

④在发展中国家，环境问题大半是由于发展不足造成的，因此，必须致力于发展工作；在工业化国家，环境问题一般是同工业化和技术发展有关。

⑤人口的自然增长不断给保护环境带来一些问题，但采用适当的政策和措施可以解决。

⑥我们在解决世界各地的行动时，必须更审慎地考虑它们对环境产生的后果。为现代人和子孙后代保护和改善人类环境，已成为人类一个紧迫的目标。这个目标将同争取和平和全世界的经济与社会发展两个基本目标共同和协调实现。

⑦为实现这一环境目标，要求人民和团体以及企业和各级机关承担

责任，大家平等地从事共同的努力。各级政府应承担最大的责任。国与国之间应进行广泛合作，国际组织应采取行动，以谋求共同的利益。会议呼吁各国政府和人民为着全体人民和他们的子孙后代的利益作出共同的努力。

以这些共同的观点为基础的二十六项原则包括：人的环境权利和保护环境的义务，保护和合理利用各种自然资源，防治污染，促进经济和社会发展，使发展同保护和改善环境协调一致，筹集资金，援助发展中国家，对发展和保护环境进行计划和规划，实行适当的人口政策，发展环境科学、技术和教育，销毁核武器和其他一切大规模毁灭手段，加强国家对环境的管理，加强国际合作，等等。

2.《行动计划（Action Plan for the Human Environment）》

为促进和协调各国的环境保护活动，人类环境会议制订了一项包含109项行动建议的《行动计划》。这些建议可归纳为以下五个方面：人类居住环境质量规划和管理；自然资源环境管理；查证和控制具有广泛国际意义的污染物和公害；环境问题的教育、信息、社会和文化方面；发展和加强国际环境保护组织。

三、建立新的国际经济秩序宣言 （1974年5月1日）

Declaration on the Establishment of a New International Economic Order

《建立国际经济新秩序宣言》是1974年5月1日联合国大会第六届特别会议通过的、发展中国家争取建立国际经济新秩序的重要文件。其主要内容是：尊重各国主权、领土完整和政治独立互不侵犯、互不干涉内政、公平互利、和平共处。

一切国家都享有平等地参加解决世界经济、金融、货币问题不可剥夺的权利；每个国家有权对其自然资源和经济活动行使永久主权，包括对跨国公司进行控制、监督和管理，直到采取国有化措施；建立商品综合方案和实行价格指数化，改善和建立新的与发展中国家有关的商品的国际贸易结构；每个国家有权实行自己认为对其本国发展最适合的经济和社会制度，发展中国家有权建立原料和初级产品生产国联合组织，等等。

宣言宣布：各会员国决心立即进行工作以便建立一种新的国际经济秩序，这种秩序将建立在所有国家的公正、主权平等、互相依靠、共同利益和合作的基础上，而不问它们的经济和社会制度如何；这种秩序将纠正不平衡和现存的非正义，使发达国家与发展中国家之间日益扩大的鸿沟有可能消除，并保证目前一代和将来世世代代在和平和正义中稳步地加速经济和社会发展。

四、各国经济权利和义务宪章　（1974年12月12日）
Charter of Economic Rights and Duties of States

《各国经济权利和义务宪章》是联合国通过的旨在建立新的国际经济关系的重要文件，于1974年12月12日联合国大会第29届会议通过。该宪章最初由77国集团于1972年在《利马宣言》中提出，1974年4月13日至5月19日第三届贸发会议通过制定该宪章的决议。

宪章由一个序言和四章组成，共34条。分别论述了国际经济关系的基本原则、各国的经济权利和义务、对国际社会的共同责任以及其他有关问题。

关于各国经济权利和义务的规定，主要有：

1.每个国家对其财富、自然资源和经济活动享有充分的永久主权，包括拥有权、使用权和留置权，并自由行使此项主权。

2.每个国家有权对其国家管辖范围内的外国投资加以管理，有权将外国财产的所有权收归国有、征用或转让，但在收归国有时应给予适当的赔偿，并且任何争执均应按实行国有化国家的国内法解决，除非有关各国同意使用其他和平解决办法。

3.各国应进行合作，以促进较为公平合理的国际经济关系，并在一个均衡的世界经济范围内鼓励结构变革，变革需要符合各国特别是发展中国家的需要和利益，并为此目的而采取适当的措施。

4.各国为发展其民族经济均有成立初级商品生产者组织的权利。

5.国际经济关系应受主权平等、公平互利、国际合作以谋发展等项原则的指导。

本宪章影响了关贸总协定的总体框架的继续变革。

本宪章要求发达国家在国际经济合作中应尽可能给予发展中国家非互惠的普惠待遇。

五、关于国际经济合作、特别是恢复发展中国家经济增长和发展的宣言（1990年5月1日）

Declaration on International Economic Cooperation, in particular the Revitalization of Economic Growth and Development of the Developing Countries

《关于国际经济合作、特别是恢复发展中国家经济增长和发展的宣言》由联合国第十八届特别会议第11次全体会议通过，旨在坚决致力于达成一项全球共同意向，迫切促进国际经济合作，使世界经济得以持续增长，特别是致力于恢复发展中国家的经济增长和发展，使全人类都享有一生免于饥饿、贫穷、愚昧、疾病和恐惧的基本权利。

六、联合国环境与发展会议的报告（1992年6月4日至14日，里约热内卢）

Report of the United Nations Conference on Environment and Development

1.《里约环境与发展宣言（Rio Declaration on Environment and Development）》

《里约环境与发展宣言》又称《地球宪章》，是一项包括27点指导环境政策的广泛原则的无约束力声明。声明包括：各国有责任确保在本国境内开展的一切活动不会损害别国的环境；环境保护构成"发展进程中的一个组成部分"；发展中国家，尤其是最穷国家和"环境方面最薄弱的国家"的需要应得到重视。

《宣言》指出，"和平、发展和保护环境是互相依存、不可分割的"，世界各国应在环境与发展领域加强国际合作，为"建立一种新的、公平的全球伙伴关系"而共同努力。

《宣言》说，各国拥有按照本国的环境与发展政策开发本国自然资源的主权权利，并负有确保在其管辖范围内或在其控制下的活动不致损害其他国家或在各国管辖范围以外地区的环境的责任。环境保护工作应是发展进程的一个整体构成部分，不能脱离这一进程予以孤立考虑。

《宣言》指出，所有国家和所有人民都应在根除贫穷这项基本任务之上进行合作，发展中国家，尤其是最不发达国家和在环境方面最易受伤害的发展中国家的特殊情况和需要应受到特别优先考虑。各国应本着全球伙伴精神，为保存、保护和恢复地球生态系统的健康和完整进行合作。鉴于导致全球环境退化的各种不同因素，各国负有"共同的但有区别的责任"。发达国家承认，鉴于他们的社会给全球环境带来的压力，以及他们所掌握的技术和财力资源，他们在追求可持续发展的国际努力中负有责任。为了更好地处理环境退化问题，各国应该合作促进一个起支持作用的、开放的国际经济制度。

这项文件还提出，受压迫、遭统治和被占领的人民，其环境和自然资源应予保护。各国应遵守国际法关于在武装冲突期间保护环境的规定，并按照《联合国宪章》用适当方法和平地解决一切环境争端。

2.《21世纪议程（Agenda 21）》

《21世纪议程》是一份没有法律约束力、800页的旨在鼓励发展的同时保护环境的全球可持续发展计划的行动蓝图，它于1992年6月14日在里约热内卢的环境与发展大会上通过。地球首脑会议的组织者说，这项计划若实施，每年将耗资1 250亿美元。

文件包括有关妇女、儿童、贫困和其他通常与环境无关联的发展不充分等方面问题的章节。

《21世纪议程》是将环境、经济和社会关注事项纳入一个单一政策框架的具有划时代意义的成就。《21世纪议程》载有2 500余项各种各样的行动建议，包括如何减少浪费和消费形态，扶贫，保护大气、海洋和生物多样化，以及促进可持续农业发展的详细提议。

七、马拉喀什建立世界贸易组织协定（1994年4月15日，马拉喀什）

Marrakesh Agreement Establishing the World Trade Organization

世界贸易组织（World Trade Organization WTO）1994年4月15日在摩洛哥的马拉喀什市举行的关贸总协定乌拉圭回合部长会议决定成立更具全

球性的世界贸易组织（简称"世贸组织"，World Trade Organization—WTO），以取代成立于1947年的关贸总协定（GATT）。

世贸组织被认为是多边贸易体制的代表，其核心是世贸组织的各项协定。这些协定是由世界上绝大多数国家和地区通过谈判达成并签署的，已经各成员立法机构的批准。这些协定包含了国际贸易通行的法律规则，一方面保证各成员的重要贸易权利，另一方面对各成员政府起到约束作用，使其贸易政策保持在各方议定且符合各方利益的限度之内，这样做是为了向产品制造者和服务提供者提供帮助，并便利进出口业务的开展。

世贸组织的首要目标是帮助开展平稳、自由、公平的贸易。实现这些目标的途径包括：管理世贸组织协定、处理贸易争端、监督各国贸易政策、为发展中国家提供技术援助和培训、与其他国际组织开展合作等。

世贸组织的宗旨是：在提高生活水平和保证充分就业的前提下，扩大货物和服务的生产与贸易，按照可持续发展的原则实现全球资源的最佳配置；努力确保发展中国家，尤其是最不发达国家在国际贸易增长中的份额与其经济需要相称；保护和维护环境。世界贸易组织的目标是建立一个完整的、更具有活力的和永久性的多边贸易体制。世界贸易组织的基本原则是非歧视贸易原则，包括：最惠国待遇和国民待遇条款；可预见的和不断扩大的市场准入程度，主要是对关税的规定；促进公平竞争，致力于建立开放、公平、无扭曲竞争的"自由贸易"环境和规则；鼓励发展与经济改革。世贸组织的基本职能有：管理和执行共同构成世贸组织的多边及诸边贸易协定；作为多边贸易谈判的讲坛；寻求解决贸易争端；监督各成员贸易政策，并与其他同制定全球经济政策有关的国际机构进行合作。与关贸总协定相比，世贸组织管辖的范围除传统的和乌拉圭回合确定的货物贸易外，还包括长期游离于关贸总协定外的知识产权、投资措施和非货物贸易（服务贸易）等领域。世贸组织具有法人地位，它在调解成员争端方面具有更高的权威性和有效性。

八、发展纲领　（1997年6月20日）

An Agenda for Development

1.《发展纲领》是在联合国最近会议的成果和其他有关协定的基础上

制定的，其目的在于根据相互受益和真正相互依赖的必要性鼓舞一种更新和加强的发展伙伴关系。它证实各国为了调动国家和国际努力以实现可持续发展，并为了复苏和加强发展合作再度作出了承诺。为此，《发展纲领》确认在发展进程中各国的政策和措施占有首要地位，并吁求采取行动促成一个具有生气而又能动的国际经济环境，其中包括建立一个开放的、按规则行事的、公平的、有保障的、非歧视性的、透明而可预测的多边贸易体制，促进投资和技术与知识的转让，加强国际合作，从所有来源调动和提供财政资源促进发展，制定战略持久解决发展中国家外债和还本付息问题，以及有效地利用现有的资源。

2.发展是联合国的主要优先项目之一。发展是为各国人民取得更高生活质量的一项多面度的工作。在可持续发展中，经济发展、社会发展和环境保护是相互依存的，也是相互补充的组成部分。

持续的经济增长对所有国家、特别是发展中国家的经济和社会发展至关重要。这种增长应具广泛的基础以便人人可以受益。各国以此可以消灭贫穷、饥饿、疾病和文盲，提供适当的住房，确保人人就业，保护环境的完整，提高其人民的生活水平。

民主、尊重所有人权和基本自由，包括发展权利、透明而负责地治理和管理社会各部门，以及公民社会的有效参与，这也是实现以社会和人民为中心的可持续发展的必要基础中不可或缺的部分。

授权妇女及其以平等地位充分参与社会各个领域是发展的必要因素。

九、联合国千年宣言（2000年9月8日）

United Nations Millennium Declaration

《联合国千年宣言》共八章，包括：1.价值和原则；2.和平、安全与裁军；3.发展与消除贫穷；4.保护我们的共同环境；5.人权、民主和善政；6.保护易受伤害者；7.满足非洲的特殊需要；8.加强联合国。

十、关于新千年中的城市和其他人类住区的宣言（2001年6月9日）

Declaration on Cities and Other Human Settlements in the New Millennium

《关于新千年中城市和其他人类住区的宣言》申明，国际社会将采取进一步行动，以实现1996年前提出的"人人享有适当住房"和"城市化进程中人类住区的可持续发展"的目标。

《宣言》的主要内容包括重申第二次联合国人类住区会议的各项承诺、欢迎在实施《人居议程》中取得的成绩、确认存在的差距和障碍以及承诺采取进一步行动等4个方面。

《宣言》认为，普遍的贫困仍然是执行《人居议程》的核心障碍。同时，很多国家的环境状况亟待大幅度改进。《宣言》确认的其他障碍包括冲突、人为和自然的灾害、难民潮以及政策和金融市场方面的制约因素等。

《宣言》承诺要克服实施《人居议程》所遇到的障碍，特别要解决作为其主要相关因素的贫困问题，加强和维护国内和国际的有利环境。

《宣言》呼吁各国政府、联合国和其他国际组织为消除贫困和人类住区的可持续发展提供支持，特别是对最不发达国家提供这种支持。

《宣言》承诺在人类住区发展方面实现性别平等的目标，同时认为《人居议程》的实施是消除贫困的整个斗争过程的一个组成部分。

《宣言》重申加强国际合作，认为这是实现《人居议程》提出的目标所必需的。1996年在伊斯坦布尔召开的第二次联合国人类住区会议通过的《人居议程》提出了关于"人人享有适当住房"和"城市化进程中人类住区的可持续发展"的目标。

十一、可持续发展问题世界首脑会议的报告（2002年8月26日至9月4日，约翰内斯堡）

Report of the World Summit on Sustainable Development

1.《约翰内斯堡可持续发展声明》

《约翰内斯堡可持续发展声明》是各国政府做出的含有对全球可持续发展优先事项的具体目标和时间表的政治宣言。它回顾和总结了自1992年里约热内卢环境与发展大会以来国际社会在环境与发展领域里走过的路程，明确指出当前国际社会所面临的主要挑战，重申对可持续发展的承诺，明确提出人类的未来在于多边主义，号召各国采取切实的行动，力求实现可持续发展的目标。

2.《可持续发展问题世界首脑会议执行计划》

《可持续发展问题世界首脑会议执行计划》是为了进一步贯彻落实《21世纪议程》而制订的包含具体的目标和时间表的行动计划。它包括十一个部分：（1）导言；（2）消除贫穷；（3）改变不可持续的消费形态和生产形态；（4）保护和管理经济、社会发展的自然资源基础；（5）在一个全球化世界中实现可持续发展；（6）健康和可持续发展；（7）小岛屿发展中国家的可持续发展；（8）非洲可持续发展；（9）其他区域倡议；（10）执行手段；（11）可持续发展的体制框架。《执行计划》再次确认《里约宣言》和《21世纪议程》，提出消除贫穷和改变难以持续的增长和消费模式以及保护和管理经济、社会发展的自然资源基础，是可持续发展的首要目标，也是根本要求。基于此目标，该文件倡导公众参与；强调各国内部和国际上的良好治理；提出和平、安全、稳定、尊重人权与包括发展权在内的基本自由，及尊重文化多样性，是实现可持续发展和确保可持续发展使人人获益所必不可少的，并承认道德操守对可持续发展的重要性。《可持续发展问题世界首脑会议执行计划》本身虽然不具备法律约束力，但由于它就"在促进经济发展的同时保护生态环境"提出了具体的目标和时间表，关系到全球未来10至20年环境与发展的进程和走向，其重要性不容低估。

十二、2005年世界首脑会议成果（2005年9月16日）

2005 World Summit Outcome

2005年世界首脑会议通过的成果性文件，就发展、安全、人权和联合国改革作出了一系列的决定和承诺，分别涉及以下十个方面：

（一）发展

1.各国政府，包括捐助国政府和发展中国家政府，一致坚决、明确地承诺到2015年实现各项千年发展目标；2.到2010年，用于消除贫穷的资金每年增加500亿美元；3.所有发展中国家承诺到2006年通过用以实现各项千年发展目标的国家计划；4.同意立即为速效倡议提供资助，以便支持防治疟疾的努力、教育和医疗保健；5.致力于开创新的发展资金来源，目的是为发展项目、特别是卫生部门的发展项目筹资；6.商定考虑采取额外措施，以便通过增加赠款方式的融资，确保长期的债务可持续承受能力；

百分之百地取消重债穷国的多边和双边官方债务；酌情考虑大幅度减免或重组那些其债务负担不可持续承受、而又不在重债穷国倡议涵盖之列的中、低收入发展中国家的债务；7.致力于实现贸易自由化并迅速作出努力，落实多哈工作方案中的各项发展任务。

（二）恐怖主义

1.首次由所有国家的政府明确地、无保留地谴责"所有形式和表现的恐怖主义，无论由何人所为、在何地发生、其目的为何"；2.为在一年之内缔结打击恐怖主义的全面公约给予有力的政治推动。支持《核恐怖主义国际公约》早日生效。鼓励各国加入并执行该公约和其他12项反恐公约；3.同意拟订一项反恐战略，以便打击恐怖主义的行动能在国际社会得到壮大，削弱恐怖势力。

（三）建设和平、维持和平与促成和平

1.决定成立建设和平委员会，帮助各国完成从战争向和平的过渡，并设立支助办公室和常设基金提供资助；2.建立联合国维持和平行动的新常备警察队伍；3.同意加强秘书长的调解和斡旋能力。

（四）提供保护的责任

各国政府清楚、明确地接受它们应承担保护其人民免遭灭绝种族、战争罪、族裔清洗和危害人类罪之害的集体国际责任。在和平手段被证明不足以解决问题且国家当局显然无法做到这一点时，愿为此目的通过安全理事会采取及时、果断的集体行动。

（五）人权、民主和法治

1.采取加强联合国人权机制的决定性步骤，支持高级专员的行动计划并使其预算翻一番；2.同意在今后一年内建立联合国人权理事会；3.重申民主是一种普遍价值观；4.决心消除普遍存在的性别歧视，诸如教育和财产所有权方面的不平等，消除针对妇女和女童的暴力，并终止这种暴力行为的有罪不罚现象。

（六）管理改革

1.广泛加强包括内部监督事务厅在内的联合国的监督能力，将监督服务扩大到更多机构，呼吁设立独立的监督事务咨询委员会，并进一步建立新的道德操守办公室；2.革新联合国的工作，途径是审查历时五年以上的所有任务授权，以便能够取消过时的任务授权，让位于新的优先事项；3.决心修改关于预算、财务和人力资源的细则和政策，以便本组织能够更好地应付当今的需要；实行工作人员一次性有偿离职，确保联合国拥有适应当今挑战的适当工作人员。

（七）环境

1.认识到气候变化带来的严重挑战，并决心通过《联合国气候变化框架公约》采取行动，将向小岛屿发展中国家等最易受影响的国家提供援助；2.同意建立适用于所有自然灾害的全球预警系统。

（八）国际卫生

1.通过预防、照顾、治疗和支持行动，扩大应对艾滋病毒/艾滋病、结核病和疟疾的措施，并从国家、双边、多边和私营渠道筹集更多资源；2.决心防治传染病，包括确保新的《国际卫生条例》得到全面执行，并支持世界卫生组织全球疫情警报和反应网。

（九）人道主义援助

1.改进中央应急循环基金，以确保在发生灾害时能够立即、可靠地提供救济；2.确认《关于境内流离失所问题的指导原则》是保护境内流离失所者的重要国际框架。

（十）更新《联合国宪章》

决定对《宪章》作出下列修订和更新：

1.结束托管理事会，标志着联合国历史性的非殖民化作用的完成；2.删除《宪章》中"敌国"的过时提法。

十三、可持续发展北京宣言（2008 年 10 月 24 日至 25 日，北京）
Beijing Declaration on Sustainable Development

2008 年 10 月 24 日至 25 日，16 个亚洲国家和 27 个欧盟国家的国家元首和政府首脑以及欧盟委员会主席和东盟秘书长在中国北京举行的第七届亚欧首脑会议上通过该宣言。该宣言：

认识到当前全球人口不断增长与环境持续恶化、资源迅速枯竭及生态环境承载能力减弱的矛盾在许多国家和地区日益凸显，实现可持续发展是全人类共同面临的严峻挑战和重大紧迫任务；亚欧会议成员愿本着互利共赢的精神加强合作，为实现可持续发展作出积极贡献。

重申可持续发展关系人类的现在和未来，关系各国的生存与发展，关系世界的稳定与繁荣，各国在追求经济增长的同时应努力保持和改善环境质量，充分考虑子孙后代的需求。

认识到经济发展、社会进步和环境保护是可持续发展的三大支柱，三者相互依存、相辅相成，强调国际商定的发展目标，特别是联合国千年发展目标、应对气候变化和保证能源安全、社会和谐是实现可持续发展需特别关注的问题。

重申必须全面实施联合国环境与发展大会通过的《里约宣言》和《21世纪议程》、国际发展筹资大会确定的《蒙特雷共识》、《联合国气候变化框架公约》、第13届缔约方大会通过的"巴厘路线图"以及可持续发展首脑会议通过的《约翰内斯堡实施计划》等一系列文件中确定的目标、原则和行动规划。

忆及第六届亚欧首脑会议将可持续发展，特别是将千年发展目标、气候变化、环境和能源列为亚欧首脑会议第二个十年优先合作领域。

宣言共三部分，包括：

1.千年发展目标；

2.气候变化及能源安全性；

3.社会和谐。

十四、联合国"里约+20峰会"（"Rio + 20"峰会）《我们憧憬的未来》成果文件

The Future We Want

"里约+20峰会"成果文件有283条、六大部分内容，分别是：共同愿景、重申政治承诺、在可持续发展和消除贫困的背景下发展绿色经济、建立可持续发展的体制框架、行动措施框架、执行措施。

第一，"我们的共同愿景"："再次承诺实现可持续发展，确保为我们的地球及今世后代，创造经济、社会、环境可持续的未来。"

第二，"重申政治承诺"：重申了世界各国在《关于环境与发展的里约宣言》、《21世纪议程》、《关于可持续发展的约翰内斯堡宣言》等地球峰会和后续可持续发展峰会达成的主要成果文件,以及对发展筹资问题国际会议的《蒙特雷共识》等发展筹资机制文件的承诺;评估了目前各国在实现可持续发展方面取得的进展,在实施可持续发展主要峰会成果方面存在的差距,以及需要解决的新问题;并提出要推动主要群体和其他利益攸关方共同努力,实现可持续发展。

第三,"可持续发展和消除贫困背景下的绿色经济":论述了绿色经济对于可持续发展的重要作用,提出了发展绿色经济的政策手段与具体行动,包括建立有关经验分享的国际机制、制定绿色经济发展战略、增加投资、支持发展中国家等。

第四,"可持续发展体制框架":主要从三个层面加强可持续发展——加强可持续发展方面的政府间安排、加强可持续发展背景下的环境支柱、加强国际金融机构和联合国业务活动,并从区域、国家、国家以下和地方各级等五个部分展开了论述。

第五,"行动框架和后续行动":列举了需要采取行动的主题领域和跨部门问题及相应的行动,提出应确定可持续发展目标和相应评估指标的建议,阐述了可持续发展具体领域的未来行动。

第六,"执行手段":从资金、技术、能力建设、贸易四个方面提出了具体实施措施,并对各利益相关方的自愿承诺表示欢迎。

当前结果是在利益交织情况下通过"非常艰难而漫长的谈判"所能达成的最终可能结果。该成果文件不只作为可持续发展的基础,还包括了具体的未来行动战略和用于消除贫困与保护自然资源的具体项目,为实现可持续发展提供了明确、切实可行的措施。

成果文件重申了"共同但有区别的责任"原则这一国际合作的基础;肯定"可持续发展和消除贫穷背景下的绿色经济是可以实现可持续发展的重要工具之一,可提供各种决策选择",但也强调绿色经济"不应该成为一套僵化的规则",列举了可持续发展和消除贫穷背景下的绿色经济政策的内涵和注意点;强调要强化组织机制,决定建立高级别政治论坛,取代联合国可持续发展委员会,监督履约情况;决定加强联合国环境规划署职能，提升可持续发展机制在联合国系统中的地位和重要性；决定发起可持续发展目标（Sustainable development goals）讨论进程，为制定2015年后国际发展议程提供指导；决定启动讨论可持续发展融资战略备选方案的政府间进程，推动为实现可持续发展目标调集并有效利用资源；邀请联合国统计委员会与联合国系统相关实体和其他相关组织协商，在现有倡议基础上，针对进展情况衡量尺度形成一个工作方案，为决策提供支撑；通过了可持续消费和生产模式十年方案框架，强调十年框架中的方案均属自愿性质，并将由联合国第六十七届会议指定一个会员国机构采取必要步骤，使该框架充分运作。会议还确定了一些能源、粮食安全、海洋、城市等专题领域，并决定在2014年召开第三次小岛屿发展中国家国际会议，并将在联合国大会第六十七届会议上确定该次国际会议的方式。同时，会议敦促发达国家履行官方发展援助承诺，要求发达国家以优惠条件向发展中国家转让和推广环境友好型技术，帮助发展中国家加强能力建设。

地点：美国乔治城大学

时间：2013 年 6 月 26 日

在我们开始探索太空的同一时期，科学家就开始研究地球大气层中的变化。在 19 世纪科学家就已经知道像二氧化碳这样的温室气体可以留住热量，以及燃烧石化燃料会向空气中排放温室气体，这些不算新的知识。但在 20 世纪五十年代的末期，国家气象局开始测量大气中二氧化碳的浓度，并且担心逐渐升高的浓度会打破使得地球如此宜居的脆弱平衡。他们发现大气中碳污染的程度逐年急剧升高。

过去数十年来经过积累和检验的科学告诉我们，我们的星球正在发生变化，这些变化对于全人类都将有着巨大的影响。

历史记录中最热的 12 年全部发生在过去 15 年里。去年，在某些海洋地区气温达到了历史最高，北极的冰层也萎缩到史上最小，这些事件发生的速度超过大多数模型的预测。这些都是事实。

如今我们知道没有哪一个气候事件是仅仅由气候变化所导致。干旱、大火和洪水可以溯源至古代。但是我们同样知道，在一个比过去更热的世界中，所有气候事件都受到正在变热的星球的影响。有一个事实是纽约湾的海平面比一个世纪以前要高一英尺，尽管它没有直接导致龙卷风。不过不幸的是，它对于使得我们繁华城市的大片地区处于黑暗和积水的破坏起到了推波助澜的作用。

全球气候变暖的潜在影响不限于导致海平面上升。在美国本土，2012 年是我们历史上最热的一年。中西部地区的农场先遭受了自灰尘风暴以来最严重的干旱，接着又遇到了有记录以来最多雨水的春季。西部的森林大火烧焦的区域比马里兰州还要大。刚好在上周，一股热浪也使得阿拉斯加的温度急剧升高。

我们知道，这些事件的成本可以通过失去的生命、生计、房屋和商业以及在应急和减灾上面花费的几十亿乃至上百亿美元来计量。那些已经感受到气候变化影响的人们不得不承认——他们为了应对气候变化已经疲于奔命。消防队员正遭遇更长的火灾季，州和联邦政府需要为这些火灾准备预算。我也必须和内务部、农业部以及其他团队成员坐在一起开会，讨论如何为越来越昂贵的火灾季花钱。

农民们一年看着庄家干枯，另外一年又看着它们被冲走。更高的粮食价格传导给美国消费者。高山社区担忧更小的雪覆盖对于旅游业的影响，接着山脚的居民也担忧他们的饮用水。整个美国都在以保险费、州和地方税收以及重建和减灾成本为不作为付出代价。

所以问题不是我们是否应该行动，来自化学、物理学以及数以百万的测验以压倒性的优势说明这不再是个问题。97%的科学家，包括之前质疑数据的科学家，现在都已经认同这一点。他们承认地球正在变热，并且人类的活动导致了这种结果。

所以现在的问题是我们是否有勇气在一切变得太晚之前采取行动，我们的答案将对你们以及你们的子孙后代所处的世界有着深远的影响。

同时作为总统、父亲和一个美国人，我的答案是我们必须行动。

我拒绝使你们这一代人以及你们的后代处于一个无法修复的星球之上。这是为什么我今天要宣布一个新的国家气候行动方案，我在这里呼吁你们的帮助，帮助美国成为对抗气候变化的全球领导者。

这个计划是建立在我们已经取得的成就之上。去年，在我上任之际，我的行政团队承诺在2020年之前将美国的温室气体排放量在2005年基础上减低17%。我们挽起袖口开始工作。我们的风力和太阳能发电量实现翻番。截至下个十年的中期，我们的汽车耗用每加仑天然气所行驶的里程将翻番。

现在在乔治敦大学，我公布了确保能源未来的战略。并且由于我们经济的卓越贡献，我们逐渐生产更多的能源。我们正在佐治亚和北卡罗纳修建30多年以来的第一批核电站。过去的18年中，我们消耗的石油中出自自己生产的首次超过进口。现在，我们生产的天然气超过其他国家。所以我们正在生产能源。这些进步正在促进我们的经济，创造新的工作，并且不能被出口至海外。通过这些方式，我们把碳排放降低到了过去近20年以来的最低水平。从2006年开始，没有哪个国家减少的碳排放总量有美国这么多。

这是一个好的开始。但是今天我们之所以在热浪之中是因为我们知道还有更多的事情等着我们去做。我督促国会拿出一个无党派的以市场为基础的方案来应对气候变化，就像若干年前民主党和共和党参议院共同努力的那一个。我希望看到这些发生，并且愿意和任何人携手使其发生。

但是这是一个不会因为党派僵局而暂停的挑战。它现在需要我们的注意力。我的计划将会降低碳污染、保护我们的国家，使其不受气候变化的影响并且会引领世界协同应对气候变化。这项计划是从改变对能源的使用方式以降低碳排放开始——减少传统能源的使用，转而使用更清洁的能源，减少在经济发展过程中的能源浪费。

1970年，国会通过了《清洁空气法》，这是一部非常重要的法律。原因很简单：新技术可以通过治理大气污染而保证我们的健康。该法律在参议员中是全体通过，可以想像一下这有多难；在众议院是以375票赞成、1票反对的悬殊比例通过。我不知道那反对的一票是谁投的。

该法律是得到一位共和党总统的签署之后才生效的，而另一位共和党总统又推进了该法的实施，过去这是一个两党合作的问题。

6年前，最高法院裁定《清洁空气法》（Clean Air Act）适用于温室气体，并且要求环保署确认温室气体是否对人身体构成危害。2009年，环保署认定温室气体会通过不同的方式——空气污染以及热浪——对人身体和福祉造成危害，并且正式将其纳入检测范围。

现在在美国，40%的碳排放来自于发电站。但这也存在一个问题：政府并没有对这些发电厂的碳排放做出规定或者限制。我们对有毒化学物质如汞、硫、砷的排放做了限制，但发电厂却可以毫无限制地向大气排放碳化物，这肯定是不对的，也是不安全的，应该制止这种事情的继续发生。

所以今天，为了我们的孩子、所有美国公民的健康和安全，我已经要求环保署对发电厂的排放设定指标，即环保署为新建和已有发电厂制定碳污染排放标准，并且对发电厂的新建也要进行严格审核。

我也同样要求环保署对设定的指标进行公开透明化，为情况不同的各州留出调整的空间。实际上，许多电力公司已经对电厂进行现代化改造，并且在改造的过程中创造新的就业机会。而另一些电厂则采用更加清洁的天然气代替原来的化石燃料。

大约有12个州已经实施或者正在实施降低碳排放的市场化项目，有超过25个州已经设定了能效目标，超过35个州已经设定了可再生能源目标，有超过1 000座城市的市长已经签署了降低碳排放的文件。所以对发电厂的排放进行限制并不是一项新政。

现在，你从国会里各种利益集团或者联盟听到的都是关于降低排放会减少就业和冲击经济，从而从根本上结束美国经济的自由时代的观点。但是，我们现在所要做的更加重要，因为无论在什么情况下，保护我们的空气、保护我们水源、保护我们孩子的健康永远都是最重要的。所以，他们是错的。

例如，1970年，当我们决定通过《清洁空气法》（Clean Air Act）以对笼罩城市的雾霾进行治理的时候——大多数年轻人不记得那是怎样一种情形，但是我记得。1979—1980年的时候我在洛杉矶上学，那时候大雾让你根本就无法出门。由于空气污染很严重，日落也因此显得特别的壮观。

不过当应对这些雾霾的《清洁空气法》（Clean Air Act）通过之后，一些预言家就称新的排放标准会毁掉汽车产业，但是这些都没有发生，相反，我们的空气更加清新了。

1990年，当我们决定对酸雨采取措施时，又有预言家说电价将会上涨，对国家经济造成破坏。但实际情况是除了酸雨减少之外，其他的都没有发生。

大家可以看到，我们试图去解决问题的措施都会遇到以经济和国家稳定为理由的反对。当我们寻求商业创新和减少碳排放的时候，这些批评的建议总是认为我们采取的措施不可行。看看历史，在美国，我们知道这些声音总是错的。

当我们限制在塑料中使用致癌化学物质以及限制在汽车中使用含铅燃料时，并不会终结塑料产业和汽车工业。美国的化学家们总是能找出更好的替代物。当我们停止使用CFCs——一种消耗臭氧层的气体——并没有使我们的冰箱或者空调停止运行。美国人总是能在不造成更多环境灾害的情况下做得更好。

几年前我们实施的燃料标准并没有使汽车制造商瘫痪，美国的汽车工业开始重组，而如今，我们的汽车制造商正在全世界销售最好的汽车——为我们提供具有更大的混合动力、能效更高的汽车。

这其中的关键是，如果你回顾我们的历史，你就不要怀疑美国的工业，不要怀疑美国劳动者的能力，不要告诉其他人说我们不得不在孩子的健康和经济健康之间做出选择。

传统的思维方式告诉我们保护环境和促进经济发展无法同时进行，但是在美国，我们总是使用新技术，研究、发展和发现使得传统的思维显得过时。

现在，我们使用更加清洁的能源——更多的可再生能源和天然气——这同样可以创造成百上千个就业机会。我们减少能源浪费，这样可以为你节省更多钱。我们的经济总量比20年前增加了60%还多，但同时我们的碳排放却比20年前还低。

所以很明显，我们有能力解决这些问题。这不是"是"和"否"的问题，而是"都"与"和"的问题。我们必须照料我们的孩子们，我们也必须关心我们的未来，我们还必须促进经济发展和创造就业。只要我们不是害怕未来，而是敢于抓住它，我们就可以同时解决这些问题。

另外，不相信的话可以去查一下——最近，有超过500家企业，包括像通用汽车和耐克公司这样的巨头，都发表了气候宣言，呼吁在气候变化问题上采取行动——这是21世纪重要的经济发展机遇。沃尔玛正在努力使碳排放量降低20%，同时完全使用可再生能源。沃尔玛值得我们的掌声。但是我们也应该想想，作为最大的公司、美国最大的零售商——沃尔玛会做对自己和股东毫无利益可言的事情吗？

低碳、清洁能源经济将会成为未来数十年经济增长的发动机，我希望是美国来制造这台机器，我希望是美国——是这里的美利坚合众国——来建设未来，这是我们的使命。

有一件事我需要确保大家都能明白——不是要求大家立即停止生产或使用化石燃料，如果这样的话我们的经济将会无法运转。向清洁能源经济的转型需要一定的时间。但是当预言家们有抛出各种各样的警告说这会危害我们的能源供应时，你就提醒他们在过去的15年里，美国生产的石油比我们所消费的更多，但是我们不可能通过钻地钻出我们的未来。

我提出一项涉及上述全部的能源战略，我们的能源战略不能仅仅只是生产更多的石油，同样也不仅仅是建设一条管道。

目前，对于美加石油管道（Keysone）项目同样有很多的争论，加拿大的油砂会通过该管道运到墨西哥湾的炼油厂，国务院将会对项目进行最后一轮的评估，过去也一直是采取这种形式。但是我想澄清一下：同意美加石油管道（Keysone）项目的建设必须确定该项目是否对国家有利，而前提是项目不会带来严重的碳排放。项目对气候的影响将会直接关系到项目是否会获得通过。

现在，正如国内生产更多的石油，我们也比其他国家生产更多的清洁天然气。当然对于天然气也存在着争论，但允许我说一下：我们需要巩固我们第一天然气生产国的地位，因为至少在中期看来，天然气不仅能提供安全、廉价的能源供应，还能有助于降低碳排放。

联邦政府的支持帮助我们企业更有效地开发天然气，现在，我们需要继续努力以便开发更安全、更清洁的天然气，确保没有沼气溢出。另外，工人需要在更加现代化的环境中工作，这样我们可以为更多的家庭和企业提供清洁能源。

天然气产业的发展将会增加就业机会，同时降低了许多家庭的供暖和电费开支。天然气是一种过渡燃料，在降低碳排放的同时促进经济的发展，正如我们的企业在努力开发新技术一样，都是未来清洁能源经济时代的要求。

降低碳排放也带给了我们另一条道路——使用更多的清洁能源。在过去的4年，我们零碳的风能和太阳能发电量增加了一倍，这也意味着就业——就业制造风轮，而风轮生产的电能已经足够将近1 500万的家庭使用；就业带来了太阳能电板，而太阳能电板使得我们的电费比前些年降低了4倍。

我知道华盛顿的一些共和党议员故意忽视这些工作机会，但是这些工作应该出现在共和党主导的地区——全国风能的75%是在共和党地区生产的。这或许可以解释为何去年共和党人治理的堪萨斯和俄克拉荷马以及爱荷华——爱荷华州大约25%的电力来自风能——支持我们反对向风能制造商和生产商增税。成千上万个工作等待着被拯救，我们应该为此而战斗。

其他国家像中国和德国也都在这场清洁能源竞赛中全力奔跑。我们相信美国人能比其他任何人做得更好，我希望美国赢下这场竞赛，不过前提是我们参加这场比赛。

所以我今天宣布的计划将会帮助我们的风能和太阳能发电量再次翻倍。到2020年，美国可再生能源将会向超过600万的家庭提供电能，为此今天我已经要求内政部向相关企业提供便利，内政部至2020年在公共土地上批准10个十亿瓦风能和太阳能项目。

国防部——美国最大的能源消费者——将会实施3兆瓦的可再生能源项目，而生产同样电能需要每年燃烧3百万吨的煤。

各国历史上给最能盈利的企业的补贴已经超过数十亿美元，我们现在的预算要求国会终止为这些大的石油公司设定征税上限，转而向清洁能源公司进行投资，这是我们未来的能源所在。

降低碳排放的第三个方法是提高能源利用率——在我们的汽车、家庭、企业中。我们过去几年制定的燃料使用标准意味着5年之后，同样一加仑汽油会使我们所买的汽车和卡车所跑的路程是现在的两倍，因此你只用加目前用油量的一半，这样我们就可以减少碳排放。我们在为重型卡车和公共汽车设定首次标准的成功经验之上进行扩展，在接下来数月中，我们将会同卡车制造商就下一代的卡车设计进行沟通。

与此同时，我们在家庭、商业办公、工厂、学校以及医院中使用的能源应该为大约1/3的温室气体负责。好消息是简单的升级不仅仅降低污染，通过制造安装智能电源、窗户、感应器和电器，还可以创造就业岗位，每月节省的电费也是永久性的。这就是我们为什么要为像冰箱和洗碗机这样的电器设定新的能源标准。并且现在我们的产业部门正在建造更好的产品，这将会降低碳污染和削减数以百亿计的电费。

我为联邦机构自我上任以来降低温室气体排放超过15%而感到自豪。但是我们能够做得更好。所以今天我制定了一个新的目标：联邦政府机构在接下来的7年里面消耗的20%电力将来自可再生能源。

我们将鼓励私人资本不再做一个局外人，而是进行节能投资。在下个十年末，通过为应用装置和联邦建筑物制定节能标准，使这些电器和联邦建筑的能效标准提高至少20%，应达到至少累计减少30亿公吨碳排放污染的目标。这相当于我们整个能源部门将近半年的排放量。

我知道这些标准听上去并不多么动人，但是换个方式思考，这相当于种植76亿棵树并且让它们生长十年。这些都是在洗碗的时候实现的。这是一个很好的交易，我们现在就应该开始。

所以使用更清洁的能源、向更加清洁的能源来源转变以及在经济活动中减少能源浪费将是我们前进的方向。这个计划将会使我们更快地抵达，但是诚实地讲，我们不可能一夜之间抵达。难以改变的事实是碳污染在大气中已经积攒了数十年。即使我们美国人做好自己这部分工作，地球在一段时间内也会慢慢地变热。根据科学，海平面还会持续上升，风暴将会更加猛烈。这就像在一辆车完全停止之前你要踩住刹车不放，然后才能完成调头。碳排放稳定仍旧需要时间。

所以与此同时，我们需要做好准备。这就是为什么这个计划也会保护我们经济中的重要部门以及让美国做好准备应对不能避免的气候变化。迈阿密地区加强了它针对来袭海水的水供给。我们与佛罗里达州携手恢复佛罗里达的自然清洁水源系统——大沼泽地国家公园（the Everglades）。

因为长期的干旱使得就业下降以及一个小镇被水围困而与世隔绝，在德州处于优势的共和党立法委员投票支持一个新的水资源发展银行。

纽约利用它520英里的海岸线作为防范更加频繁和代价高昂的风暴的

保险措施。我们从飓风桑迪和其他灾难上学到的是，我们需要更加智能、更有韧性的基础设施来保护家庭和经济、阻挡更强烈的风暴。这些需要更坚固的海墙、自然屏障、电缆、供水系统和能源供应系统。

所以我呈交给议会的预算包括资助兴建这些工程，并且这个计划会指导联邦机构以确保任何花费纳税人钱的工程将能够抵挡日益增加的洪涝灾害。

我们会向其他社区寻求帮助，一起为干旱和洪水做准备，降低森林大火的风险，保护沙丘和湿地，因为沙丘和湿地既是绿色空间也是天然的风暴屏障。我们会公开气候数据和国家航空航天局（NASA）的气候图像，以便确保各城市和州可以评估不同气候场景下的风险。这样我们就不会把钱浪费在建造不能抵御下一个风暴的建筑上。

所以我们这届政府会支持那些已经在全美推进的工作，不仅降低碳污染，也能保护我们免受气候变化的影响。但是我知道在场的每个人都理解，没有哪个国家能够单独解决这个挑战，即使像我们这么强大的国家也不能。这是为什么我的计划的最后一部分是号召美国去领导国际社会来迎接气候变化的挑战。

我们不能犯错误，全世界都在期待美国担负起领导作用。当我若干年前在土耳其对年轻人演讲时，第一个被问到的问题不是关于世界部分地区所面对的挑战，而是全世界所有地区的都遇到的气候挑战问题以及美国在应对这个挑战中起的作用。这是一个不错的问题，作为世界上最大的经济体和第二大碳排放体、作为一个拥有无与伦比的创新力和科学突破能力的国家以及作为一个当世界人民在危难时寄予厚望的国家，我们有着至关重要的作用。我们不能袖手旁观。我们有着独特的责任。今天我所阐述的举措证明我们有意愿勇挑重担。

尽管美国的碳排放在去年下降，全球的碳排放却再创新高。这是个问题。发展中国家使用越来越多的能源，越来越多的人进入全球中产阶级，自然会买更多的车子和空调，就像我们现在一样。这不能怪他们。当我们和穷国对话时，他们会说你们已经经历了这些发展阶段，为什么我们不能？

但是我们也应该认识到这些国家在应对气候变化上比我们更脆弱。他们不仅要失去很多，而且很可能比我们失去的更多。

那些碳排放量急剧增加的发展中国家将必须和我们携手采取行动应对挑战。他们在看着我们怎么做，但是我们也要确保他们参与其中。我们和他们在经济上竞争，但是我们共享一个星球。我们要么一起承担责任保持地球宜居，要么一起忍受后果。

所以为了帮助更多的国家向清洁能源转变以及能够更快地转变，我们会和私人部门携手，把私人部门的技术应用到那些向天然气转型的国家。我们已经在全世界动员了几十亿的私人资本投资到清洁能源项目中。

今天我呼吁停止对海外煤炭火电发电厂的公共资助，除非它们应用了碳捕捉技术，或者对于那些贫穷国家没有其他的可行方式发电。并且我会督促其他国家和我们一起。

我支持本届政府发起谈判，推动环境产品和服务的全球自由贸易，包括清洁能源技术，帮助更多的国家跳过高污染发展阶段、进入低碳经济。它们不需要重蹈我们的覆辙。

我们同样强化了与主要新兴经济体——印度、巴西和中国在气候方面的合作，他们是世界上最大的温室气候排放体。例如，本月初我和中国的习近平主席达成了一个重要的协议，同意降低氢氟碳化合物的生产和消费，我们计划在接下来的几个月里采取更多行动。这会带来效果，这是降低碳排放的重要一步。

最后，我们这届政府将会加倍努力和我们的国际伙伴一起达成一个新的通过实质行动降低碳污染的协议。

四年之前的哥本哈根，每个大国首次统一在2020年之前限制碳排放。两年前，我们决定推动一个新的协定，使得在2020年之后这个协定将适用于所有国家，而不只是发达国家。

我们需要一个有野心的协议，这是由于挑战太大。我们需要一个包容性的协议，因为每个国家都要做自己的那部分工作。我们需要一个有弹性的协议，因为不同的国家有不同的需求。假如我们能够共同行动并且方法得当，我们能为后代确保一个可持续的未来。

这就是我的计划。我今晚所宣布的行动应该传递给世界一个信号：美国将会采取大胆的行动来降低碳污染。我们会继续身先士卒，因为美国一直都如此。

我坚信这是一场美国在 21 世纪能够并且将会引领的战斗。我坚信这也是美国必须引领的战斗。但是这要求我们所有人各司其职。我们需要科学家研发新的燃料，需要农民种植新的燃料。我们需要工程师修改这些技术，需要产业部门开发和出售这些技术。我们需要工人操作由高科技、零排放部件组装的生产线，我们也需要建造者为新清洁能源时代奠基。

我们需要给予那些不能实现这种转变的人和社区特殊的关爱，不仅仅指美国，而是世界各地。对于我们中担当责任的人，我们应该少关注特殊利益和相关联的捐赠者，而应该关注后代。因为你的子孙后代将会生活在我们的决定所带来的结局之中。

正如我以前说的那样，气候变化已经成为一个党派事务，但是它并非一直如此。不久之前，共和党就引领创新政策来解决这些问题。尼克松建立了美国环保署。老布什是第一个宣称"人类活动正在以不曾预料和空前的方式改变这大气"的美国总统。约翰·麦凯恩从不回避挑战，他引入了以市场为基础的限额和交易费来减缓碳污染。

我选择吉娜·麦卡锡（Gina McCarthy）来掌管环保署，她的工作棒极了。她在我这届政府中为环保署工作，但是她也为五任共和党州长工作过。她与工业和商业领袖共事达成常识性解决方案的经验相当丰富。但遗憾的是，她遇到了参议院的阻击。持续数月的阻击，被迫陷入怪圈，这之前没有哪位内阁提名人遇到过，这不是因为她缺少资质，而是因为共和党中太多人认为环保署没有降低碳污染的职能。参议院应该不再干扰或者拖延对于她工作的批准。

从更广阔的战略角度来看，在这件事情上我们应该超越政党政治。我想表明，我愿意代表我们的后代与任何人合作，包括共和党、民主党、无党派人士、自由派以及环保主义者。我对所有意见或更好的建议持开放态度，以确保我们解决气候变化的方式能够促进就业和增长。

尽管没有人能够在如此艰巨的问题上拥有专权，但是我对于那些否认挑战真实性的人没有耐心。我们没有时间会见世界是平的协会（Flat Earth Society）。把脑袋插在沙子中或许会觉得安全，但是不能使你免于即将到来的风暴。最终，我们被如何评价为一个人、社会和国家，取决于我们今天将去向何方。

我们的国父们坚信，居其位者不仅仅是被选举出来作为现在的监护人，也是作为未来的代理人。他们指示我们在做决定的时候要有更广阔的视角，而不是只盯着自己的政治生涯。这是美国人民所期待的，这是他们理应得到的。

当有一天，我们的子孙看着我们眼睛，然后问我们在有机会解决问题和留给他们一个更清洁、安全和稳定的世界的时候，是否采取了所有的举措。我希望我能够回答："是的，我们做了。"

难道你不希望这样吗？

美国人不是喜欢往后看的人，我们是喜欢朝前看的。我们不是惧怕未来的人，我们创造未来。在这场战斗中我们需要的是能够挺身而出、大声疾呼并且迫使自己去做目前需要做的事情的公民。

我们应该认识到这不仅是政治家的工作。我需要你们所有人去教育你的同学、同事、父母和朋友，告诉他们我们正处在危险中，在市政大厅、教会和会议中疾呼，抵制错误信息，说出事实，让越来越多的人愿意为未来挺身而出。

游说那些手握重权的人去降低碳污染。推动你所在的社区采用更智能的设备。提醒亲戚保护环境和经济增长不冲突。告诉在每一级政府中代表你的代理人们，保护后代不受气候变化的肆虐是获取你们选票的先决条件。确保你们在这件事务上得到倾听。

我理解政治是艰难的。我们必须承认的挑战不会奖励我们一个明确的胜利时刻。没有聚集军队去征服，没有和平条约去签署。当肯尼迪总统说，我们在十年内去月球，我们知道我们将会建造宇宙飞船并且会实现目标。我们今日的成就的衡量方法是不同的，它变成了我们的星球能否避免危机、得到保护。但是我们能设想一个更有价值的目标吗？短期内我们不会看到我们野心的完全实现，我们会因为得知我们所留给子孙的星球因为我们的作为而更加美好而得到满足。

　　航天员很多年前说："回到地球才使你意识到你所拥有的东西。"想象一下那张照片，月球表面之上那个明亮的蓝色球体，它承载着所有你所视之如宝的事物——孩子的笑声、静谧的落日和后代的所有希望和梦想，而这些正处在危险之中。那就是我们所为之奋斗的东西。如果我们牢记这一点，我坚信我们将会成功。（于宏源翻译）

目标/指标
重点领域1：消除贫困，建立共享繁荣和促进平等
目标1：消除全球范围内的各式贫困
指标
1.1 到2030年消除极端贫困，把生活在1.25美元/天以下的人数降低到零
1.2 到2030年至少减少X%在国别贫困线以下的人口比例
1.3 到2030年全面执行适合国情的社会保障措施，包括社保底线，聚焦于覆盖大多数弱势群体
1.4 到2030年实现所有人获得生产性就业和体面工作的机会平等，包括穷人、残疾人及其他弱势群体、妇女和青年
1.5 到2030年确保经济机会对所有女性和男性的平等，包括确保拥有土地、财产及其他生产资源的权利以及所有女性和男性获得金融服务
1.6 到2030年加强早期预警和减少灾害风险系统以及提高应变能力，并保护穷人和弱势群体免受灾难和冲击，包括与气候相关的极端事件
1.7 追求把持续和包容性经济增长作为实现消除贫困的关键推动者
1.8 将生物多样性保护措施融入国家和地方发展战略、规划过程和减贫战略中
重点领域2：可持续农业、粮食安全与营养
目标2：通过可持续的农业和改善的粮食体系消除饥饿并改善所有人的营养
指标
2.1 到2030年消除饥饿并确保所有人全年都能获得充分的、安全的、可支付的、多样化的和有营养的粮食
2.2 消除所有形式的营养不良，包括营养不足、微量营养素缺乏和肥胖与超重，特别是五岁以下儿童的阻碍生长或身体发育不良，满足孕妇和哺乳妇女的营养需求
2.3 到2030年大幅提高小规模食品生产商的收入和生产力，包括小户型农民、牧民和渔民，尤其关注女性
2.4 到2030年实现小型农场主、牧民和渔民获得充分的投入、知识、生产资源、金融服务和市场，特别聚焦于妇女和土著居民

目标/指标
2.5 到 2030 年发展更高产、可持续、有弹力和有效率的粮食生产体系,并在不影响粮食和营养安全的前提下将不利于人类和环境的影响最小化
2.6 到 2030 年减少 50%全球食物零售和消费方面的浪费
2.7 到 2030 年减少 50%生产和收获后的食物以及全球食物供应链上的损失和浪费
2.8 到 2030 年全面实施农业操作规范,加强对包括干旱、气候变化和自然灾害等极端天气的抗御力和适应度,尤其关注小型农场主
2.9 到 2030 年实现农业生物多样性的保护和可持续利用,包括通过使用与农业生态多样性和食物多样性相关的实践和地方性知识
2.10 改进人道主义食品危机应对的有效性,包括适当地持有股票
2.11 到 2030 年全面实施抑制食品价格过度波动和确保市场正常运转的措施
重点领域 3:医疗卫生与人口活力
目标 3:所有人在各年龄段的健康生活
指标
3.1 到 2030 年减少孕妇死亡率到万分之四
3.2 到 2030 年消除可预防的新生儿和婴儿死亡,使儿童和生育死亡率减少 X%
3.3 到 2030 年消除艾滋病、肺结核、疟疾和忽视的热带病
3.4 到 2030 年降低早产因非传染性疾病和伤害的致死率 X%,使道路交通死亡人数减半,促进心理健康和福祉,并加强麻醉药物和药物滥用的预防和治疗
3.5 到 2030 年所有人的健康寿命增加 X%
3.6 实现普遍的医疗卫生覆盖,包括融资风险保护,特别关注最弱势群体
3.7 到 2030 年确保所有人普遍获得可支持的基本医疗器械和药品
3.8 确保普遍获得全面的性别和生育健康,包括现代的计划生育方法
3.9 减少室内外空气污染及其他形式的环境恶化导致的死亡或致病率 X%
重点领域 4:教育与终生学习
目标 4:为所有人提供高质教育和终生学习
指标
4.1 到 2030 年确保所有女孩和男孩普遍地、免费地、平等地获得和完成高质的小学和初中教育,取得有效的学习效果
4.2 到 2030 年确保所有人平等获得负担得起的高等质量教育和终生学习
4.3 到 2030 年增加能够获得并完成包容性学前教育和其他儿童早期开发项目的儿童人数 X%
4.4 到 2030 年在青年人中完全普及识字率和基本的计算能力,成年人该比率则增加 X%

续表

目标/指标
4.5 到2030年增加获得假期培训、技术、工程和科学技能的青年和成年女性和男性的数量X%
4.6 到2030年确保残疾人等弱势群体获得包容性的教育、技能发展和假期培训
4.7 到2030年将整个知识和技能整合到教育课程,包括ICT技能、可持续发展教育,提升对文化、对可持续发展的贡献的关注度
4.8 到2030年确保所有学校和其他教育机构为所有学生提供安全和健康、非歧视和包容性的学习环境
4.9 到2030年通过促进老师的培训提高教学质量
重点领域5:性别平等和妇女赋权
目标5:实现所有地区的性别平等和妇女赋权
5.1 消除所有形式的对所有年龄段女性的歧视
5.2 消除所有形式的对女性和女孩的暴力
5.3 消除所有有害行为,包括童婚、早婚及强制婚姻
5.4 确保所有层次的受教育权
5.5 确保所有女性的平等就业机会和同工同酬
5.6 降低免费护理工作的负担
5.7 确保女性同等获得和控制资产和资源,包括自然资源管理,以及非歧视性地获得基本服务和基础设施,包括金融服务和信息通信技术
5.8 确保妇女在公共与私人机构决策过程中的平等参与领导地位
5.9 确保妇女的普遍获得性、生育健康与生殖权利
5.10 促进性别归类的数据的可用性,以改善性别平等政策,包括性别敏感的预算
5.11 使男性和男孩参与到促进和实现性别平等及实现女性和女孩权利中
重点领域6:水与卫生设施
目标6:可持续世界的水与卫生设施
指标
6.1 到2030年使安全与支付得起的饮用水、卫生设施和清洁设备能普遍获得
6.2 到2030年使安全与支付得起的卫生设施和清洁设备能普遍获得,包括在家、学校、卫生中心和难民营,尤其要关注女性和女童的需求
6.3 到2030年通过大量地减少污染、消除有毒物质的倾倒、提高污水治理率X%和重复利用率Y%,改善水质
6.4 到2030年在所有部门改善水利用效率到X%
6.5 执行综合性的水资源管理,包括恰当的跨境合作

目标/指标
6.6 到2030年,使新鲜水可持续供应、保护和恢复生态系统相一致,提供水相关的服务
6.7 到2030年使与水相关的灾害导致死亡率减少X%、经济损失减少Y%
6.8 为安全的饮用水和卫生系统、生产性的水资源以及缓解与水有关的灾害的影响,提供足够的人造和自然的设备和基础设施
重点领域7:能源
目标7:确保所有人能获得支付得起的、可持续的和可靠的现代能源
指标
7.1 到2030年确保可持续现代能源服务的普遍获得
7.2 到2030年使全球能源结构中可再生能源的比重翻一番
7.3 到2030年使全球能效改善翻番
7.4 到2030年增加干净和低排放或零排放的能源技术的全球份额X%,包括可持续的生物能源技术和研制先进的烤炉
7.5 到2030年取消鼓励浪费消费的化学燃料补贴,同时找到确保穷人获得支付得起的能源
7.6 到2030年适当扩大和升级农村和城市地区当代可再生能源服务的供给、运输和基础设施分配,包括使最不发达国家的人均基本能源供给翻倍
重点领域8:经济增长、就业与基础设施(原来的重点领域8、10、11合并)
目标8:促进可持续的、包容性的对所有人的经济增长和体面就业
指标
8.1 维持人均经济增长至少每年X%的水平(X是根据国情设定的)
8.2 到2030年为止各国收入分配最低40%人口的收入增长至少Y%,以减少收入性不平等
8.3 到2030年实现所有人获得全面和有生产力的就业与体面工作,包括年轻人和弱势群体
8.4 到2030年将失业、未受教育或培训(NEET)的青年人口减少一半
8.5 构建一个拥有很强的财政和货币政策的健康的宏观经济环境
8.6 创建一种有利于企业发展的环境,制定支持投资和促进竞争的强大的国家经济制度和政策
8.7 创建鼓励可持续旅游业发展的激励机制,将社区参与、当地文化和产品考虑进去
8.8 创建有利于微型、小型和中型企业生长和提高生产率的条件,包括促进创业、创新的政策,以及改善市场准入和金融服务

目标/指标
8.9 增加高生产力部门和活动在经济中的比重,强化生产能力,通过技术升级产生更大附加值,特别聚焦最不发达国家
8.10 根据国情和能力促进资源经济活动的效率,包括可持续供应链
8.11 发展所有人能获得的可持续基础设施,关注到特殊情势国家的需求,到2030年使农村人口能100%获得基础设施和服务
8.12 改善区域和跨境基础设施以促进有效的区域经济一体化和贸易
8.13 到2030年消除童工,保护所有工人的权利并确保其安全和工作环境,包括移民工人
8.14 鼓励非正式部门活动和就业的正式化
8.15 到2030年降低迁移过程中的总体成本,并将汇款交易成本最小化
8.16 探索建立超越GDP的更广泛的资本性账户系统的可能性,并融合社会、人类和环境资本
重点领域9:工业化与促进国家间平等(原来的重点领域9、12合并)
目标9:促进可持续的工业化
指标
9.1 实现所有国家在所有部门和活动中高生产力水平的结构性转变
9.2 尊重工业发展的国家政策空间和国家环境,尤其是在发展中国家
9.3 确保工业发展的引导性的政策环境,包括鼓励工业事业家及微型和中小企业
9.4 根据国家战略显著提高就业和GDP中的工业比重,包括到2030年将最不发达国家的制造业份额翻倍
9.5 到2030年增加工业多样性,特别是发展中国家的,包括加强原材料和大众商品的国内加工以及新产品的开发
9.6 支持将发展中国家的工业企业整合到地区和全球价值链中,特别是在非洲和最不发达国家
9.7 促进产业研究、开发和创新,包括将每一百万人的研发人员的比例提高X%和研发支出在GDP中所占比重提高Y%
9.8 升级发展中国家工业部门的技术能力,促进保护工业技术的发展和采纳,改善工业资源利用率
9.9 在发展中国家促进本土技术的发展和国内创新的增长
9.10 到2030年用清洁技术和环境友好型工业过程改造X%的现有企业,以实现Y%的能源节约和Z%的资源效能改善,这要求所有国家都采取行动,发达国家带头,发展中国家在考虑其发展需求和能力的基础上遵循相似的发展路径

续表

目标/指标
9.11 确保小规模工业生产者负担得起信贷和金融服务
重点领域10:促进国家间的平等
目标10:减少国家内部和国家之间的不平等
指标
减少国家内部不平等
10.1 到2030年消除歧视性的法律、政策和实践
10.2 到2030年达到和维持底部40%人口的收入增长高于全国平均水平
10.3 到2030年减少社会团体之间机会和结果上的不平等,包括经济、社会和环境上的不平等
10.4 努力扭转劳动力收入在GDP中所占比重的下降趋势
10.5 允许并促进对穷人、边缘化人和弱势群体的社会与经济融合,包括原住民、妇女、少数民族、移民、残疾人、老年人、儿童和青年
10.6 促进和尊重文化多样性
10.7 确保高质量、及时的个体资料的有效性,以确保对边缘化群体和弱势群体发展的监控
减少国家间不平等的国际行动
10.8 在全球层面上制定措施减少国家间的不平等
10.9 促进强有力的国际机构的建立,包括通过改革提高发展中国家在国际金融机构中的有效和民主参与
10.10 提高对全球金融市场和机构的监管,加强实施
10.11 减少人才流失的同时促进更大的劳动力国际流动
10.12 通过协调旨在促进债务融资、债务减免和债务重组的政策,帮助发展中国家获得长期债务的可持续性
重点领域11:可持续的城市与人居
目标11:建设包容的、安全的和可持续的城市与人居环境
指标
11.1 到2030年,确保所有人普遍获得充分和可支付的住房与基本服务,消除各地的贫民窟式环境
11.2 到2030年为所有人提供安全的、支付得起的、可获得的和可持续的交通,改善道路安全和城市空气质量
11.3 拓展综合性的城市规划与管理的能力,尤其是在发展中国家
11.4 加强城市和城市周边农村地区的积极的经济和社会联系

目标/指标
11.5 到2030年减少城市的环境影响并提高城市中的环境质量
11.6 到2020年增加采纳和执行对气候变化和自然灾难的抗御力和适应度的政策和规划的城市数量X%
11.7 到2030年增加社会凝聚力和个人安全,确保普遍获得包容和安全的公共空间
11.8 到2030年确保所有城市对残疾人都是可获得的且对其提供机会
11.9 保护世界文化和自然遗产
重点领域12:可持续消费与生产
目标12:促进可持续消费与生产类型
指标
12.1 有时限地有效实施可持续消费和生产计划的10年期框架(10 YEP)
12.2 到2030年实现对自然资源的可持续管理和使用,以在生态系统的承载能力范围内提高人类福利
12.3 所有国家采取行动,发达国家带头,发展中国家在考虑其发展需求和能力的基础上采取相似的路径,大规模提高经济活动中的资源利用率并将经济增长与环境退化脱钩
12.4 按照商定的国际框架促进对化学品和危险废物的健全管理,到2030年大幅减少化学品和危险废物的排放量
12.5 到2030年通过预防、减少、再循环和再利用减少废物X%
12.6 到2030年在零售和消费水平上至少减少一半人均食物浪费,尤其是在发达国家和人均食物浪费水平高的国家
12.7 到2030年使创造充分和可持续的生活方式的文化的关注度再度提高一倍,包括对产品和服务的可持续性信息
12.8 到2020年,鼓励促进可持续消费与生产类型的经济动机
12.9 到2030年增加汇报公司社会与环境责任的公司的比例X个百分点,包括综合性汇报
12.10 到2030年增加将可持续发展环境纳入其商业实践的私营部门行为体,适当考虑微型和中小型企业的环境与能力需求
12.11 到2030年增加政府采购中可持续产品和服务的份额,确保竞争和透明的采购过程
重点领域13:气候变化
目标13:采取紧急和重要行动以缓解和适应气候变化
基于UNFCCC第21次成员方大会成果文件确立气候变化目标

目标/指标
指标
13.1 根据国际协议将全球平均气温增长控制在X°C以内
13.2 在所有脆弱国家建立对气候变化导致的危险的抗御力和适应力
13.3 到20××年将气候适应与排放控制纳入发展规划与消除贫困的战略里
13.4 到20××年为基础设施、工业及其他部门的低碳解决方法投资引入手段和刺激
13.5 改善关于减少气候变化影响的教育,并提高意识
重点领域14:保护和可持续利用海洋资源、海洋
目标14:采取紧急和重大行动以保存和可持续使用海洋资源和海洋
指标
14.1 到2030年,阻止、控制和减少包括来自陆上活动的海洋污染、海洋废弃物等X%
14.2 到2020年,可持续地管理、修复和保护海洋生态系统不受破坏,包括加强其弹性和支持相关的科学研究
14.3 处理和防止进一步的海洋酸化
14.4 到2020年,有效地调节收获和结束过度捕捞,到2030年恢复鱼类生态安全水平,能产生最大可持续产量
14.5 支持可持续的小规模渔业和水产养殖,包括为小规模和非机械渔民提供公平获得的渔场和市场
14.6 发展和确保全面执行现有的地区和国际海洋治理机制,包括国家管辖区之外的地区的资源
14.7 到2020年,消除非法、未报告、未受管制(IUU)的捕鱼,和毁灭性的捕鱼实践
14.8 到2020年,保护至少10%的沿海和海洋领域,包括通过建立海洋保护区进行有效的管理,这符合国际法和最有效的科学信息
14.9 到2020年,考虑到发展中国家的需要尤其是最不发达国家和SIDS,消除导致产能过剩和过度捕捞的渔业补贴,并避免引入新的补贴
14.10 到2030年,增加SIDS和最不发达国家在其辖区内从沿海和海洋资源的可持续发展中获得的经济效益
14.11 实施综合的和多方参与的海岸带管理以提高海滨生态系统的弹性
重点领域15:生态系统与生物多样性
目标15:保护和拯救陆上生态系统,阻止生物多样性的消失
指标
15.1 到2030年逆转损失,提高全球森林覆盖率,增加重新造林率X%,包括为发展中国家提供足够的激励

目标/指标
15.2 到2030年停止并防止土地退化,改造被土地沙漠化和干旱影响的土地,并提高土地生产率和土质
15.3 确保公共和平等的利益分享,包括来自于自然资产和基因资源的利益
15.4 停止偷猎和走私濒危物种,结束非法野生动物产品的需求和供给
15.5 采取措施防止入侵的外来物种并显著减少侵入性外来物种对土地和水生态系统的影响,到2020年控制或消除入侵物种
15.6 确保将土著和当地社区纳入决策中,提升土著人的传统知识
15.7 将自然资源和生物多样性价值融入国家和地方规划、发展进程中
重点领域16:和平与包容的社会、法治与有能力的机制
目标16:和平与包容的社会、法制和有能力的机制
创建和平与包容的社会
指标
16.1 到2030年降低暴力程度并将相关死亡率减少X%
16.2 到2030年结束针对儿童的虐待、剥削和暴力
16.3 到2030年减少X%的非法资金流动、减少洗钱和各种形式的有组织犯罪,包括人口贩卖和非法武器、毒品和野生动物交易
16.4 到2030年建立包容性和参与性的决策机制,包括地方政府要考虑到未来代际的利益
16.5 到2020年建立必要的次国家和地方政府,促进和平、包容的社会能力
16.6 通过在地方、国家和国际层次的民主实践和机制,构造差异中的统一
16.7 到2020年提供有关非暴力文化的信息和教育
16.8 加强所有层次的正式和非正式的纠纷解决机制
16.9 减少国内流离失所者和难民的数量
16.10 提高安全部队、警察和司法的能力、专业性和责任性
法制、有能力的机制
指标
16.11 到2030年在所有层次上发展有效的、问责的和透明的机制
16.12 到2030年发展对独立和响应的司法系统的平等获得,包括获得与财产权利、就业、商业、税收、贸易和金融等相关的权利
16.13 到2020年为所有人提供公共的服务,包括法律身份
16.14 到2020年改善对公共金融管理、公共采购和执行国家发展规划的信息获得
16.15 到2030年确保所有法律都是公开的和可了解的

续表

目标/指标
16.16 到 2030 年建立并实施有效的机制来减少各种形式和各个层次的腐败和贿赂 X%,并提供问责机制
16.17 促进媒体、结社和言论的自由
重点领域 17:执行手段/可持续发展的全球伙伴关系
目标17:强化可持续发展的全球伙伴关系与执行手段
结束全球一切形式的贫穷
指标
17.1 在发展中国家发展和执行能力建设计划,以支持执行可持续发展目标的国别计划
17.2 为欠发达国家提供更大的免税和免配额市场准入,与 WTO 决策和伊斯坦布尔计划相一致
17.3 发达国家全面实施其基于同意原则的共同同意的时间表的 ODA 承诺,向发展中国家提供其国民收入的 0.7%的资助,其中 0.15%~0.20%用于最不发达国家
17.4 指导政府开发援助(ODA)并鼓励资金流向最需要的国家,尤其是非洲国家、欠发达国家、SIDS、最不发达国家和弱势国家
17.5 确保国际组织给予发展中国家足够的政策空间,使其可以制定并实施他们自己的措施来消除贫困并实现可持续发展
17.6 支持建立广泛的多方参与的伙伴关系,包括公民社会、私人部门和各级政府,动员各种知识、专家、技术和财政资源支持可持续发展目标的实现,尤其是在发展中国家
结束饥饿、实现粮食安全和充足的营养,并促进可持续农业
17.7 减少国际贸易中的扭曲,包括逐步消除各种形式的农业出口补贴,尽快实现世贸组织部长们在 2005 年香港部长级宣言中制定的目标
17.8 在加强金融机构和金融市场运作的同时改善监管,包括食品大宗商品市场,以确保全球金融稳定,并帮助抑制食品价格波动
17.9 在发展中国家增加对农村基础设施、农业研究、技术开发、机构和能力建设的投资,以提高农业生产能力,特别是在食品净进口国家
各个年龄段均实现健康生活
17.10 加强《烟草控制框架公约》在所有批准了该公约的国家的实施,并敦促没有批准它的国家尽快批准并实施该公约
17.11 支持主要影响发展中国家的传染性疾病的疫苗和药物的研究和开发
17.12 与药物公司合作,为发展中国家提供支付得起的基本药物,并支持发展中国家灵活运用与贸易相关的协议

目标/指标
17.13 到2030年增加发展中国家医疗卫生人员和教师的招聘、发展、培训和保留,尤其是在欠发达国家
17.14 提高预警、风险消除和国家与全球健康风险的管理能力
提供平等包容的素质教育和终身学习机会
17.15 到2020年在全球增加来自发展中国家学生的奖学金数量X%,使其在发达国家和其他发展中国家就读高等教育课程,尤其关注科学、工程、健康、经济、金融、管理和可持续发展等课程
实现性别平等,赋予妇女和女童各种权利
17.16 到2030年实现所有女性和男性对ICT的普遍获得,使其作为促进女性授权的一种手段
17.17 增加各部门中的金融资源和服务,以实现性别平等、女性授权,及妇女和女童人权的实现和享受
确保安全水和卫生设施,以实现可持续发展
17.18 到2030年扩大水和卫生设施相关技术上的国际合作和支持,包括水资源获取技术和污水处理、循环和再利用技术
确保所有人都能获得负担得起的、可持续的和可靠的现代能源服务
17.19 加强国际合作,促进发展中国家获得清洁能源技术,包括通过适当的合作伙伴获得技术
17.20 鼓励公共和私营部门对能源基础设施和清洁能源技术投资,尤其是公私伙伴关系
促进强劲、具有包容性和可持续的经济增长和所有人获得体面的工作
17.21 加强全球宏观经济政策协调,增加对可持续发展支持的政策一致性
17.22 促进开放的、基于规则的、非歧视性的多边贸易和金融体系,包括服从WTO多哈回合谈判的农业授权
17.23 确保早日结束雄心勃勃的、平衡、全面、面向发展的多边贸易谈判多哈发展议程
17.24 改善希望增加其在国际市场中的出口份额的发展中国家尤其是非洲国家、欠发达国家、最不发达国家和SIDS的农业、渔业和工业出口的市场准入
17.25 增加对发展中国家的贸易能力建设的援助,包括支持其建立满足产品规则和标准的能力,并提高贸易援助计划
17.26 促进科学、技术、创新、研究和知识分享的地区和国际合作,包括南北、南南和三边合作
17.27 动员更多的用于发展的国际金融资源
17.28 加强发展中国家国内资源的动员,提供国际支持来改善税收和自然资源收入的透明度

目标/指标
17.29 促进发展中国家基础设施(如道路、铁路、港口、供水和治疗、信息通信技术)的投资
17.30 各国渐进引入更多的超越 GDP 的进步衡量措施到国家统计中,以发展国家的支持性的统计能力建设
促进可持续的工业化
17.31 促进干净和合理的技术向发展中国家的扩散和转移
17.32 到 2017 年全面运作最不发达国家的技术银行和 STI 的能力建设机制(Technology Bank and STI Capacity Building Mechanism)
17.33 强化机制和发展能力,帮助发展中国家实施研究、发展技术,包括清洁和环保技术
减少国家内和国家间的不平等
17.34 到 2030 年将移民汇款的交易成本降低到 5% 及以下,包括监管和行政成本
17.35 加强以促进有序、安全、可靠的移民和人员流动的全球合作,包括移民计划和管理政策的实施,以使移民对可持续发展作出贡献
17.36 到 2020 年大幅提高与可持续发展相关的数据收集和数据分析能力,重点关注各种及时、高质数据的生成,例如收入、性别、年龄、种族、民族和地址
构建包容性、安全、可持续的城市和人类住区
17.37 为最不发达国家提供资金和技术支持来构建城市基础设施,包括通信、污水与废物管理、回收等基本服务
促进可持续消费和生产模式
17.38 加强与发达国家的国际合作,带头实现可持续消费和生产模式,包括加强发展中国家的科学和技术能力
17.39 建立并有效实施确保跨国公司社会和环境责任与问责的多边行为准则
促进各个层次应对气候变化的行动,构建基于 UNFCCC 第 21 次成员方大会成果文件确立的气候变化目标
17.40 尽快实施绿色气候基金
保存和可持续使用海洋资源和海洋
17.41 提高科学知识和开发研究基础设施的能力,以提高海洋多样性对发展中国家发展的贡献,尤其是在 SIDS 和 LDCs
17.42 所有国家都应该继续在现存的相关国际协议下行动

续表

目标/指标
17.43 在一个共享的问责框架内定期监督和汇报 SDGs 进展,包括执行手段、成员国间全球伙伴关系、多元利益攸关方倡议和伙伴关系
17.44 促进强有力的国际机构的形成,包括改革、增加发展中国家在国际金融机构中的有效和民主参与
17.45 全球合作大幅减少国际逃税、避税
17.46 全球合作打击非法金融流动和转移,恢复被盗资产并返回原籍国

重点领域 1：消除贫困和饥饿，建立共同繁荣，促进平等

（1）确保向需要援助来实施消除贫困政策和项目的发展中国家提供可预测、额外且足够的国际融资，包括向最不发达国家提供直接的预算支持；

（2）尽快确保到 2020 年发达国家兑现关于援助方面的承诺，即将国民生产总值的 0.7% 用于对发展中国家的官方发展援助，以及将对最不发达国家的官方发展援助占国民生产总值的比重由 0.15% 提高到 0.20%，到 2030 年提高到 1%；

（3）联合国体系和其他组织通过各个层次综合的、协调的和一贯的战略把消除贫困摆在优先位置；

（4）尽快审查 ODA 的承诺，以加强对最不发达国家的官方发展援助；

（5）确保发展中国家在国际贸易和投资协议下拥有足够的发展政策空间，包括保证其在贸易谈判中的特殊和差别待遇；

（6）确保全球贸易和投资规则是在考虑到国际协商一致的发展目标可实现的基础上设计和实施的；

（7）确保发展中国家的债务可持续性，包括债务减免、债务融资和债务重组，尤其是建立长期的政府间主权债务解决机制；

（8）取消重债穷国的外部债务，以减轻其债务危机；

（9）确保国际金融机构对债务可持续性进行分析，且其政策建议均将国际协商一致的发展目标的实现考虑在内。

重点领域 2：可持续农业、食品安全和营养

（1）到 2020 年根据 WTO 的授权消除发达国家对农产品的出口补贴，包括关税峰值和关税升级；

（2）到2020年在发达国家逐步大规模有效地取消扭曲贸易的补贴X%；

（3）根据WTO的规则确保国际贸易中关于国际协商一致的技术、卫生和植物检疫标准；

（4）增加对发展中国家尤其是最不发达国家可持续农业技术研究和开发的投资和支持，包括加强农业研究和发展的投资；

（5）确保对商品市场运行的有效管理，以防止过度的食品价格波动和投机行为；

（6）为相关的联合国机构提供资源以扩大和强化其粮食援助和安全保障项目，来应对欠发达国家的饥饿和营养不良，确保其获得足够的粮食；

（7）确保给予发展中国家足够的政策空间，包括在贷款和援助方面，通过各种措施如信贷、营销、存储、加工、农业投入提供、土地改良措施及使农业可持续发展的其他措施来帮助他们的农业部门和农民；

（8）到2020年大规模增加清洁和环境友好型农业技术向发展中国家的转让和传播；

（9）加强在实施支持国家农业计划的能力建设项目中对发展中国家的帮助，尤其是对欠发达国家和发展中国家；

（10）增加X%国际公共基金份额，包括发达国家向发展中国家提供的农业援助；

（11）通过技术和技术知识转让，向发展中国家，尤其是最不发达国家，提供高产、且适应气候变化的作物品种，包括适合盐碱地、干旱地的品种；

（12）发达国家向发展中国家农业产品提供更大的市场准入，考虑发展中国家需求与优先事项。

重点领域3：卫生和人口动态

（1）到2020年确保发展中国家基本医疗卫生服务的可及性，包括《与贸易有关的知识产权协议》中对专利药的获得、使用和生产的规定的灵活运用；

（2）在发展中国家与制药公司合作增加X%基本药物的可得性；

（3）增加X%的财政和技术支持，用于发展中国家，尤其是最不发达国家常见疾病的疫苗和药物的研究与开发；

（4）建立致力于疾病早期预警、降低风险、知识及共有知识的交流的跨境协作机制；

（5）确保发展中国家对与卫生有关的知识、科学、技术和创新的可得性，包括欠发达国家；

（6）到2020年扩大国家和国际水平的有效合作与协作，以强化国家卫生系统，包括增加卫生财政支出；

（7）解决当代非传染病治疗设备的市场权威和技术转移方面的规定；

（8）增加对农村卫生中心和能力建设的财政支持，加强对非传染性疾病的预防措施的研究；

（9）加强对发展中国家促进卫生人员的招聘、培训和保留的帮助；

（10）向发展中国家尤其是最不发达国家提供援助，以实现到2030年改善他们的卫生基础设施；

（11）促进并扩大在公共卫生领域现有的行动；

（12）帮助欠发达国家发展其系统收集和分析人口数据的能力，尤其是收集用于制定适当国家政策的数据；

（13）无限期延长对欠发达国家实施和应用TRIPS协议第2部分第5章和第7章的豁免。

重点领域4： 教育和终身学习

（1）到2020年在全球增加X%用于发展中国家学生的奖学金数量，尤其是在欠发达国家，使其能接受发达国家和其他发展中国更高层次的教育项目，重点集中在科学、工程和管理领域；

（2）加强发展中国家教育能力建设，尤其是在欠发达国家，增加X%的奖学金、研究和援助数量；

（3）加强对提供给发展中国家的国际公共融资的规定，使其改善教育包括职业教育和高等教育；

（4）加强南北合作，以实施综合的教师政策，保证高水平的教学质量。

重点领域5：　性别平等和女性赋权

（1）支持相关信息网络的增强和使用，尤其是用于女性赋权的信息通讯技术；

（2）大大增强用于支持发展中国家实现性别平等和女性赋权的国际融资资源的规制。

重点领域6：　水和卫生设施

（1）支持发展中国家包括欠发达国家、最不发达国家和发展中国家在水和卫生领域实施行动与项目方面所做的努力，包括对融资资源、能力建设和技术转让的规定；

（2）在发展中国家增强关于与水相关的能力建设和职业培训的国际合作；

（3）到2020年大大扩大发展中国家对与水和卫生设施相关的知识、科学、技术和创新的可得性，尤其是集水技术和污水处理、循环和再利用技术；

（4）帮助欠发达国家保护和开发水资源、管理水流并强化其水资源生产力，包括区域合作。

重点领域7：　能源

（1）到2020年大规模提高对发展中国家确保其对穷人的能源设施的普遍获得性的努力的支持，包括规制融资资源、能力建设和技术转让；

（2）到2020年消除发展中国家在获得清洁能源技术方面面临的或者可能面临的障碍；

（3）鼓励并支持发展中国家在促进可持续能源技术的使用方面对TRIPS的灵活运用；

（4）使发展中国家对清洁能源技术包括清洁化石燃料技术有更大的可得性；

（5）到2016年使联合国国际技术设施机制生效，促进清洁和环境友好技术向发展中国家转移和扩散；

（6）在清洁能源技术方面增加公共和私人部门的投资；

（7）在WTO规则中引入例外或者"分拆"，使发展中国家能灵活采用发展环境友好型能源技术的政策；

（8）提高对发展中国家的技术援助，发展其安装、维持和更新能源基础设施的国内能力；

（9）创建一个在线能源平台，促进研究、技术、知识共享、可再生能源和节能技术的开发与利用。

重点领域8：经济增长、就业与基础设施

（1）到2020年确保发达国家全面实施其基于同意原则的共同同意的时间表的ODA承诺，向发展中国家提供其国民收入的0.7%，其中0.15%~0.20%用于最不发达国家，并到2030年将其提高到国民收入的1%；

（2）到2020年消除所有的向发展中国家的汇款障碍，减少汇款成本；

（3）到2030年停止非法的资金流动，并将存在外国银行的非法财产遣送回本国；

（4）促进开发的、以规则为基础的、非歧视的和公平的多边贸易，包括遵守WTO多哈回合中的农业授权；

（5）到2020年在发达国家消除所有的贸易保护主义措施，大规模增加来自发展中国家的出口量，尤其是在欠发达国家、最不发达国家、发展中国家和非洲国家中；

（6）通过协调旨在促进债务融资、债务减免和债务重组的政策，帮助发展中国家获得长期债务的可持续性；

（7）建立对全球金融市场和机构的监管，包括对国际资金流的控制；

（8）到2020年改革国际金融机构的治理，提高发展中国家在国际金融机构中的有效和民主参与，包括建立包容性的治理机构、配额和投票权；

（9）支持发展中国家经济多样化和生产能力的提高，包括通过国内加工制造增加原材料和商品的价值；

（10）确保国际贸易和投资规则与促进发展中国家的增长与发展相一致，尤其是低收入国家；

（11）到2016年使联合国国际技术设施机制生效，促进清洁和环境友好技术向发展中国家转移和扩散。

重点领域 9：　工业化和促进国家间平等

（1）支持发展中国家内生技术的开发和国内创新的增长，促进其工业发展；

（2）加强国际合作，包括加强帮助实现发展中国家工业发展目标的融资资源、能力建设和技术转移的规则；

（3）到 2016 年联合国全球科技促进机制运转；

（4）确保贸易规则和协商与发展中国家的工业发展和技术进步目标相一致；

（5）到 2020 年改革所有的国际金融机构，使他们更加民主且具有代表性，反映当前现实并给予发展中国家真实有效的发言权和参与权，包括改革国际货币基金的配额和治理；

（6）到 2020 年确保小生产商获得可负担的信贷和金融服务；

（7）确保发展中国家在国际贸易和投资协议下足够的政策空间，包括确保发展中国家在贸易谈判中的特殊和差别待遇；

（8）到 2020 年消除发展中国家在获得清洁能源技术方面面临的或者可能面临的障碍；

（9）鼓励在促进环境友好型能源技术的利用方面灵活运用 TRIPS；

（10）启动国家间不平等的形式、趋势和原因的研究，并提出减少这种不平等的措施；

（11）国际组织将减少国际不平等作为他们的目标，并采取措施解决这个问题；

（12）国际组织和发达国家采取措施来实施并加强对发展中国家的特殊和差别待遇、市场准入和贸易领域的其他优惠待遇，以及金融和技术转让，以减少发达国家和发展中国家间的收入和财富差距；

（13）确保发展中国家作为全球价值链的一部分，同时在消除贫困和可持续发展的过程中受益；

（14）增加对最不发达国家的海外援助额度，尤其是在发展能力建设领域；

（15）为最不发达国家建立一个促进投资的机构以帮助其实现对基建

领域的投资。

重点领域 10：可持续的城市与人居

（1）确保发展中国家普遍获得充分和可支付的住房与基本服务；

（2）帮助发展中国家加强技术、科学和创新能力的建设；

（3）为最不发达国家提供资金和技术用于包括废物处理、垃圾回收、道路、通讯等基础设施的建设；

（4）通过技术转移和财政手段支持最不发达国家利用当地资源打造廉价住房；

（5）拓展发展中国家综合性的城市规划与管理的能力；

（6）为发展中国家提供安全的、支付得起的、可获得的和可持续的交通，改善道路安全和城市空气质量。

重点领域 11：可持续消费与生产

（1）为发展中国家提供技术和资金，同时加强其能力建设，打造可持续的生产和消费模式；

（2）通过财政和技术援助帮助发展中国家培养可持续的生产和消费模式；

（3）有时限地有效实施可持续消费和生产计划的 10 年期框架；

（4）加强南北方国家间在科技领域的合作，共同实现可持续的生产和消费模式；

（5）加强南北方国家的合作，实现可持续的生活方式。

重点领域 12：气候变化

（1）即刻启动绿色气候基金；

（2）到 2020 年，由发达国家向发展中国家提供 1 000 亿美元用于发展中国家的人口迁徙和适应气候变化；

（3）无条件遵守 UNFCCC 在大会上提出的各国承担"共同但有区别的责任"和义务；

（4）帮助脆弱国家建立对气候变化导致的危险的抗御力和适应力。

重点领域 13：保护和可持续利用海洋资源、海洋

（1）到 2020，考虑到发展中国家的需要尤其是最不发达国家和

SIDS，消除导致产能过剩和过度捕捞的渔业补贴，并避免引入新的补贴；

（2）到2020年，有效地调节收获和结束过度捕捞，到2030年恢复鱼类生态安全水平，能产生最大可持续产量；

（3）发展和确保全面执行现有的地区和国际的海洋治理机制，包括国家管辖区之外的地区的资源；

（4）到2030年，增加SIDS和最不发达国家在其辖区内从沿海和海洋资源的可持续发展中获得的经济效益；

（5）实施综合的和多方参与的海岸带管理以提高海滨生态系统的弹性；

（6）通过资金和技术手段帮助发展中国家保护其生物多样性。

重点领域14：生态系统与生物多样性

（1）到2030年逆转损失，提高全球森林覆盖率，增加重新造林率X%，包括为发展中国家提供足够的激励；

（2）到2020年，确保生态系统的保护和可持续利用，尤其是湿地，包括修复至少15%退化的生态系统；

（3）将自然资源和生物多样性价值融入国家和地方规划、发展进程和账户中；

（4）确保公共和平等的利益分享，包括来自于自然资产和基因资源的利益；

（5）维持人工养殖物种及其野生同类的基因多样性，包括进行国家机构之间有效的合作。

重点领域15：执行手段/可持续发展的全球伙伴关系

贸易

（1）在发展中国家发展和执行能力建设计划，以支持执行可持续发展目标的国别计划；

（2）确保发展中国家工业产品和农产品的出口渠道；

（3）确保国际组织给予发展中国家足够的政策空间，使其可以制定并实施他们自己的措施来消除贫困并实现可持续发展；

（4）支持建立广泛的多方参与的伙伴关系，包括公民社会、私人部门和各级政府，动员各种知识、专家、技术和财政资源支持可持续发展目标的实现，尤其是在发展中国家；

（5）指导政府开发援助（ODA）并鼓励资金流向最需要的国家，尤其是非洲国家、最不发达国家、欠发达国家、SIDS 和弱势国家；

（6）为欠发达国家提供更大的免税和免配额市场准入，与 WTO 决策和伊斯坦布尔计划相一致。

技术转移

（1）减少国际贸易中的扭曲，包括逐步消除各种形式的农业出口补贴，尽快实现世贸组织部长们在 2005 年香港部长级宣言中制定的目标；

（2）在加强金融机构和金融市场运作的同时改善监管，包括食品大宗商品市场，以确保全球金融稳定，并帮助抑制食品价格波动；

（3）在发展中国家增加对农村基础设施、农业研究、技术开发、机构和能力建设的投资，以提高农业生产能力，特别是在食品净进口国家。

能力建设

（1）到 2030 年建立包容性和参与性的决策机制，考虑到未来代际的利益；

（2）到 2020 年建立必要的次国家和地方政府促进和平、包容的社会的能力；

（3）通过在地方、国家和国际层次的民主实践和机制构造差异中的统一；

（4）提高安全部队、警察和司法的能力、专业性和责任性；

（5）加强所有层次的正式和非正式的纠纷解决机制；

（6）到 2030 年确保所有法律都是公开的和可了解的。

对气候变化和国际安全的调查问卷

调查人：于宏源

主要内容：一、如何看待当前全球气候变化问题引发的安全问题

二、如何看待 2020 年全球气候变化问题引发的安全问题

三、如何看待气候变化带来的国际冲突领域

背景情况:年龄：　　性别：　　学历：　　所在部门：

一、在当前，气候变化将会在多大程度上影响以下国家安全问题?请您在相应的空格内打√，最后一个空格请您增加您认为问卷遗漏的安全问题。

潜在的 国际安全问题	没有 影响	少许 影响	影响 程度一般	影响 程度很深	不知道
经济安全和可持续发展					
国际气候变化移民和冲突					
跨境水资源冲突					
跨界环境污染转移					
能源安全和传统能源竞争 （石油、天然气、煤炭等）					
核扩散危险					
环境贸易和环境贸易壁垒					
粮食安全					
北冰洋的海域资源争夺					
全球疾病蔓延					

二、在 2020 年左右，气候变化将会在多大程度上影响以下国家安全问题?请您在相应的空格内打√，最后一个空格请您增加您认为问卷遗漏的安全问题。

潜在的 国际安全问题	没有 影响	少许 影响	影响 程度一般	影响 程度很深	不知道
经济安全和可持续发展					
国际气候变化移民和冲突					
跨境水资源冲突					
跨界环境污染转移					
能源安全和传统能源竞争 （石油、天然气、煤炭等）					
核扩散危险					
环境贸易和环境贸易壁垒					
粮食安全					
北冰洋的海域资源争夺					
全球疾病蔓延					

三、在未来 10~20 年左右，气候变化导致的国家冲突最有可能会发生在以下哪些问题领域?请您在相应的空格内打√，请您增加您认为问卷遗漏的安全问题。

潜在的国际安全问题	气候变化导致的国家冲突最有可能会发生的领域
经济安全和可持续发展	
国际气候变化移民和冲突	
跨境水资源冲突	
跨界环境污染转移	
能源安全和传统能源竞争（石油、天然气、煤炭等）	
核扩散危险	
环境贸易和环境贸易壁垒	
粮食安全	
北冰洋的海域资源争夺	
全球疾病蔓延	
减排冲突	

问卷结束，谢谢您的合作!

政府部门加强协调应对气候变化调查问卷

调查人：于宏源

第一部分：如何看待气候变化及其相关国际制度（京都协议）带来的机遇与挑战

1.我国继续在公约和议定书的框架下，与国际社会一道，为应对气候变化做不懈努力，并正式加入了京都议定书。您认为（只选一项）（　　）。

　　A.非常及时，表示赞成　　　　　　B.时机不成熟，表示反对

　　C.有待深入研究　　　　　　　　　D.其他

2.您认为应对气候变化所带来的威胁，要解决的主要问题排序是（　　）。

　　A.科学问题　　　　　　　　　　　B.经济问题

　　C.能源问题　　　　　　　　　　　D.资金技术问题

　　E.农业问题　　　　　　　　　　　F.不同部门之间的协调问题

　　G.其他请列出（　　　　）

3.您认为我国是否应该在全球减排温室气体行动中发挥积极主导的作用（　　）。

　　A.强烈支持　　　　　　　　　　　B.赞同

　　C.不清楚　　　　　　　　　　　　D.不同意

4.您认为我国在气候变化国际谈判中应该扮演何种角色（　　　）。

　　A.积极充当发展中国家领导

　　B.以维护国家利益为主，不轻易表态

　　C.与发达国家协调合作

　　D.与发展中国家协调合作

　　E.其他请列出（　　　　）

5.您认为我国加入国际气候变化公约并且承担实质性义务的国内外环境条件及时机是否已经成熟（只选一项）？（　　　）

　　A.时机已经成熟　　　　　　　　　B.时机不太成熟，还有待创造

C.时机很不成熟

如果您认为时机已经成熟，请问表现在哪些方面？（　　）

A.科技研究　　　　　　　　　　B.国际环境

C.经济发展水平　　　　　　　　D.其他请列出（　　）

如果您认为时机不成熟，请问表现在哪些方面？（　　）

A.科技研究　　　　　　　　　　B.国际环境

C.经济发展水平　　　　　　　　D.其他请列出（　　）

6.您认为中国如果承担实质性减排义务后，对我国产生的冲击影响的排序是（　　）。

A.能源工业　　　　　　　　　　B.经济发展

C.农业　　　　　　　　　　　　D.其他请列出（　　）

7.您认为中国加入京都议定书，带来机遇的排序是（　　）。

A.资金技术转让　　　　　　　　B.国际形象提升

C.能源工业改造　　　　　　　　D.国际环境贸易

E.科技进步　　　　　　　　　　F.其他请列出（　　）

8.气候变化以及相关的国际机制最主要的认识途径是（　　）。

A.参加国际谈判　　　　　　　　B.国际培训或者出国留学

C.实际工作　　　　　　　　　　D.平时学习

E.其他请列出（　　）

9.如果您参与过气候变化相关的国际培训，请问这种培训对您有何影响（可以多选）（　　）。

A.对国际减排温室气体努力的认同

B.相关知识的增加

C.明确我国在气候变化国际行动中的国家利益

D.其他请列出（　　）

10.为了加强应对气候变化，您认为应该优先加强哪个部门的职能（　　）。

第二部分：如何看待气候变化国际机制与我们国家的政府协调

11.您认为应对气候变化这种复杂的全球性问题是否必须不同部门之

间协调配合。（　　）

　　A.非常必要　　　　　　　　　　B.必要

　　C.不太必要　　　　　　　　　　D.不需要

　　E.不知道

　　12.您是否赞同国家关于气候变化的协调工作增加了政府相关部门的信息沟通。（　　）

　　A.非常赞成　　　　　　　　　　B.赞成

　　C.不太赞成　　　　　　　　　　D.不赞成

　　E.不知道　　　　　　　　　　　请举出具体事例（　　　）

　　13.您是否赞同国家关于气候变化的协调工作增加了政府相关部门的相互信任。（　　）

　　A.非常赞成　　　　　　　　　　B.赞成

　　C.不太赞成　　　　　　　　　　D.赞成

　　E.不知道　　　　　　　　　　　请举出具体事例（　　　）

　　14.您是否认为国家关于气候变化的协调工作减少了政府相关部门的意见分歧。（　　）

　　A.非常必要　　　　　　　　　　B.必要

　　C.不太必要　　　　　　　　　　D.不需要

　　E.不知道　　　　　　　　　　　请举出具体事例（　　　）

　　15.您是否同意国家关于气候变化的协调工作在不断加强、完善。（　　）

　　A.非常同意　　　　　　　　　　B.同意

　　C.不太同意　　　　　　　　　　D.不同意

　　E.不知道

第三部分：国家关于气候变化国际机制协调工作形成原因

　　16.您认为国家关于气候变化国际机制协调工作形成原因的排序是（　　　）

　　A.气候变化问题的复杂性　　　　B.未来对我国巨大的影响

　　C.减排温室气体客观需要　　　　D.体制决定

E.国际组织的谈判压力　　　　　　　F.其他（　　　）

17.您是否同意国家关于气候变化协调工作已经顺利展开？（　　　）

A.非常同意　　　　　　　　　　　B.同意

C.不太同意　　　　　　　　　　　D.不同意

E.不知道

18.您认为国家关于气候变化协调工作顺利展开的主要原因是（可以多选）（　　　）。

A.国家高度重视　　　　　　　　　B.国际组织支持

C.各个部门的配合　　　　　　　　D.气候变化谈判要求

E.其他（　　　）

19.您所在部门在国家应对气候变化决策过程中发挥哪些作用（可以多选）（　　　）。

A.学术研究　　　　　　　　　　　B.项目支持

C.参与谈判　　　　　　　　　　　D.制定政策

E.其它请列出（　　　）

请举出具体事例（　　　）

20.您认为国际谈判以及国际气候变化科研进展对我国决策的影响（　　　）。

A.很大　　　　　　　　　　　　　B.较大

C.一般　　　　　　　　　　　　　D.不大

请举出具体事例（　　　）

21.您认为国际上关于防止气候变化的援助或者贷款对于本部门开展相应的工作影响（　　　）。

A.非常大　　　　　　　　　　　　B.大

C.不太大　　　　　　　　　　　　D.不大

E.不知道

如果您认为影响显著，请举出具体实例（　　　）

第四部分：如何完善国家关于气候变化国际机制协调工作？

22.您是否赞成完善国家关于气候变化的协调工作对于我国参与减排温室气体国际行动至关重要？（　　　）

A.非常赞成　　　　　　　　　　B.赞成

C.不太赞成　　　　　　　　　　D.不赞成

E.不知道

23.您认为完善国家关于气候变化的协调工作的主要途径应该是（　　　）。

A.加强协调机构建设

B.加强气化变化领域的科技研究

C.加强气候变化领域国家资金的投入

D.领导的重视

E.跨部门的配合

F.其他请列出（　　　）

24.您认为完善国家关于气候变化协调工作的国际因素排序是（　　　）。

A.国际组织与非政府组织　　　　B.国际专家与国际培训

C.国际环境贷款与援助　　　　　D.国际谈判的需要

E.其他请列出（　　　）

25.关于您所认识到的气候变化问题，除了上述问题以外，还有什么补充？

问卷调查结束，谢谢您的合作！

一、普通图书

[1]薄燕.国际谈判与国内政治——美国与《京都议定书》谈判的实例[M].上海：上海三联书店，2007.

[2]崔大鹏.国际气候合作的政治经济学分析[M].北京：商务印书馆，2003.

[3]金瑞林.环境与资源保护法学[M].北京：北京大学出版社，2000.

[4]郎咸平.新帝国主义在中国[M].北京：东方出版社，2010.

[5]潘家华，庄贵阳，陈迎.减缓气候变化的经济分析[M].北京：气象出版社，2003.

[6]《气候变化国家评估报告》编写委员会.气候变化国家评估报告[R].北京：科学出版社，2007.

[7]王曦.国际环境法[M].北京：法律出版社，1998.

[8]于宏源.低碳创新与城市责任[M].北京：海洋出版社，2010.

[9]于宏源，李威.创新国际能源机制与国际能源法[M].北京：海洋出版社，2010.

[10]张海滨.气候变化与中国国家安全[M].北京：时事出版社，2010.

[11]庄贵阳，陈迎.国际气候制度与中国[M].北京：世界知识出版社，2005.

[12]国家统计局.2006年中国统计年鉴[M].北京：中国统计出版社，2006.

[13]HAYES P,SMITH K.The global greenhouse regime—who pays[M].London:United Nations University Press,1993.

[14]IPCC. Climate change 2001： scientific basis [M]. Cambridge，

Eng： Cambridge University Press， 2001.

[15]IPCC. Climate change 2007： scientific basis [M]. Cambridge，Eng： Cambridge University Press， 2007.

[16]YU Hongyuan. Global warming and China's environmental diplomacy [M]. New York： Nova Publishers， 2008.

二、论文集

[1]唐大为.迈向 21 世纪——联合国环境与发展大会文献汇编[G]. 北京：中国环境科学出版社， 1992.

三、专著中析出的文献

[1]潘家华，郑艳.碳排放与发展权益[M]//杨洁勉.世界气候外交与中国的应对.北京：时事出版社， 2009： 241-256.

[2]裴援平.关于中国国际战略研究的若干看法[M]//王缉思.中国国际战略评论.北京：世界知识出版社， 2009.

[3]徐华清，郑爽.《气候公约》及《京都议定书》谈判前景、走向及对策研究[M]//周大地.中国能源问题研究 2003.北京：中国环境科学出版社， 2005： 263.

[4]杨富强，侯艳丽.击破气候变化谈判的"坚壳"[M]//杨洁勉.世界气候外交和中国的应对.北京：时事出版社， 2009： 30.

[5]张海滨.联合国与气候变化[M]//陈健.中国的联合国外交.北京：世界知识出版社， 2009： 186-200.

[6]邹骥，等.低碳道路的技术转让和资金机制[M]//中国社科院可持续发展战略研究组.2009中国可持续发展战略报告——探索中国特色的低碳道路.北京：科学出版社，2009： 172-197.

[7]BRYNER G.Congress and the politics of climate change [M]//HARRIS P G. Paul G.Climate change and American foreign policy.New York： St Martin's Press， 2000.

[8]GUPTA S， TIRPAK D A， BURGER N， et al.Policies， instruments and cooperative arrangements [M]//METZ B， DAVIDSON O R， BOSCH P R， et al.Climate change 2007： mitigation.contribution of working group III to the

fourth assessment report of the Intergovernmental Panel on Climate Change. Cambridge，Eng：Cambridge University Press，2007.

[9]YASUKO K. Climate change as Japanese foreign policy： from reactive to proactive [M]// HARRIS P G. Global warming and east Asia. London： Routledge，2003.

[10]ZHANG Zhihong. The forces behind China's climate change policy：Interests， sovereignty， and prestige [M]// HARRIS P G. Global warming and east Asia： the domestic and international politics of climate change. London：Routledge， 2003： 66.

[11]ZHANG Haibin， MORTON C. China and international climate change negotiations [M]// Morton C. Non Traditional Security in Asia. Cambridge，Eng： Cambridge University Press， 2009： 98-112.

四、期刊中析出的文献

[1]薄燕，陈志敏.全球气候变化治理中欧盟领导能力的弱化[J].国际问题研究，2011（1）：37-46.

[2]奥克斯利.亚太清洁发展与气候新伙伴计[J].气候变化研究进程，2006（2）：82-85.

[3]曹明德.哥本哈根协定：全球应对气候变化的新起点[J].政治与法律，2010（2）：3-9.

[4]陈刚.《京都议定书》与集体行动逻辑[J].国际政治科学，2006，（2）：85-112.

[5]陈迎.中国在气候公约演化进程中的作用与战略选择[J].世界经济与政治，2002（5）：16.

[6]陈迎，庄贵阳.《京都议定书》的前途及其国际经济和政治影响[J].世界经济与政治，2001（6）：39-45.

[7]陈迎，庄贵阳.试析国际气候谈判中的国家集团及其影响[J].太平洋学报，2001（2）：23-30.

[8]陈迎.国际环境制度的发展与改革[J].世界经济与政，2004（4）：44-49.

[9]陈迎.国际气候制度的演进及对中国谈判立场的分析[J].世界经济与政治，2007（2）：52-60.

[10]陈文颖，吴宗鑫，何建坤.全球未来碳排放权"两个趋同"的分配方法[J].清华大学学报：自然科学版，2005（6）：850-857.

[11]丁仲礼，段晓男，葛全胜，等.2050年大气CO_2浓度控制：各国排放权计算[J].中国科学（D辑：地球科学），2009，39（8）：1009-1027.

[12]何一鸣.俄罗斯气候政策转型的驱动因素及国际影响分析[J].东北亚论坛，2011（3）：76-84.

[13]韩昭庆.《京都议定书》的背景及其相关问题分析[J].复旦学报：社会科学版，2002（2）：100-104.

[14]何建坤，刘滨，陈文颖.有关全球变化问题上的公平性分析[J].中国人口、资源与环境，2004（14）：12-15.

[15]胡鞍钢.通向哥本哈根之路的全球减排路线图[J].当代亚太，2008（6）：22-38.

[16]黄山枫，姜冬梅，张孟衡，等.多边基金机制与清洁发展机制的比较研究[J].环保，2008（10）：15-19.

[17]黄卫平，宋晓恒.应对气候变化挑战的全球合作框架思考[J].经济理论与经济管理，2010，9（1）：12-17.

[18]金永明.论合作：构建和谐世界之方法与路径——以国际法领域的相关制度为中心[J].政治与法律，2008（2）：21-23.

[19]李向阳.全球气候变化规则对世界经济的影响[J].求是，2010（4）：57-62.

[20]李扬.中美清洁能源合作：基础、机制与问题[J].现代国际关系，2011（1）：14-22.

[21]刘东民.国际环境制度对能源安全战略的重大影响[J].中国人口资源与环境，2002（3）：44-47.

[22]刘江永.日本应对气候变化的战略、措施与困难[J].世界经济与政治，2003（6）：72-80.

[23]吕学都.《气候公约》第五次缔约方会议进展及展望[J].世界经济与政治，2000（5）：70-74.

[24]吕学都.联合国气候变化大会进展及展望[J].世界环境，2009（1）：23-29.

[25]罗锐.突破哥本哈根气候谈判僵局的可选途径[J].环保，2009（6）：65-69.

[26]毛艳.俄罗斯应对气候变化的战略、措施与挑战[J].国际论坛，2010（11）：25-32.

[27]潘家华.人文发展分析的概念构架与经验数据——以对碳排放空间的需求为例[J].中国社会科学，2002（6）：15-25.

[28]潘家华.后京都国际气候协定的谈判趋势与对策思考[J].气候变化研究进展，2005（1）：12.

[29]潘家华，庄贵阳，陈迎.气候变化20国领导人会议模式与发展中国家的参与[J].世界经济与政治，2005（10）：52-57.

[30]潘家华，陈迎，庄贵阳.欧盟的污染物排放贸易实践[J].中国经济导刊，2006（18）：34-36.

[31]潘家华.满足基本需求的碳预算及其国际公平与可持续含义[J].世界经济与政治，2008（1）：35-42.

[32]潘家华.人文发展分析的概念架构与经验数据——以对碳排放空间的需求为例[J].中国社会科学，2002（6）：35-48.

[33]潘家华.哥本哈根气候会议的争议焦点与反思[J].红旗文稿，2010（3）：9-13.

[34]裴卿，王灿，吕学都.应对气候变化的国际技术协议评述[J].气候变化研究进展，2008（5）：261-270.

[35]彭光明.GATT第20条必要性检验标准与气候贸易措施的探讨[J].法律适用，2011（4）：28-33.

[36]曲建升，曾静静，张志强.国际主要温室气体排放数据集比较分析研究[J].地球科学进展，2008（1）：47-54.

[37]全球变化与经济发展项目课题组.美国温室气体减排新方案及其

影响[J]. 世界经济与政治, 2002 (8): 54-58.

[38]任国玉, 徐影. 从未来气候情景看主要发达国家的气候谈判立场[J]. 中国科技论坛, 2005 (2): 13.

[39]苏杨.《京都议定书》的前世、今生和未来[J]. 生态经济, 2005 (4): 8-15.

[40]苏伟. 中国如何应对气候变化[J]. 绿叶, 2008 (8): 35-36.

[41]苏伟, 吕学都, 孙国顺. 未来联合国气候变化谈判的核心内容及前景展望——"巴厘路线图"解读[J]. 气候变化研究进展, 2008 (1): 59.

[42]苏伟. 中国促进减缓气候变化的战略与政策[J]. 环保, 2008 (5): 14-15.

[43]陶迎. 对美国拒绝批准《京都议定书》的法理分析——国际环境法的视角[J]. 重庆环境科学, 2001 (5): 61-63.

[44]缪东玲, 闫碘碘. 美国气候变化立法中的贸易措施及工具[J]. 亚太经济, 2001 (1): 80-85.

[45]王璟珉, 魏东.《京都议定书》的缺陷分析[J]. 中国海洋大学学报: 自然科学版, 2007 (3): 391—394.

[46]王军. 气候变化经济学的文献综述[J]. 世界经济, 2008 (8): 85-87.

[47]王文文. 欧盟能源税概况、瓶颈及展望[J]. 产业与科技论坛, 2008 (8): 253-254.

[48]向亮, 高庆先. 国家温室气体排放趋势及其履约进展[J]. 气候变化研究进展, 2008 (6): 382-388.

[49]徐再荣. 从科学到政治: 全球变暖问题的历史演变[J]. 史学月刊, 2003 (4): 114-120.

[50]严双伍, 肖兰兰. 中国与G77在国际气候谈判中的分歧[J]. 现代国际关系, 2010 (4): 21-26.

[51]阎学通. 对中美关系不稳定性的分析[J]. 世界经济与政治, 2010 (12): 4-25.

[52]杨理堃, 李照耀. 坎昆会议[J]. 国际资料信, 2011 (2): 36-40.

[53]于宏源，李威.中美碳外交引领国际应对气候变化走向[J].绿叶，2009（7）：100-105.

[54]于宏源.全球气候治理和发展中国家气候谈判策略研究[J].毛泽东邓小平理论研究，2009（7）：61-66.

[55]于宏源.国际制度和中国软能力建设——基于两次问卷调查的结果分析[J].世界经济与政治，2008（8）：16-23.

[56]于宏源.国际气候变化制度议价和中国[J].教学与研究，2008（9）：21-28.

[57]于宏源.环境容量与能源创新——国际气候变化谈判的二元博弈视角[J].国际观察，2008（6）：51-58.

[58]于宏源.气候变化问题的二元博弈视角及启示[J].国际观察，2008（5）：51-58.

[59]于宏源.权力转移中的能源链及其挑战[J].世界经济研究，2008（2）：29-34.

[60]于宏源.整合气候和经济危机的全球治理：气候谈判新发展研究[J].世界经济研究，2009（7）：10-15.

[61]于宏源.中国和气候变化国际制度：认知和塑造[J].国际观察，2009（4）：18-25.

[62]于宏源.哥本哈根谈判进程和中美碳外交的发展[J].当代亚太，2010（3）：90-105.

[63]于宏源.气候变化与全球安全治理：基于问卷的思考[J].世界经济与政治，2010（6）：19-32.

[64]张平.加强国际技术合作积极应对气候变化[J].中国科技投资，2009（7）：4-5.

[65]张海滨.中国与国际气候变化谈判[J].国际政治研究，2007（1）：21-36.

[66]张海滨.应对气候变化：中日合作与中美合作比较研究[J].世界经济与政治，2009（1）：38-48.

[67]张建平.气候变化谈判框架下的国际技术转让机制研究[J].国际贸

易，2010（5）：50-56.

[68]张文磊，胡欢.碳减排的国家驱动力分析及对中国的应对政策的探讨[J].复旦学报，2010（1）：121-128.

[69]赵宏图.气候变化"怀疑论"分析及启示[J].现代国际关系，2010（4）：56-60.

[70]周剑，何建坤.陆克文政府气候变化与能源政策评析[J].世界经济与政治，2008（8）：33-41.

[71]邹骥.气候变化领域技术开发与转让国际机制创新[J].环保，2008（5）：17.

[72]庄贵阳.从公平与效率原则看清洁发展机制及其实施前景[J].世界经济与政治，2001（2）：62-66.

[73]HARDIN G. The tragedy of the commons [J]. Science，1968，162：1243-1248.

[74]HARDIN G. The tragedy of the commons [J]. Science （New Series），1968，3859：1243-1248.

[75]KUIK，ONNO，AERTS J，et al. Post-2012 climate policy dilemmas：a review of proposals [J]. Climate Policy，2008，8：318-319.

[76]SMALLWOOD A. The global dimension of the fight against climate change [J]. Foreign Policy，2008，167：8-9.

[77]YOUNG O. The politics of international regime formation：managing natural resources and the environment [J]. International Organization，1989，143：360-336.

五、报纸中析出的文献

[1]BRENTON T. After Copenhagen we′ll turn to wackier solutions [N].The Times，December 27，2009.

[2]CALDWEELL C. Climate change，the great leveler [N]. Financial Times，December 12，2009.

[3]WARD A，DOMBEY D. US ′ready to lead′ on climate change [N]. De-

troit Financial Times, January 13, 2009.

[4]WARD A. New world order [N]. Financial Times, December 23, 2009.

六、电子文献

[1]新华网. APEC第十五次领导人非正式会议在悉尼闭幕[EB/OL]. 2007 [2007-09-09]. http：//news.xinhuanet.com/newscenter/2007-09/09/content_6692053.htm.

[2]徐华清. 美国拒绝批准《京都议定书》的影响及我国的响应对策 [R]. 北京：国家发改委能源研究所. [2005-09-14]. http://www.eri.org.cn/manage/englishfile/76-2005-9-14-763557.pdf.

[3]中国政府. 落实巴厘路线图——中国政府关于哥本哈根气候变化会议的立场[EB/OL]. [2009-09-21]. http：//www.gov.cn/gzdt/2009-05/21/content_1321022.htm.

[4]中国国务院新闻办公室. 中国应对气候变化的政策与行动[EB/OL]. [2008-10-29]. http：//www.gov.cn/zwgk/2008-10/29/content_1134378.htm. 2009-03-21.

[5]KITCHER P. The climate change debates [EB/OL]. Science Express, [2011-04-11]. http：//citeseerx.ist.psu.edu/viewdoc/download.

[6]STERN N. Stern review on the economics of climate change [EB/OL]. [2009-06-18]. http：//www.hm-treasury.gov.uk/independent_reviews/stern_review_economics_climate_change/sternreview_index.cfm.

[7]United Nations Statistics Division. Millennium Development Goals Indicators[EB/OL]. [2009-08-02]. http：//mdgs.un.org/unsd/mdg/default.aspx.

[8]World Bank Institute.Carbon Market at a Glance, Volumes & Values in 2006-07[EB/OL].[2009-01-28].http：//wbcarbonfinance.org/docs/State_Trends_FINAL.pdf.